U0029503

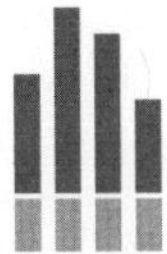

AGORA

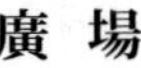

توقف القدر والقضاء

中斷的天命

伊斯蘭觀點的世界史

目錄

地圖清單

關於名字和日期

有些作者對於把伊斯蘭的名詞轉換成英文的轉寫系統之使用十分謹慎，他們堅持認為這個或那個系統是正確的。我必須承認，我不是這類作者中的一員。要是較真的話，單論我的名字，我就見過太多種的不同寫法了。（人們常常問我，是「Ansari」正確還是「Ansary」正確——到底是「y」還是「i」？其實，兩者都不對，應該是字母yaw。）考慮到轉寫的隨意性的本質，在這本書中，我的指導原則就是使用最簡便和最好辨認的拼寫。

另外，許多阿拉伯的名字包括有一系列的以「伊本（Ibn）」為開頭的父名，它的意思是「……之子」。通常，我使用的是該人物最為人熟知的稱呼的最短形式。這本書中有大量不熟悉的名字（和名詞）會給讀者們提出挑戰，我希望把這樣的困難最小化，因此如果一個名詞或者一個名字有為人熟悉的形式，我就會使用這個被讀者所熟悉的形式。而且，遵循阿爾伯特．霍拉尼（Albert Hourani）在《阿拉伯人的歷史》（A History of the Arab Peoples）一書中所定下的先例，阿拉伯名字中的前綴「al-」在第一次出現的時候是使用的，但是之後將不再出現，比如「阿爾．安薩里」（al-Ghazali）就變成了「安薩里」（Ghazali）。

關於日期，我使用了兩套日曆系統，一種是伊斯蘭曆，另一種是實際上就是從基督教曆而來的所謂的「公曆（西元）」。在穆斯林社群出現的最初幾十年，我一般都給出了伊斯蘭曆的日期

（「AH」代表遷徙後）。我之所以這麼做是因為我覺得這樣可以表達和傳遞一種感覺，讓人們感受到當時距離伊斯蘭教的那次關鍵事件的發生相隔了多久。在那幾十年過後，我逐漸就轉用了西元紀年，因為這個系統是大多數讀者所熟悉的——而且如果給出一個日期，卻沒有時空背景也不和其它的事件產生關聯的話，這麼做又有什麼意義呢？

前言

我是在阿富汗這樣一個穆斯林國家裡長大的，從我很小的時候，我所接受的世界史敘事視角就和歐洲和美國的小孩子們在學校中接受的世界史敘事視角很不一樣。但是那時候，那些歷史敘事也並沒有塑造我的思維模式，因為我讀歷史只是覺得好玩，而且當時除了無聊的歷史課本以外，也並沒有什麼法爾西文（Farsi）讀物可供我閱讀。符合我當時閱讀水平的讀物中，所有有意思的書都是英文的。

我最早喜歡上的讀物是一本特別有意思的《兒童世界史》（*Child's History of the World*）作者是V. V. Hillyer。直到我成年之後，當我重新再讀這本書，我才發現這本書是多麼驚人地持有那種歐洲中心觀，通篇都充斥著各種隨隨便便的種族主義。我小時候並沒有發現這些特點，因為作者講的故事還是蠻有意思的。

當我大概是九歲或者十歲的時候，歷史學家阿諾德·湯恩比（Arnold Toynbee）在旅途中經過我的家鄉小鎮拉什卡爾加（Lashkargah），有人告訴他這裡住著一個酷愛歷史的阿富汗小書蟲。湯恩比覺得很有意思，於是請我去喝茶，所以我就和這位談吐不凡的老派英國紳士坐在了一起，面對他和善的提問，我紅著臉，像跳針一樣回答他。我記得這個偉大的歷史學家有一個很好玩的習慣是把他的手帕藏在袖子裡。

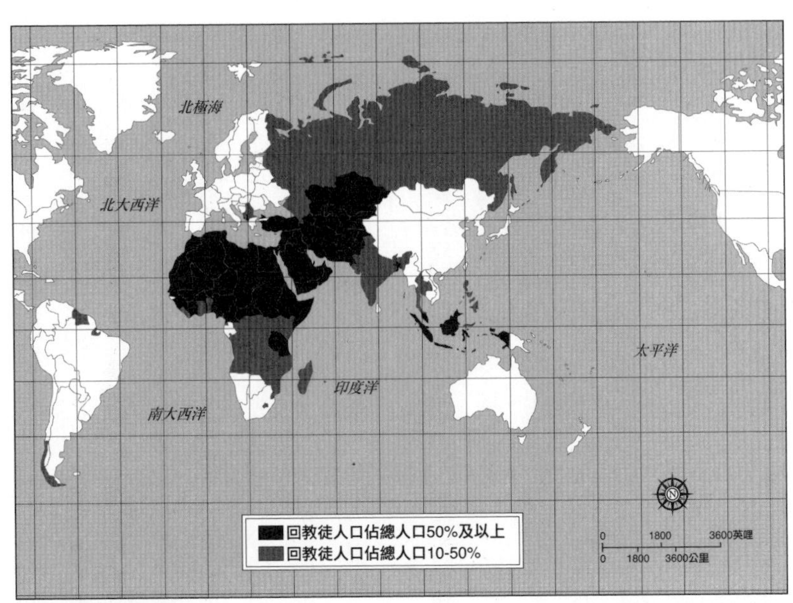

今日伊斯蘭世界

但是當我們告別的時候，湯恩比送給我一份禮物：房龍（Hendrick Willem Van Loon）寫的《人類的故事》（*The Story of Mankind*）。這本書的書名讓我特別的激動——好像是在講述作為一個整體的「全人類」所發生過的一段共同的故事。為什麼激動呢？因為我也是「人類」的一員啊，所以這個故事也許講的就是我的故事，也許，或者至少這個故事講的是一個所有人都有份的大故事呢！我收下了那本書而且愛不釋手，自從那起，世界歷史的西方敘述視角就成了我的世界史框架。後來我所閱讀的所有歷史讀物和歷史小說只不過是在那樣的骨架上添磚加瓦罷了。我還學習了學校發給我們的那種古板的法爾西文歷史課本，但是我讀那些書也只是為了應付考試，考試一過也就忘得一乾二淨了。

也許有某種微弱的回音在我的體內一直渴求著另外一種看待歷史的敘述視角，在四十年後，西元二千年的秋天，當我在美國當教材編輯的時候，這種渴求又回來了。一位德州的學校出版商僱我來編寫新版高中世界歷史教材的提綱，因此我的第一步是先要列出目錄，這也就順理成章地需要我來對塑造人類歷史的各個重要事件有一個構思。當時我只是提供了那本教材的結構。為了適應學年的節奏，出版商規定要分成十個單元，每個單元包括三章。

但是怎麼才能把自然發生的時間切分成這樣的十章（或者三十章）呢？世界史畢竟不是一張羅列了所有發生過的事件的編年表，而是一個由因果環環相扣的事件所連成的一條鏈子，那些事件之所以被選擇和編排出來是為了向我們揭示事情發展的前因後果的——這才是讀歷史的意義所在。

我曾經興致高漲地試著完成這張知識拼圖，但是我的決定必須要經過一大群的顧問審核：他們是課程專員、歷史老師、銷售專員、州政科的教育官員、專業學者和其他的一些相關人士。這對於小學和高中教材的出版來說是很稀鬆平常的事情，我覺得這樣也有道理，因為這些書的作用是順承而不是挑戰被社會中大多數人認為是真實的共識。有一組像是事後諸葛亮一樣的顧問會審核企劃編輯的決定，保證最終完成的產品可以反映當前的課程計畫，否則這樣的書連上市都不可能。

但是當我們在一同進行這個程序的時候，我注意到在我和各位顧問之間有一種很有意思的力量拉扯。我們在大部分的內容上都有共識——但除了這一點：我一直要在世界史中給伊斯蘭更多的篇幅，但是顧問們在這一點上一直收縮，把伊斯蘭相關的內容壓縮掉，要將這些內容放在邊緣章節中為其它的主題服務。我們中誰也沒有抱著那種地方性的偏狹心理，非要給所謂「自己的文明」增光，也沒有人說伊斯蘭是比「西方」更好或是更壞。我們都只是在單純地表達我們對於哪些事件是人類的故事中最為影響深遠的事件的誠摯意見。

我的意見是如此的勢單力薄，就好像是犯了什麼錯誤一樣，所以最後的結果是在我們所列出的目錄中的三十章中，伊斯蘭只是其中一章的中心主題。在該章中的另外兩個單元分別是「哥倫布之前的美洲文明」和「非洲的古代帝國」。

即便是這樣，這已經是比以前的版本有所擴充了。在這之前的最暢銷歷史教材是一九九七年版本的《透視過往》（*Perspectives on the Past*），在那版教材中，三十七章中只有一章的篇幅談到了伊斯蘭，而且在那一章裡，那個單元的一半篇幅（「中世紀」單元的一部分）還給了拜占庭帝國。

簡單的說，在二〇〇一年的九一一事件前的不到一年裡，由專家意見所達成的共識告訴我：伊斯蘭只是一個相對不那麼重要的現象，它的影響力在文藝復興開始的很久以前就結束了。如果你是要嚴格地看待這份教材目錄，你肯定是覺得伊斯蘭教已經不復存在了。

在當時，我已經接受說我的觀念也許是有點偏頗失當了。畢竟伊斯蘭在這之前就已經是我人格認同的一部分了，是有些個人化的成見了。這不單單是因為我是在一個穆斯林國家長大的，而且我還出生在一個曾經在阿富汗享有很高社會地位的家庭，我們家這種地位完全是得自於豐富的宗教學問和虔誠信教的好名聲。我們的家族姓氏暗示了我們應該是「幫忙的人們（*Ansars*，the

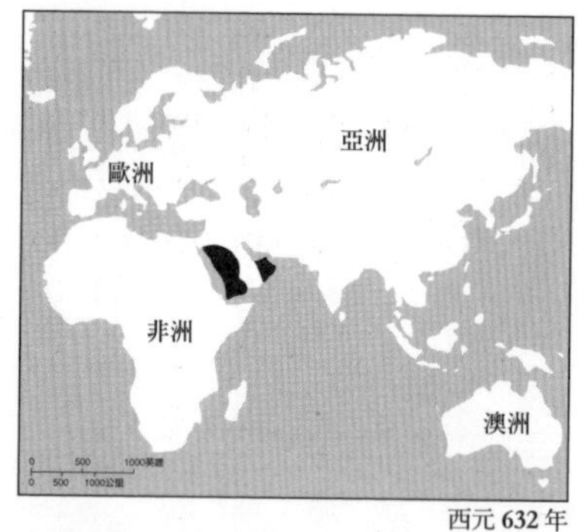

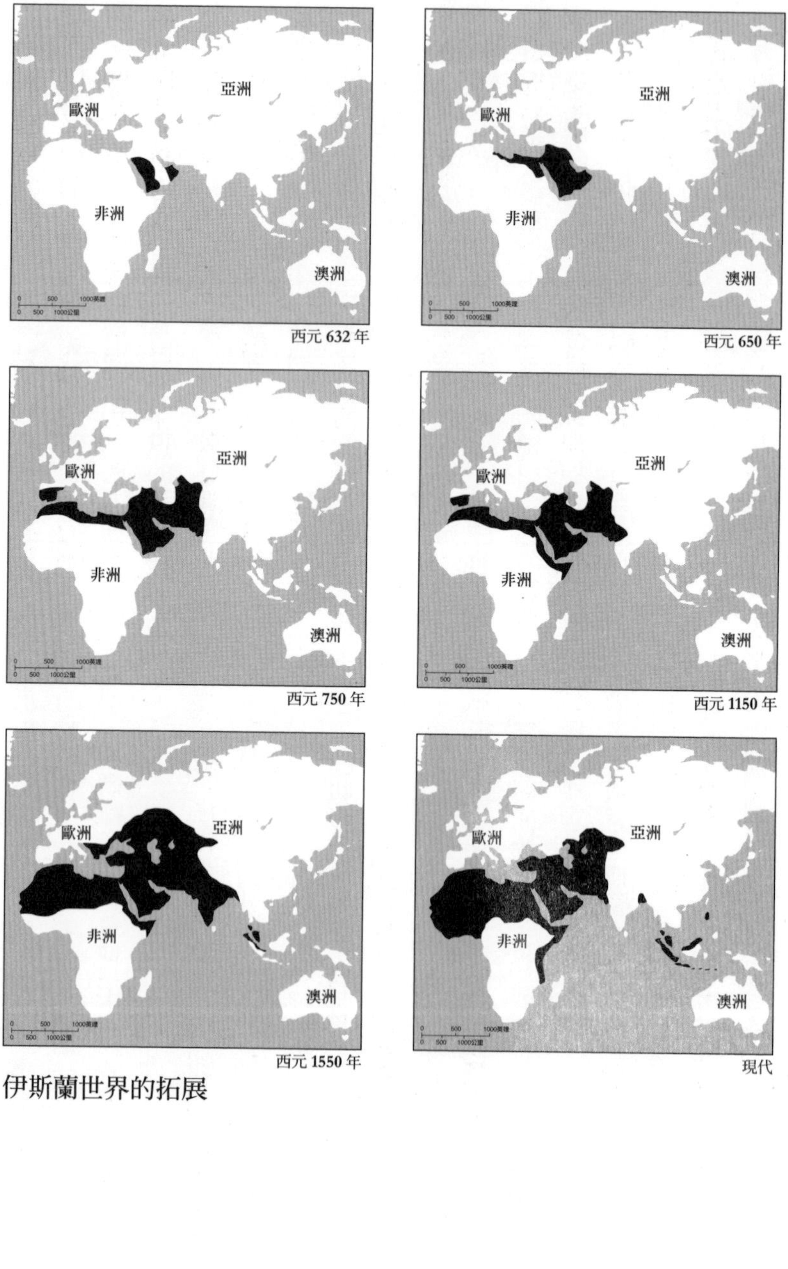

西元 **632** 年

西元 **650** 年

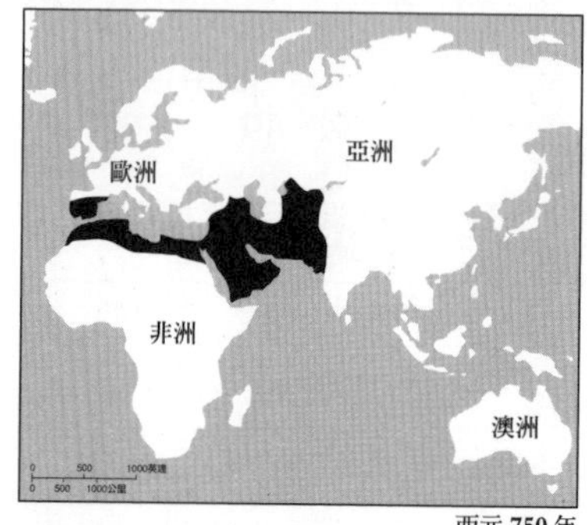

西元 **750** 年

西元 **1150** 年

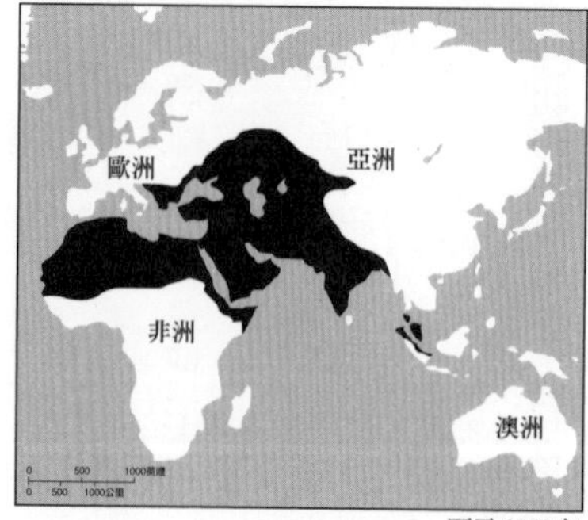

西元 **1550** 年

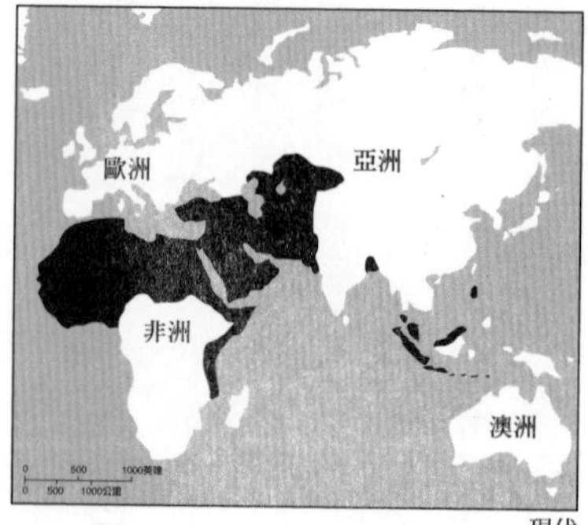

現代

伊斯蘭世界的拓展

Helpers）」的後代，也就是第一批皈依伊斯蘭教的穆斯林，他們幫助先知穆罕默德躲避了麥加的暗殺並因此為他完成使命提供了幫助。

在更近的歷史中，我祖父的曾祖父是當地很受敬重的穆斯林神秘主義大師，他的陵墓直到今天依然是上百位他的追隨者們常常拜謁的聖蹟，有關他的傳說一直流傳到了我爸爸的時代，所以也潛移默化地影響了我們宗族的每個人都要比一般人更多更好地了解宗教知識。在我成長的過程中，我聽過各種穆斯林逸聞和故事、各種評論，並體察我所成長的環境並且完全理解這些事情，即便我本人的個性是全然世俗的也依然如此。

來到美國後我依然是一個世俗的人，但是我發現自己比我生活在穆斯林世界的時候更加對伊斯蘭感興趣了。當我的兄弟在一九七九年起開始擁抱「原教旨主義」伊斯蘭教後，我對伊斯蘭的興趣便更一步加深了。我開始從比如法茲魯・拉赫曼（Fazlur Rahman）和賽伊德・胡塞因・納瑟爾（Syed Hussein Nasr）等作者的伊斯蘭哲學著作以及比如恩斯特・葛倫鮑姆（Ernst Grunebaum）和阿爾伯・霍拉尼（Albert Hourani）的伊斯蘭歷史著作中探索答案，我只是想要試著徹底的了解我的兄弟和我所來自的背景，或者以他的例子來說，就是向前進一步。

對我個人來講，我可以承認說我也許是高估了伊斯蘭教的重要性。然而……仍然有一些小小的疑問存在。我的觀點難道真的沒有站在客觀的基礎之上嗎？我們可以看看以上的六張地圖，是在六個不同的時間點的六個狀態。

當我說「伊斯蘭世界」的時候，我指的是大部分人口是穆斯林的社會或者有穆斯林統治者的社會。當然了，英格蘭、法國美國，以及世界上的任何一個角落都有穆斯林，但是在這裡，在這個情形下如果把倫敦、巴黎或紐約也說成伊斯蘭世界就太有誤導性了。但是，即便在我的嚴格定義中，難道「伊斯蘭世界」在好幾個世紀以來都不是一個很大的地理性的事實存在嗎？難道伊斯蘭世界沒有一直延續到今日，橫跨亞非大地，形成了一個在歐洲和東亞之間一望無垠的廣闊緩衝區域嗎？從實體上講，伊斯蘭世界所佔的面積比歐洲和美國加起來還多。在過去，這曾是一個政治實體，對其統一性和政治上的統一的概念即便是在今天，仍然在被一些穆斯林一次又一次地迴唱。當我看著這六張地圖，我還是想要知道，在九一一事件的前夕，為什麼居然沒有人把伊斯蘭教作為世界史的重要參與者來考量呢！

九一一事件後，觀點改變了。西方的非穆斯林開始詢問伊斯蘭教到底是什麼東西，那些信仰伊斯蘭教的人是些什麼人，在他們的國家中正發生著什麼事。同樣的問題也成為了困擾我的緊要問題。在那一年，是我在三十年來第一次來到巴基斯坦和阿富汗，我隨身帶了一本我在倫敦的二手書店發現的書，這本書的名字是《現代歷史中的伊斯蘭》（*Islam in Modern History*），作者是麥吉爾大學和哈佛大學的宗教學教授魏爾菲德・坎特沃・史密斯（Wilfred Cantwell Smith）。他在一九五七年出版了這本書，所以他在這裡所說的「現代史」實際上已經距離現在四十多年了，然而他的分析給了我巨大的震動——實際上是令人不安——和二〇〇二年發生的事情十分吻合。

史密斯給我從小直到後來都知道的那些信息帶來了一股新風。比如說，當我在喀布爾（Kabul）上學的時候，我知道賽伊德・賈邁勒丁・阿富汗（Sayyid Jamaluddin-i-Afghan）這個人。就和「所有人」

對他的了解一樣，我知道他是現代伊斯蘭歷史中的一個重要的人物，但是坦白說，除了知道他提出了「泛伊斯蘭主義（pan-Islamism）」以外，我從來沒有探究過他是如何贏得他所擁有的名聲的，他所說的泛伊斯蘭主義對我來說只不過是穆斯林沙文主義而已。現在，在讀史密斯的著作時，我意識到了「伊斯蘭主義（Islamism）」的基本信條，在二〇〇一年，這一政治性的意識形態在我們身邊造成了巨大影響，然而這一意識形態是在一百多年前就被這位卡爾・馬克思式的伊斯蘭主義知識分子打造出來了。但是這件事怎麼會對大多數非穆斯林來說都聞所未聞呢？

我回到伊斯蘭歷史中扒了又扒，不再是為了找尋個人的認同，而是想要努力讓當今時代的穆斯林能夠對這種發展勢頭警覺起來——比如在阿富汗發生的可怕故事；在伊朗的吵鬧聲；在阿爾及利亞、菲律賓以及其它各地發生的叛亂；越來越頑固的政治性伊斯蘭極端主義在中東進行的劫機和自殺式爆炸襲擊；還有如今塔利班的興起。的確如此，對歷史的仔細體察可以向我們揭示出人間是何以變成現在這個樣子的。

後來逐漸地，我意識到了到底是怎麼變成現在這個局面的了。我開始察覺到，和法國或馬爾他或南美的歷史不同，伊斯蘭世界「那邊」的歷史根本就不是被所有人都學到的共同歷史之下的子集（subset）歷史，而是更像是一套建立在自己歷史本身之上的另一套可供選擇的世界史，這一套世界史和我曾給德州出版商編纂的那套歷史，或者由我編寫了「伊斯蘭有關章節」的麥克道格—黎特爾公司（McDougall-Littell）出版的那套歷史是相互競爭又相互反射著（mirroring）的。

這兩套歷史發源自同一個地方，位於底格里斯河和幼發拉底河之間的古代伊拉克，而且這兩套歷史殊途同歸，作為重要的參與者參與全球的角力。然而在起點和終點之間，他們走過的道路卻是不同的，而且是奇特的平行不相交的兩條路。

是的，它們奇特的平行：比如說，在從西方的世界史架構的觀點上回首過往的時候，人們可以看到單一的大帝國在古代各種其它帝國的基礎上建立起來——就像羅馬一樣——建立一個全球性的政治國家的夢想就開始了。

如果從伊斯蘭世界的任何一個地方回首的話，人們也可以看到一個絕對單一的帝國在那裡赫然出現，也帶著全球性國家的觀點，但它不是羅馬，而是伊斯蘭早期的哈里發國家。

在兩套世界史中，偉大的早期帝國的分裂都是因為它的地域太過龐大了。然後從北方入侵的蠻族導致了帝國的衰落——但是在伊斯蘭世界，「北方」指的是中亞草原，那裡的蠻族不是日耳曼人而是突厥人。在這兩套世界史中，入侵者都把大國家分解成了拼接在一起的各個小王國，它們之間由一種單一又統一的正統宗教連結起來：在西方是天主教，在東方是遜尼派伊斯蘭教。

世界歷史永遠是關於「我們」是如何來到這裡和現在的，所以對敘述視角的構建便天經地義地由誰是這個「我們」和「這裡和現在」的定義是什麼來決定的。西方的世界史在傳統上認定「這裡和現在」的定義是國內的工業化（和後工業化）文明。在美國，更進一步的認定是其立國的理想，也就是自由和平等，以及由這兩者的合力所帶來的超級大國身份，美國以這樣的身份正帶領著這個星球走向未來。因為有這樣的前提，因此也建立起了歷史的方向和終點，我們就是正走在這條路上。這樣的觀點會讓我們非常容易誤認為所有人都正在往同一個方向走，儘管有人落得比較遠，這是因為他們啟程得晚，或者是因為他們走得慢——也就是這樣的原因，我們才把這樣的國家叫作「發展中國家（developing countries）」。

如果由後工業化的西方民主國家所提出的理想未來被我們當作是歷史的終點的話，對「這裡和現在」的敘述視角的塑造大概就會是途徑如下這些階段：

1. 文明的誕生（埃及和美索不達米亞）
2. 古典時代（希臘和羅馬）
3. 黑暗時代（基督教的興起）
4. 重生（文藝復興和宗教改革）
5. 啟蒙（探索和科學）
6. 革命（民主革命、工業革命、技術革命）
7. 民族國家的興起（帝國的角力）
8. 第一次世界大戰和第二次世界大戰
9. 冷戰
10. 民主資本主義的勝利

但是，假如我們以伊斯蘭的視角來看世界史呢？我們是不是還可以恰當地像是西方觀點那樣，把我們自己看作是發育不良的矮人，正向著同樣的終點站前進但是卻困難重重呢？我不這麼認為。首先，我們看待分隔「前」和「後」的分水嶺就和西方的觀點不同：元年對我們來說應該是先知穆罕默德從麥加遷移到麥地那的那一年，他的遷徙（Hijira），讓我們穆斯林社群得以生息。對我們來說，這個社群代表著什麼叫作「文明」，而讓這個理想愈發完美才是給予歷史形塑和方向的驅動力。

但是，在最近的幾個世紀裡，我們感覺到事情已經變得走樣了。我們知道穆斯林社群已經停止了擴大，而且變得迷茫，被一種交叉的橫流（crosscurrent）所干擾，那是另外的一種具有競爭性的歷史方向。作為穆斯林傳統的繼承者，我們要被迫在失敗中尋找歷史的意義，而不是在勝利中找尋。我們將感受到兩種驅動力之間的矛盾：是要改變我們對於「文明」的理解並和歷史的潮流看齊，還是要與歷史的潮流戰鬥，讓它重新再和我們對「文明」的理解看齊。

如果穆斯林社會所經歷過的受挫的現實可以被用來作為世界歷史敘述視角要來解釋的「這裡和現在」，那麼故事則可以被歸納成如下這樣的先後發展：

1. 古代：美索不達米亞和波斯
2. 伊斯蘭的誕生
3. 哈里發國家：對普世統一性的追求
4. 分裂：蘇丹國家的時代

5. 大災難：十字軍和蒙古人
6. 重生：三個大帝國的時代
7. 西方對東方的滲透
8. 改革運動
9. 世俗現代主義者們的勝利
10. 伊斯蘭主義者的回應

文學批評家愛德華．薩依德（Edward Said）曾辯稱在好幾個世紀以來，西方給伊斯蘭世界構建起了一種「東方主義者」的幻想，這種幻想是一種有些令人羨慕，又混合了墮落的華麗圖像的「他者（otherness）」的陰險感覺。也的確是，伊斯蘭教在範圍上已經進入到了西方的想像中，而且其形象多多少少也正是上面描述的那樣。

但是更吸引我的則是伊斯蘭在各種描述上的相對缺位。比如說，在莎士比亞的時代，卓越的世界性力量是以三個伊斯蘭帝國為中心的。但是在他的作品中，穆斯林在哪裡呢？沒有。如果你不知道摩爾人（Moors）是穆斯林的話，那麼你在《奧賽羅》中也學不到這一點。

在這裡有兩個巨大的世界相互挨著，但奇妙的是彼此之間是如此的無視對方。如果西方和伊斯蘭世界是兩個人的話，我們也許可以在這裡看到心理抑制的症狀。我們也許會問：「這兩個人之間到底怎麼了？他們以前是想愛過嗎？後來發生了過虐嗎？」

但我覺得，還有另一種不那麼聳人聽聞的解釋。縱貫大部分的歷史，西方和現在伊斯蘭世界的核心地帶曾經就像是兩個相互分離的宇宙，每個宇宙中都有預設好的各自的內部事務，每個宇宙都假定自己是人類歷史的中心，每個宇宙都生活在不同的敘述視角之中——然後直到十七世紀，當兩種敘述視角開始接觸，這種情形才發生變化。在這時候，必須要有一種敘述給另外的一種敘述讓路，因為這兩種敘述視角是彼此間相衝突的。西方的勢力更強大，所以它的敘述擴展了開來並把另外的一種打翻到了下面。

但是被取代了的歷史絕對沒有真正的停止下來，它繼續在表面之下流動，就像是洪濤一樣繼續流淌。當你把世界上的那些焦點列出來——克什米爾、伊拉克、車臣、巴爾幹、以色列、巴勒斯坦，你會發現你標注出來的一些政治實體雖然它的邊界已經從地圖中消失了，但是它們仍然在努力拍打掙扎著努力活下去。

這就是我在接下來的篇幅中即將講述的故事，而且我強調它是「故事」。《中斷的天命》既不是一本教科書也不是學術論文。這本書更像是如果我們在一家咖啡店裡相遇，你問我「那個平行的世界歷史到底是怎麼回事」的時候我所告訴你的事情。我所提出的觀點在各所大學圖書館的書架上都能找得到。如果你不介意學術語言和註釋的話，你可以去那裡閱讀。但是如果你想要聽故事的話，你可以來看這本書。雖然我不是一個學者，但是我利用了學者的研究成果，學者們篩選歷史中的原材料來得出結論，這些結論再經過研究者們的篩選又再得出變化了的結論。

在人類延續了好幾千年的歷史中，我專注在一片也許在不到半個世紀之前還看起來像是一片無序之地的地方，我徘徊於此是因為先知穆罕默德和他的前四位繼任者的關係，他們是奠定了伊斯蘭教敘述的人們。我把這個故事當作人類熟悉不過的故事來講述，因為這就是穆斯林知道這些故事的方式。我更帶有懷疑性地使用了學術方法來講這個故事，我更多地使用了來自於非穆斯林的史料，而不是比較主觀的穆斯林史料，因為學術史料更加地在乎挖掘「真正發生了」的事情。我的目標是把穆斯林認為的究竟發生了什麼的事情傳達給讀者，因為穆斯林的想法才是在歷史的長河中激勵了穆斯林的動力，也是在可以被理解的世界史中帶給穆斯林他們的角色的動力。

但是關於伊斯蘭教的起源，我會斷言一件事。不同於其它的那些更古老的宗教——比如猶太教、佛教、印度教，甚至是基督教——穆斯林在事情剛一發生的時刻就開始了收集、記憶、誦讀和保存歷史。穆斯林不僅僅是保存歷史，而且還把每一條消息都深深地嵌入在了一個由史料所集合成的大巢中，穆斯林會把目擊每一件事情的人的名字記錄下來，並把所有人的名字列成一個名單，這個名單可以一直按照時間順序回溯，一直回溯到第一個寫下這一記錄的人，這樣的參考目錄的功能很像是在法庭事務中讓一件證據變得有效的監管人鏈的機制。

這也就表示穆斯林的那些核心故事不應該僅僅被當作是寓言來看待。對於一則寓言，我們並不要求證據來證明這件事真的發生過。這不是對待寓言的辦法。我們並不在意故事是不是真的，我們是在意所學到的道理是真的就好。穆斯林的故事則不是那種壓縮膠囊式的寓言課：他們不是在理想國家中的理想的人。那些人和我們息息相關，正如那些實際的事件和那些真實的人物在歷史的泥潭和黑暗中糾葛，我們會從他們的身上學到我們想要學習的道理。

我並沒有否認穆斯林的故事所具有的寓言性（allegorical），毫無疑問它們中有一些事情是編纂出來的，我也不否認它們中的許多或者全部故事都被歷史進程中的敘述者按照個人和時代的需要做過一些修改。我只是要說，穆斯林是把他們最基本的敘述當作是歷史記錄來看待的，穆斯林們了解那些人物和事件的方式與了解古羅馬時發生在蘇拉（Sulla）和馬略（Marius）之間的事情的方式是相同的。這些故事介於歷史和神話之間，給人們講述這齣人類大戲中的爾虞我詐和穆斯林所持的看法，而少有單純用智力（而非體察）才能理解的穆斯林在歷史中所做了些什麼的內容。我就是打算用這樣的方法來講述這個故事，如果你同意的話，那就請扣好安全帶，和我一起開始吧。

1

中央世界

THE MIDDLE WORLD

在伊斯蘭教誕生的很久以前，在大西洋到孟加拉灣（Bay of Bengal）之間存在著兩個世界。每一個世界都有自己的貿易網絡和路線；一個主要是海上路線，而另一個則以陸上路線為主。

當讀者把目光放在古代的海上交通時，便會發現地中海是世界歷史的中心，因為許多早期富有活力的文化，諸如邁錫尼人（Mycenaeans）、克里特人（Cretans）、腓尼基人（Phoenicians）、呂底亞人（Lydians）、希臘人和羅馬人等民族都曾在此相遇並進行文化交流。生活在如此近距離的地中海區域內的各民族可以輕易地得知其他民族的動態並且彼此間相互交流，因此，地中海本身就成了這些民族之間的維繫力量，地中海讓各民族之間得以彼此描述，並且把他們的命運交織到了一起，這些民族共同的命運構成了世界歷史的萌芽，並且從中誕生了所謂的「西方文明」。

如果讀者們審視一下古代的陸路交通，就會發現全世界的「中央中轉站」是那些連接印度次大陸、中亞、伊朗高原、美索不達米亞和埃及的道路網絡和路線，這些道路位於一片被河流和海洋圍繞的土地上，這些河流和大海大概就是人們所稱的波斯灣、印度河及烏滸河（Oxus rivers）；還包括鹹海、裏海、黑海；以及地中海、尼羅河和紅海。上述這些河海所圍繞著的一大片土地最終成為了伊斯蘭世界。

不幸的是，對於上述的第二個區域來說，各民族的共同活動卻並沒有給那片區域帶來單一的稱謂。該區域中的一部分地區被稱之為「中東」，但是這個名字卻模糊了這個區域和整體世界之間的聯繫，而且除此之外，只有身處西歐才會把這裡叫作「中東」——假若人們身處伊朗高原，便會發現目前泛指的「中東」實際上是在西邊，因此應被稱為「中西」（Middle West）才對。因此我偏好把從印度河一直到伊斯坦堡之間的區域稱之為中央世界（the Middle World），因為這裡地處於地中海世界和中國世界的中間。

中國人有著自己的世界，而且極少與另外兩個世界互動；就它孤立的地理位置來看，這也是可預見的。中國與地中海世界相距遙遠，與中央世界之間也受喜瑪拉雅山脈、戈壁沙漠、東南亞叢林等難以穿越的屏障所阻隔，這就是為什麼在以「中央世界」為主的世界歷史中甚少提及中國及其衛星國家或競爭對手，在本書中也很少有機會提到它們。至於撒哈拉沙漠以南的非洲（sub-Saharan Africa）也是同樣的狀況，那裡是受世界最大的沙漠阻隔而與歐亞大陸相距甚遠。同樣是因為這個原因，美洲人形成了又一種截然不同的世界，它有著自成一格的歷史發展，這是因為地理原因和其它更廣泛的一些原因共同作用而成的。

然而，地理因素並沒有像孤立中國和美洲那樣地將地中海世界和中央世界分割開來。這兩個相連的地區之所以成為不同的世界是因為它們正是歷史學家菲利浦．柯頓（Philip Curtain）所稱的「內部交流地區」（intercommunicating zones）：這兩個世界的內部互動明顯多於與另一個地區的交流。從地中海沿岸的任何一個地方出發去另一個位於地中海沿岸的某個地方要比去位於今日伊朗境內的波斯波利斯（Persepolis）或是印度河容易得多。相似的，在古代縱橫穿越中央世界各地的陸路商隊可以輕易到達任何一個方向或者任何一個交通樞紐——中央世界之內到處都有這樣的交通樞紐。但是如果他們要向西進發的話，進入到小亞細亞（也就是我們今天說的土耳其）之後，當地的地形就會慢慢地像是漏斗一樣把他們導入到全世界最窄的瓶子頸——也就是那座跨越博斯普魯斯

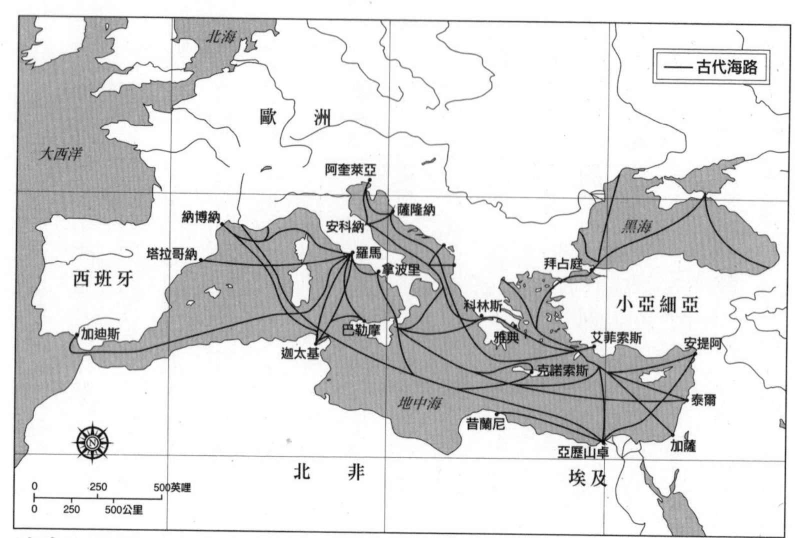

地中海世界（由海路定義）

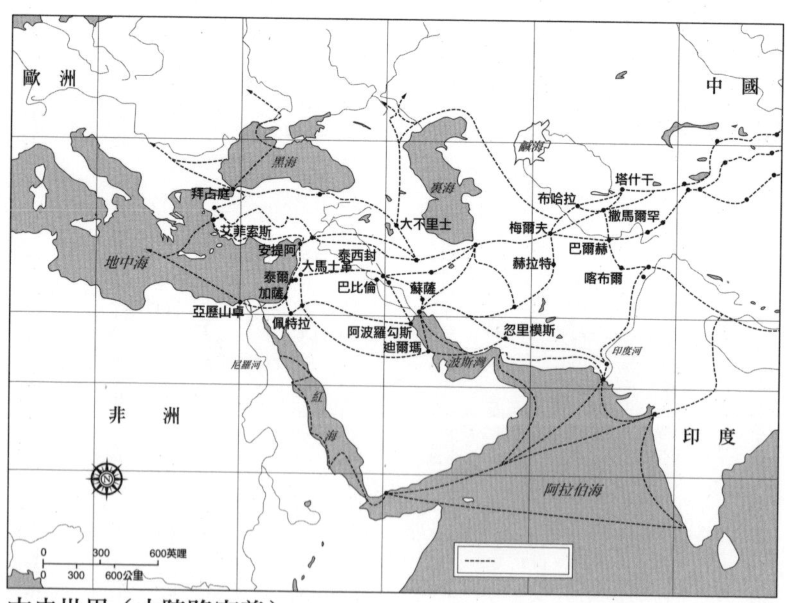

中央世界（由陸路定義）

海峽的大橋那裡去。（當初當然是沒有這座橋了）。這就像是掐著陸路交通的脖子，讓它變成一股涓涓細流一樣，讓貿易商隊折回到地中海沿岸向中間或者向南的方向去。

各種八卦、故事、笑話、謠言、歷史印象、宗教神話、商品及各種文化片段在那些商人、旅客和征服者中間流傳。貿易路線和旅行路線就像是毛細管般帶著文明的血液。即便人們對於誰是好人誰是壞人的定義存有爭議，但是這些遍佈著這種毛細管的社會很容易就會成為對方講述的故事裡的特色。

因此地中海世界和中央世界發展出了兩種截然不同的世界歷史論述，住在地中海地區的人們自然而然地認為他們是身處人類歷史的中心，而居住在中央世界的人們也同樣有很好的理由相信自己是座落在天下的中央。

然而在一片狹長的土地上，這兩個世界的歷史交疊在了一起，讀者們在這裡會找到以色列，也能找到黎巴嫩，還有敘利亞和約旦——簡而言之，也就是有最多麻煩的地方。這裡是那個被海岸線所定義的世界的東部邊境，同時也是那個被陸路交通所定義的世界的西部邊境。從地中海文明的觀點來看，這些地方一直都是他們的世界歷史的一部分，他們的世界的源頭及核心是地中海；從另外一邊的觀點來看，這些地方也一直都是中央世界的一部分，它的世界的中心位於美索不達米亞和波斯。關於這一片土地，總是有這樣的棘手爭論：這片土地到底是在哪一個世界中呢？

伊斯蘭之前的中央世界

世界上最早的文明都發源於那些每年洪水氾濫，流速平緩的大河岸邊。中國的黃河河谷、印度的印度河谷和非洲的尼羅河谷就是這樣的地方。在六千年甚至更久之前，遊牧的獵人和牧民在這裡定居下來，他們修建了村莊並開始務農。

或許早期人類文化的搖籃就是位於底格里斯河和幼發拉底河之間的那片楔形地帶了——人們將它稱為美索不達米亞平原，「美索不達米亞」意指「位於河流之間」。而且很巧合，這兩條河幾乎平分了今天的伊拉克，當人們提到「肥沃的月灣」是「文明的搖籃」，指的其實就是伊拉克，這裡就是一切的起源。

有一項關鍵的地理特色使得美索不達米亞平原不同於其它的早期文化溫床，這項地理特色便是有兩條決定性的河流流經這片平坦、可居住的平原，而且外人也可以從各個方向輕易地接近這一地區，這裡並沒有自然屏障能夠保護居住在這裡的人們，這裡不像是尼羅河東側有沼澤，西側有不可居住的撒哈拉沙漠，上游也佈滿了岩石峭壁。地理屏障讓埃及有發展的延續性，但也阻礙了它與其他文化的交流，讓埃及的文化有一種特有的靜止性。

美索不達米亞平原的情況則與尼羅河不同。在這裡，我們將要提到的歷史型態在千年以來不斷地重覆上演，遊牧民族和城市居民之間的複雜角力使得這裡不斷地出現更大的帝國：

定居的農民在這裡修建灌溉系統來供應繁榮的村莊和城鎮所需。後來，會出現某個強霸的傢伙，或是組織性良好的神職人員，或者是上述兩者的綜合體將若干的城市納入到單一的權力掌控之下，再由此形成更大的政治組織，諸如聯盟、王國或帝國。與此同時，刻苦耐勞又強悍的遊牧民出現了，他們會征服當時的君主，掌控君主的所有財富，在這個過程中，帝國也越來越大。最終，這些遊牧民會變成溫和、喜好奢華的城市定居者，就如同被他們征服的族群一般，然後這群人又被另一群遊牧民族所征服，接手他們的帝國。

征服、鞏固、擴張、衰微、征服，這樣的模式不斷上演。十四世紀偉大的穆斯林歷史學家伊本・赫勒敦（Ibn Khaldun）在觀察他所熟知的世界後歸結出這樣的結論，他認為這樣的模式說明了潛藏於事件背後的歷史脈動。

在歷史上的任一時期，這樣的過程不只在一個地方上演。某個帝國在此處發展，另一個又在別處萌發，兩個帝國同時擴張，然後他們開始相互角力，衝突升高到某一點後便開始了征服，最終得以形成新的，更大的單一帝國。

在大約五千五百年前，幼發拉底河沿岸有大約十二個城市聯合到了一起，形成了一個統一的群體，名字叫作蘇美（Sumer）。在這裡，書寫技術、車輪、手推車、製陶的轉輪和早期的數字系統被發明了出來。後來來自上游的阿卡德人（Akkadians）征服了蘇美人。阿卡德人的領導者薩爾貢（Sargon）是首位名留青史的征服者。從各個方面來看，他都是一個兇悍的人，他出身寒微，白手起家，最後以楔形文字的泥板記錄下了他的豐功偉績。那些文字記錄若一言以蔽之，可以說是：「我會一一打擊任何竄起的勢力。」

薩爾貢帶領著他的軍隊一直向南推進，他們甚至遠抵大海邊，可以用海水清洗他們的兵器了，他說道：「現在，如果有任何一位國王覺得和我一樣厲害，只要我去，就沒他的份了。」他的意思是：「來瞧瞧，誰能像我一樣征服了這麼多地方。」[1]但他的帝國比紐澤西州還要小。

就在此時，另一支自高原而下的強悍遊牧民族征服了阿卡德人，之後這個民族又被其他民族所征服，之後又為另一個民族所征服——吉提安人（Gutrians）、加喜特人（Kassites）、胡里特人（Hurrians），亞摩利人（Amorites），這樣的模式不斷重覆上演。如果仔細檢視的話，人們便會發現每當有新的統治者，他所統治的土地基本上都會比上一任統治者的土地多一點點。

當亞摩利人（Amorities）建立了著名的巴比倫城時，他們在這樣的征服循環中站到了最關鍵的歷史時刻，而巴比倫城也成為了（第一個）巴比倫帝國的首都。巴比倫後來被亞述人（Assyrians）接手統治，而亞述人則是在更大更豪華的城市尼尼微（Nineveh）進行統治。亞述帝國自伊拉克延伸至埃及，在當時仍靠馬匹移動的時代，讀者們可以想見亞述帝國的規模在當時人們的眼中顯得有多龐大。亞述人因為他們的殘暴統治者，在史上留下了惡名，但平心而論，與其他同時期的帝國相較，很難說他們真的比較殘暴，但他們也的確採行了二十世紀史達林惡名昭彰的策略：當政者命令所有的人民搬離熟悉的土地遷往他鄉，這樣的政策背後的邏輯是當人民失去家園並與陌生人一同生活時，他們會因缺乏熟悉的資源而變得混亂，這樣的人不願意去組織叛亂。

這樣策略也許能一時奏效，但是不可能長久有效，亞述人最終被曾經是他們子民的迦勒底人

（Chaldeans）所擊敗，迦勒底人重建了巴比倫城，他們在歷史上因星象學、醫學及數學的知識成就而贏得了顯赫的名聲，他們使用了十二進位制的系統（我們現在用的是十進位制），他們也是測量和分割時間的先鋒，這就是為什麼一年有十二個月，一小時有六十分鐘，以及一分鐘有六十秒。他們還是傑出的城市規劃者及建築師——七大古代世界奇觀中的巴比倫空中花園就是由一位迦勒底國王興建的。

但是巴比倫人延續了亞述人遷移全部人口，加以分化以便統治的策略。國王尼布甲尼撒（Nebuchadnezzar）是第一位摧毀耶路撒冷並關押希伯來人的人。曾有一位巴比倫國王名叫伯沙撒（Balshazzar），有一次他在皇宮宴客時，看到一隻沒有身軀的手在他的牆上用火寫下了神祕文字「*mene mene tekel upharsin*」。

國王身旁的大臣們個個一頭霧水，有可能是因為他們已經喝醉，但也是因為這些文字以某種陌生的文字寫成（其實是阿拉姆語[Aramaic]），因此沒有人能解釋這段文字，於是眾人要求一個名叫但以理的希伯來俘虜來翻譯這段文字，他翻譯說：「你的來日不多了，你已經被掂量，並被認為是失德之人，你的王國將會分裂。」這件事至少在舊約聖經的但以理書（Book of Daniel）中是這麼說的。

伯沙撒還來不及思考這一切的寓義，預言就已成真。波斯人和米底亞人（Medes）組成的聯軍

1 See Georges Roux, *Ancient Iraq* (New York:Penguin,1980), p.148.

自高地揮軍而下，突擊血洗了巴比倫城，這兩個印歐部族建立的波斯帝國終結了巴比倫第二王朝（Second Babylonia）。

直到這時，在中央世界的核心地帶不斷湧現出更大的帝國模式開始告一段落，至少是沈寂了一段時間。首先，隨著當時波斯王國建立，已沒有多少土地可供擴張了，兩大「文明搖籃」埃及和美索不達米亞成為了波斯帝國的領土，帝國的領地向東延伸到了小亞細亞，向南到了尼羅河，西部則穿過伊朗高原和阿富汗抵達了印度河。附庸風雅的波斯人身上總是散發著迷人的香氣，或許他們認為沒有必要進行更多的侵略了，畢竟印度河的南方佈滿了瘴氣氤氳的叢林，阿富汗北方則是長年被風吹襲的貧瘠草原，突厥遊牧民族在此徘徊，以牛隻和羊群勉強維持生計，誰會想統治他們呢？波斯人興建了許多堡壘將野蠻人阻隔於外，好讓居住在藩籬內的高雅人士得以追求文明生活的美感。

到西元前五五〇年波斯人開始統治時，這裡已經發生過了多次的兼併：在每個地區，更早的征服者已經把許多的當地部落和城市納入到了中央首都的單一君主的統治系統中，埃蘭（Elam）、烏爾（Ur）、尼尼微或巴比倫無不如此。這些先行者的功績（和流血）讓波斯人得以坐享其成。

然而波斯帝國的出類拔萃是有如下這些原因的。首先，波斯人與亞述人看法相左，他們採行完全不同的策略來統治一個地域龐大的帝國，波斯人傾向於安置這裡的民族而不是將其連根拔起。波斯人釋放了希伯來俘虜，還幫助他們回到迦南（Canaan）。波斯的皇帝們追求的是一個帳逢之下的多文化、多種族策略。他們掌控廣袤帝國的祕訣在於讓所有的民族照他們原來的方式生活，原來的領導者也得以保有權勢，只要上繳租稅並服從國王的命令和要求即可。後來的穆斯林也採取了這樣的做法，並且在鄂圖曼時代（Ottoman times）中得到了秉承。

其次，波斯人將交流視為統一的關鍵，只有統一才能控制他們的國土。他們頒布了一系列相關的稅法，在疆域內發行統一的貨幣作為貿易活動的溝通工具。他們還大興土木修建道路，並設立許多旅店來讓旅行變得更便利。他們還發展出了一條很有效率的郵政系統，就像是古早版的快遞公司一樣。常見的快遞廣告詞：「不畏惡劣天氣和夜晚的黑暗，我們的信差使命必達」實際上是來自於古代的波斯。

波斯人還雇用了大量的譯者。所以人們就沒辦法用這樣的藉口逃離責罰了：「長官，不好意思，我不知道這樣的行為違法，因為我不說波斯文。」有了譯者的協助，帝王得以向所有臣民以多種文字宣揚帝國功蹟，以此來得到臣民的愛戴。將波斯帝國帶向高峰的大流士大帝（Darius the Great）將其生平事蹟刻成貝希斯敦銘文（Behistun），石碑上有三種文字：古波斯文、埃蘭語（Elamite）以及巴比倫文，用一萬五千字描述了大流士的生平和戰蹟，記錄了各地以失敗告終的叛亂，以及他如何將這些叛亂份子依情節輕重判刑。總而言之，就是告訴他的臣民：你最好別招惹我，否則你可能會丟了鼻子或者更糟。但是無論如何，帝國的人民覺得波斯的統治基本上是良善的。運作良好的帝國機器讓帝國秩序井然。老百姓得以安居樂業，發展農業和其它的工藝技術。

貝希斯敦銘文用古波斯文寫成的部分是可以轉譯成現代波斯文，因此當這塊銘文在十九世紀被發掘出來的時候，學者們得以憑藉銘文上的波斯文來解讀另外兩種語言，這讓後世的人們取得了解讀古代美索不達米亞楔形文獻的鑰匙，那些文獻所涵蓋的內容十分廣泛，因此人們對三千多年前這一地區人們生活情形的了解要比對西歐人在一千二百年前的生活情形的了解更多。

宗教在波斯帝國的影響十分廣泛。波斯的宗教並不像是印度教那樣有上百萬個神祇，也不像埃及萬神殿中的那些半人半獸的神奇生物，也不像希臘的多神教那樣認為自然界萬事萬物都有自己的神，而神就像是人類一樣，也會有人類的弱點。波斯的宗教完全不同，在這裡，瑣羅亞斯德教（Zoroastrianism）位居主宰地位。瑣羅亞斯德（Zoroaster）的時代比耶穌早一千年左右，或許早一些，或許晚一些，沒人可以確定；他來自伊朗北部，或許是阿富汗北部，又或許是位於東方的某一處，同樣的，實情也無人知道。瑣羅亞斯德從未聲稱自己是先知或是任何神聖力量的媒介，他自認為是哲學家和生命意義的思考者，但其追隨者卻將他看作是一位神聖的人。

瑣羅亞斯德教宣揚世界是一分為二的——黑暗與光明、善良與邪惡、真理與謬誤、生命與死亡。在世界被創造的那一刻起，世界即分成二大對立的陣營，雙方從此就一直角力著，而且這樣的角力會一直持續到世界末日。

瑣羅亞斯德認為人類的內心即包含這兩種相斥的原則，而人有自由意志決定往哪一個方向走，若是選擇善念，人們將促成更多光明和生命的力量；若是選擇邪惡，他們便給予黑暗和死亡的力量。在瑣羅亞斯德的宇宙中並不存在著宿命。而這場善惡之戰的結果永遠是懸而未定的，每個個人都要自由地做出道德上的抉擇，而且每個人所作出的道德抉擇都會影響宇宙的走向。

瑣羅亞斯德教將宇宙的舞台託付給兩個神，不是一個，也不是成千上萬個，而是兩個。阿胡拉・馬茲達（Ahura Mazda）代表良善的根源，而阿里曼（Ahriman）則是邪惡之本源。火被視為是阿胡拉・馬茲達的象徵，這導致有的人把瑣羅亞斯德教歸類為崇拜火的宗教，只不過他們崇拜的不是火的本身，而是阿胡拉・馬茲達。瑣羅亞斯德教談論來世，認為良善者終將走向來世一途，這並非是良善的報酬，而是選擇良善這個方向的必然結果，人們可視為選擇了良善而將自己提升到天堂的境界。波斯的瑣羅亞斯德教徒拒絕宗教的雕像、塑像及偶像崇拜，這一觀念給後來出現的伊斯蘭教不喜歡在宗教藝術中表現形象的觀念打下了基礎。

瑣羅亞斯德有的時候，或者說至少他的追隨者們有時候把阿胡拉・馬茲達稱之為「智慧的主」，並且說祂是整個宇宙的創造者，而且有時候還說是祂在那些創造物被創造出來之後的短時間內被祂分出了兩種對立的性質。因此，瑣羅亞斯德教的善惡二元論有向一神論緩慢前進的意味，只不過它從未成為一神論的宗教。對於古代波斯的瑣羅亞斯德教徒而言，二位神在宇宙擁有相同的力量，而人類始終處在這兩股力量的拉鋸中。

瑣羅亞斯德教教士被稱作是「法師」（magus，複數形態是*magi*），根據基督教的故事，三位「來自於東方的智者」將製藥及香水用的沒藥樹和向神祇上香時用的乳香置於還在襁褓中的耶穌所停留的馬廄，而這三位「來自於東方的智者」便是瑣羅亞斯德教教士。「魔術師」（magician）一字便從「*magi*」的字根演化而來，人們常認為這些教士擁有神奇的力量，有時候教士自己也會這麼宣稱。

在帝國的後期，波斯人衝到了地中海世界，這給西方世界的歷史造成了雖然短暫卻暴烈的影響。波斯皇帝大流士揮師西進，想要懲罰希臘人。我在這裡說「懲罰」，而不是「入侵」或「征服」，是因為從波斯人的觀點來看，所謂的波斯戰爭並不是兩大文明之間的重大衝突。波斯人把希臘人看作是居住在文明世界西緣小城市中的未開化居民，雖然那些小城對波斯人來說太過遙遠，無法進行直接的統治，但是絕對是屬於波斯人的。大流士僅僅是希望希臘人能象徵性地給他上貢一罐水和一盒泥土。希臘人拒絕了。於是大流士召集軍隊西進，想給希臘人上一節永遠不會忘記的課。但是，大流士規模龐大的軍隊並不一定是他的優勢：你該如何在相距如此遙遠的情形下指揮軍隊呢？要如何保證後勤補給呢？大流士忽略了最重要的軍事戰略原則，即永遠別在歐洲打陸戰。到後來，反倒是希臘人給波斯人上了一節永不能忘的課，但是，還不到一個世代，大流士愚蠢的兒子薛西斯（Xerxes）採取了重蹈覆轍的方式為父親報仇。就是這樣，薛西斯也同樣鎩羽而歸，波斯的歐洲冒險就這麼結束了。

然而故事並沒有就此結束，一百五十年之後，亞歷山大大帝（Alexander the Great）自歐洲來此征戰。後世人們常聽到亞歷山大大帝征服全世界，但實際上他征服的是波斯，這樣即被視為征服「全世界」了。

地中海文明與中央世界的歷史論述對於亞歷山大有著截然不同的呈現方式。亞歷山大大帝夢想將兩個世界：歐洲與亞洲合而為一。他打算定都於巴比倫。亞歷山大給這個世界留下了深刻的印記。他是許多波斯神話和故事中的角色，這些神話和故事賦予了他傳奇英雄的特質，雖然不全然全是正面的形象，但是也不都是負面的形象。有不少穆斯林世界的城市是由他而命名的，埃及的亞力山卓（Alexandria）就是很明顯的例子，比較不那麼有名的案例是坎達哈（Kandahar），這裡在今天之所以為人所知是因為塔利班把這裡當作首都。坎達哈的舊名是伊斯坎達爾（Iskandar），這是「亞歷山大」在東方的發音，但是「Is」的發音消失了，而「Kandar」的發音則軟化成了「Kandahar」。

但是亞歷山大造成的傷口癒合了，他在亞洲的十一年的記憶也慢慢褪去。一天晚上，他在巴比倫突然去世了，究竟是流行感冒，還是瘧疾，或是遭人下毒，真的死因已經無人知曉了。先前他曾在征服的土地委派將軍駐守，當他一去世，勢力最強的幾位將領便佔地為王，在先前是波斯帝國的土地上出現了幾個延續了幾百年的希臘化王國（Hellenic kingdoms）。例如，位於現今阿富汗北部的巴克特里亞王國（Kingdom of Bactria）的藝術家製作了希臘雕像，當佛教的影響自印度逐漸往北滲透時，兩種藝術風格混合，形成了現今的「希臘式佛教藝術」（Greco-Buddhist art）。

最終，這些王國都衰弱了，希臘的影響也逐漸凋零，希臘語也不再通行，原有的波斯文化回到了主流的位置。另一個帝國佔領了原先波斯帝國的舊領地（雖然領土面積不如波斯帝國幅員遼闊）。新統治者稱自己為帕提亞人（Parthians），他們是頂尖的戰士。他們讓羅馬人老老實實地待在原地，阻止了他們向東的擴張。帕提亞軍隊是歷史上的第一支鐵甲騎兵軍隊，身披盔甲的騎士騎在同樣披戴盔甲的戰馬上，像極了歐洲封建時代的騎兵。帕提亞的鐵甲騎兵有如移動的城堡，但有些笨重，因此帕提亞另有輕型騎兵，身穿輕型金屬盔甲騎著未著盔甲的戰馬。戰術上，輕騎兵有時會假裝潰敗；在雙方正在猛烈交戰的時候，他們會突然轉向逃跑，對手想要趁勝追擊，便會打亂原來的隊形。當敵人不顧紀律高喊著：「大夥兒快抓啊，別讓他們跑了，解決他們！」的時候，帕提亞人會在這時候突然轉向，朝著全無陣式、毫無組織的敵軍砍殺，幾分鐘內就把他們殲滅。這樣的戰術在後世被稱為「回馬槍」（Parthian shot），當聽到「臨別」（parting shot）一詞時，很有可能你聽到的是「回馬槍」。[2]

帕提亞人是來自波斯東北部山間的牧民和獵人，當他們接過了原先波斯帝國的體制，基於務實的考量，他們變成了波斯人（事實上「Parthian」一詞或許來自於「Persian」一詞的訛誤或變異）。帕提亞帝國延續了好幾個世紀但是卻沒有留下許多記錄，因為他們對文化和藝術並沒有太多興趣，而且重武裝騎兵一旦死去，身上曾有的的盔甲便會被拆解再利用，因此少有文物流傳後世。

帕提亞帝國倒是十分保護和提倡貿易，他們保障了商旅可以在其境內自由活動。希臘人稱帕提亞首都為赫卡通皮洛斯（Hecatompylos），字義為「百門之城」，因為許多道路匯集於此。在帕提亞城市的市集，人們可以聽到關於全國各地以及鄰國的小道消息和八卦。帕提亞人的東邊是希臘化的佛教王國（Greco-Buddhist kingdoms），南邊是印度，更東邊是中國，西邊是衰落的各希臘化王國，北邊的亞美尼亞人。除了在戰場上相見，帕提亞人與羅馬人的往來並不多，文明的血液使得帕提亞波斯人不再走出國境之外，因此地中海世界和中央世界又分離了。

大約與帕提亞勢力崛起的同時，中國迎來了首次統一，事實上，影響中國深遠的漢朝的黃金時期和帕提亞掌控的時代十分巧合地重合了，而且在西方，羅馬人開始大肆擴張的時候也和帕提亞時代的初期十分接近。當羅馬首次擊敗迦太基時，帕提亞攻下了巴比倫，而當凱撒擊潰高盧時，帕提亞勢力則在中央世界到達了它的巔峰。在西元前五十三年，帕提亞人在一場戰役中痛擊了羅馬人，俘虜了三萬四千名士兵，還殺了與龐培、凱撒共治羅馬的克拉蘇（Crassus）。在三十年後，帕提亞人又大破馬克・安東尼（Marc Anthony），與羅馬帝國達成和平協議，幼發拉底河成為兩個帝國的邊界。在耶穌誕生時，帕提亞人仍在繼續向東發展。帕提亞人鮮少關注基督教的傳播，即使是對他們信奉的瑣羅亞斯德教也沒有熱情，帕提亞人並未拒絕基督教傳教士前來東方。無論是宗教的傳入或是輸出，他們都不太在意。

帕提亞人的權力分配仰賴封建體制，權力分散於各個領主階層，長期下來，帝國政府的權力在這個分散的封建制度下出現了漏洞。西元三世紀時，一場地方叛亂推翻了帕提亞帝國，建立了薩珊王朝（Sassanid Dynasty）。就像帕提亞人一樣，這個王朝迅速擴張領土，統治的區域比帕提亞王朝還多。薩珊王朝並沒有更動文化發展的方向，他們只是更有效地組織帝國，抹去了希臘文化影響的最後痕跡，完成了波斯體制的復興。他們興建了紀念性的雕像、大型建築物並積極推行都市建設。瑣羅亞斯德教也因此得以全面復甦——火焰和灰燼，陽光和黑暗，阿胡拉・馬茲達和阿里曼，現在成為了國教。傳教的僧侶們從阿富汗漫遊西行宣揚佛法，但佛教的種子並沒有在信奉瑣羅亞斯德教的波斯土壤中札根，他們轉而向東，這就是佛教得以在中國而非在歐洲發揚光大的由來。後來的許多波斯寓言和傳說都可回溯到薩珊帝國時期。薩珊王朝諸王中最偉大的一位是庫斯

2 Conan Doyle,for example,used "Parthian shot" to mean" parting shot" in his 1886 novel *A Study in Scarlet.*

洛・阿努雪萬（Khusrau Anusherwan），他大概和伊朗神話性質的第一王朝的國王凱・庫斯洛（Kay Khosrow）一起，被（說波斯語的人民）認為是「公正之王」（Just King）的原型，這些故事有點像是波斯版本的亞瑟王，在貴族武士的陪伴下縱橫於波斯版的卡美洛王國（Camelot）。[3]

羅馬帝國在這時候正陷入四分五裂。在西元二九三年，羅馬皇帝戴克里先（Diocletian）因為行政的考量將帝國分成了四個部分：因為羅馬的版圖太龐大了，這讓中央政府的統治造成了很多不便。但是戴里克先的改革卻導致了帝國的一分為二，幾乎所有的財富都掌握在帝國的東部。帝國西部因此開始崩潰，當遊牧的日耳曼部族湧入帝國西半部境內，政府功能大幅萎縮，律法及秩序瓦解、貿易蕭條、學校衰敗，西邊的歐洲人不再閱讀，也很少寫作，歐洲就此陷入了黑暗時代。位於現今德國、法國和英國境內的羅馬城鎮全都淪為了廢墟，社會階層簡化成為佃農、騎士和教士，以羅馬公教會（bishop of Rome），即為後世所熟知的以教宗為首的天主教成為唯一能結合分散各地勢力的媒介。

以君士坦丁堡為中心的羅馬帝國東半部則持續維持一統的局面。當地人依然自稱羅馬，但是對後世的歷史學者而言，它已經是新的國家，因此給它一個全新的名字——拜占庭帝國。

東正教的中心位於君士坦丁堡。不同於西邊的基督教，東正教中並不存在羅馬教宗這般的人物，只要擁有略具規模的基督教人口的城市即有主教，稱之為「大主教」，而所有的大主教的地位是平行的，但不可諱言地，君士坦丁堡的大主教自然是比其他主教擁有更多權力。皇帝的地位則在所有主教之上。西方的學術研究、科技和所有的知識分子活動都集中在拜占庭，作家持續在此寫書，而藝術家則持續於此創作，但是，東羅馬帝國變成了拜占庭帝國，它在西方歷史中的影響力也就逐漸淡去了。

許多人也許會對這樣的結論提出異議——畢竟拜占庭帝國仍然是基督教的。帝國的子民說希臘語，而且他的哲學家們……嗯，在這裡我們姑且先不提哲學家。幾乎所有受過良好教育的西方人都知道蘇格拉底、柏拉圖、亞里斯多德，就更別提索福克勒斯（Sophocles）、維吉爾（Virgil）、塔西佗（Tacitus）、伯里克里斯（Pericles）、馬其頓的亞歷山大（Alexander of Macedon）、凱撒（Julius Caesar）、奧古斯都（Augustus）等人了，但是，除了少數精通拜占庭歷史的學者，很少有人可以列舉出三位拜占庭哲學家，兩位拜占庭詩人，或者查士丁尼一世之後的任何一位皇帝，拜占庭帝國持續近千年，但很少有人可以列舉出這段期間的五大重要事件。

和古羅馬帝國相比較，拜占庭帝國並沒有多大的影響力，但是在它所處的區域，它可是一個超級強權，最主要的原因是因為它沒有競爭對手，再加上君士坦丁堡厚實的城牆，那在當時可以算得上是世界上最難攻陷的城市了。大約在六世紀中葉，拜占庭統治了絕大部分的小亞細亞，還有部分今天被我們稱為東歐的地區。他們和這一地區的另一強權薩珊波斯正好比鄰而居。薩珊王朝所統治的地區綿延萬里，一直到了東邊的喜馬拉雅山的腳下。在這兩個帝國之間，有一小塊爭

---

3 The eleventh-century Persian poet Firdausi drew on this vast body of Persian legends to write the *Shahnama*(The Book of Kings）,an epic poem in which Kay Khosrow the Just figures largely.

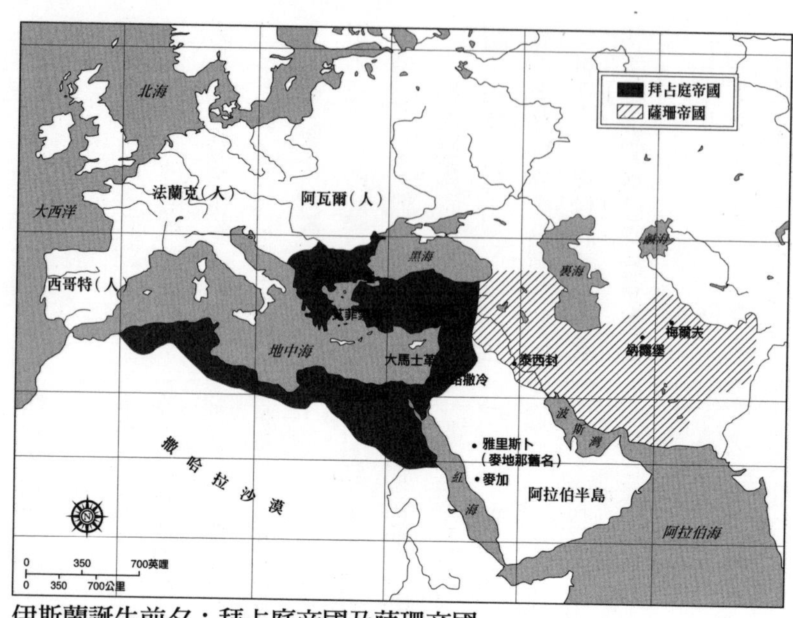

伊斯蘭誕生前夕：拜占庭帝國及薩珊帝國

議不斷的土地，這個地方靠近地中海濱，兩個世界歷史在這裡重疊在了一起，在這片地方，爭議無處不在。從這裡向南，在兩個大帝國的陰影之下，籠罩著阿拉伯半島，在這裡，居住著數不勝數的各自為政的部落。這就是中央世界在伊斯蘭教到來之前的政治狀況。

2
遷徙
THE HIJRA

伊斯蘭曆元年（西元六二二年）

在西元的第六世紀晚期，阿拉伯半島沿海地區的許多城市因為成為了商業中心而興盛起來。阿拉伯人在紅海港口收取貨物，然後再帶著駱駝商隊穿越沙漠來到敘利亞和巴勒斯坦，他們運送的貨物有香料、布匹等等。拜大江南北四處經商所賜，他們了解基督教世界的情形和基督教的理念，同樣也了解瑣羅亞斯德教的理念。在阿拉伯人之間，有很多猶太部落散落其中，自從他們被羅馬人逐出巴勒斯坦以來就住在這裡了。阿拉伯人和猶太人都是閃族，他們的祖先都可以追溯到亞伯拉罕（並從亞伯拉罕追溯至亞當）。阿拉伯人認為自己是亞伯拉罕的兒子以實馬利（Ishmael）與第二妻子夏甲（Hagar）之後裔。這些通常都與舊約聖經有關的故事，也是阿拉伯傳統的一部份——亞當和夏娃、該隱和亞伯、諾亞方舟、約瑟夫和埃及、摩西和法老等等。雖然當時的大部分阿拉伯人都信奉多神教，而當時的猶太人仍然保留了絕對的一神教，但是這兩個民族在文化和生活方式上是或多或少地難以區分的。這一地區的猶太人講阿拉伯語，而且他們的部落結構也和阿拉伯人的部落結構相似。有一些阿拉伯人是遊牧的貝都因人（Bedouins），其他人則是城市定居者。伊斯蘭教的先知穆罕默德，就是在距離紅海沿岸不遠、高度多元的麥加（Mecca）城出生和長大的。

麥加人從事各種各樣的生意，他們也是貿易商，但他們最著名的營生則是宗教。在麥加，至少有一百座供奉不同神祇的寺廟，比如胡巴勒（Hubal）、馬納特（Manat）、阿拉特（Allat）、巫匝（al-Uzza）、法爾（Fals）等等。來自各地的朝聖者絡繹不絕地湧到麥加朝聖，舉行宗教儀式，行有餘力的話就再做點小生意，因此麥加的觀光業十分發達，城裡處處可見客棧、酒館、商店以及滿足朝聖者的訂餐服務等等。

穆罕默德大約出生在西元五七〇年前後。他出生的具體日期並不為人所知，因為當時根本就沒有人特別留意他。他貧窮的父親在他還未出世時就去世了（遺腹子），分文不剩地留下了穆罕默德的母親。在穆罕默德只有六歲的時候，他的母親也去世了。雖然穆罕默德屬於麥加最有勢力的古萊什部族（Quraysh），但是他卻沒有從中得到任何的地位，這是因為他屬於部族中的巴努·哈希姆（Banu Hashim）支系，是部族中最窮的一支。人們感覺到了這個男孩在成長過程中對於自己孤兒的不穩定身份很敏感，但是他並沒有被拋棄，他的近親撫養了他。他一直和他的祖父一起生活，直到這位老人去世，他又跟隨他的叔叔阿布·塔里布（Abu Talib）度日。阿布·塔里布像養育親生兒子那樣照顧穆罕默德。當時穆罕默德還是個默默無聞的人，出了叔叔家的大門，或許還得忍受他人蔑視和無禮的態度，這就是身為孤兒的宿命。童年經歷讓穆罕默德終其一生都十分關心寡婦和孤兒的困難處境。

穆罕默德在二十五歲的時候，富有的寡婦女商人哈蒂嘉（Khadija）僱了他來管理她的商隊，並且為她處理財務。阿拉伯社會對於女性掌權並不友善，但是哈蒂嘉繼承了她丈夫的財富，事實上，她能夠把遺產握在手中也說明了她是怎樣一位強勢並具有個人魅力的女性。他們兩人之間的相互尊重和愛慕讓他們的合作關係進展到成親結婚，這樣溫暖的伴侶關係一直持續到二十五年後哈蒂嘉離世。在當時，阿拉伯社會是個多妻的社會，只有一個妻子是很不尋常的事情，穆罕默德卻在哈蒂嘉在世時沒有迎娶其他人。

這位出身貧寒的孤兒成年後的個人生活相當圓滿，經營事業也相當成功。他的社交手腕相當高明，這為他贏得了很好的聲譽，當人們陷入爭論時總會請他來出面仲裁。但即便是穆罕默德，在步入四十歲之後的他也開始陷入了我們今天所說的中年危機。他越來越為生命的意義所困惑。他環顧四周，看到的是一個財富暴發的社會，但是在繁榮之中，他也看到了依靠慈善救濟而勉強維生的寡婦和三餐不繼的孤兒。為什麼會是這樣呢？

他開始養成了定期退隱到山上的一個山洞中冥想的習慣。有一天在山洞裡，他經歷了一件意義重大的體驗，事情的詳細經過一直是一個謎，因為有各種各樣的記載流傳下來，也許是來自於穆罕默德本人的不同描述。傳統上都認為是天使加百列（angel Gabriel）降臨人世，其中一個版本提到穆罕默德在熟睡時，有人帶給他一塊寫字的絲綢。[1]然而普遍的說法是加百列通過言語和交流的辦法向穆罕默德傳達了神啟。當穆罕默德在黝黑的山洞中打坐沉思時，剎那間他感受到一陣恐慌，似乎有人正和他置身於同一個山洞之中，有人突然從背後用力的掐住他讓他無法呼吸，之後一個從未聽過的聲音從天而降喝令他「朗誦！」

穆罕默德好不容易才得以喘一口氣，但不知道要朗誦些什麼。

此時命令他覆誦的聲音又再度傳來。穆罕默德抗議說自己無法朗誦，也不知道該朗誦些什麼，天使、聲音、力道剎那間一齊爆發，命令他「朗誦！」此時，穆罕默德心中莫名形成了一段格局宏偉的文字，他開始覆誦這段文字：

你應當奉你的主的名義而宣讀，
祂曾用血塊創造人。
你應當宣讀，你的主是最尊嚴的，
祂曾教人用筆寫字，
祂曾教人知道人們所不知道的東西。

穆罕默德下山後覺得既不舒服又害怕，懷疑自己可能被邪靈（jinn）附身了，他覺得外在的世界被某種「存在」佔滿了各個角落，根據某些傳言，他看到的是一道光線，裏面好像有某種人形的東西，強有力又令人害怕。他回到家中和哈蒂嘉描述了這場經歷，她對穆罕默德再三保證他的心智一切正常，他所看到的東西是被神派來的天使，來召喚他為神服務。她說：「我相信你」，她從此成為了穆罕默德的首位跟隨者，也就是第一位穆斯林。

1 From a passage by Tabari, excerpted in *The Inner Journey, Views from the Islamic Tradition,* edited by William Chittick, (Sandpoint,Idaho:Moring Light Press, 2007),p.XI.

穆罕默德一開始只向近親和好友傳教，曾有一段時間，他沒有再收到神的進一步啟示，這讓他一度非常失望，產生了極大的挫敗感，但後來神諭再度降臨，穆罕默德向公眾逐步傳達神的旨意，有一天他向麥加的群眾說：「世上只有一個神，應該要遵從祂的旨意，否則將會被詛咒而下火獄。」他同時還明確地指出了真主旨意的詳細內容，包括禁慾、戒酒、戒除殘忍及專制行為，關切弱者處境，幫助窮困者，為正義犧牲，為大我利益服務。

麥加城裡有許多的聖殿，有一座正六面體結構的聖殿基石最為世人敬重，因為曾有一顆像流星一般發亮的黑石從天而降，這座聖殿名為卡巴（Ka'ba）。根據部族傳說，亞伯拉罕在兒子以實瑪利（Ishmael）的協助之下親自興建了這座聖殿，穆罕默德認為自己是亞伯拉罕的後裔，深諳一神教信念，立場相當堅定。穆罕默德不認為自己宣揚的是全新教義，他相信自己只是將亞伯拉罕及無數位先知過去的言論賦予全新的意義，因此他選定卡巴為最重要的象徵，他說，這座聖殿應該是麥加唯一的聖殿：是阿拉的神殿。

阿拉伯文的「阿」（*Al*）意為「此一」（the），「拉」（*lah*）是以拉（ilaah）的簡略形式，意謂「神」，簡而言之，阿拉即為「此神」之意，是伊斯蘭的核心教義，穆罕默德並沒有比較「這位神」和「那位神」的差異，他並沒有說：「相信一位名為「拉」的神，因為祂是最有大，最強的神」，甚至也沒有說「拉是唯一的真神」，其他的神祇都是假的。一般人可能會喜歡這樣的想法，仍舊認為真主是一個具有超自然能力的特殊存在，也許像宙斯一樣，享受永生，用單手就可以舉起一百隻駱駝，是同類當中的唯一。這樣的說法仍然可以塑造一神化的信仰，但穆罕默德所宣示的是不同的，格局更大的存在。他說世界只有一個神，祂包含了世間萬事萬物，可以和任何特定形象、性質、有限的想法和界限自由結合。只有一個神，其餘的一切都是神的創造——這就是穆罕默德傳遞給追隨者的主要訊息。

麥加的商界領袖逐漸感覺到了穆罕默德對他們的威脅，因為他們最大的獲利來源是朝聖者到此地參拜的觀光財，假若一神論的說法大行其道，麥加商界人士擔心其他神祇的信奉者再也不會光臨麥加，他們優渥的日子也會就此結束。（諷刺的是，在今日，每年都有上百萬人來到這裡完成朝覲卡巴的儀式，使這一儀式成了地球上最大的年度集會！）

另外，麥加的經濟從小酒館、賭博，色情行業及其它的娛樂行業中獲利，部落勢力的代理人絕不允許有人反對這些給他們帶來財富的娛樂產業，即便他只有區區少數的、主要是無權無勢的窮人和奴隸的追隨者也不可以。不過，有一件事倒是肯定的，也不是所有的追隨者都是窮人和奴隸：他們中也包括富有而且受人尊敬的商人阿布・巴克爾（Abu Bakr）和歐斯曼（Othman），而且很快還包括身形彪悍的大個子歐瑪爾（Omar），這個人起初是穆罕默德最要命的死敵。這樣的發展趨勢實在不能令人掉以輕心。

在將近十二年的時間裡，穆罕默德的叔叔阿布・塔里布（Abu Talib）挺身而出抵擋了所有針對穆罕默德的批判聲浪。按照大部分穆斯林的說法，阿布・塔里布從未歸信到伊斯蘭教之中，但出於對親人的愛，他挺身為姪子辯護，而且他的話很有份量。哈蒂嘉也毫無保留地支持著她的丈夫，給予了他最寶貴的關愛。然而，這兩位穆罕默德生命中的重要人物在同一年中相繼去世，身為真主使者的穆罕默德必須隻身抵擋所有的敵人了。在這一年中，古萊什部落中的七位長者決定在穆罕默德熟睡時將其殺害，在生意受到損害之前就先把這個麻煩製造者除掉。這場陰謀的策劃者是穆罕默德的一個叔叔，實際上，這七個人都是穆罕默德的親戚，但是他們並沒因此而手下留情。

幸運的是，穆罕默德聽到了風聲並且和兩位他最親近的同伴一起想出了逃脫的辦法。這兩個同伴中的一位是他的表親阿里，這時候正是一個健碩的青年，沒多久便迎娶了穆罕默德的女兒法蒂瑪（Fatima）成為先知的女婿。另外一位同伴是先知最好的朋友阿布・巴克爾，他是先知親屬圈以外的第一個追隨者，也是先知最親近的謀士，他很快就會成為先知的岳父。

先知這時候已經和來自雅斯里卜（Yathrib）的代表團有了接觸，這個城市是紅海沿岸附近的另外一座城市，在麥加以北的二百五十英里處。雅斯里卜的居民仰賴農業而不是商業，苦於幾個相互爭吵的部落之間的衝突。他們想要一個公正的外人來讓各部落達成協議，他們希望把仲裁的權力交到這樣一個人的手中，這樣就能帶來和平了。穆罕默德享有公正的聲譽，同時也是非常有技巧的仲裁者，他曾成功地化解過幾場重要的衝突，因此，雅斯里卜的居民認為他是擔任此一要職的不二人選，好幾位居民特別前往麥加拜訪穆罕默德並被他的領袖魅力所折服。他們皈依了伊斯蘭，並邀請穆罕默德移居到雅斯里卜擔任仲裁者，負責調停衝突。先知答應了。

謀殺穆罕默德的陰謀是計劃在西元六二二年九月的一個晚上動手。在那個夜晚，先知和阿布・巴克爾逃到了沙漠中。阿里躺在床上偽裝成穆罕默德，當刺客闖入發現躺在床上的是阿里而不是穆罕默德的時候十分惱怒，但是他們放過了這個年輕人，並派出了搜查隊追殺穆罕默德。穆罕默德和阿布・巴克爾只是跑到了麥加附近的一處山洞，傳說中，當追兵跑到這裡的時候，殺手們看到蜘蛛在他們藏身的洞口處結了網，因此斷定洞裏沒人，便跑去別處了。穆罕默德和阿布・巴克爾安全地來到了雅斯里卜，這次有一些追隨者也跟隨了穆罕默德的腳步遷到了這裡，餘下的追隨者隨即也搬到了這裡。大部分的遷徙者來自麥加，他們將所有的身家財產遺留在麥加，大部分人還因此與未改信伊斯蘭的家人和族人決裂。但至少他們遷往雅斯里卜可以保障他們的安全，而他們的領袖穆罕默德也已經被邀請來執掌當地的最高權威，調解部族酋長之間的衝突。

正如穆罕默德的承諾那樣，他擺平了城市中相互敵對的部落，並打造出了一個協議（後來被稱之為麥地那憲章[the Pact of Medina]），這個協議讓城市變成了一個邦聯，保障了每個部落都有權遵循自己的宗教信仰和風俗習慣，對所有的公民實行保障和平的法律，建立了一個各部族各自解決內部事務，在出現部落之間的爭議時由穆罕默德來裁決的法律程序。最重要的是所有的簽約方，不管是穆斯林還是非穆斯林，都宣誓共同防衛麥地那抵禦外來侵略。雖然這一文件被叫作第一份書面憲法，但它只不過是一份多方條約而已。

穆罕默德同時還指派了一位雅斯里卜的穆斯林來指導與協助來自麥加的穆斯林家庭。由在地人來接待新來的人和他的家庭，讓他們落腳並開始新的生活。從這時候起，雅斯里卜的穆斯林便獲得了「*Ansar*」的稱號，意為「幫忙的人們（the helpers）」。

雅斯里卜也因此更名為麥地那（Medina），其實就是「這個城市（the city）」的意思（「先知之城」

的簡稱）。穆斯林移民從麥加遷徙到麥地那便被稱之為「希吉拉（Hijra，遷徙）」。十二年後，當穆斯林在創造自己的曆法時，便將這個事件作為伊斯蘭曆法之始，因為他們認為遷徙至麥地那這一事件標誌著歷史的支點，是穆斯林命運的轉折點，把所有的時刻分為遷徙前（BH, Before the Hijra）和遷徙後（AH, After the Hijra）。

有一些宗教是把它創立者的生日標記為時間起點，有一些則選擇了創立者的忌日，還有一些則是選用其宗教的先知得到啟發的時刻或是與神溝通的時刻。比如佛教，其宗教是始於喬達摩·悉達多（Siddhartha Gautama）在菩提樹下的頓悟。基督教則是以基督的死亡和復活（也就是出生）作為其宗教的開始。但是伊斯蘭教並不怎麼看重穆罕默德的生日。我從小就是穆斯林，但我並不知道穆罕默德的生日是哪天，因為阿富汗在那一天並不會舉行什麼相關的活動。在有些國家，比如埃及，會在那一天有一些更像樣的紀念活動，但是那也絕對不會是伊斯蘭教中的聖誕節，在伊斯蘭教中，並沒有一個所謂的「穆誕節」。

在穆斯林的信仰中，在山洞中接受到的神啟是最為神聖的時刻，那一夜被稱之為「蓋德爾夜」（the Night of Power，*Lailut al-Qadr*），時間點是萊麥丹月（Ramadan），也就是齋戒月的第二十七天或接近二十七天的夜晚。但是在歷史上的穆斯林曆法中，這件事發生在絕對至關重要的轉折點——遷徙的十年之前。

是什麼事情讓從一個城市搬到另一個城市的行為變得如此的至關重大呢？遷徙在穆斯林的歷史中佔有如此榮耀的地位是因為它標誌著穆斯林社群——烏瑪（the Umma）的誕生。在遷徙之前，穆罕默德只是一個擁有個體追隨者的一個傳道者，但是在遷徙之後，他成了社群共同體的領導人，對他來說意味著立法權、政治方向和社會的指導。「*hijra*」這個詞的意思是「切斷連結（severing offies）」，加入到麥地那社群中的人們放棄了他們原先的部落連結，並接受了這個新的群體作為他們天經地義的隸屬關係，而且這個社群共同體的意義就在於要建立一個社會來代替穆罕默德童年時的麥加那樣的社會，這是一項史詩般的，奉獻性的社會工程。

這一社會工程在遷徙之後的麥地那成了顯而易見的目標，這是伊斯蘭教的一個核心元素。當然了，伊斯蘭教是一種宗教，但是從一開始（如果我們把這一「開始」定義是遷徙），它便也是一套政治存在。當然，伊斯蘭教規定了人要做好事，這是沒錯的，每個虔誠的穆斯林都希望通過這個方式進入天園，但是除了單純地關注於個人救贖之外，伊斯蘭教也提出了一項建立正義社群的計畫。信徒個體們通過以社群成員的身份參與和推行這項社會工程，並通過這種參與和推行來贏得天堂的位子，伊斯蘭社會工程的目的就是要建立一個人不獨親其親，不獨子其子，鰥寡孤獨廢疾者皆有所養的社會。

自從穆罕默德成為了麥地那的領導人，人們就向他尋求解答大大小小的有關生活各方面的問題，並尋求他的指導和判斷，比如該怎麼教育小孩……如何洗手……在一份合同中如何才能做到公平……要怎麼處置小偷……各種問題不一而足。在其他群體中要由一大群各種各樣的專家，比如法官、立法者、政治領袖、醫生、老師、將軍等等來決斷的問題，在這裡都是由先知承擔。

在麥加降世的一章古蘭經中包含了整整一段這樣的經文：

當大地猛烈地震動，
大地甩開其重擔，
人們說：「大地怎麼啦？」
在那日，大地將報告它的消息。
因為你的主已啟示了它；

在那日，人們將紛紛地離散，以便他們得見自己行為的報應。
行一個微粒重的善事者，將見其善報；
行一個微粒重的惡事者，將見其惡報。

但是當讀者閱讀在麥地那降世的經文時候，雖然還是能夠找到像是上述經文那樣的富有激情、音韻性和賭咒發願的語言，但是你也能找到像是這樣的段落：

真主為你們的子女而命令你們。
一個男子，得兩個女子的遺產。
如果亡人有兩個以上的女兒，那麼，她們共得遺產的三分之二；
如果只有一個女兒，那麼，她得二分之一。

如果亡人有子女，那麼，亡人的父母各得遺產的六分之一。
如果他沒有子女，只有父母承受遺產，那麼，他母親得三分之一。
如果他有幾個兄弟姐妹，那麼，他母親得六分之一，
（這種分配）須在交付亡人所囑的遺贈或清償亡人所欠的債務之後。
——你們的父母和子女，誰對於你們是更有裨益的，你們不知道——
這是從真主降示的定制。
真主確實全知，確實睿智。

這是法律，這就是穆斯林才剛在麥地那站穩腳步後就開始推行的東西。

在遷徙以後，麥地那當地的阿拉伯人開始逐漸皈依伊斯蘭教，但是這個城市有三個猶太部落抗拒改變，漸漸地他們和穆斯林之間發生了磨擦。磨擦在阿拉伯人內部也存在，有些人不滿於穆罕默德日益升高的威望，仇恨在這些人的胸中積鬱。

與此同時，雖然穆罕默德如今住在離麥加二百五十英里以外的地方，古萊什部落還是沒有放棄殺害他的念頭。他們不僅懸賞一百頭駱駝的鉅額獎金索要他的人頭，還一心想要消滅他的整個社群。為了在經濟上絞殺麥地那，最富有的麥加商人們開始擴大貿易範圍。作為回擊，穆罕默德則帶領穆斯林突襲麥加的商隊（這也解決了另一個問題：在失去了他們的財產和生意後如何營生的問題）。

在這樣的突襲持續了一年之後，麥加人決定要放手一搏。一千名武裝起來的麥加人集結了起

來決定徹底消滅這些冒出頭來的人。穆斯林只有三百人可以應戰。當兩軍在一個叫作巴德爾（Badr）的地方交手時，穆斯林的軍隊酣暢淋漓地打敗了敵人。古蘭經提到這場巴德爾戰役時，是把它看作是真主能夠決定任何戰役的結果的證明，不論實力有多麼的懸殊。

在巴德爾戰役之前，貝都因部落一直就是和麥加商人簽有合同的保鏢。在巴德爾戰役後，這些部落開始換邊站了。在麥地那的穆斯林社群越來越團結強大，這引起了猶太部落的警覺。三個猶太部落中的一個退出了麥地那憲章並且慫恿了一場反對穆罕默德的叛亂，企圖回到伊斯蘭之前的狀態，但是這場叛亂失敗了，這個部落被從麥地那驅逐了出去。

如今古萊什部落真的是有擔心的理由了。他們不僅沒能消滅穆罕默德，卻好像已經給自己挖了一個葬身的墳地。在伊斯蘭曆的第三年，古萊什人決定在穆斯林還沒凌駕在他們之上的時候徹底撲滅他們。他們把軍隊的數量擴充到了原先的三倍之多，帶著三千人奔赴麥地那。而穆斯林們只能湊齊九百五十名戰士。再一次，他們將面對以一敵三的窘況——但是在巴德爾戰役之後，數量懸殊難道還是個問題嗎？他們已經擁有了唯一起作用的因素：阿拉是站在他們一邊的。

在伊斯蘭歷史上，有三場極具象徵性的戰役，其中的這一場戰役便發生在一個叫作武忽德（Uhud）的戰場上。在戰役的一開始，穆斯林看起來會再度贏得勝利，但是當麥加人撤退的時候，有些穆斯林沒有服從穆罕默德明確的指令：他們打亂了陣型，蜂擁而出搶奪戰利品——就在此時，由哈立德·賓·瓦利德（Khaled bin al-Walid）率領的麥加軍隊從後方向穆斯林發動了反攻。這位哈立德·賓·瓦利德是一位軍事天才，他後來皈依了伊斯蘭教並且成為了穆斯林社群中出類拔萃的將軍。先知本人在武忽德也受了傷，七十名穆斯林戰死，其餘的許多人逃散了。穆斯林社群倖存了下來，但是這場戰役標誌著一場重大的挫敗。

伊斯蘭歷史中的決定性戰役與大部分真正的戰爭相比，規模都很小，甚至不能歸類為戰爭。然而，每一場戰役都帶給了穆斯林以重大的神學意義並充滿了內涵。巴德爾戰役證明了戰場上的勝負決定於阿拉的意志，而非其他因素，但武忽德戰役則反映出一個棘手的神學問題，假若巴德爾戰役顯示阿拉是決定戰爭成敗的真正力量，武忽德戰役又意謂著什麼呢？阿拉有可能戰敗嗎？阿拉是不是真的像是穆罕默德所說的那樣全知全能呢？

但是，穆罕默德在戰敗後卻學到了不一樣的教訓。他向人們解釋道，真主這次讓穆斯林失敗是要教給他們一個教訓。穆斯林應該要為正當的理由而戰——是為了在世間建立一個公正的社群。然而，在武忽德，他們忘記了自己的使命，為了搶奪戰利品而違背了先知的命令，因此他們才失去了真主的偏愛。阿拉的支持不是必然的事情，穆斯林必須要靠遵從和落實祂的旨意來贏得祂的喜愛。如此來解釋失敗的意義給穆斯林提供了一種思考定勢，這種對失敗的解釋將在以後的日子中一遍又一遍地被穆斯林重新提起。比如在十三世紀時蒙古人的大屠殺之後；以及當來自中亞的遊牧部落席捲伊斯蘭世界的大部分地方時；以及面對從十八世紀一直到延續到今天的西方的支配力時，莫不都是如此。

古萊什部族用了兩年的時間來籌備下一次的攻擊。他們從其它的部落徵召了盟軍，集結了一支一萬人的軍隊——這在當時和當地來說是一支龐大的部隊。當穆罕默德聽說有這麼一支部隊正在向麥地那進發的時候，他讓穆斯林圍著自己的城鎮挖一條壕溝。那些古萊什人騎著駱駝而來，而駱駝是不會越過壕溝的。僵局中的古萊什人於是決定用一場圍城來餓死麥地那人。

但是，這一圍城的計策破壞了本來古萊什人的秘密計畫。在武忽德戰役的損失後，麥地那的另一個猶太部落被發現與麥加人合作。和第一個猶太部落一樣，他們的下場也是被驅逐出了麥地那。第三個猶太部落巴努古賴查（Banu Qulayza）於是宣佈忠於麥地那憲章。然而在壕溝之戰（Battle of Moat）劍拔弩張之時，古賴查秘密地和古萊什人密謀，只要麥加人一旦動手對穆斯林展開攻擊，他們就會從背後襲擊穆斯林。

當圍城計畫使得正面的進攻遲遲不來，麥地那城內的共謀者們沈不住氣了。與此同時，圍城的軍隊也開始分裂了，因為那是一支由不同部落組成的聯軍，很多人參戰只是為了給他們的古萊什盟友幫個忙。如果沒仗可打，他們也開始變得焦躁不安。當一場風暴颳了起來——在這種地方這是絕非小可的一件事——這些人便撤離了。沒過多久，古萊什人也放棄了，他們撤回了老家。

所有的這一切讓巴努古賴查部落陷入了一個很糟的處境。他們的陰謀被發現了，盟友卻跑了。穆罕默德將這個部落的所有人送上了被告席並且指派了一位之前在麥地那部落的人擔任法官。當這個部落被判有罪，法官判定他們的罪行是叛變，依法當死。有一些旁觀的人對這項判決提出了抗議，但是穆罕默德確定了判決，大約八百名猶太人在公共廣場被處決了，他們之中的女人和小孩被送去了之前被流放的猶太部落中生活。

這一系列舉措在整個阿拉伯半島引起了軒然大波。對巴努古賴查部落的審判和處決宣告了麥地那穆斯林嚴酷的行事作風。以嚴格的軍事角度來看，壕溝之戰只能算是一場平局，但是古萊什人已經動員了氣勢洶洶的萬人之眾的軍隊但是仍然無法取勝，這對他們來說和失敗沒什麼兩樣，而且這樣一來反而讓穆斯林不可戰勝的傳說越來越像是真的，也使人們明顯地感到這個穆斯林社群可並不僅僅是又一個強大的部落而已，他們所試驗的是某種陌生而且全新的東西。穆斯林以完全不同的生活方式生活，他們踐行自己的宗教儀式，而且他們的領導人在遇到問題的時候，會進入一種出神的狀態和超自然的力量溝通，他聲稱這個力量是如此的強大，以至於穆斯林根本就不怕以一敵三地走上戰場。

這股力量到底是誰呢？

一開始，許多不願改信伊斯蘭的人會這樣想：「這位神的能力真的很強大。」隨著伊斯蘭的相關訊息不斷湧入，外界了解到這並不是「一位」神，而是「唯一的」神。假若穆罕默德真的如他所言，是一位有能力與整個宇宙的創造者溝通之人的話，那麼這意味著什麼呢？

徵募人們暗殺穆罕默德變得愈來愈困難，招兵買馬與穆罕默德相抗衡也變得愈來愈困難。在壕溝戰役（Battle of the Moat）之後，改信伊斯蘭蔚為風潮，這種現象很容易被誤解為人們改信伊斯蘭是出於自利考量，出於站在勝利者一方的心態；但穆斯林認為並非只是如此。他們相信只要穆罕默德現身，人們便會沐浴在他的宗教感召之下。

穆罕默德從未宣稱任何超自然力量，也從未宣稱自己有能力起死回生或身懷輕功能夠行走於水上亦或是讓盲人重見光明，他只是宣稱自己有能力與真主溝通，他也並沒有宣稱自己所說的話就是真主的旨意，有時他說的只是個人意見而已。如此一來，一般人又該如何分辨這是真主的聲音還是穆罕默德個人的聲音呢？

當穆罕默德還在世時，這自然是很顯而易見容易分辨的。今日的穆斯林對於古蘭經有一種特殊的誦讀方式（*qira'ut*），這種誦讀不同於任何其他的人類聲音，誦讀的聲調富有音樂性，但又不是唱歌。像在祝禱，但又不像是吟詠。它的音韻可以讓不明白其文字意思的人產生情感。每個人所誦讀的古蘭經都不一樣，但穆斯林的每一次誦讀都像是在模仿、宣告或解讀最初版本中的強大力量。當穆罕默德誦讀古蘭經的時候，他一定用的是這種具有穿透力又富有情感的聲音。當人們聽到穆罕默德所誦讀的古蘭經時，他們不僅僅是聽到了其中的詞句，更是在經歷一場情感的洗禮。也許這就是為什麼穆斯林堅持認為翻譯過的古蘭經絕對不是古蘭經本身。真正的古蘭經是不可分割的一整套系統：包括詞句和它的意思，當然還有它誦讀的聲音，甚至還包括書面形式的古蘭經的字體。對於穆斯林來說，不是穆罕默德這個人讓人們皈依了伊斯蘭，而是古蘭經通過穆罕默德來讓人們皈依了伊斯蘭。

除此之外，還有另一個因素吸引人們加入伊斯蘭社群，使得人們相信穆罕默德所宣稱的訓示。在這個地區，小規模的戰爭從來沒有中斷過，因為在這裡的每個地區都居住著許多小小的遊牧部落，他們靠一邊做生意一邊搶劫維生。（這種情況有點像是美洲大陸東部的林地在哥倫布之前的狀況，或是哥倫布之後不久在大平原的情況）。再加上阿拉伯部族之間長期存在的血海深仇複雜宿怨和當時各部落之間鬆散的聯盟關係，這裡就成為了暴力行為無處不在而且司空見慣的世界。

不管穆罕默德佔領到哪裏，他都指導人們要彼此間和平相處，皈依的信徒們聽從了他的教誨。但他絕不是讓穆斯林放棄武力，因為穆斯林社群從未對自我保護產生過一點點猶豫。穆斯林們仍然參與到戰爭中，只是不再自相攻擊了，他們把自己的攻擊性用在了對付外部威脅上。那些加入到穆斯林社群的人們也馬上就進入到了伊斯蘭之境（Dar al-Islam），意即「服從（於神）的境域」，而且，也就意味著是「和平之邦（the realm of peace）」的意思。任何不在這一境域中的人則是住在「Daral-Harb」，也就是戰爭之邦中。那些加入到了穆斯林社群的人再也不用擔心腹背受敵了，因為穆斯林不會背叛同伴。

改信伊斯蘭教也意味著加入一個精神性的社會計畫：建立一個公正平等的社群。為了讓這樣一個社會能夠延續，人們必需戰鬥，因為穆斯林社群和社群的計畫有著不共戴天的敵人。傑哈德（*jihad*）從來就不是「聖戰（holy war）」或「暴力（violence）」的意思。阿拉伯文中並沒有其他字彙明確指涉「戰鬥（fighting）」，在古蘭經中也常見到這樣的用法。對「*Jihad*」一詞更好的翻譯也許是「努力奮鬥（struggle）」，這樣的解釋和西方人所熟悉的社會正義運動具有同樣的意涵：如果「努力奮鬥」是為了一個正義的目的的話，那麼它就被認為是高貴的，如果為了這個目的需要「武裝的努力」的話，那也沒問題，因為它的目的會讓它的手段變得合理。

在接下來的兩年裡，整個阿拉伯半島的部落都開始接受了穆罕默德的領導並皈依了伊斯蘭教，成為了社群共同體的一員。有一天晚上，穆罕默德夢見他回到了麥加，那裡的所有人都崇拜真主。第二天早上，他告訴追隨者打理行囊準備一場朝聖之旅。他帶領一千四百名穆斯林跋涉兩百英里走向麥加。他們沒有帶著武器，儘管近期的各種不快的歷史，但是沒有爆發戰鬥。該城市對穆斯林們關閉了大門，但是古萊什的長老們來到了城外和穆罕默德進行協商：穆斯林在今年不可以進入麥加朝聖，但是明年可以。很顯然，古萊什人知道競賽已經結束了。

在伊斯蘭曆的第六年，穆斯林回到了麥加，平和地參訪了卡巴神殿。兩年後，麥加城的長老們和平地將這座城市交給穆罕默德。先知進入麥加後的第一件事就是摧毀了卡巴神殿中的所有偶像，宣佈這個由黑石頭建造的立方體是世界上最神聖的地方。穆罕默德過去的一些敵人在一開始仍然心存憎恨並且喃喃地威脅要報復，但是他們已經大勢已去了。實際上所有的部落已經團結在了穆罕默德的旗幟下，在有歷史記載也來，這是阿拉伯半島第一次享受和平。

在伊斯蘭曆十年（西元六三二年），穆罕默德又進行了一次麥加的朝覲並給信徒發表了他的最後演說。他告訴集合在一起的人們要把每一個穆斯林的生命和財產看作是神聖的東西；要尊重所有人的權利，連奴隸也不可例外；要知道女人有權利要求男人，就如同男人有權要求女人一樣；在穆斯林中，沒有人比別人高貴或是卑微，人與人之間的差別只有德行的高低；他還告訴人們他是神的最後一位使者，在他之後，將不會再有神啟降世到人間了[22]。

返回麥地那之後沒多久他就病倒了。他拖著發高燒的病體，挨家挨戶地探訪他的妻子們和朋友們，和他們共處一段時光並作最後的道別。最後，他回到了他的妻子阿伊莎（Ayesha）的身邊，她是先知的老朋友阿布．巴克爾的女兒，在那裡，先知依偎著阿伊莎，靜靜地離開了。

有人跑出去向外面焦慮的人群宣佈了這個消息。霎那間，忠誠的歐瑪爾，先知最堅強最堅韌的同伴之一，跳著腳暴跳如雷地警告誰要是敢造謠就一定要讓他吃不了兜著走。穆罕默德去世了？怎麼可能！

隨後年紀更大也更謹慎的阿布・巴克爾決定進去探個究竟。過了一會兒，他回來告訴大家：「所有的穆斯林，所有敬仰穆罕默德的人們，先知已經離開了人世。敬仰阿拉的信徒們請相信阿拉是永世長存的。」

這句話把歐瑪爾的憤怒和拒絕接受的態度一掃而光，後來他告訴他的朋友們，當時他感覺他腳下的大地好像裂開了一樣。緊接著，這個強壯的像一頭公牛一樣的男子漢癱倒在那裡痛哭流涕，因為他意識到了這個消息是真的——真主的使者已經去世了。

2 Akbar Ahmed's *Islam Today* (New York and London: I. B. Tauris, 1999), p. 21, for excerpted from Mohammed's last sermon.

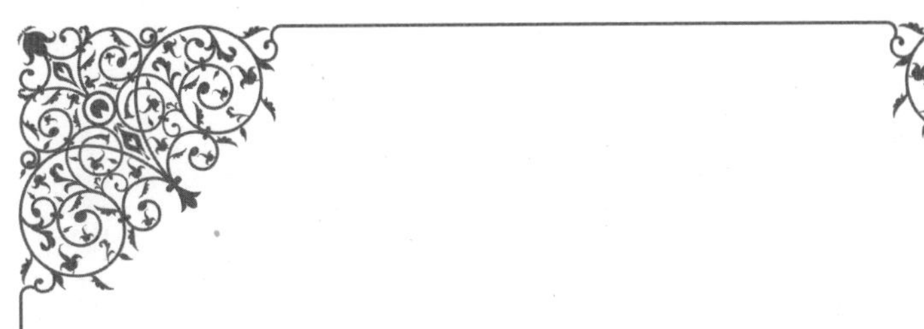

3

哈里發的誕生

BIRTH OF THE KHALIFATE

伊斯蘭曆一一——二四年（西元六三二——六四四年）

虔誠的穆斯林認為穆罕默德的一生就是闡明生存意義的宗教象徵，宗教意涵並未隨著先知的逝世而結束，四位繼承者將這項重要的宗教象徵延續下來，被稱之為「正統哈里發」（Rashidun，「The Rightly-Guided Ones」），這四位繼承者分別是：阿布·巴克爾（Abu Bakr）、歐瑪爾（Omar）、奧斯曼（Othman）以及阿里（Ali）。自山洞中接受神啟為開端，歷經遷徙至麥地那，再到先知第四位繼承者歸真後的四十年間，整段故事形成了伊斯蘭宗教寓示的核心，在宗教上的意義類似於基督教的最後的晚餐、十字架受難和死而復生。

伊斯蘭是誕生自有文字記載的時代的。人們做記錄、寫日記、寫信、編寫官僚文件和其它作品。關於這個時代，有豐富的文獻存世。這樣看來，好像伊斯蘭教是從新聞記者業的領域中而來而不是從傳說而來似的。然而，我們對於四位繼任者的生活和時代的大部分了解都是從好幾十年後的伊本·易斯哈格（Ibn Ishaq）撰寫的文字記錄那裡得來的，伊本·易斯哈格卒於伊斯蘭曆一五一年（西元七六八年）。

易斯哈格是聖訓家，口述文化的文獻專家，專門蒐集、記載和傳述重要的事件。他是第一位致力於將整個的故事以文字記載下來的人，但是他的大部分著作均已散軼了。在這些著作散軼之前，其他的作家曾在他們的作品中引述或參考他的作品，或直接摘錄於作品中，他們根據易斯哈格的作品撰寫大意，改述或是更進一步解說他留下的作品。（最近還有學者嘗試由其他作品的斷簡殘篇中重建易斯哈格的作品）。

歷史學家塔巴里（Ibn Jarir al-Tabari）的作品的主要參考文獻來源就是伊本・易斯哈格的作品。塔巴里卒於希吉拉（hijra，遷徙）之後的三百年。他撰寫了三十九冊的鉅著《先知與眾國王的歷史》（*History of the Prophets and Kings*），講述了自亞當開始，一直到伊斯蘭曆二九二年（西元九一五年）的歷史故事。這部鉅著流傳至今，後世所熟知的穆罕默德的軼事或故事細節都是由此而來，他述說這些人的髮色、愛吃的食物、擁有的駱駝隻數，直接引述關鍵的演說或談話，他的敘述方式並不算易讀，因為每個故事中都含有一長串令人頭皮發麻名單，或是傳遞鏈（*isnad*）：「X說Y告訴他從Z的身上聽到⋯（最後才是故事）」，在每則故事之後，還附上以不同消息來源傳述的同一則故事的不同版本，「A說他從B身上聽到C說D講述到⋯⋯（故事）。」塔巴里並未指明哪個版本才是真實版本，他只是將所有版本都在讀者面前呈現出來，由讀者自己決定願意相信的版本。幾個世紀以來，眾多作家們將最引人注目的幾則寓言故事彙編成各自的版本，其中有某些故事成為十分受歡迎的口述記錄，最後形成伊斯蘭版本的「聖經故事」，在每個伊斯蘭家庭和學校裡世代流傳。

總體來說，這些故事記錄了先知逝世後的二十九年間所發生的紛亂世事，其中結合了許多令人印象深刻的歷史人物與重要歷史事件，充滿了各種引人入勝和痛心的史詩故事。在講述這些故事的時候，人們很容易持有立場，因為這些故事本身就是關乎不同的立場的，人們能夠通過觀察人物的動機和做出的決定來給予故事中的人物以不同之評價。

從另一方面來說，這些故事富有極深遠的寓意，不同的評價及解讀支撐著不同的教義信仰，同時也代表不同的理論立場，人們不能以單純新聞學的角度來看待故事背後的真正事實，因為並沒有真正的目擊者存活下來。後世人們所擁有的只是一層又一層的故事，藉由表象的歷史事件將神話層面中的重要性仔細地精挑細選出來，成為另一個世代承襲的故事。

第一位哈里發（伊斯蘭曆一一—一三年）

當穆罕默德去世之後，穆斯林的社群面臨著一個巨大的壓倒性問題。這個問題不僅僅是「誰是下一任領導人」的問題，更是關於「下一任領導人代表了怎樣的意義」的問題。當一位聖人死去，人們沒辦法簡簡單單地任命另一個人是聖人，因為聖人這樣的人物並不是選舉或者任命能夠產生的，他們是慢慢顯現出來的。但如果沒有聖人顯現出來，人們也許會很失望，但那也是沒有辦法的事，日子還是要過下去。但是和這件事相對的是如果一個國王死了，沒人會說「我們等哪天再有一個國王就好了」。這一空位必須要立刻被填補上。

當先知去世，這既像是一位聖人死去，也像是一位國王死去。他是不可替代的，然而必須要有人接替他。沒有一個領袖的社群是無法延續下去的。

這位新的領袖必須要比國王更像是國王，但是因為這個社群並不像其它任何一個別的社群。這個社群的成員相信他們是神啟的化身，他們存在的意義在於表達真主的意願並由此轉化世界。這個社群的領袖並不取決於智慧，也不是取決於勇敢、強壯之類的特質。他所需要的是某種特殊的宗教魅力或力量。但是穆罕默德的繼任者不再是有真主指引的使者了，因為穆罕默德親口說了，之後不會再有這樣的使者了。所以如果這位領袖既不是國王，也不是有真主指引的使者的話，那他要是什麼樣的人呢？

說來也夠奇怪，在先知去世前，初生的穆斯林社群從來沒考慮過這個問題；在先知剛剛去世的幾個小時之內，他們也沒有考慮到這個問題，因為這並不是一個合適的時機來討論這麼宏大的哲學問題。在先知還屍骨未寒的時候，阿布·巴克爾聽到了一個令人驚慌的消息：麥地那當地的穆斯林正在集會來推選一位他們的領袖，這就好像那些從麥加來的移民穆斯林是屬於另外不相干的一群人似的：如果是這樣的話，在此時此地，大概就是穆斯林社群結束的開端了！

阿布·巴克爾把穆罕默德身邊最親近的同伴們集合了起來，停止了那場會議並懇求麥地那人們再三考量。穆斯林需要為了整個社群來選擇一個單一的領導人。他辯言道，這個人選不是一位先知，也不是一位國王，這個人只是要招呼大家開會，在討論中緩和氣氛，把社群維持在一起。「從這兩個人中選出一個，」他建議道，指著急躁的歐瑪爾和另一位先知的親近夥伴。

歐瑪爾本人聽到這項提議後滿臉驚駭。難道要越過阿布·巴克爾嗎？萬萬不可！他抓起這個老人的手並告訴集合在一起的群眾在先知去世以後，只有阿布·巴克爾可以勝任領導人一職。流著眼淚，他發誓效忠穆罕默德最親近的朋友，這戲劇般的表達讓整個房間都好似通了電。忽然間，這位敏銳、富有愛心的人，這位以智慧、勇氣和慈祥而與眾不同的阿布·巴克爾的確看起來是明擺著的而且是唯一的人選。在熱情的爆發中，會議全體通過讓阿布·巴克爾出任「哈里發

（khalifa，西方習慣拼作caliph）」這個聽起來很謙虛的頭銜，這個詞的意思指的是「代理人」。

在阿布·巴克爾之前，這樣的頭銜並不存在，當時並沒有一個部落或國家的首領是「哈里發」。沒有人知道這個頭銜的意義和它所擁有的權力為何。第一個帶有這個頭銜的人必須要填補上這些細節。

此刻，阿布·巴克爾前往群眾集聚的清真寺。他繼任的消息已經被宣佈了。在一場莊重的就職演講中，他告訴人們：「我並不是你們當中最優秀的人。如果我做得好，請支持我。如果我犯了錯誤，請不要猶豫，馬上建議我……假若我忽視了真主及先知的律法，我就不配擁有你們的服從了。」清真寺中的每個人都給了他在先前會議上所得到的一樣的肯定。

然而，「每個人」這個詞應該並不僅僅指那些出現在清真寺中和會議中的人。有一個重要的可能繼任人選甚至都不知道這一議題已經被討論過了。當長老們正在會面的時候，這位先知的表弟正在清洗先知的遺體。當他聽到了有關討論的消息時，已經做出決定了。

各位可以想見阿里在面對這樣的局面時有多難堪，穆罕默德在世的最後幾個月中，阿里也許覺得他註定是先知的繼任者，於公於私他都是先知最親近的人，繼承先知之位自然也是無庸置疑毋需討論。穆罕默德有好幾個表親，但阿里的情況很特別，因為阿里的父親阿布·塔里布收養了穆罕默德，視如己出一般地撫養成人，使得阿里和穆罕默德實際上如親兄弟一般親近。

阿里比穆罕默德年輕近三十歲，阿拉伯的部落文化中，年長許多的兄長必須扮演年輕弟弟妹妹的父母角色。實際上，阿里年紀還小的時候就搬去與穆罕默德和哈蒂嘉（Khadija）同住，在穆罕默德家長大成人，因此阿里不但是穆罕默德的弟弟，也像是穆罕默德的兒子。另外，阿里是哈蒂嘉之後首位改信伊斯蘭的男性。

當殺手企圖暗殺穆罕默德之際，是阿里喬裝成穆罕默德，躲在先知的被窩裡，冒著極大的風險承擔針對穆罕默德而來的刀光劍影。居住在麥地那的期間，每當伊斯蘭社群有被殲滅的危險時，阿里不斷地證明自己是伊斯蘭版的第一勇士阿基里斯（Achilles）——在當時，一場戰役是先由個人之間的對決開始的，然後才是陣形的對決。當古萊什人要求穆斯林派出他們中最好的戰士應戰時，穆罕默德呼喚的是阿里。

在武忽德戰役之中，當局勢發展不利於穆斯林，甚至有些穆斯林已經丟盔棄甲，阿里始終護衛在先知身旁，雖然先知受傷了，但還是安全地將他護送到家。

隨著伊斯蘭社群不斷擴張，先知成為領袖之際，阿里也成為先知最得力的左右手。實際上，在先知完成最後一場佈道後的回程路上，穆罕默德曾告訴群眾：「若各位認為我有能守護各位，也應該認同阿里有能力守護各位。」這樣的說法不是相當於很明顯地表態在他身後，社群應該考慮讓阿里成為領導人嗎？

穆罕默德所有最親近的同伴們都各有各的領袖魅力，但是對一群追隨阿里的人來說，阿里身上所閃爍的光芒具有一種獨一無二的精神性，這些人多數都是更年輕的穆斯林，他們覺得阿里身上散發出的權威性就和大家從穆罕默德身上所感受到的權威性是一樣的。

上述的每一點都讓阿里顯得與眾不同，但是有一個要素要比所有的那些要素都更能讓阿里受到重視，或者看起來對後來的穆斯林來說是這樣。這個要素便是先知沒有兒子，只有先知的女兒生下的還是孩童的血胤，這個女兒便是法蒂瑪，她嫁給了阿里。因此阿里的兒子便是穆罕默德的孫子，那麼阿里的後代便是先知的後代。阿里和法蒂瑪是穆罕默德的家人。

但是拋開上述各點，這時候的阿里正和妻室待在家中，一邊清洗先知的遺體，一邊承受巨大的悲傷，沒有多餘的心思思索繼承問題。但是在穆罕默德離世的當天所發生的事情卻令阿里難以釋懷，當他忙著為穆罕默德淨身以便進行葬禮的時候，穆罕默德的同伴們卻已經給先知挑選了一個繼任者，不僅沒有考慮過他的候選資格，連找他商量或是通知他會議舉行的時間和地點都沒有。毫無疑問的，阿里認為自己理應受到更大的尊重！

但從另一方面來看，對阿里有利的每一個理由也都從另外的視角中變成了反對他的理由。阿里不是和先知很親近嗎？他不是先知的家人嗎？不錯，但是真主什麼時候說過特別的家族享有特別的特權了嗎？王朝的世襲制度是舊的辦法，那正是伊斯蘭教所要扭轉的東西！

另外，先知曾經說過在他之後不會再有任何的使者了。假若這樣的說法是真的，那麼即便阿里再有魅力，也不具備任何宗教上的重要性，也就是說穆斯林在考慮社群領導人的角色時，不應該考慮到血緣關係，這樣才能防止不當的權力集中破壞了伊斯蘭所傳達的平等的普遍性。以這樣的角度來看，阿里的優勢所在不也正是令人心生疑竇之處嗎？而阿里所具備的特質也可能令某些狂熱的追隨者自行宣告他就是新的先知？

阿布·巴克爾的支持者不支持這樣的主張，他們認為目前社群所需要的是沈著穩重的判斷，並不是年輕的熱情，當時阿里才剛過三十歲，阿布·巴克爾已幾近六十歲，在當時的阿拉伯社會，捨棄六十歲的候選人而推選一位三十歲的領導人將令大部分的阿拉伯人震驚，也會令大部分的人覺得不可思議，這也說明了阿拉伯語中尊稱部族領導人為「教長」（sheikh）的原因，字面之意是「長者」。

有的人說阿里熬過了艱困的六個月才承認選舉的結果，在這段期間內，某些阿布·巴克爾的支持者粗暴的威脅阿里，甚至對他的家人施暴。在其中一場鬧劇中，傳言有一扇門打中了阿里懷孕的妻子法蒂瑪的腹部造成流產，失去了先知穆罕默德的第三位孫子。

另一些人則說在阿布·巴克爾即位之後不久，阿里隨即宣誓效忠。他們盡力淡化法蒂瑪所遭受的遭遇，並將她的流產歸因於意外。除非是訴諸證據，否則很難解決這樣的爭論，而這也反映出了繼承課題衍生出的宗派分裂，顯示出不同宗派的理論和立場差異。阿布·巴克爾和阿里支持者之間的分歧最終也產生了伊斯蘭教的兩種不同的派別——遜尼派（Sunnis）和什葉派（Shi'i），雙方對許多事件都有不同的看法。阿里的支持者是什葉派，這個詞在阿拉伯文中就是「黨派成員」（partisan）的意思。直到今日，他們始終認為阿里才是先知唯一合法的繼承人。

不論是哪一種情形，總之在六個月之內，兩派的裂痕已經消弭了，但就在這個節骨眼上，一場新的危機開始威脅伊斯蘭的生死存亡。在整個阿拉伯半島，各個部落紛紛開始退出穆罕默德所打造出的聯盟。大多數的部落聲稱他們只效忠於穆罕默德，而不會效忠於阿布·巴克爾和烏瑪（Umma，穆斯林共同體），隨著穆罕默德的去世，效忠關係也就停止了。在名義上，這些部落的人已經改信了伊斯蘭教，而且他們中的許多人仍然堅持他們是穆斯林，他們仍然承認神的獨一性和穆罕默德的權威，他們仍然禮拜，仍然齋戒，仍然對酒和情慾有所控制，但是至於繳納天課（zakat）——也就是交給麥地那國庫的慈善金，不！他們再也不想忍受了，不要再付錢給麥地那了！

還有一些部落首領做得更離譜。他們宣稱他們自己是活著的使者，他們能接收神啟並得到了神的准許來施行神權的法律。這些人覺得他們可以按著穆罕默德的樣子來打造一個主權「神聖化」的社群來和穆斯林社群競爭。

假如阿布·巴克爾允許了這些離經叛道的行為，伊斯蘭教一定會毫無疑問地走向另外的一條道路。伊斯蘭教也許會變成一個以個體為單位實踐和信仰的宗教。面對這樣的情形，阿布·巴克爾以宣佈脫離社群的行為視同為叛教來作出回應。先知曾經說過：「宗教不可強迫」，阿布·巴克爾並沒有否認這一原則。人們可以由自己的喜好接受伊斯蘭教或者拒絕伊斯蘭教，但是一旦人們選擇加入伊斯蘭教，他說，那就要好好的。作為對當前政治危機的回應，阿布·巴克爾樹立起了一個一直縈繞到今天的宗教原則——脫離等於背叛。這一政策背後的神學邏輯是說真主不可分割的單一性也必須要體現在烏瑪不可分割的單一性上。阿布·巴克爾的這一決定更加穩固地確立了伊斯蘭教不僅僅是一個信仰系統，同樣也是一個社會計畫。穆斯林社群絕對不是那種有幾個都無所謂的一般社群，而是一個只能唯一的特別社群。

這位新哈里發證明了自己是一位高明的戰略家。他花了一年多的時間來結束被稱為叛教戰爭

（Apostate Wars）的叛亂並重新統一了阿拉伯半島。然而在家中，在處理穆斯林社群的事務時，他所展現出來的卻是他為人們所熟知和熱愛的謙遜、有感染力和慈悲。阿布・巴克爾身著布衣、生活樸實、身無長物，有著傴僂的身形及深遂的眼神。他有一個嗜好是將頭髮和鬍鬚用指甲花（henna）染成紅色。當爭議出現之際，阿布・巴克爾總能公平的主持正義，讓長老委員會參與每項決策過程，施以公平公正的領導，不刻意塑造自己在宗教上有高高在上的地位。他所說的話並不比其他穆斯林的話有更重的份量，他的權威只來自於他的智慧和他對於神啟的奉獻。沒有人有任何義務必須服從他的領導，除非他能帶領大家往正確的方向前進。而他的判斷時常是正確的。

在遷徙之前，阿布・巴克爾在麥加是一位富有的商人。當穆斯林遷徙到麥地那時，他將自己的大部分財產都用在了慈善事業上面，尤其是為改信伊斯蘭的奴隸贖身，所剩下的財產也因為遷徙所以被他放棄了。身為哈里發，他只領取很少的薪水領導伊穆斯林並且依靠著他的舊業營生，從縮水了的生意中盡力維持生活。有時候，他甚至要靠替鄰居的牛擠奶來換取多於的一些現金。[1]。在伊斯蘭傳統的宗教故事中，當他在麥地那的街道上走路時，孩子們會跑向他大喊：「爸爸！爸爸！」他會拍拍孩子們的頭，並發給他們糖果——他就是一個這樣的人。

1 Reza Aslan, *No god but God* (New YorK: Random House, 2006), p. 113.

第二任哈里發（伊斯蘭曆一三—二四年）

阿布・巴克爾擔任哈里發隔年八月的某一天，他剛洗過熱水澡後就吹了冷風，當晚隨即發高燒。他意識到了自己大限將至，便召集了社群中的少數高層人士，告訴大家他想提名歐瑪爾成為他的繼任者，好讓他身後不會有任何關於繼任者的爭議。

與會人士出現了反彈的聲音，畢竟歐瑪爾絕非性情溫和之人，阿布・巴克爾形容歐瑪爾的說法還算相當保守，他的身形巨大，比一般人還要再高出半個頭，據說在人群之中就像是坐在馬背之上一般突出，禿頭、紅臉、頰鬚巨大、雙手靈活、壯碩如公牛，脾氣也十分暴躁[2]。

歐瑪爾在皈依伊斯蘭之前，時常與人爭吵和酗酒，當時他還不認同伊斯蘭和穆罕默德，之後便發生了人盡皆知的皈依伊斯蘭的故事。根據傳統故事描述，他有一天突然宣佈要擔任殺害真主使者的刺客，而且說到做到，隨即拿了一把劍信步穿過城鎮準備完成任務，在途中看到了他疼愛的姐妹坐在樹下，凝視著一片樹葉好似上面有文字一般，他上前問到：「妳在做什麼？」

她回答到：「讀書。」

「讀些什麼？」

她抬頭帶著畏怯的眼神看著他：「我在讀古蘭經，我成為穆斯林了。」

「什麼？把古蘭經給我！」歐瑪爾不顧自己的姐妹正在閱讀古蘭經，粗魯的搶走她的書籍，扉頁停留在一首塔哈章（Ta Ha）的經文詩句，詩中字字句句似乎都是針對歐瑪爾而來，他的內心經歷了一場轉變，丟下了寶劍，跑遍麥加所有的街道，用力拍打先知住所的大門大喊著：「我相信你，你真的是真主的使者，現在我相信了。」

經歷這次事件之後，歐瑪爾成為穆罕默德最親近的盟友，但作風依舊非常強悍。歐瑪爾面惡心善，行為深受情緒左右，時常受到突如其來的盛怒而失控，自然會讓許多人懷疑這樣一位很容易嚇到孩子的人是否有資格坐上哈里發的大位。在這個關鍵時刻，阿里卻主動為歐瑪爾背書，他的發言舉足輕重，讓情勢逆轉，社群接受了穆罕默德身後的第二位領導人。

歐瑪爾慈悲為懷，但一般人只看到他令人畏懼的一面，他認為先知和阿布・巴克爾都是心地仁慈的領導人，當領導者必須採取強勢行動時，歐瑪爾便成為代替他們出手的寶劍。當歐瑪爾成為哈里發之後，不必再時時肩負著出鞘寶劍的任務，因為領導者的行為舉止必須保持溫和有禮，伊斯蘭社群可以看到他強勢與溫和的雙重面向，做壞事和踐踏弱者的社會敗類還是會感受到歐瑪爾既定的形象，但是寡婦、孤兒、追求良善及需要保護的貧窮弱勢族群會感受到歐瑪爾溫和的一面。

社群很快地理解到第二任的哈里發擁有令人高山仰止的人格，與阿布・巴克爾相比或許還有過之而無不及，歐瑪爾領導社群長達十年，在任期間還訂定了伊斯蘭信仰課程，將伊斯蘭打造成

2 This is Tabari's description;an excerpted appears on page 12 of *Islam, from the Prophet Mohammed to the Capture of Constantinople*, a collection of documents edited and translated by Bernard Lewis. (New Yok and Oxford: Oxford University Press, 1997).

一種政治哲學，賦予伊斯蘭文明鮮明的個性，還成功地建立了比羅馬還大的帝國，任何一項成就都可以讓他名列世界歷史中最具影響力的人物，這些成就的總合讓他成為聖保羅、馬克思、美第奇（Lorenzo di Medici）及拿破崙的綜合體。然而，在伊斯蘭世界之外的人只知道他的名字，或許再加上寥寥兩句的形容：第二任哈里發，穆罕默德的一位繼任者。

也許這是因為歐瑪爾很少誇誇其談自己的核心原則。這是他在傳說故事中的重要一點，在伊斯蘭傳統中，他是原則的化身。他的言詞並不是法律；他的意願也不是命令；他把所有的權威都歸於真主——這就是人們在他身上看到的故事。他把伊斯蘭看作是一個完全公正和平等的社群，他想要讓這個想像成為現實。在穆斯林社群裡，他說，人們並不用害怕任何人一時興起的念頭（whims）和任意，因為這個社群有古蘭經作為它的法律，先知的人生作為它的指導，這就足夠了。歐瑪爾宣佈說他的角色就是維護社群的統一並且確保社群能沿著神啟所指示的方向前進。

歐瑪爾絕不是一個有錢人，但是阿里等人都勸他從公庫中提領適當數目的薪水，他們勸他，如今伊斯蘭已經遍及了整個阿拉伯地區，社群不能再有一個把幫別人擠牛奶當作副業來謀生的哈里發了。歐瑪爾接受了建議，但是他任命了一個委員會來計算像普通的阿拉伯人那樣生活的收入數目，不要更好也不要更壞，只是平均水平就好，然後把這個數目當作薪水的數目。（讀者們可以想像一個跨國公司的CEO去做這件事。）

歐瑪爾仿效先知，也給自己的衣裳打補釘，有時候在處理重要的國家事務時也是如此。在晚上的時候，當他完成了國家大事，傳說他會扛著一袋糧食在城裡四處遊蕩，給需要幫助的家庭提供糧食。有一次，有人看到他背著口袋，就提出可以替他背，但是歐瑪爾說：「你可以替我背負人世間的重擔，但誰可以在末日審判的那一天替我背負重擔呢？」

當然，這樣的故事很容易讓後人臆測這些故事純屬偽造的，或者就算是真的，也只不過是歐瑪爾所做的政治姿態而已。我個人認為，歐瑪爾一定是一位極度虔誠、謙遜、樂於犧牲奉獻而且具有高度同理心的人物，就像是故事中所塑造的形象一樣：這些故事形象太過始終如一，使人沒辦法忽略，這些內容一定是為了說明這個人對於他的同輩人壓倒性的影響。但是無論真實的情形是怎樣的，他在穆斯林心中所樹立的形象表現了一位理想的統治者要如何待人做事。

歐瑪爾採用了「穆民的領袖」（Amir al-Mu'minee, commanderofthefaithful）的頭銜，這個頭銜之後一直是「哈里發」頭銜的補充釋義，這樣的頭銜可以完美結合哈里發在精神上和軍事上的角色。如果站在軍事策略的宏觀角度來看，歐瑪爾與亞歷山大和凱撒大帝是同一級別的策略家，但他究竟是如何才得到這樣的悟性已經無從知道了。在伊斯蘭出現之前，他只是一位小城鎮裡的平凡商人。他曾參與伊斯蘭歷史上的那些標誌性的早期戰役，但就軍事專業概念的角度而言，這些戰役都只能算是小規模的軍事衝突。但現在，他在一夕之間開始研究上了「世界」地圖（也就是中央世界的地圖），開始計算拜占庭和薩珊帝國的財源流動，評估地形對策略的影響，決定在哪裡出擊和在哪裏撤退——如今他是在運籌帷幄全球性的行動了。

幸運的是在這個歷史時期，烏瑪產生出了一系列的傑出戰地指揮官，比如平定叛教戰爭（Wars of Apostasy）中的英雄哈立德．賓．瓦利德（Khaled bin al-Walid），征服埃及的將官阿姆爾．伊本・阿斯（Amr ibn al-A'as），以及打敗波斯大軍的薩德・伊本・阿比・瓦克斯（Sa'd ibn Abi Waqqas）。

歐瑪爾一上任即完成了阿布・巴克爾所開啟的軍事行動。在鎮壓叛教者的戰役接近尾聲之際，眼看著阿拉伯半島陷入一片動盪，拜占庭帝國便將他們軍隊調動至邊境，想要把這片「戰亂」之地併吞到他們的版圖中。阿布・巴克爾曾經派人應戰，在他去世前，穆斯林軍隊已經把拜占庭的軍隊趕回了他們本來的國境線那邊去。歐瑪爾掌權之後沒多久，穆斯林的軍隊就圍困了大馬士革城。從這時候開始，穆斯林就掌握了戰事的主動權，讓拜占庭疲於奔命，在西元六三六年，在一個叫作雅穆克（Yarmuk）的地方，他們一舉擊潰了拜占庭的主力部隊。

在同一時間，波斯人也極盡挑撥煽動之能事，向穆斯林社群中派去了間諜和煽動者。與其花大力氣揪出這些波斯間諜，歐瑪爾決定直接直搗黃龍。他呼籲穆斯林推翻波斯薩珊帝國：貌似令人聽了冒冷汗的以卵擊石之策。

歐瑪爾決定把這一征服戰爭稱為「傑哈德（jihad）」，這個概念在現代有著明顯的各種引伸的意思，也引起了許多的爭議。在穆罕默德的時代，「傑哈德」這個詞並沒有大規模地出現。就像我說過的那樣，在辭源學上講，這個詞的意思不是「戰鬥／打鬥（fighting）」而是「力爭／努力做某事（striving）」，儘管「力爭做某事」也可以是指和敵人戰鬥，但是也可以是用來指「努力克制誘惑（striving against temptation）」，或者「力爭正義（struggling for justice）」或者是「試著激發出一個人的同情心（trying to develop one's compassion）」。當「戰鬥（fighting）」講的「*jihad*」一詞也的確在古蘭經中出現過，但意思明確地被限制為「自我防衛（self-defense）」。這些章節是在當古萊什人要把伊斯蘭和穆斯林在世間抹去的時候啟示的。在那樣的上下文中，這個詞並沒有延伸出如下這種具有道德意義的意味：如果信士們的社群是給地球帶來正義的話，那麼那些想要消滅社群的人們便是在幫助撒旦，也就是說那些搭上性命和財產來保衛社群的人便是在服務於真主。

但呼籲穆斯林離家，去到遙遠的地方，並打擊實際上和他們素無來往的人——類似於這樣的戰爭到底算是哪門子自我防衛呢？如果這樣的行為不算是防衛，那它怎麼能被稱為傑哈德呢？

這樣的事情是和源自於穆罕默德時代和阿布．巴克爾與歐瑪爾的哈里發國家時代中開始出現的一些穆斯林思想家所持的一個理念相關的：這個理念是說，世界是被分成兩個相互不互動的境域的，這兩個境域分別是「Dar-al-Islam」和「Dar-al-Harb」，也就是「和平之地（the realm of peace）」和「戰爭之地（the realm of war）」。這樣的心理模式是把伊斯蘭塑造成充滿手足之情的和平綠洲，這個和平綠洲則是被混亂和仇恨所包圍的。任何一個人以擴大和平之地（Dar al-Islam）的行動，即便是戰鬥和流血，他的動機都是為了和平，因為這樣做可以減少戰爭之地的領域。

以我個人來講，我很想要知道在西元七世紀時，世界上有幾個人覺得展開征服行動還需要一個正義的理由。在當時的任何情形下，把征服戰爭叫作傑哈德都不會在社群中引起異議。在先知穆罕默德去世的沖擊下，社群存活了下來，並重新團結到了一起，歐瑪爾或許明白讓大家追求某種英雄主義的行為可以鞏固和深化社群的團結。

大約在伊斯蘭曆的第十五年，一支三萬人的阿拉伯軍隊在一個叫作卡迪西亞（Qadisiya）的城鎮附近遭遇了一支有六萬人的薩珊王朝軍隊。相隔在兩軍之間的，只有一條河。阿拉伯軍隊的指揮官瓦克斯好幾次派出特使與薩珊大軍的指揮官羅斯坦（Rustum）展開談判，故事接下來的發展是說羅斯坦將軍詢問一位特使，問他是不是穆斯林軍隊中的領軍之人，這名特使回答說：「不是，我們是穆斯林。在我們中間，沒有階級高下之分。」

羅斯坦接著說：「我知道你們阿拉伯人又餓又窮，我完全能理解你們因為絕望才乾脆豁出去找麻煩。不如這樣吧，我給你們一人兩套衣裝以及一袋棗子。這樣可以說服你們從哪裡來的就回哪裡去嗎？」

穆斯林特使回答到：「將軍大人，我們來到這裡並不是要從您這裡拿走什麼東西。我們來到這裡是為您帶來伊斯蘭的！您正在走向火獄，我們帶來了一個機會能讓您走向天堂。」

羅斯坦笑了出來。「你倒是讓我想起老鼠身陷穀倉的故事。有一隻老鼠穿過牆壁上的小洞潛入穀倉大吃特吃，直到他再也吃不下了才停下。當他準備打道回府時，這才發現自己的身體撐得太大，已經沒辦法穿過原來的小洞的。老鼠因為自己的貪婪而身陷穀倉不得其門而出，最終被貓殺死了。如今，你們這群貪婪的阿拉伯人自作聰明來到我們的穀倉，但沒想到自己是身陷重圍，你們的下場就和那隻老鼠一樣，你們死定了。」

最終，在這樣來來回回的言詞交鋒之後，穆斯林告訴羅斯坦：「如果您沒打算改信伊斯蘭的話，您也可以繳稅，這樣您就不會受到傷害了。」

羅斯坦聞言一臉奚落。「受到傷害？」「繳稅？」他命令他的僕人交給穆斯林一袋子泥土，以此來代表墳墓之意。

但穆斯林卻一臉歡喜地收下並說到：「您給我們土地？太好了！」

雙方人馬隨後準備開戰，雖然羅斯坦想要像寓言故事中那樣給貪婪的老鼠一些教訓，但他卻犯下了戰術錯誤，羅斯坦率軍渡河攻擊伊斯蘭軍隊，他的軍隊原本可以把河當作屏障，如今卻無路可退。卡迪西亞會戰持續了四天。波斯人騎象，阿拉伯人騎駱駝，雙方交戰，當戰爭進行到了第三天，戰鬥從那天晚上一直繼續到了隔天。當波斯人最終撤退時，幾千名潰逃的戰士穿著沈重的甲冑游泳渡河，最後被淹死了。

有許多詩人（其中包括女性）和戰士們一同參與了這場戰爭，並由此產生了大量的故事靈感，為卡迪西亞會戰增添了許多神話色彩，就像是短篇的特洛伊戰爭一般。

舉例來說，阿拉伯軍勝利在望之時，一位信差一躍上馬，趕往阿拉伯半島傳遞這項好消息，就在接近麥地那之時，信差在路邊遇見一位身著補釘外套的怪人主動上前詢問信差是否來自於卡迪西亞戰場。

信差回答：「是的。」

老人急切地詢問：「有什麼消息呢？到底有什麼消息呢？」

但信差說他無法停下來聊天並繼續策馬向前奔馳，老人疾行尾隨於後，不死心的苦苦糾纏，他們穿過眾人集結的城門之際，信差大喊：「別擋路！我一定得見著哈里發，哈里發歐瑪爾在那兒？」

眾人爆出一陣笑聲說到：「不就在您身後嗎？」

行事低調不講排場，這就是歐瑪爾的風格，至少根據傳說來看是如此。

在卡迪西亞會戰之後，阿拉伯人佔領了薩珊帝國的首都泰西封（Ctesiphon），之後不斷蠶食鯨吞已經屹立了好幾個世紀的帝國。穆斯林們只花了三年時間便終結了這個和羅馬人對抗了好幾個世紀的帝國。

與此同時，其它幾支穆斯林的部隊也在地中海沿岸痛擊了拜占庭，然後進入了北非並深入到了埃及。然而這些勝利中最耀眼的勝利則是佔領了耶路撒冷，穆斯林之所以把耶路撒冷看作是麥加和麥地那之後的第三大聖城的一部分原因是穆罕默德曾提到過他被從耶路撒冷帶到天堂並一窺天堂的光景。另外，和歐瑪爾有關的最著名的故事也發生在耶路撒冷。那是在該城被穆斯林攻陷之後，當時這位哈里發要進入城中親自接受降書，與他同行的還有一位僕人，但是他們兩人只有一頭驢子，因此他們只好輪流步行和騎驢，在抵達耶路撒冷之時，僕役騎在驢上，耶路撒冷的居民誤以為他就是哈里發，於是就匆匆上前表達服從之意，這時候才有人告訴他們「錯啦！錯啦！騎在驢上的不是什麼重要人物，你們應該向另一位致意才是。」

基督徒原本認為伊斯蘭的哈里發一定會在基督教最神聖的教堂裡舉行伊斯蘭的禮拜儀式來宣示他們的勝利，但是歐瑪爾卻一步也不肯踏進教堂，他解釋到：「如果我踏進教堂，一些穆斯林會以此為藉口，不再興建清真寺，直接將教堂改成清真寺，這不是我們來到耶路撒冷的本意，我們穆斯林不會做那樣的事情。各位可以繼續照你們的宗教儀式進行禮拜，只要知道從今以後，我們穆斯林也會與各位共同生活，我們也會以我們的方式禮拜，樹立更好的典範。假若各位認同您所看到的，請加入我們。假若各位不認同，那就悉聽尊便。因為真主告訴過我們：宗教不可有強迫。」[3]

歐瑪爾對待耶路撒冷居民的方式為穆斯林和被征服民族之間的關係樹立了典範。基督徒發現在穆斯林的統治之下，他們必須支付一項稱為「吉茲亞」（*jizya*）的人頭稅。這是壞消息。但是好消息是：吉茲亞稅比他們付給拜占庭統治階層的稅賦更少。而且，那些拜占庭的統治者才是干涉他們宗教儀式的人（因為各個基督教教派之間的信仰和儀式存在差異，而這些差異對拜占庭人來說是重要的，但是對穆斯林來說，這些差異完全不重要，因為各個支派對穆斯林看來都只是基督徒而已）。所以更低的賦稅和更大的宗教自由對基督徒來說是個不錯的條件，因此穆斯林在曾經的拜占庭領土上幾乎沒有遭遇來自當地的抵抗。實際上，猶太人和基督徒有時候還加入到穆斯林的隊伍中一同打擊拜占庭人。

當歐瑪爾去世時，伊斯蘭的統治疆域超過二百萬平方英哩，他們是如何達成這項任務的？虔誠的穆斯林認定歸因於一個相當單純的原因——阿拉的幫助。歷史學者專家們則認為拜占庭和薩珊王朝才經歷了幾場互掐的毀滅性戰爭，而且即便它們看起來都還是非常強大的帝國，但實際上早已是金玉其外敗絮其內，腐朽不堪，搖搖欲墜。還有一種常被提到的解釋是說穆斯林比其他人

---

3 The core of a document purporting to be Omar's original declaration to Jerusalem appears in Hugh Kennedy's *The Great Arab Conquests*（New York: Da Capo Press, 2007）, pp. 91-92.

在戰鬥的時候更英勇，因為他們相信一旦他們戰死了，他們就會進入天堂並且得到七十二個處女。我對此無話可說，但是我認為是其它因素起的作用。

這些早期的穆斯林認為他們是為了神啟而戰。他們認為為了這樣的目的而戰會讓他們的生命有意義，也會讓他們的死亡有意義。歷史已經一次又一次地證明了如果人們認為他們付出的努力對他們的生命是有意義的，那麼他們將能夠克服巨大的挑戰，忍受巨大的艱難困苦。日常生活中並沒有什麼機會讓人們能夠獲取到這樣的養分，這就是為什麼人們會被那些把他們設定為意義重大的事件中的關鍵角色的敘述所吸引。在哈里發歐瑪爾時代中的穆斯林戰士對於他們的生命便是有上述的這種感受。

在穆斯林大本營的發展也保障了穆斯林戰士們的理想主義能夠得到延續，因為歐瑪爾言行一致，實行的正是他所許諾過的政策。在他的領導下，麥地那所體現出的價值正是穆斯林所談論的他們會為世界帶來的東西：兄弟情誼、公平、和諧、正派、做決定時的民主參與、平等和同理心。最起碼，早期哈里發國家的穆斯林社群樹立了這些理想的榜樣，他們所做的比任何一個一般帝國都更好，因此後世的穆斯林可以很容易地就將那個時代的社會描繪成失去了的完美回憶。

對於當時的非穆斯林來說，人們一遍又一遍地聽到穆斯林戰勝了一個又一個的強敵。面對這樣的一支部隊，抵抗好像是不起作用的。除此以外，一般人幾乎沒有動機進行抵抗，因為穆斯林的征服不會影響他們的生活。他們的統治者將會失去他們的金銀財寶，但是普通百姓不會失去他們的財產，生活還是和以前一樣照過。阿拉伯人也曾和保衛自己家園的人戰鬥過，這樣的戰鬥往往更加慘烈而且也會慢慢損害他們的理想主義。但是更為常見的情形是阿拉伯人遠離本土作戰，與他們交戰的乃是雇傭兵和強徵來的士兵。

對於那個交織在人們對意義的渴求中的最終因素，我必須不能一筆帶過。戰爭給了穆斯林劫掠的機會。但是在歐瑪爾的領導下，士兵們不准侵犯和搶奪普通民眾的財產。他們所得到的戰利品是從戰場上以及他們所征服的君主的國庫裡得來的——這類財富的數量是很大的。五分之四的戰爭所得會被平均分配給士兵們，在指揮官和步兵，將軍和普通戰士之間不存在區別——這就是穆斯林的方式。

剩下的五分之一的戰利品則被送到麥地那。在先知的時代，大部分的戰爭所得都立即被分給需要的人。這一政策是延續到了歐瑪爾時期，儘管執行上不再徹底。如果把所有的這些因素都集合起來，伊斯蘭教的迅猛擴張便不那麼難以解釋了。

伊斯蘭的征服帶來了伊斯蘭教的擴散，但是征服和改宗則一直是分開的兩件事。並不存在所謂的「刀劍下的改宗」。穆斯林一直是掌控政治勢力，但不堅持讓民眾變成穆斯林。實際上的情形是，隨著穆斯林的軍隊來到各地，文化的交流也隨之而來。有關穆斯林的社會計畫的消息很快就傳開了，因為穆斯林擴張到的範圍幾乎正好和那些世界歷史性的區域重合了，這些歷史地區中穿插著連通幾個主要大海的貿易路線和水路。在伊斯蘭教的第一個五十年中，他們擴張到了印度洋的西岸，地中海的東端，尼羅河，裏海和波斯灣。在這一區域中早就存在有許多互動的管道，因而很容易形成一大片互動性很強的區域。關於伊斯蘭的觀點經由人們的口耳相傳、傳聞故事、街談巷語和學者的討論傳播到了各地，畢竟伊斯蘭的理念對這裡的人們來說也並不是那麼的新奇了。瑣羅亞斯德教世界已經在一神論的邊緣徘徊了，拜占庭世界則通過基督教認識了一神論，更別提很多年前，猶太教已經把極端的一神論傳播到了黎凡特地區（位於美索不達米亞和埃及之間的地區）了。

歐瑪爾在任期間就像是一位征服者，領導著伊斯蘭的領土擴張；他也像是位精神精袖，鞏固穆斯林的教義並定義了伊斯蘭的生活方式。阿布・巴克爾已經宣告了伊斯蘭教不僅僅是一種抽象的社群理想，而是一個懷有改變世界的天命的特別社群。歐瑪爾則通過使用一種新的曆法來將阿布・巴克爾所樹立的理想變得正式化，這種新的曆法並不是以穆罕默德的生日為起點，也不是把最早接受神啟的時間當作起點，而是把希吉拉（Hijra），也就是穆斯林們從麥加遷徙到麥地那這一事件，作為曆法的起點。穆斯林們堅信伊斯蘭教不僅僅是一個尋求自我救贖的宗教，而且還是一個對世界如何運轉提出了計畫的宗教，歐瑪爾的新曆法讓這種觀念在人們心中神聖化了。有許多宗教都告訴信徒「這個世界是腐敗的，但是人們可以逃離這一切」，而伊斯蘭教則告訴信徒們：「這個世界是腐敗的，但是你可以改變它」。這樣的觀念也許從穆罕默德傳教之初就已經潛移默化的存在了，但是是歐瑪爾給伊斯蘭教確定了這一概念並且為其設定了發展的軌道。

在阿布・巴克爾領導社群的時候，他是以他傳奇般的謙遜來領導的，他從不把自己的意願強加給別人，他只是推行古蘭經和先知所定下的指示而已。歐瑪爾把這樣的態度定為穆斯林教義的基石，這是一個影響深遠的決定，因為它所鄭重宣告的是穆斯林只做神啟所指導的事情，歐瑪爾讓穆斯林在所有的可能場合中，無論大事還是小事，都要以神啟為指導。

在阿布·巴克爾哈里發的時候，在歐瑪爾的建議下，各處的古蘭經片段都被彙集於一處。在最開始，古蘭經是以各種各樣的方式被記錄的，因為當有神啟降臨了，人們便將其記錄在任何手邊找得到的東西上——一張羊皮紙，一塊皮革，石頭上，骨頭上或者任何東西上。作為哈里發，歐瑪爾開始了梳理這些記錄的工作。在他的主持下，每一條記錄下來的經文都要和專業誦讀者記憶中的經文一一對照，這些誦讀者在社會中被看作是最可信賴的信息保存者。隨後每一條經文都要在目擊證人的面前被寫成權威版本，這些逐條的經文再被彙編成為綜合全集。

每當出現難以做出決定的時候，歐瑪爾都會在這些彙編起來的古蘭經中尋找答案。如果古蘭經沒有提供答案，他便詢問社群，找到先知在類似情形下說過的話或者做過的事情。在這件事情上，「社群」指的是在穆罕默德生前曾和他共處過的「同伴」們，這些男男女女一共有幾百人。每次當社群用這種方式作出了決定時，歐瑪爾都會把這件事用書面形式記錄下來並且發送給各地行政長官們，讓他們將其作為他們下決定的基礎。

歐瑪爾資助了一群學者，讓他們把全部的時間都用來研究神啟，研究穆罕默德生涯中的故事和其它的相關資料，所以當歐瑪爾需要專家建議的時候，他便可以從這些「坐凳子的人」身上得到幫助。這些人逐步發展成了伊斯蘭的主要社會研究機構，也就是「烏理瑪（*ulama*）」，或「學者」。

甚至在他形塑穆斯林律法時，歐瑪爾也十分熱衷於將教義落實到麥地那的社會生活之中，這讓人們見識到了他嚴厲的一面。他對於吊兒郎當的傢伙們一點容忍度也沒有。例如禁止了飲酒，即便古蘭經在這一點上是有些模稜兩可的，在一些較早的經文中說的只是不贊成醉酒（在後來的經文中則更明確地禁止了飲酒）。

古蘭經對於飲酒並沒有列舉出特定的懲罰方式，但歐瑪爾以類推的方式演繹出了懲罰的方式。古蘭經對誹謗予以重責，歐瑪爾認為飲酒使人出言誹謗，因此飲酒也必須加以譴責，這樣的類推方式（*qiyas*）為後世的伊斯蘭法律思想家們樹立了一個參考的範本。

因為畏懼亂性對社會的解構力，歐瑪爾對通姦採取了嚴厲的措施。事實上，是歐瑪爾訂下了對通姦者施以石刑的刑罰，這種刑罰在古蘭經中雖然被提及過，但是並沒有表明這就是古蘭經以前的時代裡的摩西訓示（law of Moses，申命記 22:22）。歐瑪爾還禁止了阿拉伯風俗中的臨時婚姻，這項習俗允許男人只娶一個女子幾天：哈里發將這項風俗認定為買春行為（後來的什葉派法官在他們的法律中重新將其條文了）。

非議歐瑪爾的人們認為他厭惡女人，而且他的統治的確也暗示他認為女人要為男人們的種種劣行負責。為了能消弭性行為對於社會的解構力，歐瑪爾採取了實際行動來規範男女之間的行為，並將男人和女人分隔開，比如，他強制女人和男人在禮拜的時候應該分隔開，好像如此一來，人們在禮拜的時候就不會因為性慾分心了。

但是，這樣的作法和幾個世紀之後在伊斯蘭社會中所發展出來（一直延續到了今日）的那種削弱女性力量的性別分隔還是有大相逕庭的區別的。當然了，麥地那的那種兩性關係肯定不符合現代的女權主義理想。部落性質的阿拉伯人（以及大多數的原始文化）是把男性和女性加以區別看待的，而且認為男性和女性有著各自的角色，伊斯蘭教也確認了這種區別。但是在歐瑪爾的時代，穆斯林社群中男孩和女孩受教育的權利都是必需的（compulsory）；女性也和男性一起工作；她們參與公共生活；她們參加演講，主持佈道；也為公共演說創作詩歌；她們也以醫療人員的身分參與戰爭；她們有時候甚至親自加入到戰鬥中。有關社群的重要決定是在公眾會議中被討論的，歐瑪爾是以一名普通公民的身分參加這樣的會議，無論是男人還是女人都可以無所顧忌地和他展開辯論。實際上，歐瑪爾還任命了一位女性作為麥地那市場的領導者，這一職責有著重要的公眾責任，因為該職位包含了例如規範工地建設，發放商業許可，以及監督市場上的度量衡公平等職責。但是即便是這樣，歐瑪爾還是埋下了最後發展成了嚴格限制女性參與公共生活的種子。

在西元七世紀的世界上的任何一個社會中，奴隸制都是被允許的，阿拉伯半島也不例外。伊斯蘭教雖然沒有禁止這一行為，但是卻限制了奴隸主對奴隸所擁有的權力，歐瑪爾也嚴格地執行了這些法令。一個穆斯林絕對不可以是奴隸。如果一個男人和一名奴隸有了肌膚之親，那麼這個人就必須要娶她，這也就意味著她所生下的小孩便作為穆斯林而享有自由身。奴隸制不可以拆散家庭，這也就限制了奴隸主的選擇：他要麼買下奴隸全家，要麼就什麼都不能做。

奴隸主不得虐待或不當對待奴隸，奴隸與自由人享有相同的人權，這一點在古蘭經中得到了明確的表達，而且先知穆罕默德也在最後一次佈道中再次重申了這一原則。歐瑪爾下令，要求奴隸主必須給奴隸提供和自己一樣的飲食，事實上奴隸主必須要讓他的奴隸和他的家人一同進食。

如果歐瑪爾的法令可以進入到他們的邏輯結論中的話，奴隸制在哈里發國家初期的穆斯林世界就已經被終止了（但是穆斯林社會在這件事情上的發展是在開倒車）。

諷刺的是，歐瑪爾的生命卻終結於一位情緒失控的波斯奴隸，他在清真寺中將一把刀插入了歐瑪爾的肚子。在臨終前，社群中的一些德高望重的人物希望他能像阿布．巴克爾那樣提名一位繼任者，確保平穩的權力交接。他們詢問歐瑪爾：「您的兒子可以接任嗎？」

歐瑪爾聞訊發了他人生最後一場脾氣：「你們認為我擔任哈里發是為了圖利我自己和我的家人嗎？」他說完這句話之後沒多久便離世了，但在他去世之前，他再次樹立了一項影響深遠的慣例。他提名了一個六人諮詢委員會（*a shura*）來負責遴選新任的哈里發，並以諮詢委員會形成的結論向社群尋求共識。後世的許多伊斯蘭思想家都把這個諮詢委員會看作是伊斯蘭中的民主組織基礎。六人諮詢委員會最後提議了兩個人，阿里和奧斯曼（Othman），他們兩人各有一群支持者（請注意，阿里他是穆罕默德的女婿，卻已經被忽略兩次了）。

六人諮詢委員會主席在眾人集會的公開場合與兩位候選人面談，向兩個人詢問了一個十分關鍵的問題：「假若成為哈里發，你的行事準則是否會遵照古蘭經，聖訓（sunna）以及由阿布．巴克爾和歐瑪爾樹立起的慣例？」

阿里的回覆是他會遵照古蘭經和聖訓（也就是穆罕默德生平所樹立起的模範），但是對於最後一項？不會——阿里說他有自己的意志，在面臨抉擇的時候，他會遵照自己的意識和良心。相較之下，奧斯曼對這三件事都表示認同。他說道：「我不是一個創新者。」因此主席宣佈奧斯曼為領導烏瑪的合適人選，人們也同意了，阿里也同意了這個決定，他希望顧全大局，信守忠誠的誓約。

4

分裂

SCHISM

伊斯蘭曆二四—四〇年（西元六四四—六六一年）

第三任哈里發（伊斯蘭曆二三——三六年／西元六四四——六五六年）

奧斯曼是穆罕默德的第五個表兄弟，曾經遷居外地，在六十八歲時繼任第三任哈里發。若要了解他在位的這衝突不斷的十二年任期，那就應該要了解他本人以及他是怎樣成為統治中央世界的社群的領導者的。

奧斯曼的父親曾經是麥加最富有的人之一，奧斯曼在他二十歲的時候繼承了他父親的鉅額遺產。他擁有十分精明的商業頭腦，甚至還不到三十歲，他已經成功地讓他的財產翻了好幾倍了，因此他因此獲得了「富有的奧斯曼」（Othman Ghani）的綽號。

甚至在皈依伊斯蘭教之前，奧斯曼就十分的樸素低調，他從不飲酒，也不抽菸或是圍著女人轉。在麥加周邊，他以英俊的外型著稱——有些人甚至以「漂亮」一詞來形容他——但他始終保持衣著簡樸輕聲細語，眉宇之間總是流露出一股焦慮不安的憂鬱氣息。

奧斯曼在穆罕默德開始傳教的一年後皈依了伊斯蘭教，當時距離穆罕默德率眾遷徙到麥地那還有九年的時間。他歸信的故事始於一天晚上，在那天，他從一場成功的商業旅行中歸來。據說，奧斯曼在歸程中停在一個地方過夜，他躺在星空之下，望著茫茫蒼穹，忽然間感受到了一股來自宇宙的無窮力量壓倒了他。他感覺到了自己的渺小，感覺到有一股力量在主宰著一切，儘管他是獨自一人，奧斯曼卻聽到了一個有穿透力的聲音大聲地宣佈神的使者就在人間。當他一回到家，奧斯曼就找到了他的朋友阿布·巴克爾，後者曾經給他講過穆罕默德的神奇故事以及他關於獨一全能的神的訊息。奧斯曼立刻就宣佈了他的歸信。

他改信的事情觸怒了他的家族。畢竟，他的宗族伍麥亞（Umayyads）貴族是最為激進地反對穆斯林的古萊什部落。奧斯曼的叔叔阿布·蘇富揚（Abu Sufyan）在不久後就將成為反穆斯林軍隊的領袖。奧斯曼的繼父曾經在一條暗巷中襲擊過穆罕默德，若不是阿布·巴克爾及時介入，他也許會勒死穆罕默德。奧斯曼的兩個妻子也因為奧斯曼的改信而對他惡言相向。她們拒不改信，因此奧斯曼和她們離了婚並且迎娶了先知著名的美麗女兒茹卡婭（Ruqayya）。當她去世後，奧斯曼娶了先知的另一個女兒烏姆·庫勒蘇（Um Kulthum）。

穆斯林當然是毫不猶豫地歡迎這位大富翁加入到他們的行列，而且奧斯曼也願意為他的穆斯林兄弟們提供盡可能的幫助，但是他所想到的最主要的幫助方式便是給錢。後來，當穆斯林在麥加受到的迫害到達了頂峰的時候，穆罕默德決定讓一部分信徒遷徙到阿比西尼亞（Abyssinia）去，奧斯曼慷慨解囊資助了這項計劃。他本人也和大家一起搬到了阿比西尼亞，而且還在這裡建立起了碩果累累的商業聯繫，這讓他比之前更有錢了。幾年後他回到了麥加，在這裡，他在阿比西尼亞的生意依然源源不斷地供給他財源，讓他比任何時候都更富有。

對於大多數的穆斯林來說，遷徙意味著失去了他們所擁有的一切。他們根本不知道怎麼務農，而務農卻是麥地那的主要產業，因此遷徙到麥地那讓很多人陷入了貧困。但是奧斯曼沒有。儘管他也和大家一起來到了麥地那，但是他從未和家鄉的商業夥伴們失去聯繫，在麥加的商業夥伴們替他照看著他的產業和生意，即便是在麥地那，奧斯曼也一直很有錢。但是沒有任何的跡象表明他得來的財富中有不義之財——事情恰恰正相反。有的人就真的是具有點石成金的本事，而奧斯曼就是這麼一個人。他從來不是一個吝嗇的人，為了集體的利益，他資助了很多錢。比如說，他為穆罕默德擴大了麥地那的清真寺，當穆斯林需要飲用水的時候，他從一個猶太部落那裡買下了一個很值錢的水井並且捐給了大家。

他又富有又英俊，還有先知的兩個女兒作太太——此人夫復何求呢？但是他看起來仍然被對自己還不夠好的恐懼所困擾著。他將大部分的時間用來齋戒、祈禱和閱讀古蘭經。也許他為公眾利益所付出的大量捐獻可以讓他為自己所享受到的好運氣感到心安。

也可能是他擔心他的人格不像是先知其他的同伴們那樣高尚。他錯過了巴德爾戰役，因為當時他的太太生病。在武忽德戰役中，當穆罕默德已經戰死了的謠言傳開的時候，他也是那些脫離了戰場的穆斯林中的一個。奧斯曼在壕溝戰役中重新證明了自己，但是那場戰役沒過多久，他的兒子便去世了，他覺得這是真主給他的懲罰。為了能夠得到原諒，他養成了一個每逢星期五便買來一個奴隸然後釋放的習慣。

在穆罕默德去世後，奧斯曼擔心社群也許會四分五裂，而且他看起來也特別擔心自己的靈魂。「我們現在要怎樣才能免於惡魔的陷阱呢？」他陷入了悲痛之中。對後世的恐懼一直困擾著這個可憐的人。他曾經說過：「每天都是末日」，他的意思是任何時候都不可以放鬆自己而停止行善，因此他一再地增加他的齋戒和祈禱，並且分發更多的錢財用於捐助，他傾其所有地努力給自己贏得一個天堂的位子，而先知穆罕默德早已經說過他會進入天堂了。這位憂心忡忡的慈愛巨人便是伊斯蘭教的第三位哈里發。

當歐瑪爾剛開始擔任哈里發的時候，伊斯蘭還是一種新的社會組織，正在逐漸發展並塑造自身的認同感。歐瑪爾的哈里發國家充滿了一種精神上的探索感，以及創新和發現的感覺。到了奧斯曼上任的時候，伊斯蘭社群已經成為了一個統治有大片領土的政府了。這時候單靠傳教、靠進攻防禦，或是靠聖潔的精神期待已經是不足夠的了。穆斯林的領導者們如今還要收稅、管理法庭、維護橋樑道路的場通、支付薪水、給各個職位劃定職責權限——也就是那些日常生活中的一切枯燥乏味的行政事務。處理這些事情的責任落到了奧斯曼的肩上。

在奧斯曼任期的前半段中的一項重大建樹便是籌備古蘭經的權威版本。他指派了一群學者把當前存在的抄本中冗長多餘的內容和矛盾不符的內容進行梳理，並且評估哪些抄本是不可靠的。最終的成果被編纂成冊，大體上是以經文的長短來安排先後順序的（而非以主題和時間為主軸來安排順序）。所有的其它編纂成品、相牴觸的版本和被認定是虛假的內容都被銷毀了。從此以後，每一本古蘭經都應該是一模一樣的，每一字每一句都相同，這就是今天所有穆斯林所擁有的古蘭經。讀者們可以想見，若想要社群保持統一，就必須要做這件事；但另一方面，讀者們也會想到，這樣做勢必會引起部分穆斯林的不滿，尤其是如果這些人本來就已經開始懷疑奧斯曼的企圖的話——事情也的確是這樣。

接下來要做的工作是讓社群的經濟能夠走向正軌。在先知的時代，幾乎是不存在國家支出的。匯入到麥地那的所有錢幾乎都是馬上就分配出去了。阿布・巴克爾和歐瑪爾也是用幾乎相同的方式理財，雖然阿布・巴克爾的確建立起了國庫，而歐瑪爾也在付給士兵們薪餉後存下了一筆盈餘，那些士兵是伊斯蘭最初始的正規軍。但是在奧斯曼的手下，國庫成為了政府的一個日常機構，並且支付了前所未有的大規模國家開支。

這位第三任哈里發大幅度地增加了來自他的廣袤領土中各個省份的稅收。當埃及的總督阿姆爾・伊本・阿斯沒能上繳足夠的錢時，奧斯曼立即將他革職並指派了他的養兄弟阿卜杜拉（Abdullah）繼任。阿卜杜拉在繼任後便上繳了更多的稅賦——實際上讓埃及上繳的收入翻了倍——這證明奧斯曼做了一個睿智的商業決定，但是阿姆爾・伊本・阿斯埋怨阿卜杜拉的策略只是讓小駱駝挨餓，以便從母駱駝身上拿到更多的奶水。這說明伊斯蘭的統治中有了壓迫和腐敗的兆頭。

奧斯曼延續了歐瑪爾禁止從佔領下的領土沒收土地的命令，但是他開放了穆斯林在那裡購買土地的禁令，因為奧斯曼是一個信奉經濟自由的人。事實上，他允許地位顯赫的穆斯林從國庫中借錢來購買土地。不久後，穆斯林精英，包括大多數先知穆罕默德的同伴們都開始積累財富並且在新興的伊斯蘭帝國各處得到了大量的地產。奧斯曼的「經濟改革」開始傾向於有利他自己的宗族，也就是伍麥亞族人，因為他們最方便從國庫中取到貸款。這位哈里發還任命了他的親戚和

「最討喜」的那些人擔任帝國各處的政治職務，原因只是他最了解這些人而且也最信任這些人。這樣的結果是，伍麥亞族人在經濟上和政治上都擁有了極為不成比例的強勢。

第三任哈里發依然過著簡樸的生活風格，但卻沒有要求他的官員們也要勤儉行事。作為一個大富豪，他不領薪水，但是卻給他的親信們讓利並大興土木。他的政府在帝國各地興建了超過五千所新清真寺。奧斯曼帶動了一場建設熱潮，把麥地那變成了一個擁有寬闊街道和貼有精美磁磚的宏偉建築的城市，這些建築中也包括一棟屬於他本人的宮殿，這座宮殿撐得起他強大政府的面子（而宮殿中的奧斯曼仍舊靠著麵包、水和祈禱生活）。

在帝國的各個地方，奧斯曼發佈了有利於商業獲利的命令，這展現出了他的商業才能。運河得到了破土動工，大道得到了修建，灌溉系統也得到了改良，港口也安裝上了新設備。他的政策讓規模越來越大的城市得到了新的水井和用水系統。新的巴扎市場（bazaars）則是由官方指派的市場管理者指導運營。在歐瑪爾當政的時候，這個穆斯林巨型企業完全不是如今這副模樣，但是誰能對繁榮說不呢？

至於飲酒和性行為之類的個人道德問題，奧斯曼的苦行主義可以使他免於受到外界的批評。如果虔誠是由懺悔和禮拜組成的，那麼他一定是那個時代中的全球十大最前虔誠的人之一，但是奧斯曼認為人們只要是努力賺錢致富，那就不存在問題，只要獲利的同時也能增進整體福利就好了。

奧斯曼的堂兄弟穆阿維亞（Mu'awiya）是最受奧斯曼喜愛的人之一。歐瑪爾曾經任命他當大馬士革和其周圍地區的總督，而奧斯曼則繼續給他加讓各種利多，到後來，穆阿維亞手中擁有了從幼發拉底河源頭一直到地中海岸邊以及埃及的一切權力。

穆阿維亞是阿布・蘇富揚的兒子，也就是那個在麥加和麥地那之間領導了三次反對伊斯蘭的標誌性戰役的麥加部落貴族。穆阿維亞的母親信德（Hind），也加入了她丈夫的戰鬥，而且在武忽德戰役中，當穆斯林敗退後，據說她吃掉了穆罕默德死去的叔父哈姆札（Hamzah）的肝臟，以此來作為勝利的宣示。但是先知卻從來不是一個懷恨在心的人：只要有人願意擁抱伊斯蘭，便能夠成為這個大家庭中的一員。因此對於伍麥亞族人來說也不例外。先知覺得穆阿維亞特別有才能，在他歸信後一直將他留在自己的身邊。

歐瑪爾把穆阿維亞任命為大馬士革的總督一點也沒有什麼可奇怪的，因為穆阿維亞就是一個乾淨俐落能把事情辦好的人，但是也許歐瑪爾應該好好想想為什麼先知要把他留在身邊——他剛一在大馬士革安頓好，便憑著他的高超才能組織起了一支忠於他本人的常備軍。這件事在奧斯曼不是時候的去世後將會產生極為殘酷的後果。

奧斯曼在位十二年的尾聲，帝國各處都開始出現了不滿的議論紛紛。在埃及，他的養兄弟把人民壓榨得太過分以至於出現了叛亂。埃及本地貴族們寫信給哈里發，懇求他能夠更換總督。他們沒等來任何音信，因此他們派出了一個代表團去找他當面陳情。正當代表團出發的時候，在同一時間，憤怒的百姓們也從北方朝著首都聚集。很顯然，奧斯曼已經令許多人感到不滿了。

這些請願者讓奧斯曼很緊張。他請求阿里代表他出去接待不滿群眾，去安撫他們的情緒，勸說他們回家去，但是阿里拒絕了他的請求，也許是因為他本人也對第三位哈里發的政策和作為不滿。他建議奧斯曼要正視人民的合理呼聲，這樣才能保障他本人。最後，奧斯曼親自接見了埃及的代表團。他承諾換掉他的養兄弟，並且讓埃及人動身回家告訴總督將有人來上任取代他。

埃及人感覺滿意地踏上了回家的路程，但是在路上他們撞見了一個奧斯曼的奴隸。這個人讓他們起了疑心，所以他們就搜查了他並從他身上裡找到了一封信，這封信看起來像是哈里發簽署，寫給埃及的總督，也就是他的養兄弟阿卜杜拉，信上說等這些人一到宮殿就將他們全部逮捕並且立刻處決！

盛怒之下的埃及代表團回到了麥地那。奧斯曼渾身顫抖著來到宮殿外的台階上問他們：「怎麼這麼快就回來？有什麼問題嗎？」他們把那封信那給奧斯曼看，而奧斯曼看起來大驚失色。他發誓從未寫過這樣的一封信，也從未聽說過這回事。實際上，他那惹事生非的表兄弟瑪爾萬（Marwan），大馬士革總督的親戚和盟友，也許是那個提筆者並偽造了哈里發的簽名。可憐的奧斯曼，這時候已經年近八旬了，如此輕易地就被操弄了。

不管真相如何，如今，和平的請願者已經變成了盛怒下的暴民。首先，他們提出要求讓哈里發把穆阿維亞的兄弟交給他們。哈里發拒絕了。然後他們要求奧斯曼下台，讓更好的人選接任。奧斯曼憤怒地再次拒絕了他們的要求。他認為自己對真主負有義務，要是他聽從暴徒的要求辭職下台，將是對真主的冒犯！每當遭逢混亂或是心生疑惑之時，奧斯曼便習慣將自己關在寢室裡，點亮一盞小燈，在房間的角落裡謙卑地誦讀他的古蘭經——這一次也不例外。

在奧斯曼的宮殿外，情緒高漲的示威者們幾近狂怒，他們打破了宮殿的門，咆哮著衝了進去。他們發現哈里發正在學習。在穆斯林紀元的第三十四個年頭，伴隨著這位老者的油燈的閃爍燈光，暴民將他們的領袖毆打致死。霎那間，繼任的難題演變成了一場威脅到了伊斯蘭教根基的恐怖危機。

整整四天，城中處處可見暴民的暴烈行徑，麥地那的居民蜷縮在家中，等待這場暴亂的逐漸平息。甚至當暴亂平息下去後，暴亂的領導者仍然表示在他們所信任的新哈里發上任之前，他們是不會撤離的。當事情發展到了現在的地步，終於，所有人的想法才都集中在那個被他們一次又一次忽略的人選的身上，這個人被一些人認為是先知唯一的合法繼任者——穆罕默德的女婿阿里。

起初，阿里拒絕了這項榮譽；但是穆斯林社群中的其他重要成員也拒絕了擔任哈里發一職，而且造反者威脅要發動一場恐怖的行動，除非麥地那能夠選出一位他們能接受的人，而且一定要快點把這個人選出來，因此那些有頭有臉的穆斯林們湧入到清真寺裡，懇求阿里擔此重任。

這對阿里來說一定是一個非常弔詭的時刻。在這令人苦痛的二十五年中，他一定覺得自己正在眼看著一艘巨輪慢慢地偏離它的航線。有三次之多，穆斯林社群在他還有能力將其導回正軌的時候拒絕了他的領導。每一次，他都頗有運動家精神地保持著一貫的風度，因為除了保持風度以外他還能做什麼呢？嘗試奪權會讓社群分裂。他只能在製造麻煩和袖手旁觀看著社群一步步將錯就錯之間做出選擇，這就好像是要親手殺死它還是看著它死去一樣。只有到了今天這步田地，當事情已經變成了爛攤子，當穆斯林殺死了他們的哈里發的時候，當繼任者將面臨一場不可能完成的任務的時候，穆斯林社群才說出：「上任吧，阿里。」

第四任哈里發（伊斯蘭曆三六—四〇年，西元六五六—六六一年）

阿里最終還是接受了哈里發一職，在第一次對大家的致詞中，他告訴聽眾，他之所以接受這個職位只是不得已而為之。他對在先知去世後的一個世代，穆斯林社群就已經四分五裂表示痛心疾首。阿里說，若想要讓事情恢復到本來的秩序中，就要下重手，他給社群發出了警告：從阿里這裡，他們只會看到他嚴肅的一面。

但是社群中有一群關鍵的人根本不聽他的。他們就是奧斯曼的近親，伍麥亞家族的成員們，他們已經逃到大馬士革去了，在那裡，伍麥亞的族人穆阿維亞已經悄悄地集結了他的兵力。他帶著一個專業的說書人在他的省份中到處宣傳。在每一站，說書人都用煽風點火的方式給大家講述發生在麥地那的那場謀殺，把聽眾弄得群情激憤。說到關鍵處的時候，穆阿維亞則親自跳上台，揮動著一件血跡斑斑的襯衣，這就是（他這麼聲稱）哈里發被殺死時的那件衣服。這絕對是一場政治表演。穆阿維亞可以以此來要求新哈里發逮捕並懲罰殺害奧斯曼的兇手，如果不這麼做，哈里發自己就得下台。

但是阿里要怎樣逮捕兇手呢？根本就沒人知道具體是那些人參加了那場暴亂並動了手。從實際意義上講，暴民中的所有人都是兇手。若是要滿足穆阿維亞的要求，阿里就得逮捕並處罰全部的暴民。這根本就不實際，而且在當時的情形下，也根本就做不到：那些人仍然佔據著麥地那的大街小巷。阿里根本就沒有能力做到穆阿維亞所要求的事情，而且穆阿維亞是深知這一點的。

除此之外，那些參與暴動並且殺害了奧斯曼的人本來是不公和壓迫的受害者。他們到麥地那來是來合法陳情的，但是因為殺害了哈里發，他們已經把道德上的制高點讓給了他們的對手。如今，阿里不得不選擇是和壓迫者或是兇手站在一起——這簡直就是一道讓他痛心的選擇題。

阿里決定先從侵蝕這個帝國的腐敗問題處下手。是輸是贏，這是唯一的希望——要反奧斯曼的政策而為之，要重建公正清廉，才能把社群拉回到正確的道路上。只有得到人民的信任和景仰才能讓他得以處理其它亟待解決的問題。

然而，新興的暴發戶階層之所以能迅速成長完全是拜穆斯林四處征戰所賜，這些人對阿里純潔的理念或改革毫無興趣。對他們來說，阿里看起來像是一個革命性的威脅，而穆阿維亞則是他們財富和安全的守護者，是一個維持現狀的人。

阿里罷免了所有奧斯曼任命的總督並派出新任人選接替舊總督的職位。但是除了葉門的總督以外，其他人沒有一個人甘願下台，而那個下台的葉門總督則是把政府中的全部財產席捲一空逃之夭夭，留下一個破產的爛攤子等著阿里的新總督來上任。

與此同時，另一方面也出了問題。先知最年輕的妻子艾伊夏（Ayesha）在奧斯曼被殺死的時候正好身在麥加。所以當穆阿維亞開始實行他的小算盤時，艾伊夏支持了他，其中一部分原因只是她與阿里素有不和。她在麥加發佈了一場極具煽動性的演說。「親愛的子民們！叛徒……殺害了無辜的奧斯曼……他們在神聖的朝覲月份破壞了神聖的先知之城的聖潔，他們搶劫掠奪麥地那的市民。在真主面前，奧斯曼的一根手指頭都比所有行刺者加起來的性命更為珍貴。這些惡行尚未被粉碎，殺害奧斯曼的兇手也尚未被起訴送上法庭……在這些謀殺者的身上尋求血債血還的契機吧。只有為奧斯曼流的鮮血復仇才能見證伊斯蘭的榮譽。」

艾伊夏利用她所激發起的群眾熱情集結起了一支軍隊，她召開了軍事會議，並在地圖上擬定了行動計畫。那個被解職的前任葉門總督帶著所有盜領的公款投效她的陣營。她現在有了資金的挹注，於是艾伊夏帶著她的軍隊向北進攻，襲捲了伊拉克南部的關鍵城市巴斯拉（Basra），立刻趕走了效忠阿里的人並接管了這座城市。

就在這個時候，有人開始發起輿論戰，散佈流言指控阿里本人參與了殺害奧斯曼的陰謀中。可憐的老實人阿里居然承認自己有一部分的責任，因為當奧斯曼懇求阿里出面接見陳情者時，阿里並沒有伸出援手。認為自己原本可以解救奧斯曼的想法讓這位伊斯蘭的第四位哈里發飽受煎熬，而他的誠實在這種情況下只是讓傳言火上加油，讓他陷入到了不利的局面中。

阿里曾試著組織起一支軍隊來對抗艾伊夏，他宣稱這是一場傑哈德（jihad），穆斯林們應該像過去那樣團結起來捍衛伊斯蘭教。但是穆斯林則被搞糊塗了，因為艾伊夏也是在宣揚用傑哈德來反對阿里。雙方都宣稱是為了真理、公正和伊斯蘭之道而戰，但是他們雙方都是在呼籲穆斯林和穆斯林交戰。這可不是在當初的美好日子裡人們所說的傑哈德！

奇怪的是，艾伊夏的同黨中還有塔爾哈（Talha）和祖拜德（Zubayd）兩人，他們兩人都是先知的同伴，而且他們可能在那天也參與了對奧斯曼宮殿的襲擊。如果說不是他們親自殺害了奧斯曼，他們也一定參與了那天的謀殺——如今這兩人卻出現在這裡，喊著要以推翻阿里來為奧斯曼的死報仇！

阿里帶著他能集合起來的一點點人從麥地那出發，但是在北上的路上，各個部落的戰士們加入到了他的隊伍中，形成了一支不容輕忽的軍隊。當他兵臨巴士拉城下的時候，他派出了一個信得過的夥伴前去城中和艾伊夏談判。令人欣慰的是，這個代表的雄辯說服了這位氣勢洶洶的年輕女子。首先，她承認了她並不認為阿里和奧斯曼的被刺殺有什麼瓜葛。她只是覺得阿里沒有即時將兇手繩之以法。隨後，她同意兇手是藏在那天的暴民之中，而那些暴民趁亂攫取了權力現在仍控制著麥地那。進一步地，她也承認攻擊阿里只是會讓混亂的局面升級，沒錯，在這一點上她自己也是在幫助兇犯逃脫公正的裁決。在那天晚上，艾伊夏同意放下武器，解散她的軍隊並和阿里並肩戰鬥。第二天早上，她會和阿里見面商討細節。

這場協商反映出了兩位領導者的美德：阿里在開戰之前先尋求談判，艾伊夏則展現智慧層面的誠實，即便怒火中燒，即便被戰火的煙硝和死亡的威脅所圍繞，她還是願意傾聽阿里的說法，並承認某些觀點的合理性——因為事實就是如此。在這裡，我們看到的即是英雄主義。

阿里的特使回到營地向阿里報告了這個好消息，在那天晚上，雙方陣營都在歡慶，和平即將降臨了！但是所有人都忘記了一個問題：雙方陣營中都有殺害了奧斯曼的那場暴動的參與者，而且如果阿里和艾伊夏達成了共識，那意味著這些暴民將會被繩之以法。這些人很顯然承擔不起給和平一線希望所帶來的代價。

在第二天的破曉，這幫兇手結夥溜出阿里的營區，對還在睡夢中的艾伊夏的部隊展開突襲。當阿里起身時，艾伊夏的人馬已奮起反擊，阿里和艾伊夏兩人都覺得被對方欺騙和出賣了，一場戰鬥看來已經無可避免，這就是駱駝之戰（Battle of the Camel）的開端，這場戰鬥之所以被叫作「駱駝之戰」是因為艾伊夏騎著駱駝衝向戰場，在她的軍隊後面指揮作戰；當她的駱駝被砍倒，她本人被俘，這場戰役才畫上了句號。阿里獲勝了，但是勝利的滋味是多麼的苦澀啊！很難想像當時他們的心中做何感想，在殘酷的戰鬥結束後，一邊是先知心愛的妻子，另一便是先知器重的女婿，他們雙方留下了一片被鮮血染紅了的戰場，上面散落著上萬具穆斯林的屍體，死者中的很多人都是真主使者的同伴。

當他們釐清了他們雙方是怎樣被叛徒出賣的之後，倖存者們終於達成了和平。他們甚至結下了友誼。也許，以一種奇怪的悲劇形式，他們雙方都被深深地震撼了，這樣的恐怖誰也不想再經歷第二次了。不管怎樣，他們再也不要互相殘殺了。在駱駝之戰以後，艾伊夏於麥地那退隱，致力於記載先知言行並加以註釋，最後成為受人敬重的伊斯蘭早期學者之一。

阿里再也沒有回到麥地那，把位於今天的伊拉克的庫法（Kufa）作為政府的所在地，用以回報庫法人民對他的一路相挺，他努力地收拾殘局，但是與艾伊夏令人痛心的對決只是他一連串困境的開端而已。製造事端的真正禍首仍在一旁窺視著，他一邊磨刀霍霍，一邊發展勢力。穆阿維亞已經準備好要給阿里送上致命一擊了。

到了這個時候，穆阿維亞已經正式拒絕了和阿里結盟並且宣稱他才應該是哈里發。雙方的軍隊走上了戰場。在伊斯蘭曆的三十六年（西元六五七年），阿里和穆阿維亞在希芬戰役（battle of Siffin）中狹路相逢。戰役的開端是穆阿維亞的軍隊試圖阻擋阿里的軍隊得到水源。戰鬥打響後，阿里的部隊奪取了河岸，隨後戰況稍有平息，雙方僵持了好幾個月，期間只有零星的交火。雙方都在保持著克制，想要找到不那麼殘酷的方式解決問題，因為任何一方都面臨著因為和穆斯林自相殘殺而失去宗教上的威信。

雙方的對峙結束在一場持續了四天的暴力衝突上，有的史料記載有六萬五千人命喪沙場。這場屠殺引發了雙方各退一步，讓兩個領導通過一對一決鬥來解決爭議的呼籲。當時阿里已經五十八歲了，但依然是一位健壯的鬥士，他接受了挑戰。穆阿維亞和阿里的年齡相仿，但是既慵懶又肥胖，他拒絕接受挑戰。

於是阿里的軍隊重新發起進攻，這一次穆阿維亞的士兵們就像是草芥一樣被擊潰，但是穆阿維亞設計出了一個計策，這讓他們得到的喘息之機：他讓他的士兵們在兵器上掛上古蘭經的書頁，走在大聲誦讀著古蘭經的誦經人後面，以穆斯林之間要和平的名義將阿里逼到了談判桌前。阿里的軍隊不願褻瀆古蘭經，阿里同意了談判。

阿里大概並不覺得自己會失去什麼，因為他才是那個在一開始就呼籲談判的人，他毫無疑問認為他們談判的結果是穆阿維亞承認他的領導權，作為交換條件，他保證穆阿維亞繼續擔任敘利亞的總督。但是事實卻不是這樣，當雙方的代表會面時，他們達成的協議是兩人地位平等，雙方將保有各自的勢力範圍，穆阿維亞統治敘利亞和埃及，阿里則統治其餘的地方。

這可不是阿里所要的結果，而且也一定會讓他的「什葉（*shi'i*）」，即黨人（partisans）感到憤怒——這個阿拉伯語詞成為變為從這個裂痕中分裂出的派別的名字。如今阿里已經沒辦法拒絕這個談判結果了，因為無論怎麼拒絕都會顯得是沒有信譽。阿里被穆阿維耶狠狠地玩了一把！

除此以外，阿里還有一大弱點。二十六年以來，阿里的什葉們一直宣稱他具有真主賦予的領導權，他的領導會讓穆斯林社群免於腐敗。最初，這樣的聲稱是源自他和先知的血緣關係，但是幾十年來，當前三位哈里發在塑造新的社會秩序時，阿里則傳播著一些神秘主義的訊息，這些訊息關乎於真主的全知全能、無限性、獨一性和超然性。簡單來說，當其他三位哈里發把自己塑造成穆罕默德的社群的守護者時，阿里則把自己樹立成了內心火焰的守護者。因此和其他所有和哈里發一職有關的人不同的是，阿里的支持者所提出的主題變成了阿里具有某種神秘的個人能力，可以得到真主的引導。和阿里有關的一切事物都籠罩在了這樣的一個形象下面。

如今這麼一個人……和穆阿維亞這麼一個反穆斯林的功利主義者化身談判？這算是哪門子的受真主指導的真理化身呢？

和敵人的妥協讓一些阿里最堅定的支持者大失所望，因此這群更年輕也更激進的黨人們分裂出去。他們後來以「哈拉智派（Kharijites）」著稱，意為「出走者」。這個小派別重新詮釋了阿里追隨者的理想，將其發展成了一種革命性的新教義：血緣和家譜沒有意義。即便是一個奴隸也能夠領導社群，唯一的資質就是品德。沒有人天生來就是領導，而且僅僅通過選舉也不可以把誰變成哈里發。任何一位對穆斯林價值表現出最大奉獻精神的人便是哈里發，在這件事上不需要選舉。然而他要對人民負責。一旦這個人在道德優越上有了一點點的瑕疵，那麼他將喪失其職務，由其他人取代。但這樣的晉升和解職要如何具體操作，這些哈拉智派的人則沒有提到。他們覺得這不是他們的問題，他們只知道阿里已經配不上他的頭銜了，他應該下台。既然阿里不下台，一個年輕的哈拉智派成員便把這件事交到了自己手上。在伊斯蘭曆的第四十年，這個腦袋一熱的人刺殺了阿里。

阿里的追隨者立刻把目光投向了阿里的兒子哈珊（Hassan），但穆阿維亞提供給哈珊一大筆錢作為條件讓他宣佈放棄對哈里發一職的主張。這位穆罕默德的長孫，此時心力交瘁厭惡戰爭，接受了穆阿維亞的建議。他已經無心繼續對抗，在當前這樣的局面下，如果他要求接任哈里發，必定會引發新一輪的權力爭奪，這麼做有任何好處？因此伍麥亞的王朝便開始了。

阿里的去世象徵著伊斯蘭歷史的第一階段的結束。穆斯林歷史學者們在習慣上將穆罕默德之後的四位領導人稱之為「得到正確指引了的哈里發們」（Rightly-Guided Khalifas）。毫無疑問，在他們四人的時代，有各種的美好回憶和奇蹟發生，但是我並不覺得負責任的歷史學家將他們稱為「被正確指引了的哈里發」是在說他們是如此的完美。歷史學家們應該是在說，從希吉拉一直到阿里被刺殺的這段社群發展的歷史就像是一部宗教戲劇。沒錯，這裡邊有流血和心痛，但是其間的動盪並不是來自於貪婪的人們對權力、金錢或名望的爭奪。這四位哈里發和穆罕默德的同伴們組成了穆斯林社群在這個時代的核心，他們只是在誠實地努力，希望能讓神啟奏效。他們中的每個人都處理了這整個工程中的某一個方面的問題，但是他們中沒有人可以足夠偉大到像穆罕默德曾經那樣，抓住問題的全部。先知的直接繼任者們就像是盲人摸象故事中的那六個盲人，有人覺得大象像一條繩子，有人覺得像是一堵牆，有的人覺得像是一根柱子等等。在這四位哈里發的時代中出現在哈里發國家中的一切問題都有著神學上的意義，因為他們所面對的問題的本質都具有神學性。在阿里去世後，哈里發國家便只是一個帝國而已了。

5

伍麥亞帝國

EMPIRE OF THE UMAYYADS

伊斯蘭曆四〇——一二〇年（西元六六一——七三七年）

當然，穆阿維亞並沒有明白表示自己是終結宗教虔誠時代的領導者，他的頭銜還是哈里發，聲稱將延續前人的偉大志業。到了遲暮之年，他召集一個由阿拉伯各部族酋長組成的委員會討論他的繼任人選，這場集會表面上是以委員會（*a shura*）的名義舉辦，就像是歐瑪爾當初成立的諮詢委員會，與會人士一心認為他們的意見會被誠心誠意地尊重和採納，於是在會議中認真討論每位候選人的優勢及功過。突然之間，穆阿維亞的心腹之一卻跳上會議桌怒目環視與會者，指著穆阿維亞面露慍色地宣佈：「這是穆民的領袖」，之後指著穆阿維亞的長子亞濟德（Yazid）宣佈：「在穆阿維亞死後，他將繼承大位。若在座哪位反對，請看劍！」他邊說邊拿出長劍。[1]

經過了這段插曲，酋長們理解這次集會的真正意涵，他們還是照常舉行傳統的穆斯林民主形式，也發表合宜的反對聲音，但最後與會者都非常稱職地選擇亞濟德為下一任哈里發，當晚與會者返家途中，大家都心知肚明以往集會討論繼承原則的場景將永不復見。

亞濟德繼承王位之後，他很清楚知道父親並沒有終結反對勢力，充其量只是壓制而已。亞濟德以緊迫盯人之姿，嚴密監視挑戰威權的勢力，特別是阿里的親戚和後代，哈珊當時已過世，但他的弟弟胡塞因（Hussein）仍在世，亞濟德為求心安，決定在胡塞因前往麥加朝聖的途中刺殺他。

胡塞因正值不惑之年，深知早年追隨父親的友人視他為正統的哈里發，也知道狂熱的穆斯林寄望他重燃精神革命的火焰，但沒有人扛得起如此重擔。胡塞因選擇政治這條路，在多年平靜的禮拜及沉思中細細思考父親的偉大志業。

胡塞因獲知亞濟德計劃在卡巴神殿（Ka'ba）謀殺他，再也無法忍受亞濟德的威權統治，他既沒有軍隊也沒有戰場上的實務經驗，亞濟德則掌握間諜網、國庫財源和部隊。伊斯蘭曆六〇年（西元六八〇年）胡塞因公開宣佈他將挑戰亞濟德的勢力，率領七十二人的軍隊離開麥地那。

事實上，稱胡塞因的團隊為「軍隊」的說法是有些誇張，畢竟這七十二人的成員包括胡塞因的夫人、孩子和一些垂垂老矣的親人，適合打仗的男性只佔極少數，胡塞因在想什麼？他真以為自己可以靠這群人推翻伍麥亞朝？或許他認為自己登高一呼就可以點燃反叛的風潮，喚起眾多部族加入？

但事實並非如此，胡塞因出發前的最後一次講道告訴追隨者，他一定會被殺，但他並不害怕，因為死亡「環繞著亞當的後代，正如年輕女孩的頸項被項鍊環繞一樣」[2]，他提及古蘭經的一段經文，告訴人民應該起身對抗像亞濟德這類不公不義的統治者，如果身為阿里和法蒂瑪的兒

1 From Ibn Qutayba's ninth-century history *Uyun al-Akhbar*, excerpted in *Islam: From the Prophet Muhammed to the Capture of Constantinople*（New York and Oxford: Oxford University Press, 1987）, p. 273.

2 *Nafasul Mahmum*（chapter14）,Sheikh Abbas Qummi quoting from thirteenth-century historian Sayyid Ibn Tawoos's *Lahoof*（Qom, Iran: Ansariyan Publications, 2005）

子、先知孫子的他不率先挺身而出對抗專政，誰會挺身而出呢？正如傳說中所描寫的，胡塞因決定以自己的生命作為最佳範例，他認為自己就要啟程進行一段意義非凡的朝聖之旅。從某個角度來看，他在進行高貴的自殺。

當亞濟德獲悉年紀比較小的孫子胡塞因有所行動時，他立即派出了一支軍隊前去殲滅。儘管胡塞因並沒有對帝國構成實質的威脅，但亞濟德還是派出壓倒性的武力，想藉此殺雞儆猴，警告其他企圖以真主之名為號召的激進份子。傳說中亞濟德人馬的兵力從四百到四千人不等，但是遠遠超過了胡塞因的人馬，這讓戰鬥結果毫無懸念。

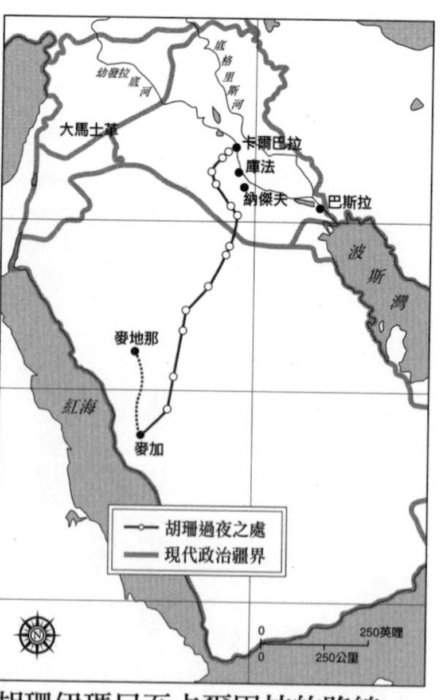

胡珊伊瑪目至卡爾巴拉的路線

亞濟德軍隊在靠近伊拉克南方邊界的城市卡爾巴拉（Karbala）南部的沙漠追上胡塞因，若各位讀者曾於夏季注意這個地區的氣象預報，將會發現這裡夏天的氣溫會上升至四十五度左右。就是在這樣揮汗如雨的季節，帝國部隊在距離幼發拉底河咫尺之遙的地方包圍胡塞因人馬，切斷他們的水源。胡塞因則堅持完成他父親沒有達成的行動，他堅持拒絕談判、妥協和討價還價，真主選擇他領導這個具有美德的社群，他無法否定這項重要事實。

胡塞因派出一個又一個的戰士對抗亞濟德的軍隊，他們相繼陣亡了，婦女、孩童和長者相繼渴死。當胡塞因部隊最後一位戰士陣亡時，勝利者一湧而入，取了胡塞因的首級，連同一封洋洋得意的簡短信函送交給亞濟德。

胡塞因的首級送抵之時，亞濟德正在宴請拜占庭特使，這件事破壞了整個會場的氣氛。拜占庭特使問到：「穆斯林是這樣對待穆罕默德的後代嗎？我們基督教徒是絕對不會這樣對待耶穌基督的後代。」這樣的評論大大激怒了亞濟德，他把這位「羅馬人」送進監牢。然而，過沒多久，他也認為把胡塞因的首級留在身邊不利自己的形象，因此將胡塞因的首級送回卡爾巴拉，跟他的屍體葬在一塊。

亞濟德自認為解決了問題，阿里的後代再也無法給他惹麻煩，但他卻大錯特錯，在卡爾巴拉鎮壓胡塞因的行動反而燃起了星星之火，熱情支持阿里實現理想的群眾逐步形成，這股勢力被稱為什葉派燎原之火。何謂什葉派？常聽到的說法與朝代繼承的紛爭有關，就像是十二世紀英格蘭的莫德及史蒂芬（Maud and Stephen）為了爭奪王位而陷入內戰，假若這樣的說法為真，在阿里去世之後就應該沒有任何派別之爭，今日英國人誰還自稱為莫德派（Maudist）或是史蒂芬派（Stephenist）？時至今日，誰又會在意這兩人之中誰是英格蘭王權合法繼承人？阿里卻在身後不斷吸引新的擁護者，什葉派的勢力不斷壯大，許多信徒甚至在阿里去世時都尚未出生，但什葉派信徒卻信奉阿里的理想，憑藉著什葉派所賦予的身份認同，深信阿里是第一任哈里發，這一切又該如何解釋呢？

關鍵在於這場哈里發的爭執已不再只是朝代更迭的角力，宗教爭議早已涉入其中，涉及到的選擇不在於誰成為領導人，更重要的是領導人必須具備何種資格。阿里的追隨者認為阿里擁有其他哈里發不具備的特質，真主賦予他某些精神上的特質，讓他與穆罕默德的特質相似，有別於一般血肉之軀。沒有人說阿里是另一個真主的使者，從來沒有人作出這樣的宣告（在這件事上，無論如何也不能這麼說），但什葉派信徒給了阿里不同的頭銜，人稱伊瑪目（imam）。

「伊瑪目」原本是指禮拜時的領拜人。對大多數的穆斯林而言，今日的伊瑪目仍舊代表這樣的意涵，當然，這是一種尊稱，但並不帶有任何威嚴、崇敬或高貴的意涵。當一群穆斯林集體禮拜時，總得有一個人出面帶領所有的禮拜者，而他的行為舉止與其他人並沒有不同，但必須站在眾人之前，協助團體在儀式中縱列移動。每座清真寺內都有伊瑪目，在沒有引領眾人敬拜之時，伊瑪目必須清掃地板或修補屋頂。

但是當什葉派信徒說到「伊瑪目」的時候，這個詞意味著崇高得多的意義。對於什葉派信徒來說，這世界上有且只有一位伊瑪目。這個信念的前提是真主賜予穆罕默德某些顯而易見的神祕特質、某些能量、光環，稱之為穆罕默德的「福氣」（baraka of Mohammed），當先知去世之後，這樣的光環便傳承給了阿里，阿里則成為首任伊瑪目；當阿里去世時，光環則傳承到兒子哈珊身上，哈珊便是第二任伊瑪目；其後，這樣的火焰傳承給哈珊的弟弟胡塞因成為第三任伊瑪目。當胡塞因於卡爾巴拉殉難時，「伊瑪目」的概念開始具備了豐富的神學思想，當時的主流教義並無法滿足人們對於宗教的強烈渴望。

正如阿布．巴克爾和歐瑪爾所整理和規範的那樣，主流的教義告訴人們穆罕默德是一位使者，他傳遞了教導人們關於如何生活的指導，所傳遞的訊息是偉大的並且是獨一無二。除了傳遞古蘭經的訊息之外，穆罕默德的宗教重要性還在於他的聖行（Sunnah），藉由他的生活方式來樹立良好的典範，依照範例行事即可生活在真主的眷顧之下，認同這項說法的被稱為遜尼派（Sunnis），涵蓋今日伊斯蘭人口的十分之九。

什葉派信徒不覺得只靠自己的努力就可以上天堂，除了先知訓示之外，直接來自真主的指示依舊降臨人間，透過某位真主選擇的人士讓信仰者沐浴在靈魂救贖的慈悲之下，讓世界更為溫暖純淨。什葉派信徒將這樣的人物稱為伊瑪目，伊瑪目在人世間的存在保證了奇蹟延續的可能性。

當胡塞因啟程前往卡爾巴拉之時，他很清楚知道與亞濟德對抗的勝算極低，唯一的希望是倚賴真主創造奇蹟，胡塞因和他的追隨者選擇死亡等於是象徵性地拒絕否定真主奇蹟的可能。什葉派信徒相信奇蹟的確降臨卡爾巴拉——胡塞因殉道衍生出來的奇蹟。

時至今日，全世界的什葉派信徒在胡塞因去世這天以搶地呼天的哭號來紀念追悼，他們會聚集在「哀歌之所（Lamentation houses）」來講述殉道的故事，這樣的故事有一種宗教性的敘述，把胡塞因塑造成一個具有巨大救贖性的角色。通過他的殉難，胡塞因得到了位於真主身邊的位置，並且擁有替有罪之人求情的特權。無論是犯了什麼罪玷辱了人生，凡是擁抱及相信胡塞因的人都將獲得救贖進入天堂，胡塞因給了什葉派這扇通往奇蹟的後門，而這個奇蹟正是什葉派信徒所追求的。相信胡塞因並不會給你帶來榮華富貴、功成名就或是愛情順遂，但是可以引領人們通往天堂，這正是所謂的奇蹟。

※※※

現在，政治的故事就在穆阿維亞掌權以後展開了。伍麥亞帝國的興起可以說是伊斯蘭教誕生作為宗教事件的終結，但是它開啟了伊斯蘭作為文明和政治帝國的開端。在傳統的西方歷史紀錄中，伍麥亞朝標誌了穆斯林偉大歷史的開端。當時西方勢力逐漸式微，西方人開始在地圖上正視伊斯蘭的存在，開啟了歷時久遠的伊斯蘭黃金年代。

儘管穆阿維亞有許多缺點稱不上是賢人，但他的政治手腕的確高超。這樣的特質使他打敗了命運多舛的阿里，讓他成為一位成功的君主。他在位期間，引進了許多制度化的組織和運作，讓伊斯蘭帝國更團結，並延續了好幾個世紀。

這一切都顯得相當諷刺，別忘了當穆罕默德開始成為先知時，伍麥亞是麥加富有菁英階層的領導派系之一。穆罕默德曾經當眾指謫某些富人非但枉顧窮人的權益，還竭盡所能地壓榨寡婦和孩童，他批評的對象就是伍麥亞族。穆罕默德還在麥加之時，伍麥亞族竭盡所能騷擾穆罕默德追隨者；在穆罕默德率眾遷徙至麥地那之前，伍麥亞族還協助策劃暗殺先知；當穆斯林移居麥地那之後，伍麥亞族也是手段盡出，試圖毀滅新生階段的社群。

當伊斯蘭開始所向披靡的時候，伍麥亞族見風轉舵，改變立場加入伊斯蘭社群，並且爬上新社群的頂端，成為新興菁英份子的支柱。在伊斯蘭崛起之前，他們充其量只是一座城市的菁英，如今卻成為全球帝國金字塔頂端的菁英份子。我很確信絕大多數的伍麥亞族會搔搔頭，試圖回想為何當初自己會不喜歡這個新興的信仰！

以統治者的角度來看，伍麥亞族從前任領導人手中繼承了有力的政策工具，特別是歐瑪爾和奧斯曼。歐瑪爾可說是為伍麥亞族大開方便之門，以穆斯林的角度來看，針對異教徒所發動的侵略性戰爭皆可正當化為傑哈德，如此界定傑哈德讓新任的伊斯蘭統治者得以在邊界進行接連不斷的戰事，這項政策明顯為伊斯蘭帝國帶來許多好處。

首先，永無止盡的戰爭將暴力推向帝國邊境，反而可以協助維持境內的和平，強化了自首任哈里發便開始發展的世界兩分法的理論：和平境域（伊斯蘭）和戰爭境域（非伊斯蘭的所有世界）。

發生在邊境的長期爭戰無形中將戰爭與和平的概念具體化。首先，表面的現象就得以讓這樣的論述形似為真，畢竟邊境總是充斥著暴力衝突，但帝國境內總是一片和平安詳；其次，事實的情況也確實如此，集結各個阿拉伯部族的勢力，團結一致對外。伊斯蘭誕生之前阿拉伯各部族間不斷的互相殘殺，傑哈德的概念出現後，部族間互相殘殺明顯減少，讓伊斯蘭世界成為〈相對的〉和平之域。

觀察參與早期擴張戰爭的人，對於其動力會看得到更清楚。實情並非是君主根據計劃派出職業軍人，遵照命令進行作戰，參戰者作戰的意願決定了對外征戰，就像是因為信仰而付出的志願者，作戰的主要動機是出於個人意願而非哈里發的指令，如果他們不是在邊界為了擴張穆斯林疆域而戰，他們很有可能會在家鄉與鄰近的部族捉對廝殺。

只要能在戰場上持續戰勝，不斷的交戰就可以確立伊斯蘭所宣示的神的裁決，從一開始，令人瞠目結舌的軍事和政治成果就被用來証實伊斯蘭核心要義的奇蹟。耶穌或許可以讓盲人重見光明，讓人起死回生；摩西或許可以讓任何物品變成蛇，讓紅海一分為二。這種看得見的奇蹟證實了神力的存在或者那些先知擁有神的祐助。

穆罕默德從未真正地發生類似於上述的那種超自然奇蹟，也從未以違反自然法則的方式展示神力藉此吸引信徒，唯一一項超自然的壯舉是從耶路撒冷騎著仙馬卜拉克（Buraq）升天，這並非是為了取悅大眾的奇蹟表演，沒有人目擊，他也只是在事後轉述給其他人當天的情況，是否相信這樣的故事全憑個人判斷。這並不影響他原本被賦予的任務，因為他並沒有以升天之旅來佐證他的神啟為真。

穆罕默德的奇蹟（除了古蘭經以及願意相信傳說的人士）在於即使在兵力懸殊的情況下，穆斯林依然可以贏得戰爭，自第一任哈里發時期持續顯露這樣的奇蹟，畢竟伊斯蘭治理的領土以驚人的速度不斷擴張，除了真主的介入，誰能解釋這樣的成功？

這樣的奇蹟在伍麥亞王朝治下得到了延續。但這些軍事勝利來得既不迅速，也不那麼富有戲劇性，真正戲劇性的勝利變得愈來愈少，這是因為穆斯林不再是像他們以前那樣總是處於人數上的劣勢。稱之為奇蹟的底線是說勝利還是接連不斷地到來，穆斯林的領域不斷地擴大——事實上穆斯林的領土從未縮小。只要這樣的狀態得到保持，不斷的勝仗就不斷地印證伊斯蘭的真理，而這樣的信仰又燃起民眾的熱誠並取得下一次勝利，勝利又再次印證了伊斯蘭的真理，這又再燃起民眾的熱誠取得再下一回的勝利……就這樣一次又一次地循環往復下去。

持續的戰爭狀態也為穆斯林帶來了確切的好處，例如增加國庫收入。正如穆斯林所說的那樣，一些違抗真主的君主不斷地對人民徵稅，就算已無財政缺口仍不罷手；此時穆斯林現身剷除暴君，把人們從他的貪婪中解放出來，並且接管他的金庫。這樣的結果是人民開心，穆斯林也因此累積了更多財富。換句話說，除了吃敗仗的貪婪君主，其他人都是贏家。

五分之一的戰利品被送回到首都，先在社群（umma）中分配，最有需要的人享有優先配給權。但隨著歷任哈里發修正政策，戰利品進入公庫的比例也愈來愈高；到了伍麥亞人統治時，戰利品幾乎全數進入國庫，並用來支應政府運作的成本，其中包括揮金如土的營造計劃、雄心勃勃的公共建設、以及金額龐大的慈善捐獻，龐大的支出金額全數由公庫買單。伍麥亞朝從紛擾不斷的邊境戰爭中所獲得的收入反而被用來作為安定社會的正面力量，大幅提高人民的福利卻又不加重人民的稅賦。

奧斯曼為伍麥亞朝開啟的先例是在遵循伊斯蘭嚴格律法的前提下，允許穆斯林任意支配錢財。承襲奧斯曼留下的先例，伍麥亞朝准許穆斯林從國庫中借貸用來購買被征服地區的土地。當然那些借貸者必須要有門路，甚至得比奧斯曼執政時期的關係還要好才能取得借貸。由於伊斯蘭視高利貸為不法，向國庫借貸實際上是零利率，所以如果能透過管道取得貸款，可說沒有比這更好的了。

歐瑪爾命令阿拉伯穆斯林士兵以要塞駐守的模式進駐新領土，藉此與當地居民區隔，一方面可避免穆斯林傷害當地民眾的權利和情感，再者避免穆斯林受到異教徒享樂的誘惑，同時也避免佔多數的當地居民將少數的穆斯林同化。在伍麥亞時代，要塞演變成堡壘式的阿拉伯城市，城市裡住著新興的地產貴族，他們在近郊擁有龐大的地產並且從地產中獲得高額利潤。

伊斯蘭社會和封建歐洲並不相像，封建歐洲的莊園主多半是自給自足的經濟單位，生產是為了支應立即的消費。伍麥亞朝的手工業十分興盛，複雜的貿易網絡串連起各個地方的發展，自地產衍生出的大量財富並沒有像死水般靜止不動，反而有助於貿易及貨品的普及，商品被運送到遠方，再從遠方運回不同的商品，原本駐防性質的城市受到商業行為影響成為貿易集散地，伊斯蘭世界中遍佈著許多活力十足的城市，可說是一個多彩多姿的文明世界。

許多虔誠的信徒認為與象徵崇高的精神標竿的四位「正統哈里發」相比，穆阿維亞作為伊斯蘭帝國的領導人顯得非常不具說服力，但就經濟和政治治理方面來看，他的表現卻恰如其份。穆阿維亞的個性殘忍無情，但深具領袖魅力，大部份透過說服取得了阿拉伯各部族領袖的支持，也利用軍事和警政的優勢，撲滅了各地的反叛勢力；強勢執行法律和規則，讓他在統治上更具優勢，讓文明生活之路更顯平坦。

伊拉克總督齊亞德（Ziyad）是穆阿維亞的兄弟，他曾經發表以下的書面警示給巴斯拉居民，可說是恩威並施的最佳寫照：「不可以把親屬關係放在首位而把宗教放在次位；伊斯蘭是神聖的並且是保護大家的，那些包庇藏匿罪犯違反命令的人最好別走太多夜路，我會在夜暮低垂時把你們揪出來殺光，這些人的親屬也別來求情，我會切斷求情者的舌頭。真主賜予我全能統領帝國，為人民維護真主的資產，因此我要求各位服從，而各位可以期待我的正直……我絕對嚴格遵守以下三項承諾：當各位有亟需要解決的問題時，我絕對出現在各位眼前；各位將準時收到應有的津貼；我不會讓各位在遙遠的異地駐防過久。奉勸各位切莫帶著憎恨和憤怒與我為敵，對你們不會有任何好處，我不希望看到更多人頭落地，讓腦袋好好留在各位的頸項之上。」[3]

即便是世故的狠角色，伍麥亞人還是培育了伊斯蘭的宗教機構，他們資助學者和宗教思想家、興建清真寺，並且推行律法，這使得伊斯蘭的生活方式得以興盛。

在伍麥亞朝的統治之下，伊斯蘭世界不僅受到阿拉伯的商業活力所影響，伊斯蘭的社會理想也得以普及。新興的暴發戶地主樂於捐款給被稱作瓦合甫（*waqfs*）的宗教慈善組織，我除了社會壓力之外，其背後也有宗教動機：每個人都希望獲得社會的尊重，有錢人可以透過資助一個瓦合甫來贏得這種社會的尊重。

理論上說，瓦合甫的創辦人不能擅自決定關閉瓦合甫。瓦合甫是獨立存在的個體並且擁有獨立自主的地位。讀者們不妨把瓦合甫想成伊斯蘭版的非營利組織，其成立的動機是為了慈善目的。伊斯蘭的法律規定瓦合甫可以享受免稅優惠，資金的來源仰賴外界捐獻，再分配給貧窮的弱勢團體或用於興建和管理清真寺、經營學校、醫院和孤兒院，提供管道給新興的上層階級展現宗教和行善的渴望，讓他們在享有財富之餘也能因行善而獲得社會認同。

瓦合甫必須有人處理日常事務、訂定方針、管理財務等，但不是任何人都有能力出任這樣的

3 G. E. von Grunebaum, *Classical Islam* (Chicago: Aldine Publishing Company, 1970), p. 70.

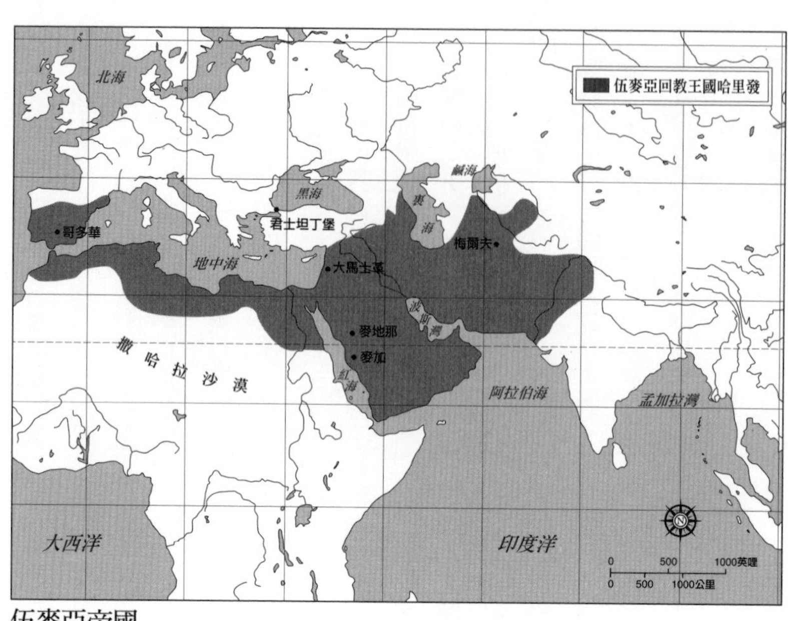

伍麥亞帝國

職務，想在宗教事務上發揮作用，瓦合甫的成員必須兼具慈悲為懷和宗教學識。瓦合甫的聲望建立於良好的成員素質，創始者和捐獻人自然可以獲得更多的敬重。

由於瓦合甫支配地產、建物和捐獻，透過經管資產提供了伊斯蘭社會流通的管道（即便有許多瓦合甫成為富人避稅、保護自身資產的管道）。假若有人想追求宗教學術的名聲，不必來自於富有的家庭，可以透過在瓦合甫中佔得一席之地來達成目的，換句話說，想成為有名望的宗教學者，不必出身自名門貴族，只需要擁有聰明的腦袋、落實慈悲為懷的精神以及勤奮研習。

另外，宗教學者也必須通曉阿拉伯文，因為阿拉伯文對穆斯林來說是神聖的語言：用阿拉伯文書寫和誦讀的古蘭經是真主在這個世界上的表現，翻譯的古蘭經就不是古蘭經本身了。除此之外，所有相關的作品也都是以阿拉伯文寫成的。而且當然了，你也必須是穆斯林。還有一個原因是，伍麥亞王朝很快就宣佈了阿拉伯文是政府的官方語言，它在東境取代了波斯文，在西境取代了希臘文以及各個地區不同的當地語言。因此在伍麥亞朝時期，人們見證了穆斯林世界的阿拉伯化和伊斯蘭化。

我在這裡所說的伊斯蘭化的定義是越來越多處於哈里發統治下的人民放棄了其先前的信仰——無論是祆教、基督教、多神教還是其他的什麼宗教——而改信了伊斯蘭教。當然不用懷疑的是，人們改信的動機不一而足，有些人是為了逃避對非穆斯林徵收的人頭稅，但並非全然如此，因為在改信伊斯蘭之後，穆斯林有慈善捐獻的義務，而非穆斯林則不用。

有些人改信伊斯蘭是為了追求更好的工作機會，但同樣的，這種說法的重要性也有可能被高估，因為改信伊斯蘭只能開展宗教相關的工作機會，維持原來宗教信仰的民眾還是有權擁有土地、經營工作坊，販售商品和從事其他工作，若具備一定技能，不必是穆斯林也可以為政府工作。穆斯林菁英還是秉持著用人唯才的理念，通曉醫學者可成為醫生，通曉營造事務的人可成為建築師。在伊斯蘭帝國境內，即便是信奉亞伯拉罕諸教（"Abrahamic" religions）的基督徒或是猶太人，甚至是和伊斯蘭教距離較遠的祆教徒，都有功成名就的機會。

但是對於大多數人來說，至少我這麼認為，在穆斯林前來統治的地方，人們改信伊斯蘭教的原因是因為它看上去像是真理。當然了，中央世界在歷史上的這段時期也沒有其他的勢力和社會運動能與之相抗衡，沒有其他的信仰能像伊斯蘭教這般具備強大的自信並散發出了必然成功的光環，如果有機會可以加入穆斯林社群，那麼誰會說不呢？

而且如果想要加入的話，程序還很容易！想要歸信的人只要說「萬物非主唯有阿拉，穆罕默德是阿拉的使者（*La illahail-Allah wa Muhammad ur-Rasulillah*）」，就可以加入這個勝利俱樂部了。

然而，伊斯蘭的核心教義可能要比乍看之下要複雜得多。

「萬物非主唯有阿拉」——光是這句話就足以產生千冊無數的解讀，直到目前為止，也沒有人能夠提供最具權威公信力的解讀。

緊接其後的「穆罕默德是真主的使者！」，做此宣誓代表接受了穆罕默德以先知的身份訂下的一切規範，穆斯林必須一天禮拜五次，不吃豬肉，在齋月時封齋，不喝酒，以及許許多多的事情。

6
阿巴斯時代
THE ABASSID AGE

伊斯蘭曆一二〇—三五〇年（西元七三七—九六一年）

亞濟德的後代子孫統治了好幾個世代。他們統治的勢力延伸到了整個穆斯林世界，也把他們的宗主權拓展到了西至西班牙，東至印度的地域。在他們的領導之下，伊斯蘭的教義不斷精益求精，以書面方式被保存記錄下來，進而被核准認可成為法典準則。宗教學者們開始擁有這些法典書籍，就如同美國律師必須擁有美國憲法一般，各項法律便是由這些法典衍生出來，那些宗教學者與政治家和伍麥亞宮廷的官僚機構通力合作，以打造出一個與眾不同的伊斯蘭社會。

西方主流的歷史評論通常對這段進程給予不錯的評價。伍麥亞人給文明世界帶來了一種被稱作穩定性的偉大特質。因為具有這種穩定性，農民們得以計畫來年的耕種。生意人得以進行長期的投資計劃。穩定的社會可以讓學生們安心地展開長期的課程計劃，而不用擔心自己所學的東西在畢業的時候還能不能用得上。穩定性還使得學者們可以忘我地自由悠遊於學海之中，深入地挖掘自然的奧秘，而不用擔心家人無端喪命於惡人之手。

任何事物都有代價，「安定」的代價通常就是保障相同的事物因不斷地循環而有加乘效果，富者恆富，貧窮階級的人數也不斷增加，城市中處處可見宏偉亮麗的建築，但貧民窟的面積也不斷擴大。公正成為了一種富人才消費得起的商品。

其他的問題也開始發酵了。伊斯蘭統治的快速擴張把許多不同的種族納入到了伊斯蘭的麾下，隨之而來的問題則是如何在不同種族的子民身上落實伊斯蘭強調的兄弟情誼和人人平等的承諾。

伍麥亞朝的政策易於推行阿拉伯化和伊斯蘭化，但無法確保各個地區都能同等落實。北非阿拉伯化迅速開展，當地的原住民文化的混合體或許因為腓尼基人在北非建立殖民地的關係而顯得相當鬆散，羅馬人統治則留下拉丁文化的遺跡，汪達爾人（Vandals）的駐留則帶來日耳曼的影響，另外北非地區還深受基督教文化的影響，並沒有單一語言或文化將北非地區聯繫在一起，當阿拉伯人帶著強烈的信念來到此地，當地並沒有一個能與之抗衡的強烈統一信仰，當地居民和文化才會受到伊斯蘭文化的同化。

埃及和黎凡特地區的居民某個程度上也很容易接受阿拉伯文化，因為當地文化與阿拉伯人的歷史論述框架相同，認為他們有共同的祖先，如亞伯拉罕、諾亞和亞當，許多當地居民已接受一神論的概念，語言也有相同的根源，希伯來文和阿拉姆語（Aramaic）與阿拉伯文一樣均屬於閃米語系。

然而說到波斯——它的的狀況就大不相同了！波斯人屬印歐民族，並不是閃族人，他們擁有屬於他們自己的古代文明，擁有傲人的歷史，以及一種無法替代的語言。許多波斯人接受了伊斯蘭教，但並沒有接受阿拉伯化。那些改信伊斯蘭教的人給波斯的社會帶來了一個充滿挑戰性的宗教悖論。伊斯蘭教宣稱每個穆斯林都是平等的，加入穆斯林社群則代表認同了這種平等主義的兄弟情誼——這是這個新宗教，強大的社會運動所帶來的承諾。但是由伍麥亞王朝塑造的由阿拉伯人為主導的社會（Arab-dominated society）則沒有辦法兌現這樣的承諾。阿拉伯人現在是統治者和貴族。伍麥亞人連稍微表演一下這種所有人的平等都不願意，而是大張旗鼓地在社會中建立正式的體系來區別對待不同種族的人，並通過這樣的方法來把他們固定在等級制度中：純正的阿拉伯穆斯林享有最高社會地位；其次是父母當中有一人是阿拉伯人，另一人是非阿伯人的穆斯林；再者是非阿拉伯裔穆斯林；再其次是非穆斯林雙親的非阿拉伯裔穆斯林；再次是信奉其他一神論信仰的非穆斯林；以此類推，直到最底層的是父母和本人都是多神教信徒者，這樣的人在法律上完全不享有任何權利。

在這些人為劃分出來的社會階級之間存在著若干摩擦，特別是阿拉伯新興貴族和波斯前貴族之間存在許多令人不快的摩擦，波斯地區正逐步醞釀著對於伊斯蘭帝國的不滿和抱怨。

此時還有另一個陰影籠罩在伊斯蘭世界的良心之上。穆斯林的宗教歷史中異常多地充斥著關於伊斯蘭教早期的開拓者們簡單、嚴苛的生活方式的傳聞和故事，他們的樸實謙遜反映出他們身為宗教人物的核心訴求，因此，在伍麥亞朝社會的底層階級中不可避免地瀰漫著一種情緒，認為光鮮亮麗的表象是違反教義的，眼前這個榮華富貴、歌舞昇平的社會並非當初阿拉指示穆罕默德去建立的崇敬唯一真主的公平社會。愈富裕的階級當然愈不會有這樣的質疑，但窮苦民眾耳聞宮廷的奢靡軼事，眼見身著絲綢、散發著香氛的阿拉伯貴族騎馬穿過街道之時，不免會在心裡比較起穆罕默德將毛毯折疊四次用來充當床墊和床單以及歐瑪爾哈里發在補鞋匠的攤子上修補自己鞋子的故事。所有的這一切加上伍麥亞人當初奪取權力的方式促成了兩場持久不滅的反抗運動，即什葉派和哈里哲派（Kharijites）。

投身哈里哲教派的人數較少，但他們的行動則更加激進，他們的理論專注於對純粹性（purity）的極致要求。他們宣稱穆斯林世界的領導權屬於最勤勉實踐伊斯蘭教教誨的人，沒有任何一位世俗的統治者曾經達到過哈里哲的標準。事實上，人世間很有可能根本沒有哪一位領導人能符合他們的標準，因此，哈里哲在任何一種情況下都可能鼓吹革命。舉凡任何當權者即位，都會有人被壓迫，而且只要有人感覺到了壓迫，哈里哲的煽動者們就可以利用他們的教義來煽動叛亂。

但是隨著時間的推移，哈里哲派變得銷聲匿跡，因為他們的立場太過追求純粹性，而當時有愈來愈多人在欣欣向榮的經濟體系中獲得了一席立足之地，社會中的弱勢群體或許感到不滿，但他們更沒有打算去拋開所剩無幾的家產為了無生趣的哈里哲教義奮鬥。相較之下，什葉派才是既定秩序的真正威脅，在胡塞因和他的隨行者於卡爾巴拉壯烈犧牲之後，什葉派對統治者的威脅更形加劇。

什葉派伊瑪目不再那麼直接地挑戰當政者的權力，因為他們開始將「伊瑪目」的含義和「哈里發」的含義區分開來，將自己的定位與純宗教的概念更緊密地連結起來。但是什葉派持續以伊瑪目之名製造麻煩，他們不斷地製造叛亂希望把阿里的後代推上權力舞台，持續推動一種哈里發一職不屬於伍麥亞人的理念，持續地破壞伊斯蘭世俗領導者的統治正當性。

因為在伍麥亞統治時期所醞釀出的一種負面共時性作用（an ominous synchronicity），什葉派的威脅被賦予上了這樣的含義：

什葉派是伊斯蘭教中受壓迫的受害者。
波斯人是伊斯蘭教中受壓迫的民族。
什葉派嘲諷和反對正統的宗教建制。
波斯人嘲諷和反對阿拉伯的政治體制。

不可避免的，波斯人和什葉派都彷彿在對方的身上看到了另一個自己。波斯人開始投靠什葉派，而什葉派的煽動者也開始向東邊的波斯來找尋加入者。當這兩股趨勢匯流到了一起，一場叛亂便開始蠢蠢欲動了。愈往東，反阿拉伯的情緒就愈發高漲，由於伍麥亞警力在這一地域的不足，叛變情勢更可說是一觸即發。

在伊斯蘭曆一二〇年前後的一天，一位神祕人士靜悄悄地潛入了梅爾夫城（Merv）。梅爾夫是帝國偏遠的前哨站，位於大馬士革以東約一千五百英哩。在這個遙遠的東境邊城，這位陌生人靠宣揚千禧年，強調啟示錄中所預示世界末日情景即將來臨，善惡兩股勢力終究要公開對決來策動反抗伍麥亞朝。

這位神祕人士的來歷並不為人所知，沒有人知道他的真名，他以「阿布．穆斯林」（Abu Muslim）之名行走江湖，這個名字很明顯是假名，因為他是「穆斯林．阿布．穆斯林．本．穆斯林」的縮寫（Muslim Abu Muslim bin Muslim），意指「穆斯林男性，穆斯林父親之子，穆斯林兒子之父」，誠如各位所見，這個人是在煞費苦心地宣稱自己是貨真價實的穆斯林。

事實上，阿布・穆斯林是一位職業的革命人士，他受到伊拉克的地下祕密團體哈希姆家族（the Hashemites）的派遣前往梅爾夫。這個團體是宗派和政治的綜合體，核心成員也許從未超過三十人。他們團體的名稱來自先知的宗族巴努哈辛姆（Banu Hashim），普遍相信其目的是要將先知家族的一位成員推上穆斯林世界的領導人。他們只是當時眾多反政府的激進派小團體的其中之一，這些團體不約而同地散佈相同的信息，只是版本稍有不同：整個社群已偏離既有的軌道，歷史的走向已脫離正道，先知的事業已被顛覆破壞，唯有推翻伍麥亞朝，讓先知的後代取而代之，才能將一切導回正軌。在這裡值得我來強調的是這樣的說法在伊斯蘭歷史的進程中曾一遍又一遍地被反覆重新提出，而且它的一些版本在今天仍能被聽到，當今的革命份子只是將「伍麥亞朝」一詞換成了「西方世界」。

只可惜哈希姆家族沒有一位真正屬於先知家族的成員，但是他們擁有阿布・阿巴斯（Abu al-Abbas），這個人自稱是先知的一位叔父——阿巴斯・伊本・阿布杜・穆塔萊布（Abbas ibn Abdal-Muttalib）的後代，所以他至少在血緣上與先知有所關聯，更重要的是，他願意出借自己的名號給哈希姆家族的事業。

這位身分可疑的叔父阿巴斯在當時是屬於很晚才歸信伊斯蘭教的一位，所以理所當然的，沒有人認為他是可以繼承穆罕默德的人選，因此他也不是這些純粹主義革命者理想的祖先。如果是阿里和法蒂瑪的後代的話，那當然是再好不過了，但是沒有任何一位阿里家族的真正後代或者認定的後代和哈希姆家族有著相同的動機，因此阿布・阿巴斯必須挺身而出。因為有時候你必須得拿著手中現有最好的牌應戰，而不是去期待你所沒有的牌。

呼羅珊（Khorasan）位於今日的伊朗至阿富汗境內，阿布・穆斯林沒有遇到什麼麻煩就在這裡從什葉派和波斯人燒得火熱的不滿情緒中找到了一席之地。阿布・穆斯林在他的演說中對於革命成功之後什麼人將成為哈里發一事始終立場模糊，這件事也是他演講的關鍵部分，這讓期待阿里的後代繼位的人們留有了一部分想像空間，他們以為這個人選其實已經有了，只是目前因為人身安全的理由不宜公開而已。

阿布・穆斯林膽識過人，決斷無情，極富領袖魅力。他很快就超越了他原本作為任何一人的代理人的角色，成為了阿巴斯革命（Abbasid revolution）的領袖（之所以如此命名是因為這場運動一般認為領袖是阿布・阿巴斯）。在呼羅珊，阿布・穆斯林徵召了革命的骨幹隊伍，並訓練他們如何作戰，同時給他們灌輸哈希姆家族的教義。他的人馬身著黑衣、手持黑旗以為識別，甚至還將武器染成黑色。恰巧的是，伍麥亞軍隊則以白色作為他們的顏色。讀者們或許認為一個鼓吹啟示錄預示的世界末日善惡對決的派別竟會採用黑色作為識別，不免讓人覺得奇怪，但是若各位知道波斯人普遍將白色視為哀悼死亡之意，就不會感到奇怪了。（現在號稱塔利班的阿富汗革命份子也是以黑色作為自己喜愛的制服。）

伊斯蘭曆一二五年（西元七四七年），阿布・穆斯林和他的黑衣戰士們開始向西進軍，他們在波斯境內只遭遇了微弱的抵抗，大部分的民眾爭相協助黑衣戰士們推翻傲慢的伍麥亞人。事實上，隨著他們向前行進，就不斷有人加入到他們的行列中去。

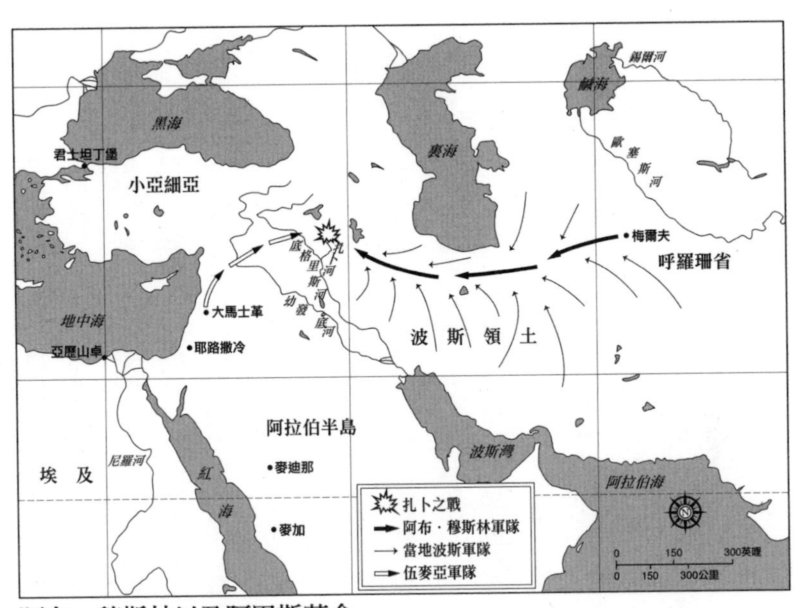

阿布・穆斯林以及阿巴斯革命

西元七五〇年，白衣和黑衣軍隊在伊拉克的大薩伯河（Great Zab River）岸邊短兵相接，雖然黑衣大軍在數量上不如敵手，但他們勢如破竹地擊潰了統治者的軍隊，最後一任伍麥亞朝的哈里發只得逃往埃及，但阿巴斯的密探們對他窮追不捨，同年在埃及找到並殺死了他。

哈希姆家族宣佈阿巴斯是伊斯蘭新任哈里發，沒有人對這一剛發生的事情提出任何批評：這並不是真主創造出來無可避免的結果，也不是選舉，甚至不是由賢明人士組成的委員會所作出的決策，而是由一位組織性強、執行力高的團體領導人賦予新任哈里發政治權力，不過這也不重要，畢竟領導權終於回歸到了先知家族成員的手中（就像是「嗖」的一聲這麼突然！），伊斯蘭社群終於可以重拾被淡忘的社會計劃，持續向前邁進。

這或許是阿布・穆斯林最快樂的一年，過去的努力終於在這一年開花結果！他或許真的認為藉由推翻伍麥亞朝能讓迷失的社群走出一條路，但是，幻滅感馬上就出現了。首先，這個傀儡並不認為自己只是個傀儡。阿布・阿巴斯在過去幾年透過許多以他為主軸的反抗運動奠定了真正的基礎，阿布・穆斯林已經把困難的工作都做完了。如今阿布・阿巴斯只是拍拍手然後向阿布・穆斯林說一句謝謝你，然後就要上位行使權力了。

新任哈里發還記得穆阿維亞藉由笑裡藏刀的功力和高超的政治手腕鞏固了自己的權勢，並且憑藉著和藹殷勤的態度和領袖魅力讓敵對人士接受了他的領導。於是，新任領導人依樣畫葫蘆，廣邀伍麥亞朝舊黨羽的領導成員聚餐商談，想藉此展現仁慈大度的領導風格。

關於這次宴會的形式，我不應該形容成「分享麵包」，這會讓人感覺他僅以十分簡樸的麵包和清湯來招待客人，就像是先知會和歐瑪爾同享的樸素餐食一樣。那種古早的作風已經過時了，伍麥亞朝的遺老們舒服地倚靠在坐墊上，身旁的僕役趾高氣昂地端著托盤，托盤上盡是精緻美食，會場充滿了賓客們的高聲談笑，談話的內容開始變得更活絡自在，好像他們彼此是同甘共苦過的摯友一般。正當賓客們準備大飽口福之時，服務生們卻突然褪去外袍，露出裡面的盔甲，他們並不是服務生，而是劊子手。伍麥亞朝的遺老們想要脫逃，可惜為時已晚，所有的出入口都被關閉了，在場的劊子手們把他們依次送上了西天。自此之後，阿布・阿巴斯多了個新稱號，叫作「al-Saffah」，意思是屠殺者。很明顯，他對自己的所作所為頗為自豪。

然而，對他來說的不幸很快就發生了，沒多久他便死於天花，王位由兄弟曼蘇爾（al-Mansur）繼任。這時候的曼蘇爾必須與對手激烈地爭奪王位，但阿布・穆斯林替他保全了王位，隨後他便回到呼羅珊。即便阿布・穆斯林有軍事實力來保障他得到他想要的東西，但他並不想要為了自己去爭奪哈里發的位子。他看上去接受了阿巴斯政權的合法性。也許他真的只是一位有原則的理想主義者。

然而，曼蘇爾就是不喜歡阿布・穆斯林這個人。其實原因也許很明瞭：阿布・穆斯林太受人愛戴。如果一定要再加上一個理由，那麼可以算上他擁兵自重。有一天，曼蘇爾邀請阿布・穆斯林共進大餐，之後發生的事情告訴我們如果阿巴斯王朝的領導人提出餐會邀請時，聰明的受邀者應該要趕緊推辭。那一天，賓客們齊聚在一處美好河畔的營地上，曼蘇爾在第一天大擺奢華宴席，感謝阿布・穆斯林無私的付出；第二天晚上，他卻派出自己的貼身侍衛割斷了阿布・穆斯林的喉嚨，把他的遺體扔進河裡。

這就是穆斯林哈里發國家第二王朝的開端。

為阿巴斯王朝宣傳的人士開始忙於創造權力移轉的論述，他們稱此為社群的革命性新方向，從今開始一切都將不同，但事實上，一切照舊，不同的地方只是好的方面變得更好，壞的方面變得更壞罷了。

伍麥亞朝以極盡鋪張奢華之能事出名，但是和阿巴斯王朝相比的話，他們就像是樸實的小地主，過著克勤克儉的簡單生活而已。在伍麥亞朝的統治之下，伊斯蘭王國變得相當富庶繁華；在阿巴斯王朝的統治之下，經濟則飛快成長。如同伍麥亞朝一般，阿巴斯王朝也是世俗的統治者，他們擅用間諜、警力及常備軍隊來維繫他們對帝國的掌控。

乘著什葉派的不滿，阿巴斯王朝得以上位，讀者們或許會認為從這個角度來看，阿巴斯王朝的作為應該與伍麥亞朝相比有所不同，但是如果你這麼想，那可就大錯特錯了。阿巴斯王朝很快就投向了伊斯蘭傳統的懷抱，或許是因為傳統主義的建制及學者們已在伊斯蘭世界建立了巨大的社會影響力，採取傳統的伊斯蘭教義是一種政治上的正確。實際上，正是在阿巴斯時代（正如將在下一章提到的），主流的伊斯蘭教貼上了遜尼派的標籤，因為正是從這時候起，他們才凝聚成了一個獨樹一幟的教派，並且以「遜尼」來自我命名。

阿巴斯王朝即位之初，許多天真的什葉派還以為那一位「屠殺者」（Al-Saffah）和他的家族將把受到承認的什葉派伊瑪目推為領袖，就如同哈希姆的政治宣傳所說的那樣開啟千年的和平。只可惜事與願違，阿里派反而被緊追不捨地追殺。事實上，在阿巴斯王朝第三任哈里發駕崩之後，按照他的僕役的說法，他的繼任者在皇宮內找到一間通往地下墓穴的密室，那裡存放了第三任哈里發逮捕和殺害的所有阿里派人士的屍首。（他們未必是法蒂瑪的後代，因為阿里在法蒂瑪去世之後有再娶。）

但是阿巴斯王朝也有將伍麥亞統治的優點最大化，在伍麥亞朝的統治下，經濟繁榮，藝術、思想、文化和文明上都蓬勃發展，這些輝煌的成績和動能在阿巴斯王朝時得到了加速發展並達到了巔峰，讓阿巴斯王朝時代最初的兩個世紀成為西方歷史學家（及許多當代穆斯林）公認的伊斯蘭黃金時期。

舉例來說，曼蘇爾的首要行動之一是打造一座全新的首都，這座名叫巴格達的城市建成於伊斯蘭曆一四三年（西元七六五年），雖然之後幾個世紀歷經破壞和重建，而目前巴格達也正在經歷另一波的破壞進程，但曼蘇爾一手打造的城市仍保存至今。

曼蘇爾在他統治的疆界中來回尋覓許久，最後才找到建立城市的理想地點，位於底格里斯河和幼發拉底河交會之處，城市可沿著河岸兩旁延展，曼蘇爾在這個區域興建了一座完美圍繞的城垣，圓周長一英哩，城垣高九十八英呎，基座厚達一百四十五英呎，在這個超大甜甜圈當中的「城市」像是一座佔地廣大的單一複合式皇城，世界最大帝國全新的行政中樞。[1]

建立這座「圓形城市」（Round City）花了五年的時間，動員了十萬名設計師、工匠及勞動者齊心協力打造，他們就居住在他們正在修建的這座城市周圍，因此形成了一個不那麼整齊的環形城市，圍繞在富麗堂皇的城市核心之外。當然有商家和務工的人開始湧到這裡，他們提供商品和服務給那些設計師、工匠和勞動者並以此為生。這樣也就在環形城市的外圍又形成了一個輻射出的城區，它們都圍繞著那個完美的圓形的城市核心。

巴格達在二十年之間躍升為全世界最大的城市，也可能是前所未見的最大城市，這是第一個

---

1 Wiet, *Baghdad, Metropolis of the Abbasid Caliphate*, pp. 12-24.

人口超過一百萬的城市。[2]巴格達的幅員橫跨河岸，底格里斯河和幼發拉底河實際上都穿過巴格達，而不是在巴格達旁邊流過。運河系統將河水分流至城市的各個角落，河上行舟的通勤方式如同現代城市的大眾運輸系統，除了有多座橋樑和巷弄方便民眾以步行或是駿馬穿梭於城市各個角落之外，水上行舟的景象與威尼斯相仿。

巴格達大概是世界最忙碌也是最大的城市，通往印度洋的兩條大河提供了令人驚異的港口功能，再加上陸路交通四通八達，讓行船和商旅絡繹不絕，從世界各個角落如中國、印度、非洲和西班牙來到巴格達。

國家統一管理商業行為，每位子民都有安身之所，商業行為也是如此，布商齊集在同一條街上，肥皂小盤商則群聚在另一條街道，花店和水果店也有各自群聚的商圈，文具商的街道上有超過一百家的商店販賣紙張，這是一種新發明，剛剛自中國取得（西元七五一年，阿巴斯軍隊在今天的哈薩克境內擊敗了中國）。在大城市巴格達，人們可以找到金匠、錫匠、鐵匠、武器甲冑製造商、馬販、換匯者、編織用的草稈纖維商人、橋樑建造者和補鞋匠在他們各自設計好的街區中叫賣著自己的商品。甚至還有露天市集和商店的街區販賣各式各樣的雜貨供應人們生活所需。當時的阿拉伯地理學者雅庫比（Ya'qubi）宣稱巴格達城有多達六千條街道、三萬座清真寺以及一萬處浴場。

這是在《一千零一夜》中一磚一瓦都閃爍著耀眼光芒的城市，阿巴斯王朝晚期有許多民間傳說變身為文學作品，阿拉丁和他的神燈的故事可回溯到最有名的阿巴斯王朝第四任哈里發哈倫・拉希德（Haroun al-Rashid）的任內，那段時間被人們表現成了輝煌和公正的巔峰。有關哈倫・拉希德的傳說總是將他塑造成關心人民福祉的仁慈君王，常會喬裝成平民微服私訪，取得民間疾苦的第一手資訊，從而幫助人民提出解決方案。在現實中，我猜測那是哈里發喬裝成普通乞丐的密探，他們的目的不在於伸張正義，而是要揪出反動份子。

與伍麥亞朝相較有過之而無不及的是，阿巴斯哈里發的形象變得更像是一個神秘的人物，即便是有頭有臉的重量級人物也甚少有機會與哈里發見面，就更別提一般的請願者了。阿巴斯王朝的哈里發是透過中介階層來統治整個王朝，他的王室以拜占庭和薩珊王朝宮廷的繁文縟節將自己與日常俗事隔離開來。說來沒錯，伊斯蘭征服了先前薩珊王朝統治的領土和許多曾被拜占庭帝國統治的領土，但是那些被征服帝國的幽靈最終滲透並改變了伊斯蘭帝國。

2 From *Four Thousand Years of Urban Growth: An Historical Census* by Tertius Chandler. (Lewiston, New York: St. David's University Press, 1987).

7

學者、哲學家及蘇非

SCHOLARS,PHILOSOPHERS,AND SUFFS

伊斯蘭曆一〇—五〇五年（西元六三二—一一一一年）

到目前為止，我站在「上層建築」（the highest levels）的維度上敘述了穆斯林的文明是如何成為中央世界的文明的。我講述了很多興亡大事的故事，然而在上層建築的維度之下，沒有什麼比穆斯林的教義律法及其催生出的社會階層的發展更為重要了，而伴隨著穆斯林教義律法的發展而出現的那些反對意見和替代意見和上述兩點一樣重要。

如果我們回首歷史，大概會很容易地就假定說穆罕默德已經把如何生活，如何禮拜的精準指導留給了他的追隨者們，而且他所留下的這些指導在每個細節上都是完整的。但是，這些指導到底完整到什麼程度？這是很難估量的一件事。但是有一件事是十分確定的，那就是穆罕默德在他生前確立了五個寬泛的基本功修，我們現在把它們稱作伊斯蘭教的五功（五個支柱，five pillarsofIslam）：

做證言（*shahada*，唸，即清真言）：公開承認世上只有一個神，而穆罕默德是神的使者。

禮拜（*salaat*或*namaz*，禮，即謹守拜功）：一日禮拜五次。

天課（*zakaat*，課，即法定施捨）：每年捐獻部分個人資產資助窮人。

齋戒（*sawm*或*roza*，齋，即封齋節欲）：每年的齋戒月期間從日出到日落齋戒。

朝覲（*hajj*，朝，即朝覲天房）：有能力的穆斯林一生至少到麥加朝聖一次。

這五項功修既有簡單明瞭的特性的又有「外顯」的特性。五功之中只有一項算是一種信念、信條，但是即便如此，其中還是有「公開承認」這樣的概念。其餘的四項功修則是非常具體的行為。必需再次強調的是，伊斯蘭教不僅僅是一個信條或者一系列信念的集合體：而是一項踐行的計畫，就像是節食計劃或運動管理方案一般，伊斯蘭信仰中的每一點都是必須被具體落實的。伊斯蘭教是一個需要身體力行的宗教。

在穆罕默德去世時，五功即已成了伊斯蘭社群生活的一部分，但是其它的儀式和行為也許已經和創教時的原始意涵有了不一樣的解讀和分析。事情實際上是這樣的，當穆罕默德在世的時候，人們並不需要特別執拗地嚴究和修定細節，因為真主的使者可以隨時解答人們的問題。人們不僅僅可以每天從穆罕默德身上學習到不少東西，而且隨時可以透過他接收嶄新的指示。

穆罕默德的確是不斷地接受到了許多神啟，這些神啟的內容並不侷限於大體上的價值和理想的高深之談，還包括對於當時發生的事件的具體實際問題的解決方案。比如當有一支部隊正在向城市逼近，真主會讓穆罕默德知道穆斯林社群是否應作好戰的準備，如果要應戰，真主會指出應戰方式。倘若穆斯林在戰鬥結束後獲得了戰俘，他們會想要知道應該要如何處置他們：是應該殺了他們？還是讓他們成為奴隸？或是像家人一般對待他們？還是釋放他們？真主會告訴穆罕默德，穆罕默德再轉述給所有人。

穆斯林禮拜時面朝麥加是眾所周知的事，但其實並非一直如此。實際上在最初，穆斯林禮拜時是面向耶路撒冷的。隨著社群發展到某個特定階段，神啟指示他們轉變禮拜的方向，從那以後穆斯林禮拜時才開始面向麥加。

所以禮拜時面向麥加就這樣被延續下來，因為穆罕默德去世了，再也沒有其他使者可以傳遞真主的旨意，也就是說再沒有人有權改變禮拜時面對的方位。簡單來說，當穆罕默德在世時，伊斯蘭計劃可以被視為一個有機的生命體，生氣蓬勃，維持著逐步演進的步調，當中任何一項元素都可能隨時轉變。

但是，當穆罕默德去世，穆斯林必須問自己：「我們到底應該做些什麼？我們應該如何做到？我們禮拜時應該雙手放在這兒，還是要擺低一些？準備禮拜前，應該淨足至脛部，還是到足踝就夠了？」

身為穆斯林該做的事當然遠比五功更多，除了齋戒、賑濟窮人和宣誓信仰等個人責任之外，伊斯蘭亦有其社會層面，存在著個人對社群的義務，要以良好的公民行為造就模範社群，充份展現真主的意願。比如，對於飲酒，伊斯蘭教有著明確的禁令。當生命財產受到威脅時，穆斯林當然有保衛社群的義務，在必要的時候要進行眾所周知的傑哈德。總的來說，每位穆斯林都應該為了群體的利益作出奉獻，因為若不這麼做，社群就有可能無法延續，而且就算不是對所有穆斯林來說也是對於許多穆斯林而言，穆斯林的社群是一個新世界的範本，這個範本中蘊涵著人應該如何生活的持續性範例。正是因為這樣，任何為社群做好事的人都是在履行真主的義務，任何做得不夠的人都是行為有瑕疵。然而，究竟什麼樣的事是好事呢？該做多少貢獻才符合標準呢？

當穆罕默德剛一去世，穆斯林們就必須馬上審視這些義務，並將這些義務的所有細節以書面方式記錄下來，因為只有這樣才能保障他們的信仰不走入歧途，免於分歧，並且不以強權者的意志為轉移。這也說明了為什麼前兩任哈里發要把散落各處的記載了古蘭經的殘片全部蒐羅並集中起來，到第三任哈里發時期確立了權威的唯一版本。

古蘭經畢竟無法完全解釋真實生活中面臨的許多問題，事實上，大部分宗教經典（Holy Book）的用字譴詞都非常籠統：禁止為非作歹，行為端正，富有愛心，人將會被審判，地獄很可怕，天堂很美好，對真主的恩賜心懷感恩，信任真主，服從真主，敬畏真主——一般而言，大部分的宗教經典所傳遞的訊息都不脫離上述的那些要點。即便在古蘭經中說得很詳細的地方，常常還是有人們自己解讀的空間。

自己的解讀則預示了許多的麻煩。假若人人都依自己的想法解讀模稜兩可的橋段，那麼人們得出的結論便會相當不一致，人們也會各自向著自己所認同的方向推進，社群便會變得四分五裂，分散的各部分被世界逐步地吞噬，那些聲稱偉大的啟示不會消逝的人好像忘記了曾經發生過的故事。

學者

顯然，穆斯林必須針對模稜兩可的段落取得共識，得出統一的解讀，同時也必須趁最初的情感仍在社群的共同記憶中熊熊燃燒的時候，加快凝聚共識的腳步。在早期還沒有人願意單憑他或她個人的理智來解讀教義。假如單憑理智就能解讀教義的話，那就不需要神啟了。十分確定的是，沒有任何一位早期的哈里發曾對任何人委此重任。他們都是十分虔誠的人，絕不會想要篡改來自真主的指令。他們謙恭的情操正是他們之所以偉大的原因。他們追求在書面和精神兩個層面都能精準地呈現真主的指令——而且這裡所說的「精準」一詞對他們來說，意味著「與真主的旨意絲毫不差」。

因此，穆斯林從一開始就試圖靠著對先知的記憶來填補古蘭經指導方針的空白之處。歐瑪爾是率先確立這種作法的人。只要在古蘭經中找不到對任一問題的明確解釋，歐瑪爾就會問：「穆罕默德是否面臨過一樣的情形？那他是怎麼決定的呢？」

歐瑪爾的作法鼓勵了人們蒐集穆罕默德的一言一行，這就是穆斯林所說的《聖訓》（Hadith），穆罕默德的言行被記錄在其中。但是有數不清的人聽到過穆罕默德說過的許多話。哪一個版本才是可信的？有一些引述和另一些引述相互矛盾，有些人還會捏造事實。誰能夠分辨得出呢？此外還有一些不是親耳聽到的引述，但是是可靠的權威所轉述的——或者說是從自稱權威的人那裡聽來的，這又肯定會引起更多的疑問，到底誰才是消息的最初來源呢？那個人是一個可信的人嗎？如果那個人是可信的，那那些轉述的人是可信的人嗎？他們都是值得信任的人嗎？到最後，構成「可靠權威」的條件是什麼呢？

如前所述，歐瑪爾組織起一群全職的學者來逐條檢索上面提到的那些問題，從此也就確立了一個因此而成的成規：在伊斯蘭社會還沒有職業軍人組成的常備軍之前，就已經擁有了由專業學者組成的學者機構（被稱作「端坐者」〔people of the bench〕或「秉筆人」〔people of the pen〕）。

然而聖訓激增的速度遠遠超過了任何學者的掌控，新聖訓不斷出現，到伍麥亞王朝的時候，已經有上千條被記憶下來的聲明、引言及穆罕默德曾作過的決定在人們中流傳。要從這樣一片言語叢林中梳理出那些真正的聖訓條目需要更多的學者被組織起來。這份工作由宮廷出資支持，但是有錢人們也想要透過熱心資助在真主的面前積累善功。獨立學者們也願意利用自己的時間來投入到這項計畫中。如果他們從這項計畫中累積了足夠的名望，便能吸引到學生和贊助人。另外，投入研究工作的非正式團體也逐步成熟蛻變為學術機構，有時候附屬於我們在前文中提到過的瓦合甫組織之下。

「聖訓」一詞有時譯作「格言」，但格言這一說法很容易產生誤導。穆罕默德的格言的性質並不像莎士比亞、愛因斯坦或任何在地智者的格言。穆罕穆德的話並不是因為說得文采飛揚而被人記錄下來的。沒有人會一字不漏記錄當地智者甚至是莎士比亞的談話，除非他們的談話句句珠璣、內容豐富、意涵深遠。然而對於聖訓而言，最重要的是穆罕默德真的曾經說過這些話。實際上，的確有一些聖訓內容帶有警句的效果，比如在表示人們應該節約時說過：「一人所需的食物足夠給兩人裹腹，二人所需的食物足夠讓三人溫飽……」但是許多聖訓的內容相當平凡，其實就是隨口而出的尋常話語，只是表現了穆罕默德在日常生活之中的小事。有一則聖訓說有一位鬍鬚稀疏的人想修剪所剩無幾的鬍鬚，先知告訴他不必這麼麻煩。這種話若是出自其他人之口，應該不會有人放在心上，但是任何先知所說的話都有可能蘊藏著如何能夠過取悅真主的生活方式的秘密。

既然聖訓的真實性是十分重要的課題，因此認證和鑑定聖訓內容的過程發展成了一項嚴格的程序。其最為核心的地方在於追根究底地找出聖訓傳遞的路徑，然後再確認每個環節的準確性。一條聖訓的可信度在於傳述這條聖訓的人的可信度。一條傳述聖訓的管道必須能夠追溯到和先知本人認識的人，只有在這種情況下，所謂的聖訓才會被認真看待。從理想上來看，一條聖訓應該要能追溯至穆罕默德的任何一位親近盟友，而且這位盟友和穆聖親近的程度也決定了這條聖訓的價值。除此之外，任何傳述聖訓的人都必須享有虔敬、誠實和學識豐富的名譽。

我聽說大學者布哈里（Bukhari）有一次在調查一則待定聖訓的傳遞過程時，其第一個環節是可信的，第二個環節也通過了檢核，但是當他去考察第三位傳遞人時，他發現這個人正在毆打他的馬。於是毆打馬匹的人的話語便不足以採信，必須捨棄這則聖訓。

簡單來說，為了推測傳遞聖訓人士的可信度，負責鑑定的學者必須對這些人士及他們所處的時代有更多的認識，同時也必須知道產生聖訓的時空背景，才能判斷聖訓的真正意涵，於是「聖訓之學」衍生出一套精細原則，成為重要史料編纂的依歸。

穆罕默德去世之後的七十到八十年間，伊斯蘭世界的學者開始將經過詳細審查的聖訓選集依特定主題歸檔，這些聖訓成為了伊斯蘭教教義有組織的論述以及伊斯蘭生活的參考書。舉例來說，如果有人想要知道先知穆罕默德會如何看待飲食、衣著、戰爭，那麼他可以翻開聖訓選集來找尋答案。聖訓篩選編輯工作在伍麥亞王朝末期開始興盛，在阿巴斯時代成熟，幾個世紀以來不斷有新的聖訓集出現。（事實上，就在去年，我的一位阿富汗的熟人寄給我一本手寫的抄本，希望我能譯成英文，他說這本手稿是他親自選錄的最新聖訓選集——在先知去世十四個世紀之後。）

即便新的聖訓不斷出現，但是只有六部聖訓集在伊斯蘭曆三世紀末時成為了標準版本。這些選集可以被視為古蘭經的補充文件，在權威性上僅次於古蘭經，教導穆斯林在生活中哪些事情要做，哪些不可以做，什麼應該去做，什麼不應該做。

但即便是把古蘭經和聖訓加起來，人們還是會有一些在日常生活中遇到的問題沒有辦法從經典中找到明確答案。正是因為這樣，所以在有些時候需要有人對有爭議的情形做出原創性的仲裁。基於伊斯蘭的立法精神，穆斯林只賦予那些精通古蘭經、聖訓及「聖訓之學」，也就是鑑定法的學者們做出原創性決定的權力。只有這些人能確保他們的規則沒有和先前確立的神啟原則相抵觸。

即便是有這種資格的學者，他們也會嚴格地基於奇雅思（*qiyas*），或稱類比推論的方法來做決斷，哈里發歐瑪爾便是用這種推論法來制定對於飲酒的量刑的（以及許多其他的量刑）。也就是說，對於沒有先例的當代案例，學者必須從古典的資料中尋得可以類比的情況，然後做出和先例類似的判決。假若對奇雅思的應用存在模稜兩可的地方，那麼這一案例即由伊吉瑪（*ijma*），也就是社群共識——其實就是當時那些被授權的學者們的共識來決定。這樣的共識可以保證解釋和演繹的精準性（the veracity of an interpretation），因為先知穆罕默德說過：「我的社群永遠不會對錯誤達成共識。」

假如依靠古蘭經、聖訓、奇雅思（類比推論）和伊吉瑪（社群共識）都無法解決問題的話，那麼下一步的動作，也就是道德性和立法性思考的最終階段，叫作「伊蒂哈德（*ijtihad*）」，意思是「基於理性的自由獨立思考」。學者和法官們只可以利用這種思考方法來解決沒有直接的神啟來源，或者沒有先例可循的問題。

幾個世紀以來，即便是這樣的發揮空間也變得愈發狹窄，因為只要有任何知名學者針對某些議題作出過判決，他的判決也就成為了定理的一部分。所以後代的學者們不僅僅要熟諳古蘭經、聖訓、鑑定法、奇雅思和伊吉瑪，更必須對不斷增長的已有判例集加以學習。只有在以上的辦法都無法做出判斷時才得以適用伊蒂哈德原則。

依此模式，具備一定結構的教規律法於伊斯蘭曆三世紀末期完成了其雛型，內容除了包含一系列的禁令、規定、義務、建議、警告、指導方針、規定、懲罰及獎賞，還涵蓋生活的各個層面，自廣泛的社會政治議題到日常生活的瑣事如個人衛生、飲食及性生活等無所不包，這部等同於項目清單的法典即成為沙里亞（*shari'a*）。「沙里亞」一詞與「路線」（path）或「道路」（way）同源，沙里亞的真正的意涵要大於所謂的「伊斯蘭法」，指的是整個伊斯蘭的生活方式，這樣的一種生活方式不是要人們去加以完善的，而是要人們去從中發現，就像是自然中任何的一條恆定不變的原則。那些由學者和法學家們詳盡闡述的具體法律觀點是這條「通往真主之路」上的路標，這條路隱身於荊棘和叢林之中，但沿途會有這些石頭路標、信號和指示牌為旅人指點迷津。

在遜尼派這一邊，形塑出了四個稍有不同的法律；什葉派則發展出另一部自己的法律，什葉派的法律在精神上與遜尼派類似，規模上也很宏大。這些法律之間存在著細節上的不同，但我懷疑在一千個穆斯林中才能找到一個人能列舉出五項不同的細節。

遜尼派法律中的四大教法學派是以給各門派最終定型的學者的名字來命名的，哈奈菲學派（Hanafischool）是以來自阿富汗一帶（雖然他是在伊拉克的庫法執教）的阿布·哈尼法（Abu Hanifa）的名字命名的；馬力克學派（Malikischool）則是以摩洛哥教法學家伊本·馬力克（Ibn Malik）的名字命名的（雖然他是在麥地那工作和執教）；沙斐儀學派（Shāfi'ī school）是以來自麥加的伊瑪目沙斐儀（Imam al-Shafii）的名字命名的（雖然他最終定居在埃及）；最後一個成型的是罕伯里學派（Hanbali school），由堅持原則、毫不退讓的阿赫麥德·伊本·罕伯里（Ahmed Ibn Hanbal）所創立，本章後半段將對他多有敘述。

這些學派使用不同的演繹規則，在律法的細節上有一些小差異，但自阿巴斯時代起，四大教法學派均被視為正統。穆斯林們可以選擇追隨任一門派，而不必擔心背負異端的惡名。發展並實施這些律法的方方面面本身就是一項極大的社會工程了，它要求必須大量培養和僱用一整個的學者階層的力量。這樣的學者階層被稱作烏理瑪（Ulama）——這個詞是「*alim*」一詞的複數形式，意思是「有知識的人」。

假若某人在宗教學術界享有盛譽，那就意味著他可以成為烏理瑪成員，也會受邀進入瓦合甫。這樣的話他可以傳授學生，甚至可以開一所學校。你也可以從事法官的工作，不但可以針對特定案件作出判決，還可以針對社會議題制訂規則。在哈里發國家裡，雖然政府權力和烏理瑪勢力常常互相較勁、分權而治（有時甚至相互競爭），但是學術地位高的人常常能夠吸引有權勢的官員前來尋求建議。烏理瑪有權力定義法律，掌控法院，執掌教育系統，在伊斯蘭社會體制中無處不在。他們在文明世界的各處握有強大的社會力量，有能力動員和主導社群對於特定人物或行為的贊成或反對。我在這裡強調是社會力量，因為在由社群主導的穆斯林社會中，社會壓力——也就是羞愧的力量，也許是所有力量中最為強大的。這種社會力量與透過議事程序，掌控金流及壟斷權力機制來運作的政治力量相對。

容我再次強調烏理瑪過去不曾由他人任命，現在也不是由任何人任命的。伊斯蘭教並未設有教宗一職，也沒有官方的神職機構。如果是這樣的話，那烏理瑪的成員是如何產生的呢？答案是取得原有烏理瑪成員的尊敬。這是一個漸進的過程。不存在執照和證書，也沒有懸掛招牌昭告天下烏理瑪在這裡。從古至今，烏理瑪一直是一個自我認定和自我約束的社會階層，完全是由已經建立起來的教條或主義把大家連結在一起。沒有任何一位烏理瑪成員可以擅自改變其狀態或者是改變其發展。因為它太古老，太強大，太完備，除此之外，直到徹底融入這種主義之前，沒有人能成為烏理瑪成員，屆時這一主義已成了他本人的一部分。也就是說到那個時候，當一個人有足夠的地位去挑戰這種教條或者主義時，他已經沒有意願這麼做了。那種屢教不改，不停地質疑主義的異議者可能根本沒有辦法通過這種漫長的過程。這些人在初期就被淘汰了。烏理瑪自我遴選的過程即造就了它成了一種與生俱來的保守階層。

哲學家

然而，烏理瑪的成員並非只有伊斯蘭教的知識份子。當知識份子們正忙於建造教義規範的大樓時，另一群有思想的穆斯林則正在戮力於另一項宏大的計劃：以伊斯蘭的神啟精神來解讀之前所有的哲學思想和發現，並將它們整合到一個單一的、連貫的系統中去，這些解讀中都將擁有關於自然、宇宙和人的一席之地。這個計畫催生出了另一群思想家，他們在伊斯蘭世界被認為是著名的哲學家。

伊斯蘭教的開疆拓土帶領阿拉伯人接觸到了世界上其他民族的思想和成就，其中包括印度的印度教徒、中亞佛教徒、波斯人和希臘人。羅馬當時已名存實亡，君士坦丁堡空有財富，但在學術貢獻上已退化成了平庸知識分子聚居的荒原，當時世界上最具原創性的思想家還都聚集在早些時候落入阿拉伯人掌控的亞歷山卓，亞歷山卓擁有一座宏偉的圖書館和許多的學術單位，是希臘—羅馬世界的知識首都。

正是在這裡，穆斯林發現了普羅提諾（Plotinus）的著作，這位哲學家認為，宇宙中的萬事萬物都是相互聯繫的，就像是一個人體器官的不同部分一樣，所有的這些機體組合成了一個神秘、單一的「太一」（a single mystical One），萬事萬物由此而生，最終也將回歸於此。

穆斯林在普羅提諾提出的「太一」（The One）概念中找到了與先知穆罕默德對於真主獨一性的主張遙相呼應的概念。更棒的是，當穆斯林在檢視普羅提諾的哲學時，他們發現普洛提諾使用了嚴格的邏輯來構建他的理論系統，其邏輯則來自少量的公理性原則（axiomatic principles），這一發現讓穆斯林心中燃起了能夠用邏輯來證明伊斯蘭之啟示的希望。

經過進一步探究後，穆斯林們發現在一千年以前，有一位偉大得多的雅典哲學家名叫柏拉圖，這位普羅提諾以及他的同輩哲學家們都只不過是這位柏拉圖最近的闡述者。藉由對柏拉圖的研究，穆斯林們發現了整個希臘思想的寶庫，包括了蘇格拉底以前的哲學家們到亞里斯多德等等。

阿巴斯時代的貴族對於這些思想都抱持著極高的興趣，任何將希臘文、梵文、中文或波斯文原著譯成阿拉伯文的譯者均能獲得極高報酬，職業譯者們開始蜂擁至巴格達，他們把各種語言的古典文本翻譯成了阿拉伯文，填滿了首都及其他城市的圖書館。穆斯林知識份子是當時世界上第一批有能力直接比肩希臘和印度的數學，或希臘和印度的醫學，或波斯和中國的天文學，以及許多不同文化的形而上學的知識份子。穆斯林勤於探究這些不同的古老思想如何互相吻合，又如何與伊斯蘭的神啟精神相契合，精神與靈魂如何與理智產生關聯，天堂與人間又是如何被放在一個單一的架構中來解釋整個宇宙。舉例來說，以下所呈現的架構描述了宇宙是由一個純粹的狀態（pureBeing）中發散出來的，在過程中生成了一系列的起伏，繼而發展成日常生活的物質事實，就像是這樣：

無法分離的混沌狀態（Indivisible Being）

↓

最初的智能（First Intelligence）

↓

世界內核（World Soul）

↓

原始物質（Primitive Matter）

↓

自然（Nature）

↓

空間物質（Spatial Matter）

↓

元素（Elements）

↓

礦物，植物和動物（Minerals, Plants, and Animals）

柏拉圖曾把物質世界描述成是「真實」世界所形成的幻影，該「真實」世界由不可變化而且永恆的「形式」組成：因此，每一把真實的椅子都只是一把只存在於宇宙領域中的一把「典範」椅子的不完美複製品。穆斯林哲學家們由柏拉圖的思想繼續發想，提出每一個個人都是真實和幻想的混合體。他們是這麼解釋的：在出生之前，靈魂居住在柏拉圖式的宇宙王國；出生之後，靈魂和由物質組成的肉體結合到一起；在死亡之際，靈魂與肉體分開，肉體回歸到物質組成的世界，而靈魂則回歸至真主那裡，那是靈魂本來的家。

因為對於柏拉圖的熱情，穆斯林哲學家也對亞里斯多德極為傾心：因為他的邏輯能力、分類技巧及對細節的強大領悟力。沿著亞里斯多德的方法，穆斯林哲學家以嚴格的邏輯進行分類和歸檔。在此舉一個實例來讓讀者得以體會到這種態度：哲學家肯迪（al-Kindi）形容物質宇宙是由五大原則所支配的，他們是：物質、形式、運動、時間及空間。他又把上述的五個原則放在子類別中再加以分析，以運動的子類別來說，又細分成六種：生成、腐朽、增加、減少、質量變化（change inquality）和位變（changeinposition），他一遍又一遍地作出類似的分析，希望將所有現象剖析成獨立、不相關聯同時又可理解的部分。

偉大的穆斯林哲學家們把精神性與理性結合到了一起，他們認為我們的本質精華是由抽象（abstractions）和原則（principles）組成的，只有理性才能到達這一本質。他們教導世人知識的目的是洗滌靈魂，通過引導靈魂自感官訊息走向抽象原則，自個別事實走向普遍真理。以哲學家法拉比（al-Farabi）為典型代表，他提倡學生以學習自然為開端，接著學習邏輯，最後進展到所有學門中最抽象的學科——數學。

希臘人發明了幾何學，印度數學家則明智地提出把零看作是一個數字的概念，巴比倫人發現了進位制的概念，而穆斯林則是將所有的這些概念系統化，再加上一些自己的看法，進而發明了代數，為現代數學立下了根基。

另一方面，他們研究的興趣逐漸將哲學家帶往更為現實的方面，在藉由彙編資料、編製目錄及對比參照了各個地域的醫學發現後，像是伊本．西那（Ibn Sina，歐洲人稱之為阿維真那 Avicenna）這樣的思想家們已經達到了對於疾病和藥物療法的近乎現代醫學的理解。他們也對解剖學有同樣的理解——他們已經知道了血液循環，以及心臟和其他主要器官的功能。穆斯林世界很快就出現了前所未見或者說可以誇耀幾個世紀的最頂級醫院：光是巴格達就有數百所這樣的醫療機構。

阿巴斯時代的穆斯林哲學家們也建立了化學作為一門學科的基礎並且撰寫了地質學、光學、植物學以及現在被稱為科學的幾乎所有領域的論文。當時他們並沒有將這些學科稱作不同的學科名稱。正如在西方那樣，科學長期被稱為自然哲學，他們認為沒有必要把他們的思索推論打散至不同的類別，給它們起新的名稱，但他們很早即認可量化是研究自然的工具，作為一項重中之重的學問，是奠定科學發展的基石。他們也依賴對數據的觀察，形成理論的基礎，這是科學的第二塊基石。他們並沒有清晰地表述出科學方法的本質——透過系統地提出假設然後建立實驗來證明或駁斥這一假設的方法來累積知識。假如他們能越過這一臺階的話，我們所知道的科學很有可能在阿巴斯時代就開始萌芽，比科學在西歐的誕生再提前七個世紀。

但是，這一切並沒有發生，因為兩個原因，第一個原因是科學和神學之間的互動。在這種互動的初期，科學在本質上很難從神學中脫離出來。它們兩者息息相關，至少在它們的研究者眼中是這樣。當伽利略提出地球繞著太陽運行的理論時，宗教機構以異端罪審判了他。即便在今天，在西方，一些基督教保守者還是認為聖經的創世敘述和進化論是相互對立的，彷彿兩者是同一個謎語的兩個相對立的答案。科學對宗教提出了挑戰是因為科學堅持其追求真理的方法的可靠性和充分性：仰賴實驗和邏輯，而不求助於神啟。對於大多數西方人而言，科學和宗教藉由承認各自探索追求的領域的不同而達成了妥協：自然的各項原則屬於科學，道德和倫理價值的領域則屬於宗教和哲學。

在九世紀和十世紀的伊拉克（就像是古典時期的希臘），上述定義的那種科學還沒有從宗教中分離出來。哲學家們在沒有特別意識到的情況下提出了那種科學的定義。他們認為宗教是他們的研究領域，而且神學是他們的專業特長。他們追求了解自然事實的終極本源。（他們認為）宗教和哲學是最高層級的學問追求，植物學、光學或疾病上的發現都是追尋核心知識的副產品，而非中心主旨。因此，那些對植物學、光學或者醫學作出研究發現的哲學家會毫不猶豫地思考一些以我們現在的眼光來看屬於超越其身份——作為一名化學家或者一名植物學家應該思考的問題，比如像是這樣的問題：

假若一個人犯了重罪，那麼他是一個非穆斯林？還是他（只不過）是個壞穆斯林？

這個問題看起來就像是一個語義學的遊戲，但是在穆斯林世界，以法律觀點來看，宗教學者將世界區分成二大類：穆斯林社群和非穆斯林。有一套針對信徒的治理原則，另外有一套原則用來指導穆斯林和非穆斯林之間的互動，因此，知道一個人是穆斯林還是非穆斯林就顯得相當重要了。

一些哲學家認為罪大惡極的穆斯林應該屬於第三類，介於信仰者和非信仰者之間。然而更保守的主流學者們不喜歡這種第三類的概念，因為接受這樣的想法代表道德的世界不再只有黑與白，而是存在灰色地帶。

從這種第三類的概念發展出一整套神學派別的人被稱之為穆爾太齊賴派（Mu'tazilites），阿拉伯文意為「脫離者」，之所以這麼稱呼是因為他們從主流宗教觀念中脫離了，至少就正統烏理瑪的定義是，這些神學家長期以來形成了一套前後連貫，表述清晰的宗教規範，這也引起了哲學家的興趣。他們認為伊斯蘭的核心是認主一元論（*tawhid*）：即真主的統一性、獨一性和普遍性。

基於這項前提，古蘭經並非（像烏理瑪所言的那樣）永垂不朽及無法被創造，因為如果是這樣的話，古蘭經就挑戰了真主的神性。因此，他們認為古蘭經就如同人類、星辰和海洋一樣，是阿拉的眾多創造物之一，是一本偉大的著作，但只是一本著作而已。假若它只是一本著作，那麼它就可以被解讀，甚至是可以被修改的。（在提出這番言論之前，穆斯林得先喘口大氣！）

他們繼續闡釋道，認主獨一禁止把阿拉想成像常人一般的有手有腳的形體，即便古蘭經曾經用過這樣的說法，但是這樣的說法必須被看作是一種語言的修辭隱喻。

對於真主，他們繼續論述道，真主並不具備公正、仁慈或威力之類的屬性：把這些屬性歸於真主的想法會令祂成為可被分析的各個部分，這違反了真主的統一性（*tawhid*, the unity）。真主是一個單一且不可分割的整體，這個整體對於人類的思維太過於宏大，所以無法去加以感知和想像。人類所認為的那些真主的屬性只是人類得以窺探真主的窗戶。按照穆爾太齊賴派的說法，我們人類歸給真主的那些屬性實際上只是我們人類描述自己的方式。

從他們對真主的理解中，穆爾太齊賴派衍生出了善與惡、對與錯的觀點，他們認為這些屬性都是真主不可改變的現實，反映出就像人類可以發現自然的規則那樣，人類也可以用同樣的方法去發現深層的規則。簡短來說，我們覺得這樣或那樣的行為之所以是不好的，是因為經文中說這樣的行為不好。經文中規定了人們要做這樣或那樣的行為，因為這些行為好，但是如果在經文沒這樣規定以前這件事就是好的行為的話，那就說明因為一些內在的，固有的原因，這些行為是好的，人們可以用理性來揭示這些原因。正因如此，理性，按照穆爾太齊賴派的說法，也就成了獨立於神啟的揭示倫理、道德和政治現象的有效工具。

神學家之間這樣的討論預示了科學的發展，因為科學的發展作為一種探索的模式，依賴著的正是理性，而不是神啟。穆爾太齊賴派人士把理性看作是發現倫理和道德真理的途徑，但是在此時此地，人類行為的原則和自然的原則全都屬於一個相同的大領域中：即對絕對真理的探索。

哲學家和科學家通常認為自己屬於穆爾太齊賴派，畢竟該宗派認同他們所採取的探究模式。哲學家阿布·伯克爾·拉齊（Abu Bakr al-Razi）曾經公然宣稱先知過去的那些奇蹟只是神話故事，而且天堂和地獄只是心理上的類別，而非具象的真實。

讀者們可以想見類似的信念是如何讓哲學家和烏理瑪陷入齟齬的，首先，哲學家的說法暗示了烏理瑪的存在是可有可無的。假若任何一個有智慧的人都能夠基於理性自我衡量法律的對與錯，人們為什麼還要去諮詢那些能夠背誦先知箴言的學者呢？

烏理瑪在面對這一挑戰時可以說是佔有先機，他們掌控法律、年輕人的教育以及社會機制的運作，比如婚姻等等，最重要的是他們享有公眾的認同；但穆爾太齊賴派也有優勢，或者說至少一個優勢：那就是來自宮廷人士、皇室貴族以及政府高級官員的支持。事實上，阿巴斯王朝的第七任哈里發曾將穆爾太齊賴派的神學定為其國土上的官方教義。法官必須要通過哲學測驗，想要上任的行政官員在獲得上任資格前必須宣誓效忠理性。

隨後穆爾太齊賴派及其支持者又向前跨出一步：他們開始利用權力迫害與他們意見不同的人。

為了說明這件事，讓我先來講述罕伯里學派的創始人阿赫麥德·伊本·罕伯里。罕伯里學派是最後一個發展出來的正統學派，也是最為嚴厲保守的一派。伊本·罕伯里於伊斯蘭曆一六四年生於巴格達，那是阿巴斯王朝建政後的第三十六年，當時的社會階層裡瀰漫著一種幻滅感，人們逐漸認知到阿巴斯王朝其實和伍麥亞朝同樣世俗。罕伯里抓住了人民的這種感受，並宣傳伊斯蘭的方向已經偏離了正軌，除非社群能夠及時回到正軌，否則只會走向地獄。他聲稱唯一的救贖之道就是摒除所有創新，回到先知穆罕默德時代創立的麥地那社群。總而言之，他毫無妥協地宣稱沒有人能夠憑自己的判斷知道何者為是、何者為非。只有追隨穆罕默德的腳步、堅信神啟才能確保靈魂的安全。伊斯蘭律法的其他學派給予類比推論的奇雅思（qiyas）高度評價，認為這種方法是沙里亞如何解決新局面的好方法，但伊本．罕伯里堅決地駁斥了這些看法：他認為，只能夠依賴古蘭經和聖訓。

他還曾被傳訊到宮廷中與地位最高的神學家就「古蘭經是不是被創造出來的」這一問題展開辯論，這個議題恰恰說明了理性在道德探究的過程中的角色。哲學家以邏輯攻擊伊本．罕伯里，而罕伯里卻以經文回敬哲學家；哲學家以幾項論點試圖讓罕伯里陷入困境，罕伯里自始至終高舉阿拉旗幟，游刃有餘。很顯然地，沒有人能真正「贏得」這一類型的辯論，因為辯論者沒有在術語概念上取得共識。當伊本．罕伯里拒絕否認他的觀點時，他被毆打，即便如此他還是沒有改變他的想法，他還因此入獄，但他依然堅守原則：絕對不會讓理性勝過神啟，絕對不會！

於是當局施加了更多的壓力，他們把伊本．罕伯里打到關節移位，用非常沈重的鎖鏈鎖他，把他關在監獄中長達數年。伊本．罕伯里還是拒絕放棄自己的看法。各位或許可以猜到，公然的虐待不但無法打壓罕伯里的看法，還給他帶來了一定程度的名聲。一般民眾本來就對阿巴斯王朝的鋪張浪費感到憤怒了，現在則是越發地難以控制了。當民眾變得難以操控時，即便是握有強權的阿巴斯王朝也得留意當心了，因為每當有一任哈里發駕崩之時，就會爆發一場針對繼承人的混戰，混戰中的任一方都會利用群眾的情緒為己方背書。當衰老、飽經折磨的伊本．罕伯里自監獄中獲釋時，群眾熱情迎接夾道歡送。見到此狀，帝國的宮廷開始對伊斯蘭哲學及其發源的希臘思想產生了一些顧慮。下一任哈里發便開始打壓穆爾太齊賴派，並將伊本．罕伯里待如上賓，這舉動代表了穆爾太齊賴派和擁護它的哲學家們的聲望逐步退卻，捍衛正統教義架構的學者逐漸得勢，正統教義派的理念最終消滅了伊斯蘭知識份子不藉求神啟而進行求索的能力。

蘇非

然而，幾乎當學者們制定法律的一開始，一些人就提出了這樣的疑問：「難道所有的神啟最後就變成了這樣的一套規則了嗎？我不覺得是這樣。難道伊斯蘭就沒有其他的什麼了嗎？」一來自高高在上的真主的指示固然非常好，但有些人一直渴望能即刻地感受到真主就在身邊。這些人從神啟中渴求的是變換的形式（transformation）和超然的存在（transcendence）。

這些人之中的少數開始超越那些功修的義務而去嘗試精神性的實踐。他們連續地誦讀古蘭經或者用好幾個小時的時間反覆稱頌真主的尊名。例如，巴格達有一個名叫竺那德（al-Junayd）的人，他每天在工作以後還要執行四百次的禮拜儀式。或許是為了回應那些伊斯蘭菁英的奢華生活，有些人自願擁抱貧窮，靠著麵包和水過活，摒棄家具，穿著未經刷毛處理的粗羊毛衣，阿拉伯文將這種毛料稱之為蘇夫（*suf*），因此這群人開始有了「蘇非」（Sufis）的稱號。

這些蘇非信徒並沒有任何新的教義。他們也並不是要開創一個新的教派。毫無疑問的，他們反對世俗野心、腐化和貪婪，但是從理論上說，每一位穆斯林都反對這些東西。蘇非信徒與其他人的不同之處只是在於他們會說：「你如何純潔你的心靈？不管正確的禮拜姿勢是怎樣，也不管那些禱詞是什麼，你怎樣拋開其餘的東西而專注於真主？」

他們開始發展摒除雜念的方法，他們的方法不只是為了驅除禮拜中的雜念，還是為了驅除生活中的雜念。他們中的一些人認為要投入這場對抗自己內心墮落的戰役。他們重新響應聖訓中穆罕默德區分「更偉大的（greater）」和「次之偉大的（lesser）」傑哈德的教誨，他們宣稱為了革除自我意識而經歷的內心掙扎才是真正的傑哈德。內在自我掙扎才是真正偉大的聖戰。（在他們的定義中，對抗社群的外部敵人是次之偉大的傑哈德。）

漸漸的，開始有了一些關於這些特立獨行的人的小聲談論，他們之中的一些人衝破了物質世界的藩籬得以直接體會真主。

比如在巴斯拉住著一位詩人名叫拉比雅・巴斯禮（Rabiaal-Basir），她的身世如今籠罩在傳說的光環下。拉比亞生於伍麥亞時代的末期，在阿巴斯王朝剛掌權的時候，她已是一位妙齡女子了。在孩提時代，有一次她隨著家人到一個地方去，半路遇見了劫匪。她的雙親遇害，而她本人則被賣為奴隸，落腳於巴斯拉的一戶富豪人家作女奴。按照這個故事的說法，她的主人常常看到她散發出靈性之光，這讓主人感到非常驚訝……有一天晚上，當拉比亞正在潛心禮拜之時，她的主人看到她的身外有一個光圈。他驚訝地意識到家中住著一位聖人，很害怕再讓她住在家裡。他於是解放了拉比雅，並且發誓要為她尋一門好親事。他說要把她作媒給城中最好的家族，拉比雅只要能說出她想嫁的男人，主人立即為她安排。

然而拉比亞卻說她無法與任何人結婚，因為她已墜入情網。

「墜入情網？」她的前主人喘了一口氣又接著問，「和誰？」

「和阿拉！」隨即她開始說出大段表達對阿拉的顛狂激情的詩文，她的前主人則成了她第一位追隨終生的弟子。拉比雅由此開始了苦修的冥想，經常處於神祕的沈思狀態，過程中時常脫口而出情感洋溢的情詩，讓外人聽來有些肉慾，殊不知她所述的「情人」是真主。

喔，我的真主，星光閃爍
人們閉上雙眼
國王們緊閉門扉
成雙成對的情人們各自獨處
而我正與您相守相依[1]

我不清楚她創作了多少篇詩文，但是現存於世的真蹟作品相當的少，但在當時，她的名聲十分響亮：許多人不辭千里趕赴巴斯拉就是為了能夠親眼目睹拉比雅一眼。許多人在看到她之後都相信她找到了與阿拉結合之鑰。對她而言，這把鑰匙並不是畏懼，而是愛，是拋棄一切雜念的、不顧後果的、沒有條件的愛。

這種愛說來容易，但不禁令人好奇的是如何才能陷入這樣的愛？渴求的追尋者們圍繞著神祕

1 My rending of a poem that appears in *Perfume of the Desert: Inspirations from Sufi Wisdom*, edited by A. Harvey and E. Hanut,（Wheaton, Illinois: Quest Books, 1999）.

而且魅力十足的拉比雅，希望能像染上流感那樣得到拉比雅的激情。有些人宣稱得到了，因此就有更多的人匯聚到了拉比雅的周圍。我沒有將這些追隨者稱之為學生，因為在這一切中並沒有書本，也不牽涉任何學位或學習。拉比雅沒有在巴斯拉進行任何的教學活動，她只是散發出既有的能量，讓周遭的人因而改變。這樣的形式成了蘇非主義的既定模式：由導師直接傳授技巧，讓穆里德（*mureed*，意指即將成為蘇非之人）直接感受到精神上的啟迪。

直到這個時期為止，大部分伊斯蘭神祕主義者是「沈穩」的蘇非行者，嚴格地執行儀式和經文覆誦，禮拜的重心出自於（對真主的）敬畏。而拉比雅．巴斯禮則將愛作為中心主旨，發展出了「對真主心醉神迷的蘇非」的悠久傳統。即便如此，我們還是要在此說明：所有的這些人都是先成了穆斯林，然後才成為了這樣的蘇非。我之所以特別作出這項澄清是因為當今有很多人稱自己是蘇非只是因為他們在歌唱和舞蹈時進入了一種精神愉悅的狀態。但蘇非並非只是單純來自於情緒上的感動。他們的目的也不是為了讓自己進入忘我的亢奮狀態。他們的精神修行是基於對伊斯蘭的已然虔信上的，他們是在虔誠的基礎上加入了一些蘇非的內容。

爭相成為蘇非的人們心中都是懷抱著一個明確的目的的，他們希望能「到達某個地方」。以蘇非來修行的行為隱含著一種方法論的學習，事實上，蘇非行者也的確開始貼上了「塔利卡」（*tariqa*，方法）的標籤，那些尋求方法的人希望能用一套方法晉升到一個與眾不同的層次中，能夠消除自我，沈浸於真主之中。

法學家和正統學者們對蘇非行者的態度並不友善，特別是對真主心醉神迷的技倆。這些修行者所使用的語言開始讓人覺得有點離經叛道。他們宣稱的事情則聽起來越來越誇張。一般人開始把一些神奇的能力加諸於那些最出名的蘇非身上。到西元十世紀末期時，一位被稱作哈拉傑（al-Hallaj）的波斯蘇非終於讓這股敵意爆發了開來。

「哈拉傑」這個名字的字面意思是「棉花梳理者」，他的父親即是以此維生，哈拉傑也是從家族生意起家，但期待與真主結合的渴望卻讓他離家出走，找尋導師引領他進入蘇非的神祕世界。有一次，他在卡巴神殿（Ka'ba）面前一動不動地站了一年之久，連一點聲音也沒有發出。一年之久啊！讀者們可以想像這會引起多大的關注；之後，他的足跡遍及印度和中亞，他在所到之處吟詩作賦，並發表奇怪的演說，吸引了不少追隨者。

但是那些穩健的蘇非們則開始遠離他了，因為他開始發表一些言論諸如，「我頭上戴的纏頭巾除了纏繞真主以外，沒有纏繞任何別的東西。」以及「我的衣服內除了真主，你找不到別的東西」。有些人沒有理解他的意思，最後居然把話傳成「我是真主。」但實際上哈拉傑想表達的是：「我是真理。」然而，「真理」是真主的九十九個尊名之一，當人們把這些事情和他近來的所做所為結合起來後，於是就沒有人願意放過他所說的這些話了。

這實在是太過了。正統派的學者因此要求採取行動。阿巴斯哈里發想要藉此安撫學者，還能夠擺脫哲學家們的掣肘。哈里發因此把哈拉傑囚禁在獄中長達十一年之久，但哈拉傑對於世間的一切並不關心，因此並不在意自己的遭遇。他在獄中還是持續發表對真主心醉神迷的言論，有時把他自己和耶穌基督連結在一起，還時常提到殉道的觀念。有一件事是十分確定的：即他不會悔過。最後，正統派認為他們已經無計可施了。他們只好向政府施壓，採取一項例來且無一例外地會損毀自己聲譽的辦法：殺害異議者。

官方並非只是單純的處決哈拉傑，而是先將他吊死，之後斬斷四肢並斬首，最後還放火燒了他的遺體。奇怪的是，這些策略都不奏效，哈拉傑雖已不在人世，但蘇非主義的效應還是持續發酵，上百位、上千位有魅力的個人不斷地出現在文明世界裡。他們有些人是像竺那德那樣的「沈穩的」蘇非，有些則屬於對真主心醉神迷的類型，就像是拉比雅．巴斯禮和哈拉傑那樣。

總而言之，到十一世紀中期為止，穆斯林們正在建構三個偉大的文化工程，這三大工程的實施者是分別是學者—神學家，哲學家—科學家，以及蘇非神秘主義者，他們之間各有分工，分別是：在各個方面讓伊斯蘭教的信條和法律細緻化；揭示自然世界運行的奧秘和原則；以及發展一套能讓個人與真主結合起來的方法。的確，這三類人群在某些部分上其實是有重疊的，但是從大體上看他們是在從事相互競爭的事業，而且他們之間在智識上的分歧有時候會在政治、經濟上有十分深遠、血淋淋的後果。在這個重要的關鍵時刻，誕生了一位世界史上的知識巨人，他出生在呼羅珊省的一個說波斯語的家庭，他的名字叫座阿布．哈米德．穆罕默德．安薩里（Abu Hamid Muhammad al-Ghazali）。

早在他二十多歲的時候，安薩里已經贏得了不少人的稱頌，成了年輕的首席烏理瑪之一。不管你記得多少條聖訓，他記得的永遠比你更多。那時候，有一些烏理瑪發展出了與穆爾太齊賴派競爭的神學思想。這一派被人們稱之為艾什爾里派（Ashariteschool）。艾什爾里派認為信仰絕不能以理性為基礎，只能以神啟為基礎。他們認為理性的功能在於支持神啟。在公開的辯論中，艾什爾里派神學家不斷地與著名的穆爾太齊賴派學者對峙，但穆爾太齊賴派人士通曉邏輯和修辭學等高超的希臘辯論技巧，經常得勝，所以他們常常使得艾什爾里派的論點看起來很混亂。

安薩里的出現拯救了他們。他認為想要打敗那些哲學家，就得先加入哲學家的陣營，徹底了解他們的技巧並善加運用，才能在辯論中立於不敗之地。安薩里埋首於上古史，精通邏輯，沈浸於希臘論文，之後完成了一本關於希臘哲學的著作，名叫《哲學家的目標》（*The Aims of the Philosophers*），這本著作主要是有關亞里斯多德的。他在前言提到希臘人的想法有誤，他稍後會證實這項論述，但首先在這本書，他先解釋了什麼是希臘哲學，讀者在閱讀下一本書時會更了解他何會作出這番駁斥。

安薩里的公平性是值得欣賞的，他並沒有架設一尊容易擊敗的稻草人來讓自己獲勝，他對亞里斯多德的論述相當的清晰，也十分的博覽，即便是最忠實的亞里斯多德學派人士在閱讀過此書之後也會讚嘆：「啊！現在我終於明白亞里斯多德了！」

安薩里的著作流傳到了西班牙安達魯西亞（Andalusia），再從此地進入了基督教歐洲，在那裡啟發了那些有幸讀到這本著作的人。自羅馬帝國衰敗之後，西歐人幾乎已經遺忘了古希臘的思想，對大多數人而言，這是他們首次接觸到亞里斯多德。然而，在安薩里的書籍的流傳過程中，前言的部分軼失了，所以歐洲人並不知道安薩里的立場是反對亞里斯多德的，有些人甚至認為他就是亞里斯多德本人，只是用筆名來撰寫本書。總之，《哲學家的目標》一書帶給了歐洲人深刻的印象，以至於對西歐人而言，亞里斯多德有了權威的光環，後來基督教世界的哲學家們投入了許多的精力來調和基督教教會的教義和亞里斯多德的思想。

與此同時在波斯，安薩里已經撰寫了《哲學家的目標》之後的第二本影響深遠的著作，這一本名叫《哲學家的矛盾》（*The Incoherence of the Philosophers*）。在這本書中，他找出了十二條希臘哲學以及希臘—伊斯蘭哲學立論所依賴的前提，再用邏輯演繹法逐一拆解這些前提。對我個人來說，我認為他最重要的論點是他對於物質現象因果關係這一概念的抨擊，安薩里認為這項因果聯繫並不存在。按照他的理論：我們認為是火導致了棉花著火，因為當棉花燃燒時，火苗一直存在。這樣的邏輯是將二件事之間的鄰近關係誤判為因果關係。事實上，安薩里如是說，棉花著火是真主的旨意，因為真主是萬事萬物的第一且唯一的原因。火苗只是碰巧出現罷了。

如果說我的敘述讓安薩里的觀點聽起來很荒謬的話，唯一的原因是我沒有像他那樣精準公正地論述亞里斯多德的觀點。我個人並不認同他的觀點，但並不是所有人都不認同。在西方，十八世紀時的蘇格蘭哲學家大衛．休謨（David Hume）復興了安薩里對於因果關係的反對。而且在一九七〇年代，我再次讀到了幾乎一模一樣的論點，美國禪宗佛學家亞倫．瓦特斯（Alan Watts）則以一隻貓在柵欄的窄縫隙前面前後踱步的貓為例子把原因和結果聯繫了起來。瓦特斯認為，假若我們由柵欄的另一邊看過來，我們會一遍遍地先看到貓的頭，然後看到貓的尾巴，但是這並不意味著貓的頭導致了貓的尾巴。（事實上，我認為在某種意義上貓頭的確會帶來貓尾巴，但我不打算在此深究。）

針對上述的論點，讀者可以自己決定是否相信，但是他對因果關係提出的挑戰觀點削弱了整個科學事業。如果所有的前因後果都不存在，人們為什麼還要去花時間觀察自然世界，試著找尋有意義的公式呢？如果真主是唯一的原因，唯一了解世界的方式就是去了解真主的意志，那就意味著神啟才是唯一值得學習探究的事物，也就是說烏理瑪是唯一值得我們去聽信的人。

安薩里承認數學、邏輯，甚至也承認自然科學的研究可以帶給人們真實的結論，但是只要科學得出的結論和神啟有衝突，那麼這些結論就是錯的。可是如果科學的結論只有在和神啟的結論一致的時候才被承認的話，我們就不需要科學了。人們從神啟中找尋事實就夠了。

有些哲學家開始反駁安薩里的觀點。伊本・魯世德（Ibn Rushd，歐洲人稱之為「Averroes」，阿威羅伊）寫了一本名叫《矛盾現象的矛盾之處》（*The Incoherence of the Incoherence*）的著作來反駁安薩里的說法，但成效不大，一陣喧囂過後，安薩里的說法還是佔了上風。自安薩里之後，以希臘思想為基礎的伊斯蘭哲學就此失勢，伊斯蘭對於自然科學的探究興趣也就此沈寂了下來。

安薩里因其著作而贏得了極高的評價，還因此被指派出任巴格達著名的尼薩米亞大學（Nizamiya University）校長，當時的尼薩米亞大學可謂是中世紀伊斯蘭世界的耶魯大學。正統派的機構視他為當時的宗教領導權威。然而，安薩里也得面對一個問題，他是一位真真正正的宗教人，在那些地位和掌聲中，他很明白自己並沒有真正的財富。他深信神啟，尊崇先知和古蘭經，他曾獻身於沙里亞中，但他卻無法感覺到真主的那種可被感知的存在（the palpable presence of God）——這一點與引發蘇非主義興起的不滿足感如出一轍。安薩里也因此突然面臨了一場精神危機，於是他辭去了所有的職務，捐獻了他所有的財產，拋棄了所有的朋友，隱居去了。

好幾個月之後，當安薩里從隱居中現身時，他宣稱學者的說法是有道理的，但蘇非則更有道理：法律就是法律，人們要去遵守，但是人們不能只依靠研習書籍和端正的行為就能與阿拉接觸。人們必須要敞開心房，而且只有蘇非們才通曉敞開心房之道。

安薩里由此接著寫了二本非常重要的著作：《幸福煉金術》（*The Alchemy of Happiness*）及《宗教科學之復興》（*The Revival of the Religious Sciences*），在這兩本著作中，他鍛造出了正統神學和蘇非主義之間的綜合體系，解釋了如何把沙里亞融入到蘇非們讓自己和真主合而為一的塔利卡（*tariqa*，方法）中。他在正統伊斯蘭教的框架中給神秘主義創造出了一片空間，使得蘇非主義變得讓人尊敬起來。

在安薩里出現之前，三大伊斯蘭文化工程在伊斯蘭世界彼此競爭和爭取信徒。在安薩里出現之後，其中的兩種勢力達到了相互調和，而第三股勢力則被淘汰掉了。

我沒有說哲學家們承認了安薩里證明他們的理論是錯誤的，繼而哲學家們就萎縮和凋零了。我也沒有說因為安薩里證明哲學家是錯的，所以民意轉而反對哲學家們。民意很少基於證據而對一個事件產生信任或不信任，再者，只要是涉及哲學議題，很難證明對錯。

我所說的是在這個時代，有些人想要疏離哲學和自然科學。有些人已經認為了理智（reason）是一種危險的詐術，而且只會導致混亂，安薩里只是給了這群人所需要的理論子彈，讓他們在駁斥哲學和理智之時，看起來是值得尊敬的，甚至是聰明的。

愈來愈多人在接下來的幾年間接受了這樣的方向。道德和倫理存在許多灰色地帶的假設允許了人們去接受形形色色的獨特見解。世上沒有二個人擁有一套完全相同的信念，但是在動盪的時代裡，人們會失去那些對於微妙模糊的東西的品味，喪失對於不明確的事情的容忍。那些表述清楚明瞭的規章制度的教義條文可以促進社會的團結，因為它們會把民眾凝聚在共同的信念周圍，在那些不知道明天會發生什麼事的日子裡，人們寧願緊緊地簇擁在一起。

女性在伊斯蘭世界中的地位在這段期間也發生了改變。各種線索顯示，與後來的，甚至是今天的穆斯林社會相比，伊斯蘭早期的女性享有更多獨立自主的權力，也在公共事務中扮演了更重要的角色。以先知的妻子哈蒂嘉為例，她是極具權勢的成功女商人，還曾經是穆罕默德的雇主。在奧斯曼死後的宗派分離時期，穆罕默德最年輕的妻子艾伊夏還身為一個主要黨派的領導人。她還甚至在沙場上指揮軍隊，當時也沒有人因為女性扮演這樣的角色而感覺訝異。在許多早期的象徵性戰役中，女性以醫療、後勤人員、甚至是戰士的角色出現。在穆斯林與拜占庭帝國對峙的雅穆克戰役（the battle of Yarmuk），史學家記錄道一位名叫烏姆．哈金（Umm Hakim）的寡婦還以帳篷桿為劍，刺殺拜占庭士兵[2]，女性吟遊詩人也以她們創作的詩歌來記錄戰爭情景，扮演了戰地記者的角色。

在早期重要的社群會議中處處可見女性參與的身影，因為在歷史記錄中曾記載了她們和哈里

2 From Muhammad Zubayr Siddiqi, "Women Scholars of Hadith" at http://www.jannah.org/sisters/womenhadith.html.

發歐瑪爾的公開爭論——可已看到哈里發指派女性出任麥地那的市場管理官者一職[3]。除此之外，女性在伊斯蘭早期的學者中佔有重要的地位，在遷徙之後的第一個世紀裡，像是赫芙莎（Hafsa）、烏姆・達爾達（Umm al-Darda）、阿瑪拉・賓・阿布杜・拉赫曼（Amra bin Abdul Rahman）及其他女性學者在聖訓的領域中都作為權威享有盛名。有些人還是知名的書法家。這些人和其他人一起開班授課，男女學生兼收，進行公開演講。

很顯然，這些女性並沒有被排除在公眾生活之外，也能享有公眾認同及重要的公眾地位。將女性的地位下降到外人無從窺視的私領域的做法看起來是來自拜占庭帝國及薩珊王朝的傳統。當時這些帝國的上層社會認為女性退居幕後是社會地位的象徵，相似的阿拉伯貴族階層則承襲了相同的做法，用這種方式來證明他們繼承了前任們的地位。一般的穆斯林女性們大概是在伊斯蘭曆四世紀以後（也就是西元1000年後）才會明顯感覺到她們的公眾生活大幅度地減少了，或者至少是在學者關於性別角色的論調中有了這樣的感覺。在阿巴斯王朝末期面臨的那種社會崩壞中，那種伴隨著女性隔離的對性別角色之極端區分進入到了各個社會階層中。同樣是這股力量，把最雛形的科學（protoscience）從穆斯林的智識生活中擠壓了出去；也同樣是這股力量，貶低了理智作為探索道德和社會的工具的價值；又是這股力量，執行了對於女性位置的限制。

安薩里在《宗教科學之復興》一書中用了四分之一的篇幅討論了婚姻、家庭生活及性生活的合宜禮節。在這部著作中，他談到女性「應該好好地待在深閨裡專心紡織；不應該頻繁的進進出出；不要常常和鄰居談話，情形必要時才拜訪他們；無論丈夫在家與否都應維護丈夫；在所有事務中讓丈夫歡心……女子未經丈夫的同意不應離家：如果得到了出門的許可的話，她應該以簡陋的衣著隱匿自己……要小心不讓陌生人認出自己的聲音或臉龐……她應該……時刻準備好滿足（丈夫的）任何願望。」[4]安薩里同時也討論了丈夫對妻子的義務。但是如讀者所見，縱觀他所有的議論，我們可以了解到安薩里期待一個公私領域嚴格區分的社會，女性只能留在私領域，而公領域完全為男性所保留。

對於改變的焦慮和對於穩定的期待強化了傳統的和熟悉的社會運行模式。在穆斯林世界，這些社會運行的模式包括了父權主義的社會運行模式，這種父權主義的社會運行模式不僅是繼承自阿拉伯的部落生活，也承接了伊斯蘭之前的拜占庭和薩珊社會的父權模式。安薩里的理念不但在他的時代是鏗鏘有力的，甚至在他去世後的幾個世紀中還是具備很強的影響力，因為這幾個世紀是一個秩序不斷混亂的時代（period of rising disorder），是一個文明世界的生活被焦慮所籠罩的時代，也是一個從不穩定最終變成了恐怖高潮的時代。

3 Maulana Muhammad Ali, *The Early Caliphate* (1932; Lahore, Pakistan: The Ahmadiyya Anjuman Isha'at Islam, 1983) p. 119.

4 Ghazali, "On the Etiquettes of Marriage," *The Revival of the religious Sciences* book 12, at http://www. ghazali.org/works/marriage. htm。

8

突厥人的入侵

ENTER THE TURKS

伊斯蘭曆一二〇—四八七年（西元七三七—一〇九五年）

是什麼導致了社會焦慮的加深呢？答案便潛藏在我之前描述過的知識份子運動所引發的政治效應之中。自從先知在世的時代到阿巴斯王朝統治的前兩個世紀，生活在伊斯蘭世界的人們有足夠的理由相信他們是生活在世界文明的中心。歐洲文化在當時幾乎還不存在，印度則是分散成許多小型王國。佛教在中國各地逐漸退熱，雖然可以說中國的唐朝和宋朝正處在光輝的文化復興之中，其文化復興幾乎和在中央世界綻放著的穆斯林文化復興同樣偉大，但對於伊斯蘭世界而言，中國太遙遠了，很難在美索不達米亞平原或是埃及引起共振反應。

如果穆斯林的領土是世界的中心的話，那麼世界歷史潛在的引導動能就是讓伊斯蘭社群變得完美和普世化。當時所有的重大議題——什葉派和正統派之間的齟齬，哲學和神學的抗衡，波斯人和阿拉伯人之間的角力——都可以放進這個框架解讀。長久以來，樂觀的觀察家們總是可以縱觀世界大事並認為事情是在逐漸往好的方向發展。在麥加和麥地那發芽的奇蹟仍然在世界各地開花結果。伊斯蘭文化深深地浸潤各地並引起了陣陣漣漪。甚至是印度中心地帶的印度教也開始動搖。撒哈拉以南非洲地區也開始有人改信伊斯蘭教了。只有中國和最落後的歐洲仍然處在穆斯林領土之外。伊斯蘭教實現既定的天命，把光明帶到那些地區看起來只是時間的問題。

但是在這時候，虔誠公正的普世社群之夢卻仍然難以企及而且開始流逝了。在處於權力和榮耀的巔峰時，哈里發國家開始分崩離析。其實，如果我們回顧過往，歷史學家可以從某種意義上說，哈里發國家的分裂在其達到巔峰之前就已經開始了。哈里發國家的分裂從阿巴斯家族掌權時就已經開始了。

在那段極動盪的改朝換代時期，新上任的統治者把所有的伍麥亞遺緒誘騙到了一起並將他們殺死。然而，有人漏網了。有一位伍麥亞朝貴族逃過了這場鴻門宴。這個人，伍麥亞朝的最後一人，名叫阿布杜·拉赫曼（Abdul Rahman），他喬裝逃往大馬士革，穿越北非，馬不停蹄地趕路，直到他抵達了穆斯林世界的最遠邊界：西班牙的安達魯西亞，要是他再往遠逃的話，就要進入原始野蠻的基督教歐洲了。

阿布杜·拉赫曼給當地的西班牙人留下了深刻的印象。有一些強硬派的哈里哲派叛亂分子潛藏在世界盡頭般的西班牙，他們決心以手中的劍來效忠這個年輕人。在遠離穆斯林心臟地帶的西班牙，沒有多少人知道關於巴格達的新政權的事情，自然也不會對新政權忠心耿耿。安達魯西亞人已經習慣了伍麥亞是他們的統治者，眼前又有一位活生生的伍麥亞要做他們的領導人。如果是在一個不那麼動盪的時期，阿布杜·拉赫曼也許還會被指派到這裡出任總督，當地人民也會欣然接受的。因此，當地人接受了他作為他們的領導人，安達魯西亞成了一個獨立的國家，與哈里發國家的其他地方分離開來。從此穆斯林的故事要從兩個中心展開講起了。

起初，這只是政治上的裂痕，但是當阿巴斯王朝開始衰敗，定居於安達魯西亞的伍麥亞人就開始宣稱他們不僅獨立於巴格達政權之外，而且事實上，他們還是哈里發。那些住在周邊幾百英里範圍內的民眾於是說：「您說得對極了，您一定是伊斯蘭的哈里發，我們可以從您的長相中一窺端倪。」因此，哈里發國家，單一的世界性信仰社群，這個看似神秘的概念，分裂成了兩個。

伍麥亞人這樣的說法地確引起了迴響，因為他們所在的安達魯西亞首都科爾多瓦（Cordoba）在歐洲是遠勝其他城市的最偉大都會。在巔峰時期曾有五十萬居民，驕傲地擁有上百處浴場、醫院、學校、清真寺及其他公共建築。當地還有眾多的圖書館，其中最大的一座擁有五十萬本的藏書。西班牙還有其他的都市中心，有許多城市的人口高達五萬人之上，反觀基督教歐洲當時最大的城市人口尚未超過二萬五千人，曾經繁華一時的羅馬當時已淪為一座小村莊，人口比俄亥俄州的達頓（Dayton）還少，教育水準不高的務農者和素行不良的暴徒聚居在一片廢墟裡勉強維持生計。

因此，在最初，伊斯蘭世界的政治分裂並沒有使其文明發展的動能受到什麼損害。安達魯西亞與文明世界其他地區的貿易往來十分頻繁，當地出產木材、穀物、金屬及其他原物料，透過貿易進入北非，並且穿過地中海到達中央世界，再從那裡進口奢侈的手工藝商品、陶瓷製品、家具、華麗紡織品、香料等等。

相對而言，與北邊及東邊的基督教國家的貿易往來反而屈指可數——倒不是因為這些地區之間存在的敵意，而是因為當時的基督教歐洲沒什麼可出口的，而且也沒什麼購買力。

絕大多數的安達魯西亞居民是穆斯林，但也有許多基督徒和猶太人也居住在這裡。伍麥亞西班牙也許和巴格達的哈里發政權間心存齟齬，但它們的統治者們採取的是與當時所有穆斯林領土幾乎相同的社會政策。基督教和猶太教社區擁有各自的宗教領袖和司法體系，並且可以自由地實踐其宗教儀式和習俗。假若他們中的一方陷入了爭端，爭端的另一方是穆斯林的話，那麼他們的案件將由穆斯林法庭按伊斯蘭教的律法審理，但是如果爭端的各方是與其相同的信仰者，則是由其自己的法官依據自己的律法來裁決。

非穆斯林必須負擔人頭稅，但可免除慈善稅。他們無法進入軍事體系，也無法擔任最高階的政治職位，但除此之外，有權從事所有的工作和職位。在穆斯林掌握最高政治權力的前提之下，基督教徒、穆斯林和猶太人在安達魯西亞和樂融融的相處，穆斯林或許不時地散發出優越的態度，而這樣的態度是源自於一種篤定，認為伊斯蘭的文化及社會代表了文明進程的最高階段，類似今日的美國人及西歐人面對第三世界的人民所抱持的心態。

國王桑喬（King Sancho）的故事說明了不同族群曾經是如何和諧共處的。在西元十世紀末，桑喬繼承了西班牙北部的基督教國度萊昂王國（Leon Kingdom）的王位。沒過多久，桑喬二世的臣民們開始稱他為癡肥桑喬，絕不會有一位統治者希望他的臣民有恃無忌憚地稱呼他這樣的綽號。其實可憐的桑喬國王應該是屬於醫學肥胖（Medically Obese），但他的貴族們可沒有這種寬大的眼光。他們把桑喬的體態視為其內心虛弱的證據，因而廢黜了他。

桑喬久聞猶太醫生希斯達・伊本・夏普拉特（Hisdai Ibn Shaprut）的名號，得知他的專長是協助病人減肥。希斯達當時受雇於科爾多瓦的伊斯蘭統治者，所以桑喬帶著他的母親及隨從人員啟程南行尋求治療。伊斯蘭領導人阿布杜・拉赫曼三世（Abdul RahmanIII）以貴賓規格接待桑喬，還將他留宿在宮廷中直到希斯達協助桑喬完成了減重任務。於是桑喬回到了萊昂王國，重新取得了王位，並且與阿布杜．拉赫曼三世簽署了一份友好協定。[1]

一位基督教國王到一位穆斯林統治者的宮廷中請一位猶太醫生看病：從這裡讀者就可以概括地感覺到穆斯林西班牙是怎樣的了。當歐洲人談論伊斯蘭的黃金時代時，常會聯想到西班牙哈里發國家，因為這一部分的穆斯林世界是歐洲人所最熟悉的穆斯林世界。

然而，科爾多瓦並不是唯一與巴格達分庭抗禮的城市。西元十世紀時，另一個城市也加入到了對阿巴斯哈里發至高無上權力的挑戰中。

當阿巴斯王朝決定以遜尼派的理念進行統治時，什葉派揭竿而起的衝動被點燃了。在伊斯蘭曆三四七年（西元九六九年），來自突尼西亞的什葉派戰士籌備了對埃及的控制，他們宣佈他們才是伊斯蘭真正的哈里發，因為（他們說）他們是先知女兒法蒂瑪（Fatima）的後代，因此自稱為法蒂瑪王朝（Fatimids）。統治者們為自己建立了全新的首都，取名為卡希拉（Qahira），該詞在阿拉伯文中是「勝利」之意。在西方，這個名字被拼作「Cairo（開羅）」。

埃及人的哈里發國家坐擁北非的天然資源及尼羅河的穀倉。他們的地理位置正好位於地中海海上貿易的要衝，而且主導了紅海沿岸至葉門的貿易路線，這也意味著他們能夠進入印度洋沿岸的市場。西元一千年，開羅的經濟優勢很有可能勝過巴格達及科爾多瓦。

法蒂瑪王朝在開羅建立了世界上的第一所大學，艾茲哈爾大學（Al Azhar），該校至今仍有很大的影響力。我在前面篇幅中所描述的那些關於另外兩個哈里發國家的景象——大都市、熙來攘往的市集、自由的政策、許多文化及知識份子活動——也可以用來描述這一個哈里發國家。雖然富庶如此，但是，埃及代表了又一個理論上的單一社群分裂的例子。簡而言之，當西元的第一個千禧年來臨之際，伊斯蘭世界分裂成了三個部分。

每位哈里發都斷言自己是唯一的、真正的哈里發——「唯一且真正」好像成了「哈里發」一詞的意義一般。但是當時的「哈里發」一詞已經是僅僅代表世俗君主的意思了，所以這三個哈里發國家或多或少地並存起來，就像是三個巨大的世俗國家一樣。

阿巴斯王朝（起初）擁有最大的領地，而且他們有最富庶的首都，但是從某些方面來說，他們所擁有的東西也拖累了他們，使他們是三個哈里發國家中最衰弱的一個。當年羅馬帝國的版圖擴張得太大，因此無法由單一統治者自單一地點進行統治，阿巴斯王朝也是面臨相同的問題。為了傳達哈里發命令而設置的龐大官僚體系成了死水一潭。哈里發消失在他的國家機器之上，最終也消失在了他的臣民的視線中。

如同羅馬皇帝一般，阿巴斯王朝的哈里發身邊總是圍繞著一群侍衛，勢力強大的侍衛群最終演變成惡奴欺主的戲碼。在羅馬，這個族群被稱之為禁衛軍，但諷刺的是這群人主要是由日耳曼人組成，徵召自北部俗稱野蠻人的邊境地區，與羅馬人長年處於交戰的狀態，時常突襲羅馬帝國，對文明秩序造成持續的威脅。

---

1 Chaim Potok, *History of the Jews* (New York, Ballantine Books, 1978), pp. 346-347.

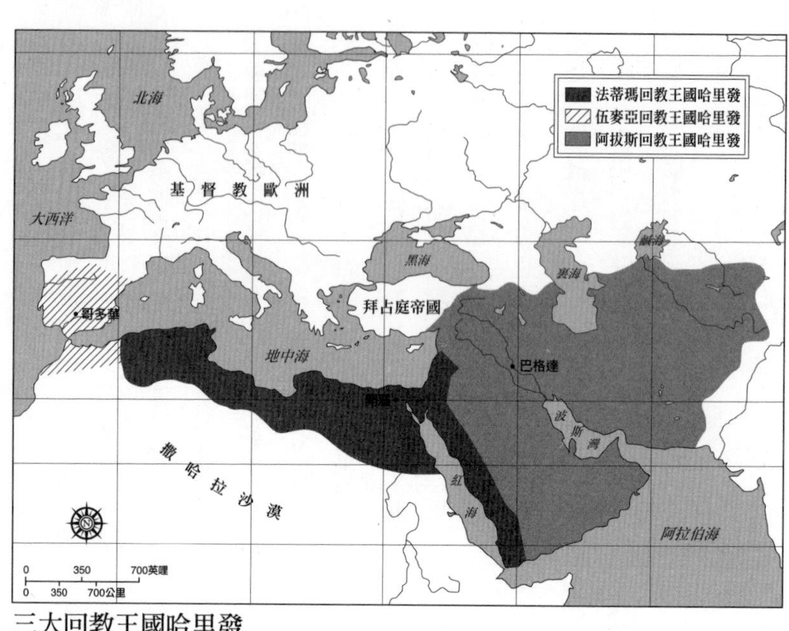

三大回教王國哈里發

在阿巴斯王朝可以看到類似的發展。在這裡，宮廷侍衛被稱之為馬木路克（mamluks），其字面的意思是「奴隸」。和羅馬一樣，阿巴斯王朝也飽受北方遊牧民的騷擾。在西方，曾經的北方蠻族是日耳曼人；在這裡則是突厥人（Turks）。（現在被叫作土耳其的地方當時還沒有突厥人，他們是後來才移居到那裡的。突厥各部落的祖先來自伊朗和阿富汗以北的中亞草原。）和羅馬人對日耳曼人的做法一樣，阿巴斯人也進口了一些這樣的突厥人——他們自邊境的奴隸市場買回突厥人，將他們訓練成禁衛軍。哈里發會作出這項決定是因為不信任與他們共同生活的阿拉伯和波斯子民，這些人在本地紮根很深，有太多的親屬關係和自身的利益要顧及。哈里發希望他的侍衛們與任何人都沒有關連，只和哈里發本人有關連，除了宮廷以外，侍衛沒有所謂的家園，除了雇主之外，侍衛不向任何人效忠。他們購買的奴隸全是孩童，他們讓這些孩子在特殊的學校裡接受穆斯林教育並學習武藝。他們長大後，就會進入一個精英組成的團體，這個團體有點像是哈里發本人意識的延伸。事實上，自從公眾再難見到哈里發一面以後，這些突厥侍衛在普羅大眾眼中成了哈里發的代名詞。

當然，他們自大、暴力又貪婪——他們就是這樣被教養成長的。甚至在確保哈里發安全的時候，他們把哈里發和他的人民疏遠開，他們的劫掠使得哈里發更不受歡迎，也因此需要更多的侍衛來保護他。最終，哈里發必須為總是製造麻煩的馬木路克建造一座分離出來的城市薩邁拉（Samarra），後來他自己也搬去了那裡，住在禁衛軍之中。

與此同時，一個叫作布耶（Buyids）的波斯裔家族以循序漸進的巧妙手段進入了宮廷，這個家族的成員們成為了哈里發的顧問、書記員和助理。不久，他們就控制了官僚體系及帝國的日常事務。他們還明目張膽地把維齊爾（vizier，主政官）一職視為世襲的頭銜由父親們傳給各自的兒子。（歐洲的日耳曼王國也發生過類似的情況，類似的職務「皇宮長官」（mayor of the palace）發展成為土地的真正管理人。）布耶和哈里發採取相同的做法，將突厥孩童作為奴隸進口至巴格達，這些住在集體寢室的孩童們在布耶的完全控制之下長大，長大後便給布耶作侍衛。一旦布耶的這套養成系統成形後，就沒有人能反抗他們了，因為他們的突厥侍衛在幼童時期便離家至此，他們對自己的家人、父母、兄弟姐妹都沒有記憶：他們只認識在軍校和軍營中一起長大的袍澤，因此只會對同袍和從頭到尾掌控他們的教官有強烈的效忠。於是布耶從某種意義上變成了伊斯蘭世界的新型王朝，他們將哈里發關在皇宮裡，卻以他的名義發號施令並在王位的背後享受著萬人之上的好生活，波斯人以這種方式掌控了阿拉伯哈里發國家的首都。

這些波斯維齊爾們無法統治帝國的其他地區，然而他們對此也根本不在乎。他們非常樂意把那些遙遠的地方隨便交給一個最強的地方勢力。各地的總督因此變成了小國王，各種波斯人的迷你王朝在曾經薩珊帝國統治的疆域上成長起來。

或許讀者們會認為把奴隸培養成殺手，把武器交給他們，還把這些人放在你的臥室門外是一個很糟的主意，沒有人會願意這麼做，但事實上，幾乎他們所有人都做了類似的事情：每一個佔地為王的波斯小王國都擁有屬於他們自己的突厥馬木路克，這些馬木路克最終也控制了這些波斯小國王。

彷彿這樣的情勢還不是最糟的，整個帝國還不得不持續地和突厥部落發生戰鬥，抵禦突厥遊牧民的入侵，讓文明世界不受突厥人的威脅，就像是羅馬人不得不把日耳曼人阻擋在國境之外一樣。但最終突厥人變得越來越強大，他們在帝國的內部和外部都無法被控制住。在那些佔地為王的小王國，有些馬木路克殺了他們的主人，並且建立他們自己的王朝。

與此同時，隨著帝國的衰落和社會結構的破壞，野蠻人滲透到了北方邊境，這就和日耳曼人在歐洲越過萊茵河進入了羅馬的領土後的所作所為非常相似了。野蠻的突厥人以史無前例的數量湧入南方：這些驍勇善戰的勇士才剛剛改信伊斯蘭教，他們以最殘忍無情的方式來呈現他們過於簡化的狂熱。他們早已習慣了劫掠的生活方式，破壞城市和農作物。驛馬大道的治安敗壞，有愈來愈多的土匪四處劫掠，貿易萎縮，貧窮開始蔓延開來。突厥馬木路克與突厥遊牧民之間戰事連連——到處都是突厥人的勢力，這就是為什麼在安薩里的時期裡帝國境內普遍迷漫著焦慮情緒的一部分原因。

然而，在帝國的邊境出現了一縷曙光，他們是一個被稱作薩曼王朝（Samanids）的波斯人王朝。他們的王國是以烏滸河（Oxus River）兩岸的城市為中心發散出的，這條河也構成了今天阿富汗的北部邊境。在這裡，有偉大的巴爾赫（Balkh）和布哈拉（Bokhara）的城市中心，古代波斯的文學文化開始在這裡復興，波斯文開始變成了和阿拉伯文競爭的學術語言。

但薩曼王朝也有馬木路克，他們之中的一位馬木路克將軍決定要讓自己成為發號施令的人，而非聽命行事的人。再見了，薩曼王朝；你好，加茲尼王朝（Ghaznavids）！新的統治者們被叫作加茲尼人是因為他們把首都遷到了加茲尼（Ghazni），這個城市位於喀布爾的東南方向。加茲尼王朝在長壽的征服者馬默德（Mahmoud）的帶領下達到了國勢的巔峰，他被看作是東方伊斯蘭世界的查理大帝（Charlemagne）。在馬默德的領導之下，帝國的疆域從裏海展延到了印度河一帶。就像是查理大帝視自己為「最基督教化的君王」一樣，馬默德則視自己為最穆斯林化的君主。他把自己當作是整個穆斯林世界的共治者（coruler），給了自己一個全新的頭銜「蘇丹（sultan）」，它的意思有點類似於「劍臂（sword arm）」。正如我們所看到的那樣，阿拉伯哈里發仍然是伊斯蘭社群的精神之父，但是，馬默德則是同樣重要的軍事領袖，是執行者（Enforcer）。自從他的時代開始一直到二十世紀，在穆斯林世界裡總是有至少一位的蘇丹。

馬默德蘇丹的作法非常聰明，他將帝國服務的重要職務交給受過教育，能讀會寫的波斯人擔任。他以重金禮聘學者，他的重金把九百位詩人、歷史學家、神學家、哲學家及文學家齊聚在他的宮廷，提高了他的聲望。

菲爾多西（Firdausi）是眾多入宮的文人之一，他創作了史詩《列王書》（*Shahnama*，The Book of Kings），這部史詩描繪了自從有歷史記載以來一直到伊斯蘭教誕生時期的歷史，全部以押韻對句的方式呈現。菲爾多西在中央世界的地位與西方世界的但丁齊名。馬默德誇張地許諾付給他每組對句一塊金塊的報酬。《列王書》有超過六萬組對句。當菲爾多西最後呈現給馬默德那部有史以來由一個人所創作出的最長的史詩時，他大吃一驚，皺著眉頭說：「我說的是金子嗎？我明明是說銀子。我說的是每一組對句付一塊銀子。」

感覺受到了侮辱的菲爾多西生氣地離開了，他將這部史詩出價給了另外一位國王。據說才過了一會兒，馬默德蘇丹便對他的吝嗇感到後悔了，他派出僕役帶著一車的黃金想把詩人勸回來，但是當他們正在敲詩人住所的前門時，菲爾多西遺體正被人們從後門抬往墓地安葬。[2]

《列王書》所表現的所有歷史都是以一對傳說中的兄弟以及他們後代間的鬥爭呈現的，兄弟兩人分別是伊朗（Iran）和圖蘭（Turan），他們兩個（通常被認為）分別代表的是波斯人和突厥人：伊朗是好人，突厥是壞人。絲毫不令人意外的是，《列王書》如今是伊朗的國家史詩，而且我很懷疑當初蘇丹付錢時的猶豫是因為他不喜歡突厥人被呈現成歷史中的壞人。

菲爾多西對於阿拉伯人也是充滿了鄙視，他在史詩的最後用了很長的篇幅來描述在伊斯蘭教誕生初期，與高尚優雅的波斯人相比，阿拉伯人是如何的粗俗野蠻。他的作品只是阿拉伯權力的衰弱和波斯文化在伊斯蘭世界內越來越有聲望的又一個例子。事實上，他對於阿拉伯人的看法並非特例。當時的另一位詩人更如下寫道：

> 當阿拉伯人在曠野中吃著蜥蜴，命懸一線之時，
> 馬什哈德（Mashad）的狗卻在悠閒地啜飲冰涼清水。

馬默德蘇丹不僅是第一位特別扶植藝術發展的蘇丹，他還以自己所洗劫的印度教寺廟數目、方式和從異教徒那裡搶來的財富而自豪。他炫耀地用戰利品來裝飾他的都城，以這些財富供養在宮廷中生活的九百多位文人。他對印度的入侵和對印度教徒的殺戮讓他把自己當作是伊斯蘭的英雄。

馬默德的兒子馬蘇德（Masud）則在赫爾曼德河（Helmand River）的河畔給自己修建了一個冬都，這裡離我小時候成長的阿富汗西南部拉什卡爾加（Lashkargah）有一英哩左右。城市的廢墟今日仍可看到。在我的成長過程中，我總是在想馬蘇德當初有沒有在我和我的朋友們閒逛的那片河中央

2 Mohammed Ali, *A Cultural History of Afghanistan*, 120-123 (Kabul: Punjab EducationalPress, 1964).

的樹林島裡獵過鹿，在我的時代裡，那片樹林裡有很多叢林貓、豺狼和野豬。

馬蘇德本人是一位孔武有力的巨獸型人物。他的體重驚人，一般的馬匹無法承載，因此他習慣騎大象，他曾在象背上和他的部隊一起被困在赫爾曼德河畔泥濘的甘蔗叢中。但是，別擔心，他的身上全是肌肉。他帶著他那除他以外沒有人能揮起來的劍和一把除了他沒有人能舉得起來的戰斧投入了戰鬥。據說連偉大的馬默德蘇丹都怕他的這個兒子三分。

當他的父親馬默德去世的時候，馬蘇德碰巧人在巴格達。他父親的大臣們擁護了馬蘇德的兄弟繼位。馬蘇德聞訊火速趕回，並在途中召集了一支軍隊。他迅速地推翻了他兄弟的王位，並且把他的兩隻眼睛都挖了出來以確保他永不再犯。馬蘇德就這樣繼承了加茲尼帝國，並且像他父親那樣，把藝術和戰爭鍛造到了一起，形成了一個由壯麗、財富和野蠻組合在一起的強勢文化結合體。在當時來看，加茲尼帝國的統治看起來可以永垂不朽。

然而在馬蘇德掌權時，粗獷的烏古斯突厥人（Oghuz Turks）四度從北方越過烏滸河席捲了加茲尼帝國的領地。烏古斯突厥人是由一個叫塞爾柱（the Seljuks）的家族所領導的，他們進入了呼羅珊地區（Khorasan，位於伊朗東部，阿富汗西部）。在這四次交戰中，馬蘇德蘇丹都親自加入戰場上的廝殺，他在前三次戰役中擊退了敵人的進攻，但是在第四次戰役，他的軍隊被徹底擊敗了。西元一〇四〇年，他把拉什卡爾加（Lashkargah）以及他西境的要塞輸給了塞爾柱人。我在前文中提到了馬蘇德那種令人恐懼的氣質，那讀者們可以想像一下能擊敗馬蘇德的人是何等的驃悍。馬蘇德撤退到了由他父親一手建立的城市並活到了他統治生涯的結束，但是加茲尼王朝的輝煌日子已經過完了。塞爾柱人的時代開始了。

塞爾柱人繼續向西進發，蠶食著以巴格達為根據地的帝國。這些酋長們目不識丁，也不覺得學問有什麼意義。在他們眼中，一位強悍的戰士會有足夠的黃金去僱用上百位白面書生為他們讀書寫字。他們不停地洗劫各城市並搾取貢品，但是他們更喜歡住在帳篷裡，他們的帳篷裝飾得富麗堂皇，但又能兼顧經常移動的需求。（與此同時，他們也在主要城市出資興建偉大宏偉的建築。）他們一越過邊境，就放棄了他們古老的薩滿宗教（shamanistic religion）並皈依了伊斯蘭教。但是他們這種倉促的改宗使得他們並不注重伊斯蘭教本身的教義，也不十分注重伊斯蘭教的倫理觀念。他們所信的宗教更像是一種「啦啦隊式的一窩蜂神學」，只是用來和過去劃清界線的。

西元一〇五三年，一位年輕的塞爾柱王子艾勒普．艾爾斯蘭（Alp Arslan）被指派為呼羅珊省的總督。艾勒普．艾爾斯蘭的名字意思是「英勇的獅子」——這是他的部隊為他取的綽號。艾勒普．艾爾斯蘭帶上了他的波斯顧問，這位顧問的名字很快就被叫成尼扎姆．穆勒克（Nizam ul-Mulk），意指「領土的秩序」。艾勒普．艾爾斯蘭在人群中非常的突出，不僅是因為他超過一八二公分的身高，更顯眼的是他的鬍鬚長到可以結成兩縷鬚辮並披至他的背後，當他騎在馬上全速馳騁之時，鬍鬚編而成的辮子飄揚在他的身後，活像是馬鞭狀的橫幅旗幟。

他的波斯顧問成功地在呼羅珊建立起秩序並且振興了它的經濟，這些成就使得他的主子得到了響亮的名聲。當老一輩的塞爾柱領導者去世後，那種尋常的後代爭位的戲碼再次上演了，艾勒普．艾爾斯蘭迅速地從其他的兄弟、兒子、姪子等人之中脫穎而出取得了勝利，這要多虧了足智多謀的尼扎姆．穆勒克的輔佐。在將自己封為蘇丹後，艾爾斯蘭展開了一張大地圖，尋思著將哪些地方納入自己麾下。

他將塞爾柱勢力拓展到了高加索地區，並持續向西擴展，終於帶著他的軍隊來到了小亞細亞（Asia Minor），當時君士坦丁堡統治著大部分的小亞細亞，這個帝國的堡壘首都仍然被穆斯林稱作羅馬。

西元一〇七一年，艾勒普．艾爾斯蘭和拜占庭皇帝羅曼努斯四世（Romanus Diogenes）在一個叫作曼齊刻爾特（Manzikert）的城郊開戰，艾勒普．艾爾斯蘭摧毀了羅曼努斯四世的十萬大軍，並俘虜了皇帝本人，這在西方世界造成了極大的震撼。隨後他做出了一件驚人之舉——釋放了羅曼努斯四世，不但讓他回君士坦丁堡，還給了他不少禮物，並告誡他不要再找麻煩，如此多禮只是再三彰顯塞爾柱的實力並加深對這位基督教宗帝的羞辱。曼齊刻爾特戰役是世界史上的幾場決定性戰役之一。在當時，這場勝利看起來是塞爾柱人能夠取得的最大勝利了。但事實上，這場勝利也許是他們最大的錯誤，只是在接下來的二十六年中沒有人能夠領會箇中道理。

艾勒普．艾爾斯蘭在隔年卒於呼羅珊，但他的兒子馬力克．沙（Malik Shah）馬上就繼承了父親的衣缽，他在尼扎姆．穆勒克的盡職監護下證明了他和他的父親是多麼的相似。正是馬力克．沙為突厥人征服了敘利亞和聖城耶路撒冷。

這位波斯維齊爾和兩位塞爾柱蘇丹之間的合作關係讓雙方都各安其事。兩位蘇丹都親自投入到戰場上戮力殺敵，而尼扎姆．穆勒克則負責規劃組織這些戰事。的確有許多事物需要規劃和組

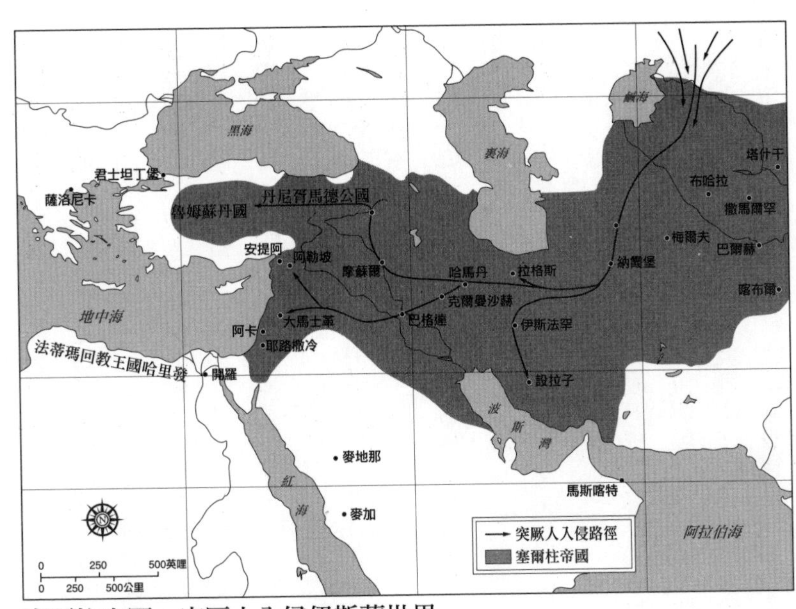

塞爾柱帝國：突厥人入侵伊斯蘭世界

織，因為蘇丹們把不同的領地賜予了他不同的親戚，這些親戚則進一步再做分封，他們將分封的領地看作個人資產。面對離開大草原之後的新生活，這些突厥人並不清楚收稅和搶劫之間的差別。

尼扎姆．穆勒克大力整頓租稅體系，創造了綿密的調查系統以防範收稅員的舞弊現象，利用蘇丹的戰利品來建造道路，同時建立組織化的警察力量以保護商旅，使商人在運送貨物時能夠安心。他還主導興建了由國家出資的旅店，各旅店之間相距約一天的旅程，方便商旅歇息。這位了不起的大臣還打造了一個由許多學校和大學組成的網絡，這些機構被稱為馬德拉沙（madrassas），目的是給伊斯蘭社會未來的官員們教授統一的教義。為了確保教義的一致性，他以正統遜尼派的烏理瑪來主導整套課程。

所有的這些措施都是為了解決當時社會中的各種離心力所帶來的壓力。尼扎姆．穆勒克希望把三個不同的種族凝聚在一個穩定的伊斯蘭社群中。突厥人以軍事實力來維持秩序，阿拉伯人則通過貢獻宗教教義以確保社會統一，波斯人則是貢獻那些已經存在著的文明要素——行政組織、哲學、詩歌、繪畫、建築、科學——以提升文明價值及美化世界。因此，新的統治階層包括了突厥蘇丹及軍隊，阿拉伯哈里發和烏理瑪，以及一個由藝術家和思想家組成的波斯官僚組織。

他希望這些措施帶來的社會穩定能讓農人安心耕作、商人專心生財，促進經濟繁榮，提供足夠的賦稅，讓國家負擔得起所需的兵力，維持必要的秩序，年復一年讓農夫和商人專心生產創造社會財富。

但是尼扎姆．穆勒克有一個邪惡的反對者，這個反對者嘗試著破壞這個秩序。他就是殘忍無情的天才，同時也是「阿薩辛派」異端組織（the Cult of the Assassins）的創始人哈珊．薩巴（Hassan Sabbah），我稱他們為「異端」（cult），因為「教派」（sect）這個詞都顯得太過主流。他們是從伊斯蘭教的分支什葉派再分離出來的支派。

什葉派信徒相信的那個最中心的指導性宗教人物被稱作伊瑪目，無論什麼時候，世界上都有一位這樣的伊瑪目。當這一位伊瑪目去世時，他的一個兒子會繼承他身上的特殊能力，這種能力使得他成為新的伊瑪目。但麻煩之處在於每當伊瑪目過世，大家總要爭論誰有權成為下一個伊瑪目，而每次此一爭議都會造成新的分裂，並形成新的宗派分支。

在第五個伊瑪目的時候就爆發過這樣的一次爭論，造就了扎伊迪派（the Zaidisect），這個支派也被稱作「五伊瑪目派」（Fivers）。在第六任伊瑪目過世後爆發了更糟糕的分歧，這促成了伊斯瑪儀派（Isma'ilis）的興起，他們一度成為了什葉派的主要支派，因為佔領埃及並且建立起強大的哈里發國家的法蒂瑪王朝就信奉伊斯瑪儀派。

西元十一世紀晚期，伊斯瑪儀派又分裂成兩支，少數人因不滿掌權的法蒂瑪王朝的奢華作風而形成了一個革命性的支派，這個支派致力於縮小貧富差距、賦予虔誠信徒更多的權力，逐步地讓伊斯蘭計劃重新回到正確的軌道，這項運動的領導人指派哈珊・薩巴作為特工前往波斯徵召信眾。

薩巴在波斯發展起了他自己的權力基地，他掌控了位於伊朗北部厄爾布爾士山脈（Elburz Mountains）高處的一個名為阿拉馬特（Alamut，意指「鷹巢」）的堡壘，沒有人能威脅得了他，因為抵達堡壘的路過於狹窄，無法讓軍隊通過。至於他是怎麼奪取這個城堡的？沒有人知道。有傳說說他運用了欺騙的手段，有的則說他使用了超自然的能力，還有人說他策反了堡壘裡的人，然後用一筆很少的錢就從堡壘的主人那裡買下了這個堡壘。不管他到底用了什麼手段，反正他在阿拉馬特堡壘開始了他緊鑼密鼓的行動，組織他的阿薩辛（Assassins）。

這個異端組織難道是因為常常執行政治暗殺而得到了「阿薩辛」的名字？恰恰與此相反：英文中的「政治暗殺」一詞之所以被稱為「assassination」完全是得名自阿薩辛派的策略。幾個世紀之後，馬可・波羅（Marco Polo）宣稱薩巴的特工在殺人之前總要吸食印度大麻（hashish），好讓他們處於興奮狀態，因此「阿薩辛」（assassin）是由「*hashishin*」演繹而來，我個人對這項字源學的推理持懷疑態度，稍後我將會解釋為什麼。

薩巴是典型的恐怖份子原型，以謀殺作為宣揚價值的主要手段。因為缺乏資源和正規部隊進行戰爭或是佔領城市，他派出個人或最多是小團體來謀殺特定的對象，確保這些人的死亡得以造成社會震驚。阿薩辛派人士花上幾個月甚至是幾年策劃謀殺，有時候甚至會謀劃和刺殺目標成為朋友，或者是進入到他的工作領域，努力爬升到能夠獲得信任的位置。

在這段漫長的過程中，哪裡會需要吸食印度大麻呢？這根本就無濟於事。黎巴嫩作家阿敏·馬盧夫（Amin Malouf）認為「阿薩辛」一詞源於波斯文的「*assas*」，意思是「本源，基礎」，就像大部分的宗派分裂者一樣，薩巴宣稱神啟已經被腐蝕了，他要帶著他的信徒去回歸本源，回歸基本。每個宗教支派都對神啟的本意有不同的見解，但是薩巴的教義簡直是和任何伊斯蘭學者所認識的伊斯蘭都大相徑庭。舉一個例子，他聲稱穆罕默德的確是真主的使者，但阿里卻是真主在人間的化身——而且之後的諸位伊瑪目也是如此。

薩巴進一步聲稱古蘭經不僅具備表面和外在的意涵，更同時擁有多層神祕的，只有少數人能參透的內在意涵，表面意涵規範了宗教儀式、外在表現、行為規範、倫理道德的管束，這些都是為了粗魯無知的大眾所設，他們是無法探求更深層的奧義的。只有少數人能參透的古蘭經——每一句、每一行、每個字母都隱藏著只有少數人能參透的意涵——這種深層意涵提供了神祕的密碼，這些密碼可以被真正的專家解讀出來，以解釋宇宙創造的奧秘。

阿薩辛派是按照極端秘密組織的型態組織起來的。他們從不對外界言明自己的身份認同或是真實信仰，因此沒有人知道阿薩辛的人數有多少，也沒有人知道在市集裡、清真寺裡或其他地方所遇見的路人是否為阿薩辛黨人。召募黨人的過程歷經一連串密集的教義灌輸和訓練，一旦被認可，每位成員會賦予一個特定的級別以反映他的知識水準，初學者按步就班、步步深入地探究古蘭經更深一層的意涵，直到他達到了對最深奧義的理解，才得以進入薩巴的最核心集團。

雖然他們總是以極機密的方式行動，但阿薩辛黨人暗殺的對象都是極具知名度的公眾人物：他們的目的並不是真正想讓要某人下台，而是想讓整個文明世界的人們相信阿薩辛黨人可以在任何時間，任何地點，暗殺任何人。薩巴想營造出一種恐懼，使人們懷疑他們認識的任何人，包括最好的朋友、最信任的僕役，甚至是他們的配偶，都有可能是阿薩辛黨人。通過這種方式，他希望控制那些和他不一樣的，那些制定政策的人，那些擁有領地的人，那些擁有資源的人和那些指揮軍隊的人。

進行暗殺的特工被稱之為「法達音」（Fedayeen），意思是「犧牲者」。他們深知在完成公眾場合的暗殺行動後會被逮捕或殺害，但他們不會逃避死亡，反而將死亡視為他們所執行的儀式的關鍵一環：因此這些犧牲者們全部都是自殺快刀客。藉由擁抱死亡，讓權威當局明白即便是死刑的威脅都無法使他們感到畏怯。

阿薩辛派讓原本混亂的時局增添了更多的焦慮，遜尼派和什葉派已經是爭吵不斷，巴格達的阿巴斯哈里發和埃及開羅的法蒂瑪王朝也是爭鬥不斷，近一個世紀的突厥人入侵已經讓社會飽受殘忍無情的遭遇，如今又有這些異端殺手把他們的神秘觸角伸遍到中東社會中，為社會帶來了持續不斷的夢魘。

阿薩辛人聲稱對一系列愈發明目張膽的暗殺行動負責。他們殺害了一些塞爾柱官員和知名的遜尼派神職人員。他們還殺死了兩位哈里發。他們越來越頻繁地在那些最大的清真寺的星期五聚禮中行動，他們唯恐聲勢不夠大。

在西元一〇九二年，他們暗殺了剛退休的尼扎姆．穆勒克。在幾乎不到一個月的時間內，又成功暗殺了艾勒普．艾爾斯蘭的兒子——馬立克．沙蘇丹。在短短幾週的時間內，阿薩辛派居然殺死了維繫帝國團結的兩大重要人物。這些兇手們開啟了塞爾柱集團的兒子、兄弟、表兄、親戚，還包括各種背景的冒險家們之間的內耗爭鬥，這些爭鬥把帝國的西部地區變成了四分五裂的碎片。從亞細亞到西奈半島，每座城市最後都落入不同王子的手中，耶路撒冷、大馬士革、阿勒坡、安條克（Antioch）、的黎波里（Tripoli），以及艾德撒（Edessa），每座城市都有一個實質上的君主，對巴格達的蘇丹只保有名義上的忠誠，這些各據地盤的王子們牢牢地握著自己手中的地盤，就像是叼著骨頭的狗，帶著懷疑的眼光窺視其他的王子。

到西元一〇九五年為止，一個普世的社群之夢在政治上破滅了。烏理瑪只是靠著古蘭經、聖訓和沙里亞才勉強地把社會聚集在一起。哲學家們已經分散各處，雖然還在他們的領域內發光，但光亮已經到了有史以來最微弱的地步。這就是當時安薩里所生活和工作的世界，一個無法以理智來相信理智的世界。

隨之而來的，將是一場大浩劫。

9

浩劫

HAVOC

伊斯蘭曆四七四—七八三年（西元一〇八一—一三八一年）

來自西方的攻擊

事實上，穆斯林世界經歷了兩場浩劫，一場較小，一場很大。較小的一場浩劫來自於西方世界。當時，穆斯林世界對西歐的認識就像是後來歐洲人對非洲內陸的認識那樣少得可憐。位於拜占庭和安達魯西亞之間的一切事物對於穆斯林來說，差不多只是一片蠻荒森林，森林裡住著極為原始，還在吃豬肉的居民而已。當穆斯林說到「基督徒」的時候，他們指的是那些在穆斯林統治的領土上活動的拜占庭教會或者更小的一些教會。穆斯林知道在西方世界曾經存在過一個發達的文明：人們在受到穆斯林定期攻擊的義大利半島或地中海沿岸的部分地區仍然能見到那個文明的蛛絲馬跡。

穆斯林的這種看法其實並非完全錯誤。歐洲的情形曾經在很長的一段時間裡都很糟糕。他們在幾個世紀以來承受了日耳曼部落、匈人（Huns）、阿瓦爾人（Avar）、馬札爾人（Magyar）、穆斯林、斯堪地那維亞人（Norsemen）及其他各民族的攻擊，在這之後，西方文明只剩下了最低限度的文明。幾乎所有的歐洲人都是佃農，幾乎所有的佃農都從早到晚辛苦地勞作，只是為了能填飽肚子不至於餓死，同時供應一個人數很少，由軍事貴族和教士組成的上層社會。（由於教士不結婚，他們的地位逐漸由軍事貴族所補充。）除了少數進入教會的人，上層階級的男孩子們除了會打仗，別的幾乎什麼都不會。

然而在十一世紀的某個時候，一連串技術上的小發明所造成的結果匯聚成了一股帶來質變的力量。這些發明都十分的細微，以至於它們到處可見卻一直沒有被人們注意到。其中的一個例子是經改良的鋼焊接「重型」犁具，這種犁具能夠切斷土裏的根，相比以前的犁，這種新型號可以在北歐的硬土和濕土中犁出更深的溝。重犁裝置讓農人得以清除森林，將農地範圍擴展到之前認為不適合耕作的土地。所以這種重型犁具給佃農們帶來了更多的土地。

第二項發明是馬的項圈，這項發明其實只是從原來套在牲口身上的軛做了些改良。早期的版本因為形狀的關係，只能用在公牛身上，如果使用在馬匹身上，皮帶會勒住馬匹的脖頸，讓馬無法呼吸。有一位不知名的發明家改良了牛軛，讓它剛好可以卡在馬的肩部和頸部下面。有了這樣的軛，佃農們可以用馬來代替犁地的牛，因為馬犁地的速度比牛要快上一半的速度，這也就意味著佃農們用同樣的時間可以耕更多的田地了。

第三項創新是三田輪作法。因為年復一年地耕種同一塊田地會耗盡地力，所以農人必須讓土地休耕一段時間，但土地休息的時候人的肚子可不休息，因此歐洲農人的習慣是將土地分成兩塊，在第一塊土地耕作時，讓第二塊土地休息，隔年再於第二塊土地上耕作，讓第一塊土地休息。

然而，經過幾個世紀，歐洲人開始了解農地並不需要每兩年休耕一次，把時間延長到每三年休耕一次，地力還是一樣肥沃。於是農人逐漸開始將土地分成三塊，每年種植其中兩塊，讓另一塊休耕，如此一來，農人每年多了六分之一的可耕地。

把這些小小變化帶來的結果加起來會產生多大變化呢？並不大。這些變化充其量只是讓農民多了一些餘糧。當他們有了一些餘糧的時候，他們就在選好的日子裡把這些糧食帶到十字路口處去，和其他有餘糧的人們做些交易。當他們交換到了種類不同數量更多的貨物後，他們就可以從他們辛勤勞苦的營生中騰出一點時間來做一些力所能及的手工用品作為商品。一些固定的十字路口變成了長期性的市場，然後逐步發展成了城鎮。城鎮吸引了一些可以全職製造商品的人來到這裡賣東西換現金。有了這些現金，他們可以用他們全部的時間走訪不同的市場來做買賣。貨幣又重新在歐洲被使用了，隨著貨幣的通行，那些最富有的歐洲人開始有了旅行的慾望。

什麼地方會是這些歐洲人旅行的目的地呢？當時他們身處在一個充滿宗教和迷信行為的世界，他們會去一些聖壇尋找奇蹟。如果他們財力有限，那他們就會到附近的聖壇去，但如果他們可以付得起更多的花費，他們就去位於聖城耶路撒冷的各處聖蹟去。對西歐人而言，這是一趟漫長而危險的旅程，沿途沒有通用的貨幣，所以唯一的付費方式就是用金和銀，因此許多朝聖者便成了強盜的現成目標。為了讓旅途更加順遂平安，朝聖者集結成團隊，並且雇用保鑣，組成遠征團前往巴勒斯坦。在巴勒斯坦，他們造訪耶穌基督及其門徒走過，生活過以及去世的地方。他們祈求主的寬恕，讓自己離天堂的大門更近一步。他們從聖城帶護身符回去，期待能治癒身體的疾病，他們還在東方世界的市場上選購新奇的物品，為他們的親屬求取聖物和紀念品，最後打道回府並思慎這一生中最偉大的冒險。

塞爾柱人從寬容的法蒂瑪王朝和閒散無爭的阿巴斯王朝手中搶下了巴勒斯坦的掌控權。作為新皈依的信徒，這些突厥人有著十足的狂熱心。但他們的狂熱完全沒有表現在節制、謙遜或慈善事業這類的事物上，而是表現在對於退讓的零容忍上，他們對其他宗教的信徒表達出沙文主義的蔑視，尤其是對那些來自偏遠落後地區的人們。

基督教朝聖者們開始發現他們在聖地所受的遭遇非常糟糕。他們並沒有被毆打、虐待或殺害——沒有任何類似的事情。他們的感受更像是經常受到各種小羞辱或騷擾，這讓他們覺得自己是次等人。他們發現他們做什麼事都被排在最後。他們需要特別許可才能進入他們自己宗教的聖壇。各種小事都要錢；商店的店主忽略他們；官員對他們態度粗魯；各種各樣細碎的侮辱在他們身上積累。

當他們回到歐洲以後，他們對許多事情咒罵和抱怨，但同時也會描述許多關於東方世界的富庶景象：他們所看到的雄偉建築物，即便是平民百姓也能身著絲和緞的衣裳，精美的食物，香料，香水，還有黃金、黃金、黃金……以及各種攪動起憤怒和嫉妒的故事。

塞爾柱突厥人在西元一〇七一年的曼齊刻爾特戰爭中擊敗了拜占庭軍隊並俘虜了皇帝的消息成了震驚的新聞。拜占庭帝國也開始對外發布一連串的消息。拜占庭的皇帝以基督教團結之名大聲疾呼，希望能吸引西方的騎士前來協助。君士坦丁堡的大主教向他的西邊死敵，即教宗發出了緊急訊息，警告他如果君士坦丁堡陷落的話，「穆罕默德的追隨者」將長驅直入羅馬。

與此同時，雖然歐洲經濟好轉，人口增加，但是歐洲的傳統在兩個最重要的環節上卻沒能配合上這種發展。首先，生產勞動仍然被認為不適合貴族的血統：他們認為貴族的責任是擁有土地和作戰。其次，仍然守著古代的習俗，在地主去世後由長子繼承所有的家產，其他孩子只得各憑本事生存下來。諷刺的是，長子繼承制的習俗在歐洲最高社會階層中卻是恰恰相反的，各個國王和王子都把自己的領地分封給各自的子嗣，因此王國被逐漸地分割成了更小的單元。舉例而言，法國被分成了各個擁有一半君主權力的郡（counties）和甚至被權力更小的城堡主（castellans）統治的更小單元，城堡主所擁有的權力只是一座城堡和城堡周邊的一些地方。一座城堡已經不能再分給好幾個兒子了，所以在這一級別上，他們變成了騎士，所謂的「長子繼承所有財產」的習俗才從這一級別普及起來。[1]

因此每一代人都認為這一大群沒有土地的貴族除了打仗以外，沒有任何適合的職業，而且隨著入侵的減少，這些人連足夠的仗都沒得打。前一波最主要的侵略者維京人如今已不再是威脅，到十一世紀為止，維京人已經定居在了歐洲，「他們」已經變成了「咱們」。即便如此，社會系統仍然生產出越來越多的騎士。

人們參加朝聖之旅，回家，抱怨異教徒在聖城耶路撒冷的侮辱。最終，一〇九五年，教宗烏爾班二世在法國的克雷蒙修道院（Claremont Monastery）前發表了一場極具煽動性的公開演講。他告訴一群來自法國、德意志及義大利的貴族，基督教正處於危機狀態中。在演說中他詳細地描述了基督徒朝聖者在聖地所受的屈辱，號召有信仰的人同心協力，協助他們的教親把突厥人從耶路撒冷趕出去。烏爾班呼籲所有向東方進發的朝聖者縫上一塊十字形的紅布作為標誌，這場遠征被叫作「*croisade*」，這個說法來自法文的「*croix*」，是「十字」的意思。歷史學家們因此將整個歷史事件命名為十字軍東征（the Crusades）。

藉由聚焦耶路撒冷的方式，烏爾班把對東方的侵略和朝聖之旅聯繫了起來，將侵略行為塑造成宗教行為。因此，藉著教宗的權威，他宣稱進入耶路撒冷殺害穆斯林的人可被赦免一部份的原罪。

各位讀者可以想見這場演講對於那數千位蠢蠢欲動的、粗野的、被絕望心理折磨著的歐洲騎士們形成多大的號召力。教宗宣佈：「啟程前往東方吧，年輕人！把你的真實自我釋放為社會訓練要你成為的殺人機器吧，讓你的口袋裝滿沒有罪惡感的黃金，去取回天生應該屬於你的土地，作為這一切的結果——死後可以上天堂！」

當第一支十字軍部隊來到了穆斯林的土地時，當地人根本就不知道這些人是來幹什麼的。最初，人們還以為這些入侵者是為君士丁堡君王服務的巴爾幹外籍傭兵。首位與十字軍遭遇的穆斯林統治者是坐鎮尼西亞（Nicaea）統治安那托利亞（Anatolia）東部的塞爾柱王子奇里吉·艾爾斯蘭（Kilij Arslan），尼西亞距離君士坦丁堡約三天路程。在西一〇九六年夏季中的某一天裡，艾爾斯蘭王子接到消息說有一群穿著奇特的戰士闖入了他的領土，說他們奇特是因為這些人的裝備簡直是

1 Philip Daileader discusses the fragmentation process in medieval Europe in lectures17-20 of his audio series *The Early Middle Ages* (Chantilly, Virginia: The Teaching Company, 2004). See also Columbia Encyclopedia, 6th edition,entry for"Knight."

太破了：的確有幾個人看起來像是戰士，但是其餘的人看起來就像是某種隨軍平民一樣。幾乎所有人的衣服上都縫著一個紅色十字的標誌。艾爾斯蘭下令跟隨並監視這些人。他知道這些人自稱是「法蘭克人」；當地的突厥人和阿拉伯人稱他們為「*al-Ifranj*（the Franj）」。這些不速之客公開宣稱他們來自很遠的西方，他們來這裡是要殺死穆斯林和攻佔耶路撒冷，但他們首先要攻下尼西亞。艾爾斯蘭推測他們接下來的路線，設下了埋伏，就像是殺螞蟻一樣地橫掃了他們，他們死了很多人，有更多的人作了俘虜，剩下的人則被趕到了拜占庭的領土上去了。這些人很容易對付，所以艾爾斯蘭就沒心思再為這件事費心了。

但艾爾斯蘭並不知道這支「軍隊」只是烏合之眾的先鋒部隊，這場運動將會像瘟疫一樣影響地中海沿岸的穆斯林再二個世紀。隨著烏爾班在修道院向貴族們登高一呼，有一位名叫隱士彼得（Peter the Hermit）的流浪者開始在街頭巷尾傳遞相同的訊息。烏爾班本來是針對貴族及騎士發表演說，那既然參加東征的基督教徒都可以得到教宗提出的赦免部分原罪的獎賞的話，那麼隱士彼得也可以從各階層招募人手——佃農、手工藝者、貿易商，甚至是婦女和孩子。他的「軍隊」能比正規軍先組織起來出發，一部分的原因是他的「軍隊」成員並不認為自己需要被組織起來。他們是為了完成上帝的事業；那毫無疑問的，上帝一定會替他們做好了其他的安排工作。換句話說，奇里吉．艾爾斯蘭成功消滅的是成千上萬的補鞋匠、屠夫和佃農組成的烏合之眾。

第二年，當奇里吉．艾爾斯蘭又聽說有更多的法蘭克人來入侵的時候，他只是聳聳肩，並沒有把他們看作是威脅。但這回的十字軍由身經百戰的軍事將領統率，成員包括真正的騎士和弓箭手，這些人來自一片戰鬥從未停止過的土地。艾爾斯蘭以移動迅速的輕裝騎兵前來迎戰，這些騎兵向有厚盔甲防護的中世紀西歐騎士射箭。他們擊倒了那些法蘭克步兵，但是那些騎士的盔甲很厚，弓箭無法穿透，這些騎士緩慢地，笨重地，但也不可逆轉地向前推進。這些人佔領了艾爾斯蘭的城市，艾爾斯蘭只得逃往一位親戚那裡避難。十字軍騎士們從這裡兵分兩路，一路向內陸的艾德撒（Edessa）進發，另一路則向著地中海沿岸的安條克進發。

安條克國王給大馬士革的國王發去了一封絕望的求救信，名叫達庫克（Daquq）的大馬士革國王的確想要伸出援手，但又十分擔心他的兄弟，阿勒坡國王雷德萬（Ridwan）會趁機奪取大馬士革。摩蘇爾的統治者答應幫忙，但是他卻在路上分心於和別人交戰，當他們趕到安條克的時候，已經太晚了，所以這兩支援軍決定打道回府，沒有給安條克提供任何的幫助。從穆斯林的視角來看的話，十字軍入侵初期的故事是這樣的：兩敗俱傷的對抗和相互傾軋的悲喜劇情在每個城市先後上演。當安條克陷落後，十字軍騎士們在這裡施行了無差別的殺戮來對該城的抵抗進行報復，然後他們繼續向南，朝著一個名叫馬阿拉（Ma'ara）的城市進發。

聽說了在尼西亞和安條克所發生的事情以後，馬阿拉的民眾被嚇住了。他們也向周邊的表親們發出了緊急救援的請求，祈求著他們的幫助，但鄰近的表親們正巴不得看著這些來自西方的豺狼席捲了馬阿拉之後，他們再坐收漁翁之利把馬阿拉拿下。所以馬阿拉必須獨自面對法蘭克人的威脅。

基督教騎士們圍困了這座城市，想用絕望來削弱它——但是圍困的過程也同樣把他們自己消耗到了絕望的境地，因為他們已經吃完了最後的一粒乾糧，開始挨餓了。很顯然，當地沒有人會給這些陌生人提供食物，這是在陌生國度展開圍城行動的大問題。

最後，這些法蘭克人的領袖們給城裡發出了一條信息。承諾只要他們乖乖開城投降，他們保證不傷害城裡的居民。城中的貴族們決定做出妥協。但是當十字軍們進入到馬阿拉的第一刻，他們就做出了比屠殺更惡劣的行徑。他們展開了極為恐怖的報復行為，包括煮食成年穆斯林的肉來喝湯以及把穆斯林兒童的肉串在籤子上放在明火上烤來吃。

我知道這樣的事情聽起來就像是被打敗的穆斯林所編造的可怕宣傳來污衊十字軍，但是這種十字軍吃人的報告在法蘭克史料和阿拉伯史料中都有記載。例如，法蘭克人目擊者來自卡昂的魯道夫（Radulph of Caen）記錄了烹煮和燻烤人類的行為；而參與了馬阿拉佔領之役的來自艾克斯的阿爾伯特（Albert of Aix）則寫到：「我們的部隊不僅不怕食用死去的突厥人和撒拉森人（Saracens），而且連狗肉都敢吃！」[2]最令我驚訝的是這字裡行間居然暗示吃狗肉比吃突厥人更糟糕，不禁讓我覺得至少這位法蘭克人覺得突厥人和他不是同類。

令人足夠詫異的是，即便經歷了這次的崩潰之後，穆斯林依然無法團結一致。這樣的例子有很多，霍姆斯（Homs）的統治者給法蘭克人送去馬匹，還給他們接下來攻擊哪裡提供建議（當然不是霍姆斯）。的黎波里的遜尼派統治者邀請法蘭克人組成聯盟共同對抗什葉派（但法蘭克人卻回過頭來佔領了的黎波里）。

當十字軍首次抵達之時，埃及大臣阿富達勒（al-Afdal）居然致信拜占庭皇帝，恭賀他的「增援」，還祝福十字軍百戰百勝！埃及長期與塞爾柱人及阿巴斯人處於競爭狀態，阿富達勒真的以為初來乍到的外來者是為了協助他，等到他了解到埃及可能也在掠奪名單上的時候，一切都來不及了。當法蘭克人佔領了安條克之後，他還曾致信詢問有什麼他可以幫忙的，當法蘭克人移師到的黎波里時，他利用法蘭克人心力分散之際，以法蒂瑪哈里發之名宣佈掌握了耶路撒冷的控制權。他向耶路撒冷派駐了自己的總督，並且向法蘭克人擔保他們現在是以尊貴的朝聖者的身分被歡迎來造訪耶路撒冷：他們會得到他的保護。法蘭克人卻回信說他們對法蒂瑪王朝的保護不感興趣，他們將「手執利刃」地回到耶路撒冷。[3]

法蘭克人在這片大部分人已經逃離了的土地上繼續前進，這是因為他們的名聲比他們更先到達。居住在郊區的民眾在他們接近的時候就已經逃離了，那些住在村鎮的人們逃到了更大的城市裡，因為這些大一些的城市有更高的城牆提供保護。耶路撒冷擁有幾乎是最高的城牆環繞，但經過四十天的圍城之後，十字軍祭出了與馬阿拉城相同的手法——他們向市民們保證，請打開城門，保證不會有人受傷——這個招術在這裡也奏效了。

當確定了穩穩拿下了該城之後，法蘭克人馬上開始了一場放任的流血狂歡，之前的殺戮和這次相比顯得是多麼的溫柔。一位十字軍記載了勝利的情景，他描述了街頭有成堆的斷頭、斷手和

2 Amin Maalouf, *The Crusades through Arab Eyes* (New York: Schocken Books, 1984), pp. 38-40.

3 Ibid.,p. 46.

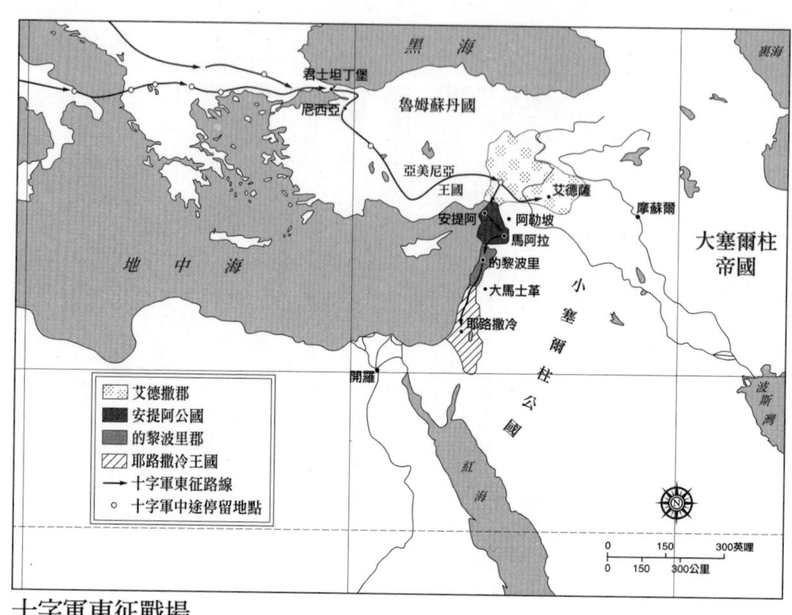

十字軍東征戰場

腳。（他稱之為「絕世美景」。）他提到了十字軍在騎馬前行時，異教徒流血的高度到了他們的膝蓋和馬韁繩處。[4] 以編年史記載了羅馬帝國陷落的英國歷史學家愛德華．吉朋（Edward Gibbon）指出，十字軍在短短兩天之內就屠殺了七萬人。事實上，在穆斯林的城市中沒有生還者。

耶路撒冷的猶太居民聚集在巨大的中心猶太教堂中避難，但正當他們在教堂內祈求被拯救之時，十字軍封死了所有的門窗，放火燒了整棟建築，一舉燒死了耶路撒冷的整個猶太社群。

耶路撒冷城中本來的基督徒們的遭遇也沒有好到哪裡去。因為當地沒有人屬於羅馬教會，而是分屬於不同的東方教會，如希臘教會、亞美尼亞教會、科普特（Coptic）教會或聶斯托里安

（Nestorian，景教）教會，參與東征的法蘭克人視他們為接近異端的分裂者，而且既然異端和異教徒差不多糟糕，因此十字軍沒收了這些東方基督徒的財產之後流放了他們。

對耶路撒冷城的攻佔標誌了法蘭克入侵的最高潮。獲勝的十字軍宣佈耶路撒冷是一個王國（kingdom）。是該地區的四個十字軍建立的小國家中地位最高的，其他的三個是安條克大公國（principality of Antioch）以及艾德薩郡（county of Edessa）和的黎波里郡（county of Tripoli）。

當這四個十字軍國家建立起來後，局面就變成了某種僵局，這種不痛不癢的僵局維持了好幾十年。在這幾十年中，雙方之間持續有零星的衝突，雙方各有一些勝利。他們重擊了穆斯林，但自己也承受了不少重擊，十字軍內部也像穆斯林內部一樣內鬨不斷，他們有時還和一些穆斯林王公組成臨時的聯盟打擊對手的法蘭克人。

怪異的聯盟不斷形成又瓦解。在一場安條克的基督教國王譚克利德（Tancred of Antioch）對決摩蘇爾的穆斯林酋長賈瓦利（Jawali of Mosul）的戰役中，譚克利德有三分之一的兵力是借自阿勒坡穆斯林統治者的突厥戰士，這位阿勒坡的統治者同時又與阿薩辛派結盟，而阿薩辛派又與十字軍有關連。在另一方面，賈瓦利的三分之一兵力則是法蘭克騎士，借自譚克利德的對手——艾德薩的

4 Quoted by Karen Armstrong in *Holy War: The Crusades and Their Impact on Today's World* (New York: Anchor Books, 2001), pp. 178-179.

國王鮑德溫（King Baldwinof Edessa）。[5]這是很典型的當時狀況。

在穆斯林這邊，缺乏團結的程度相當令人吃驚。部分原因在於穆斯林認為這場突如其來的暴力不具任何意識型態的意義，他們不覺得他們是作為「穆斯林群體」受了到攻擊，而是作為個人，城市或迷你國家受到了攻擊。他們把法蘭克人當作可怕卻又沒有其它意義的災難，就和一場地震或是一群蛇一樣。

在耶路撒冷的屠殺以後，的確有一些傳道者試圖將入侵行動定義成宗教戰爭以激發穆斯林的抵抗。幾位聲譽卓越的法學家開始用「傑哈德（*jihad*）」這個很久都沒有人提起過的字眼來發表演說，但他們的大聲疾呼卻激不起穆斯林的熱烈響應。「傑哈德」這個詞如今聽起來怪怪的，因為穆斯林已經有幾個世紀沒有使用過這個概念了，一部分的原因是隨著伊斯蘭教的快速擴張，使得大部分的穆斯林都居住在離任何邊境都很遙遠的地方，所以他們根本沒有敵人可以用「傑哈德」的概念來對抗。而且那種早期時候伊斯蘭必須與世界其他地區作戰的概念早已被伊斯蘭就是全世界的概念所取代了。大家還記得起來的戰爭多是為了領土、資源或是權力而戰。少數能算作是為了崇高的理想而奮鬥的戰鬥也絕不是伊斯蘭和其他的什麼宗教或文明的戰鬥了，只是一些關乎誰的伊斯蘭才是真正的伊斯蘭的爭鬥。

導致穆斯林世界動亂的有些不團結因素也許可以說是不可避免的：因此當法蘭克人掉入這個蛇坑的時候，四分五裂的穆斯林把他們也拉進了已在進行中的混亂紛爭裡。然而，並不是所有的不團結都是自發而起的。阿薩辛派正在幕後緊鑼密鼓地播種著動亂，他們做得很成功。

在十字軍剛剛開始之前，哈珊・薩巴在敘利亞建立了他的第二個行動基地，由他的一位高級副手掌管，這個人被十字軍稱之為「群山老翁」（Old Man of the Mountains）。在十字軍東征剛開始的時候，除了阿薩辛派自己，其他人都討厭阿薩辛派，在這片土地上的所有勢力都想要打擊他們，阿薩辛派的敵人包括什葉派、遜尼派、塞爾柱突厥人、法蒂瑪埃及人以及阿巴斯哈里發。剛好，十字軍的敵人也是上述的這些勢力。阿薩辛派和十字軍有著同樣的敵人，因此，他們不可避免地成為了事實上的盟友。

在法蘭克人入侵的最初一個世紀裡，每當穆斯林開始往團結之路邁進，阿薩辛派都會謀殺某些關鍵人物，從而引發新的混亂。

西元一一一三年，摩蘇爾總督呼籲召開穆斯林領導人的會議，希望把大家團結起來打擊法蘭克人，然而就在會議開始之前，一個乞丐在總督前往清真寺的路上假裝行乞，然後突然把匕首刺進了他的胸口。同樣的情節一而再再而三地出現在團結運動的過程中。

在西元一一二四年，阿薩辛派的特工刺殺了呼籲新傑哈德的第二有影響力的傳道者。隔年，一群偽裝的蘇非攻擊並殺死了另一位這樣的傳道者，他是最有影響力的傑哈德提倡者，也是在當時首個提出復興傑哈德的人。

西元一一二六年，阿薩辛派殺害了強大的阿勒坡與摩蘇爾國王博爾梭基（al-Borsoki），他通過

5 Ibid.,p. 73.

把這兩個大城市團結起來，在敘利亞塑造出了一個潛在的統一穆斯林國家。博爾梭基甚至已經做了提前的防備，他在衣服下面穿了盔甲──他知道阿薩辛特工一定會伺機行刺他。當一群偽裝的蘇非攻擊他時，其中一位還大喊：「瞄準他的頭部！」換句話說，阿薩辛特務事前就知道他穿了護甲，博爾梭基最後是因頸傷而死去的。他的兒子立即接管了權力，並且差一點就挽救了新生的政權，但是阿薩辛特工也把他殺了，隨後的四名爭奪王位者又重新把這部分的敘利亞推回到了戰爭中去。

十字軍東征初期，類似的謀殺事件以驚人的頻率不斷上演。雖然有些謀殺並沒有被證明是阿薩辛派所為，然而一旦恐怖份子的論述被具體化了，他們就沒必要承認每一次的行動了。他們可以宣稱對每一起符合他們立意的案件負責，並用這些事件為自己的目標服務。明顯，他們詳細地記載每一次的任務，但是他們總是非常神祕，當時也沒有外人能夠取得這些記錄。最後當蒙古人在西元一二五六年徹底摧毀了阿薩辛派，他們被毀滅得乾乾淨淨，以至於那些記錄都從歷史中消失了。因此沒有人確切知道阿薩辛派實際涉入的案件數量，只是從傳聞和小道消息中得知他們對於當時的社會是一大威脅。但他們在當時對十字軍有多大的影響已經無從得知了：畢竟所有的記錄都不在了。

最終掀起了反擊法蘭克人高潮的是一系列的穆斯林領袖們，這些人中的每一位都較前一位更有所作為。他們中的第一位是統治摩蘇爾的突厥將軍贊吉（Zangi），他隨後佔領了阿勒坡並且吸納了許多周邊的城市來到他的統治之下，這時候他可以自稱統一的敘利亞的國王了。這是五十年來第一次有一個大於單座城市而且其勢力範圍曾在黎凡特（位於美索不達米亞和埃及之間的地區）存在過的穆斯林國家。

贊吉深獲他的部隊敬重，因為他絕對是軍魂的原型人物。他和下屬一樣過著嚴苛的生活，和他們有著相同的飲食，完全不擺架子。他很快就確定了穆斯林所面臨的是一個共同的敵人，並開始組織一場團結一致的行動來擊敗這個敵人。首先，他把軟弱因素從他的機構中排了出去：他將奉承者清理出宮廷，把高級妓女清理出軍隊。更重要的是他在整個敘利亞建立了情報和宣傳人員的網絡，以此來確保他的官員們的行為。

西元一一四四年，贊吉佔領了艾德撒，這使他成為了穆斯林世界的英雄。在東方，艾德撒並不是規模最大的城市，但卻是穆斯林從法蘭克人手中奪回的第一個具有一定規模的城市，隨著穆斯林對艾德撒的重新佔領，四個「十字軍王國」的其中之一從此壽終正寢。黎凡特地區剎時間燃起了一股希望，西歐地區則燃起了一股不安和戰爭狂熱，這導致了西歐的君王們組織了一場徒勞無功的第二次十字軍東征。

贊吉支持並大肆宣揚傑哈德說，並把它視作團結穆斯林的工具。很可惜的是，贊吉無法將自己塑造成新的傑哈德領袖，因為他的酒癮很大，常常出言不遜與人爭吵；那些為他贏得了手下人愛戴的特質引起了烏理瑪中很多人的反感。不管怎麼說，他發起了一場反法蘭克的運動，而更加虔誠的統治者則可以把這場運動塑造成一場真正的傑哈德。

他的兒子和繼任者，努魯丁（Nuruddin），則具備他父親缺乏的特質。他雖然也擁有他父親身上那種尚武的能量，但是努魯丁也更加有教養，他外交手腕高明，並且十分虔誠。他呼籲穆斯林團結在一套宗教信仰（遜尼派伊斯蘭教）的周圍並將傑哈德作為他們人生的中心事業。他復興了那種不為名聲，不為財富，也不為權力，而是為了社群而戰鬥的形象。為了重新修復穆斯林對自我社群意識的認同，他重新把天命感帶給了穆斯林，以此培養出一種對傑哈德的熱忱，使得另一位更偉大的統治者可以利用這種熱忱來得到真正的政治上的勝利。

這位更偉大的領導人就是薩勒哈丁・尤素夫・伊本・阿尤布（Salah al-Din Yusuf ibn Ayub），也就是人們所熟知的薩拉丁（Saladin），他是努魯丁手下一位大將的侄子。西元一一六三年，努魯丁派薩拉丁的叔叔去佔領埃及，讓法蘭克人無法染指這個區域，這名將軍帶上了薩拉丁。他成功佔領了埃及後馬上就去世了，因此把指揮權留給了薩拉丁。以官方角度來看，埃及仍屬於法蒂瑪哈里發，但是真正的實權則掌握在哈里發的維齊爾手中，他們很高興地接納薩拉丁成為新任維齊爾，主要是因為他當時只有二十九歲，大臣們覺得他的年輕和沒有經驗可以使他成為大臣們手中的工具。

在薩拉丁還活在叔叔的陰影下的時候，的確很難看出來他有什麼了不起的潛質。他天性謙讓緘默，再加上過度的謙恭，這讓他表現得對於戰爭沒有任何的好感。當他剛一接管埃及的時候，努魯丁告訴他要廢除法蒂瑪王朝，這項命令讓他十分痛苦。當時的法蒂瑪哈里發是一位體弱多病的二十歲青年，不具備任何意義上的任何權力。他只是一個傀儡，薩拉丁對於傷害這樣一個人感覺到十分的厭惡。他遵照了努魯丁的指示，但是做得極為低調迅速，以至於連這個哈里發都不知道有這回事。在某個星期五，薩拉丁只是簡單地安排了一個人在清真寺站起來以巴格達的阿巴斯哈里發的名義念誦了一段佈道。並沒有人提出反對，這件事就這麼辦成了。這位年輕孱弱的哈里發很快就自然死亡了，他甚至不知道自己早已成了一介平民，也不知道他的朝代就這麼結束了。他的死亡使得薩拉丁成為了埃及唯一的統治者。

如今的薩拉丁開始刻意地避開他的老闆努魯丁。努魯丁不斷地安排會議，薩拉丁則不斷地找藉口不出席：不是他的父親病了，就是自己身體不舒服——反正總有一大堆的理由。事實上，薩拉丁很清楚如果他和他的主人見面，他們一定會鬧得分道揚鑣，因為他已經是那個更強大的人，是一個更強大國家的統治者，也正在成為穆斯林事業的領導者，但他並不想要在這件事上爆發出什麼口角爭鬥。因此他維持著自己臣屬於努魯丁的身份，直到這位老人離世，他才宣佈自己是敘利亞及埃及的國王。這時候有一些努魯丁的追隨者開始罵他是不忠的暴發戶、是不知天高地厚的年輕笨蛋，但他們只是在抗拒歷史的潮流。穆斯林的救星已經來到了。

薩拉丁，他的身形纖瘦，散發著憂鬱的氣息，帶著一雙沈思的雙眼，但是當他微笑的時候，他能夠照亮整個房間。他樂善好施，而且當他和謙卑者在一起時，他表現得十分謙卑；當他和威武的人在一起時，他表現得十分威嚴。沒有人可以使他畏怯，但他總能讓那些仗勢欺人的人膽寒。以一名軍事將領的標準來看，他是十分普通的一位。他權力的基礎是建立在人民對他的愛戴之上的。

薩拉丁有時會因為悲傷的消息而落淚，他經常展現他的好客和優雅的一面。一個法蘭克婦女曾經絕望地向他求助，因為強盜綁架了她的女兒，但婦女不知向誰求助。薩拉丁知情後立即派兵去尋找女孩，最後在奴隸市場發現了她，薩拉丁花錢為她贖身，並把她帶回母親的身邊，最後讓母女兩人回到了法蘭克人的營區。

薩拉丁個人的行事風格就像努魯那樣克己禁慾，但更少地對他人提出要求。他對宗教十分虔誠，但沒有努魯丁個性中的那種教條主義。

阿薩辛派千方百計想殺死薩拉丁，曾經兩次趁他睡覺時潛入他的床邊，其中有一次他們傷到了他的頭部，但他戴了皮革護頸，纏頭巾之下還戴了頭盔。歷經過這兩次死裡逃生的經驗之後，薩拉丁決定一勞永逸地剷除阿薩辛派。他圍住了阿薩辛派在敘利亞的堡壘。但隨後——發生了一些事情。

直至今日，沒有人知道到底發生了什麼。有人說阿薩辛派在敘利亞的領導人錫儂（Sinon）寫了一封信給薩拉丁的某一位叔父要求薩拉丁解除圍城，否則將殺光他們全族。來自阿薩辛派的消息來源則說雖然薩拉丁身邊隨時有保鑣護衛，也作足了萬全準備防範遇刺，但是他在深夜時分醒來還是瞥見一道黑影經過他的帳篷，有一張字條釘在了他的枕頭上，上面寫著「你掌握在我們手裡」。這個故事毫無疑問是不可信的，但是人們卻相信這個說法，這一現象可以告訴我們阿薩辛派從大眾的想像力中得到了許多力量。但是不管怎麼說，例來的阿薩辛計策踢到了鐵板上，他們試了兩次卻都沒能殺死薩拉丁，只是更增加了薩拉丁不可戰勝的傳奇色彩。

薩拉丁十分謹慎地行事，讓自己的威望慢慢地團結他的人民，軟化他的敵人。他用諸如包圍、經濟施壓和談判的方式，不流血地贏回了大多數的十字軍據點。在一一八七年，他終於來到了耶路撒冷城下，他再次提出了和平移交城市的建議。作為交換，基督徒可以帶著他們的財產離開，想留下來的則可以留下，在不受干擾的情況下踐行他們的宗教，基督教的禮拜場所將受到保護，朝聖者也得以自由進出。法蘭克人則憤怒地拒絕放棄耶路撒冷，畢竟耶路撒冷是他們發動征討的最大獎勵和意義所在。薩拉丁於是包圍了城市，用武力攻佔了該城，然後以哈里發歐瑪爾曾經的做法對待這座城市：沒有屠殺、沒有劫掠、所有的戰俘在上繳贖金後可以自由離開。

雖然薩拉丁採取了如此高尚的做法，但還是逆轉了西歐人在第一次十字軍東征中取得的勝果，這在歐洲大陸激起了一片憤怒，並導致了歐洲大陸上三位最重要的君主組織了著名的第三次十字軍東征。他們中的第一位是德意志的腓特烈一世（Frederick Barbarossa），他在前往聖城的途中不慎墜馬，掉進了只有幾英尺深的水中溺死了。另一位是法國的菲力浦二世（Phillip II），他抵達聖城，參加佔領阿卡港口（port of Acre）的戰役，隨後他就拖著疲憊的身軀打道回府。剩下的最後一位是英格蘭國王理查一世（Richard I），他的子民稱他為獅心王（Lionheart）。理查是位極佳的戰士，但他完全配不上他在家鄉所享有的完美騎士風範的名聲。他很輕易就背信棄義，為了在戰場上獲勝而無所不用其極。他和薩拉丁二人在戰場上纏鬥了大約一年，理查贏得了大多數他們之間的戰役，但是在他一一九二年六月包圍耶路撒冷的時候，疾病削弱了他的氣力，炎熱的天氣讓他身體虛弱顫抖。薩拉丁安慰地送給他許多新鮮水果和冰涼的雪水，讓他能夠認清到他沒有足夠的兵員來重新佔領耶路撒冷。最終，理查同意了薩拉丁提出的條件：穆斯林將保有耶路撒冷，但是會保護基督教的禮拜場所，讓基督徒在城中不受侵害地居住和實踐其宗教信仰，並允許基督徒朝聖者自由進出。隨後理查在回國前先放出消息回去，說他取得了一些在耶路撒冷的勝利：他逼得薩拉丁不得不接受要求。事實上，他只不過是再次確認了薩拉丁在一開始就提出的條件。

在第三次十字軍東征之後，就再沒有什麼具有重大意義的事件發生了，除非讀者們想要把西元一二〇六年的第四次十字軍東征也算進來，這次的十字軍甚至都沒有涉足到聖地，這是因為他們沿路上把心思都放在佔領和劫掠君士坦丁堡並把那裡的教堂洗劫一空上面。到十三世紀中葉為止，參加十字軍的衝動已經在歐洲越來越弱並且逐步地消失了。

從傳統上看，歷史學家們認為在二百多年的時間裡一共發生了八次十字軍東征，但實際上這段時間裡的任何一個時間點上都有十字軍不斷的來來去去。所以更準確的說法是十字軍東征運動持續了大約二百年的時間，其中有八次東征人數較多，通常是因為某些君主或是君主之間的聯盟大力推動了東征。在這兩個世紀中，「參加十字軍東征」對歐洲人來說變成了一種持續的狀態，在一些家族，他們甚至在每代人之中都會有一兩個兒子參戰，這些年輕人的適戰年齡一到就會被送上戰場，沒有所謂的「下一場東征」的時間表。

歐洲騎士們的第一波進攻佔領了不少城市並建立了四個貌似穩固的「十字軍王國」，自此之後那些來自英格蘭、法國或德意志的那些向東進發的十字軍就有了地方可以住，有了軍隊可以參加。也當然會有一些西歐基督徒的後代在此出生，並且一輩子都生活在這裡，但是大部分人都是只來幾年，他們參加一些戰役，運氣好的人或許還拿到一些戰利品，然後就回家了。十字軍建立了一些令人印象深刻的石頭要塞，但他們在東方都只是短暫逗留。

有一些當代的伊斯蘭極端主義者（以及一知半解的西方評論家）形容十字軍東征是一場影響深遠的巨大文明衝突。他們把現代穆斯林的憤怒歸咎於十字軍東征時代及當時發生的事件。然而，來自阿拉伯人的史料並未顯示出當時的穆斯林是抱持這種想法的，至少在一開始是沒有的。似乎沒有穆斯林將這場戰爭定位成伊斯蘭教和基督教的史詩級衝突——這只是十字軍單方面的想法。就穆斯林而言，他們只是單純地認為是降臨到伊斯蘭文明頭上的災難，而不是兩個文明之間的大衝突。首先，穆斯林從法蘭克人身上並未看到任何文明的證據，有一位名叫烏斯曼・伊本・穆迪哈（Usamah ibn Munqidh）的阿拉伯王子形容法蘭克人像「野獸，有著過人的勇氣和戰鬥的熱誠，但僅此而已，就像動物比人類更有力氣和更兇猛一樣。」[6]穆斯林覺得十字軍實在太令人厭惡，甚至在相比之下開始對拜占庭人產生了好感。一旦穆斯林了解了十字軍的政治和宗教動機，他們就在「al-Rum」（羅馬，即拜占庭人）和「al-Ifranj」（法蘭克人）這兩個概念間畫出了清晰的界線，穆斯林並不把這一系列的暴力行為稱為「十字軍戰爭」，而是稱為「法蘭克戰爭」。

在受到十字軍攻擊的區域，穆斯林當然覺得深受法蘭克人的威脅，甚至會感到畏懼，但是他們並未感到任何對他們的想法和信仰構成了威脅的智識性的威脅。雖然對居住在地中海東岸的穆斯林而言，十字軍的確是一大威脅，但十字軍從未深入到穆斯林世界的內部。例如，沒有真正的

6 Ibid.,p. 39.

軍隊進入到麥加和麥地那，曾經有過一小群由叛變者帶領的強盜，連其他的法蘭克人都覺得他們是一群騙子和無賴。十字軍從未圍困巴格達，也沒有深入到歷史悠久的波斯。那些住在呼羅珊、巴克特里亞以及印度河谷的人們完全沒有受到十字軍侵擾的影響，而且大部人甚至都不知道有這回事發生。

另外，十字軍也沒有激發出穆斯林世界對於西歐特別的好奇心。沒有人操心這些法蘭克人是從哪裡來的，或者他們在他們國家的生活是怎樣的，或者他們信仰什麼宗教。在一三〇〇年代初期，有一位改信伊斯蘭教的猶太人拉希德・丁・法茲魯拉（Rashid al-Din Fazlullah）寫了一部巨著，名為《歷史選集》（*Collection of All Histories*），其中包括了中國的、印度的、突厥的、猶太的、伊斯蘭前的波斯的、穆罕默德的和哈里發的歷史，也有法蘭克人的歷史，但即便是到了如此晚近的時代，關於法蘭克人歷史的陳述也十分的敷衍了事，缺乏證據。[7]簡單來說，十字軍並沒有把歐洲文化的種子帶入到伊斯蘭世界。造成的影響是以另外的一種方式完成的。

那麼造成了哪些影響呢？首先，十字軍開啟了歐洲商人在黎凡特和埃及的經商機會。在法蘭克戰爭期間，西歐和中央世界之間的貿易活動增加了。作為貿易增加的結果，那些住在比如英格蘭、法國和德意志的人可以得到來自東方的異域商品，例如肉豆蔻（nutmeg）、丁香（cloves）、黑胡椒，以及其它的香料，還有絲綢，綢緞，還有一種叫作棉花的神奇紡織品。

歐洲商人、朝聖者和十字軍（他們的身份並不總是涇渭分明的）回到歐洲講述了穆斯林世界的富庶，以及印度和近乎神話的南亞、東南亞諸島的故事。這些故事提起了歐洲人的好奇，他們的興趣一年年地增長，並在日後造成了巨大的影響。

然而在中央世界，當十字軍的災難剛剛開始退潮的時候，第二場而且是更可怕的大災難爆發了。

來自東方的入侵

蒙古人源自中亞大草原，那是一片廣闊的草原，沒有樹木，土質堅硬，只有幾條河流。這樣的自然條件無法開展農業，但適合畜養羊群和牧馬，因此蒙古人依靠羊肉，牛奶和乳酪維生，他們燒牛糞來當燃料，醉飲發酵的馬奶，用牛來拉車。他們沒有城市也沒有永久性的居所，他們逐水草而居，睡在被稱作「*gers*」（即其它地方所稱的蒙古包）的氈房中，他們的氈房便於拆解和攜帶。

在種族、語言學和文化上，蒙古人和突厥人的關係很相近，歷史學家們常常把他們歸類為突厥—蒙古各部（Turko-Mongol tribes），他們在上述關係中的近似度也可以分別考量，突厥人一般是住在更西邊，而蒙古人住在更東邊，然而在他們活動重疊的地域，他們從某種意義上可說是融合的。

幾個世紀以來，許多遊牧民族在大草原上不斷形成和瓦解，沒有一個核心的原則可以把部落聯盟團結在一起。在羅馬共和時代，一支被叫作匈奴的突厥—蒙古部落凝聚成了一股勢力威脅中

7 David Morgan, *The Mongols* (Malden, Massachusetts: Blackwell, 2007), p. 17.

國，逼得中國史上首位統一天下的秦始皇動員百萬人修築長城，將他們屏障在外；無法向東侵略的匈奴人只好轉而向西發展，當他們抵達歐洲時，這群草原遊牧民族被稱之為匈人（Huns），在阿提拉（Atrila）的指揮之下，他們一路劫掠到了羅馬才消散掉。

在伊斯蘭教的初期，一系列難以界定的突厥聯盟控制著中亞草原，他們剛一向南發展就被融進了各穆斯林王朝中，加茲尼王朝和塞爾柱王朝就是這樣。

蒙古人對中國領土的侵擾已經長達幾個世紀了，中國的歷代王朝都採取交納金錢、挑撥離間蒙古各部落的酋長們以及提供金錢支持新興勢力對抗既有酋長的方式來讓蒙古人遠離中國。通過這樣的方式，他們保持了蒙古各部之間的分裂狀態，其實按理來說，蒙古人就和一般的遊牧部落一樣，不需要太多的外力就已經很容易分裂了。

隨後在大約伊斯蘭曆五六〇年（西元一一六五年）的時候，傑出且具領袖魅力的鐵木真（Temujin）出生了，史稱成吉思汗（Genghis Khan）——意指「宇宙統治者」——這個稱號是鐵木真直到四十歲時才開始用的。

成吉思汗的父親是蒙古人的眾酋長中的一個，在成吉思汗九歲時，他的父親被殺害了。樹倒猢猻散，他的家庭也隨即陷入了困頓。有好些年，成吉思汗和母親及年輕的兄弟姐妹必須靠漿果、土撥鼠和田鼠維生。殺害父親的凶手認為必須要除掉鐵木真才能免除後患，因此鐵木真年輕時必須四處躲避殺手的追趕，甚至曾經落入殺手的手中，但鐵木真得以逃脫並長大成人，令殺害他父親的敵人們後悔當初。

一路走來，他獲得親近的戰友支持，這些人被稱之為「*nokars*」，在說波斯語的土地上，這個詞後來的意思是「雇用的幫手」，但在鐵木真的年代，意指為「同袍」。具有重大意義的是，鐵木真的同袍們並不屬於單一的宗派和部族，鐵木真憑藉個人魅力將這些人凝聚在一起，因此，在鐵木真麾下，追隨者對組織的忠誠度早已超越對部族的忠誠度，這最終幫助鐵木真統一了各部的蒙古人，形成一個由鐵木真統治的單一國家。

伊斯蘭曆六〇七年（西元一二一一年），成吉思汗率領蒙古人攻打垂垂老矣的宋朝，這就像是用刀切溫起司一般容易。七年之後的六一四年（西元一二一八年），蒙古人進入了中央世界的歷史舞台。

蒙古人究竟造就了一個怎樣的世界呢？在塞爾柱人控制了穆斯林世界之後，其他的突厥部落也緊隨其後，啃蝕先前的突厥勝利者的領土，再分裂出屬於自己的領地。有一個這樣的王國正在河中地區（Transoxiana）嶄露頭角，而且這個王國看起來將會是這一地區的下一個霸主。這個王國便是花剌子模—沙王國（Kingdom of Khwarazmi-Shahs）。他們的國王阿留丁·穆罕默德（Aladin Mohammed）自認為是軍事天才，他的傲慢讓他下定決心給蒙古人一個教訓。他先攔截了在他的領土過境的四百五十位由蒙古保護的商人，他指責這些可憐的商人是蒙古間諜，殺死了他們並侵吞他們的貨物，他還故意地放走一個人以便將屠殺商人的消息帶給成吉思汗。他簡直就是在自殺。

蒙古領導人派遣三位特使西行要求賠償，這或許是成吉思汗最後一次的自制表現。阿留丁·穆罕默德這回真的是給自己找了一個天底下最大的麻煩，居然殺了其中一位特使，將另外兩位的鬍子拔光之後再遣送回國。在這個地區，拔光鬍子是最能羞辱一個人的舉動，阿留丁當然深諳箇中之道，但他就是故意要冒犯成吉思汗，因為他要的就是戰爭——而他也如願以償地得到了一場戰爭。在伊斯蘭曆六一五年（西元一二一九年），一場大災難開始了。

如今我們常聽到「大群（hordes）」蒙古人的說法，這個詞可以讓人聯想起一個畫面：咆哮的野蠻人自地平線以萬馬奔騰之勢不斷湧現，以壓倒性之姿撲向受害者。實際上，「*horde*」一詞只是突厥語「軍隊營帳（military camp）」之意，蒙古人實際上並沒有佔絕對數量優勢的大軍。他們是依靠策略、凶悍以及科技，沒錯，就是科技而贏得勝利的。例如，當攻打堡壘城市時，他們會藉助中國人發明的精密圍城器械。他們把用好幾層木頭黏在一起的許多弩「合成」到一起，這樣的弩可以比那些「文明」世界使用的弩射得更遠更有力。他們在馬背上作戰，騎術之精湛甚至讓有些受害者認為蒙古人是文明世界未知的半人半馬生物。蒙古人的馬匹強健、速度飛快，但體型不大，因此蒙古戰士得以用雙腿夾緊戰馬，吊掛在一邊，自馬腹以下射箭，利用戰馬來作為盾牌。蒙古人得以日以繼夜的騎馬，在馬鞍上入睡，破開馬隻脖頸的靜脈取得營養，因此蒙古人可以在洗劫了一個城市之後迅速出現在距離遙遠的另一個城市，讓人覺得他們具有超能力。有時候，蒙古人會攜帶額外的馬匹，並在馬匹放上假人，藉此傳遞壓倒性多數的印象，這只是他們眾多的軍事詭計之一。

在伊斯蘭曆六一五年（西元一二一九年），阿留丁．穆罕默德指揮了遠多於成吉思汗人數的軍隊，但是他的大軍卻沒有讓他佔到任何優勢。成吉思汗徹底摧毀了他的部隊，逼得阿留丁．穆罕默德開始逃亡。花剌子模突厥人的殘餘部隊變成了一股向西逃竄的黑幫勢力，他們破壞法律和秩序，甚至還把最後一批十字軍從他們的堡壘中趕了出去，這些十字軍的命運就像是他們接下來的命運一樣。成吉思汗橫掃了河中及烏滸河兩岸的地區，還有兩個世紀前開啟了波斯文學復興的著名城市布哈拉（Bokhara）。他將傳奇古城，古人口中的「城市之母」巴爾赫（Balkh）夷為平地，還將圖書館的所有文獻倒進了烏滸河，成百上千的手抄本文獻就此付諸流水。

他隨後開始向波斯和呼羅珊進發，就是在這裡蒙古人實施了種族滅絕。沒有任何一個詞彙比種族滅絕更能貼切形容他們的所作所為。在事發不久後，穆斯林歷史學家塞伊菲・赫拉維（Sayfi Heravi）寫到蒙古人在劫掠內沙布爾（Naishapur）的時候殺害了一百七十四萬七千人，把城中的生靈屠戮殆盡。蒙古人在赫拉特（Herat）造成的死亡人數則是一百六十萬人。另一位波斯歷史學家祝茲亞尼（Juzjani）則宣稱有兩百四十萬人死於赫拉特。乍看下這些數字絕對被誇大。在西元一二二〇年代，無論是赫拉特或內沙布爾都不可能擁有為數如此之多的居民。[8]

然而死亡的人數可能並沒有我們一開始覺得的有那麼大的誇張，因為當蒙古人來到伊斯蘭世界，百姓為了保住性命必須逃離——他們別無選擇。蒙古人燒毀田地，破壞莊稼，搶奪農民的牲畜，並把四處宣揚他們的殘酷行徑作為戰爭的策略。他們希望這樣的消息和恐懼感可以散佈得又快又遠，使他們接下來要攻打的城市能夠放棄抵抗。

8 Ibid.,pp. 64-71.

他們曾經攻打過一個阿富汗北部的城市，我甚至不知道該城本來的名字叫什麼。今天這個城市被叫作沙里．貢果拉（Shari Gholghola）——也就是「尖叫之城」的意思，這座城市如今舉目所及盡是斷壁殘垣和土堆和石塊。所以很有可能是蒙古人在當時進攻了所有的像赫拉特這樣的主要城市，因此這些城市裡擠滿了周圍百公里範圍內的難民。很有可能當這些城市最終陷落後，不單是城中本來的人口消失了，而是整個區域的人口都消失不見了。

沒有人知道確切的罹難人數。因為不會有人從戰場上走出來並細數了死亡的人數。但即便這些數字並不是真正的統計數據，它們卻記錄下了影響的規模，表達了人們在如此的大規模屠殺和如此的恐懼陰影之下的感受。沒有人記錄過關於塞爾柱人和更早的突厥人的類似的故事。蒙古人的侵略是無可置疑的另一個層面上的災難。

無論這些數字依據的是什麼，一定有真實的部分存在。有兩部同時在伊斯蘭曆六五八年（西元一二六〇年）完成的歷史記載，一部寫於巴格達，另一部則於德里（Delhi）完成，兩本著作均描述了類似的恐怖場景，傷亡部分的數字統計也都大致相同。兩本著作的作者不太可能認識彼此，寫作的時間相近，因此不太可能互相參照，換句話說，兩位都是在描述實際發生的事件，是從德里到巴格達大家都在談論的事情。

在蒙古人攻打波斯的時候，他們也摧毀了古代的地下水運河系統——坎兒井（qanat）。對於一個位於河流稀少地區的農業文化社會來說，這種地下水運系統無異於社會的生命線。有一些坎兒井是遭到了直接的破壞，另一些則是被沙子灌滿而慢慢消失在曠野之中，這相當於故意地摧毀，

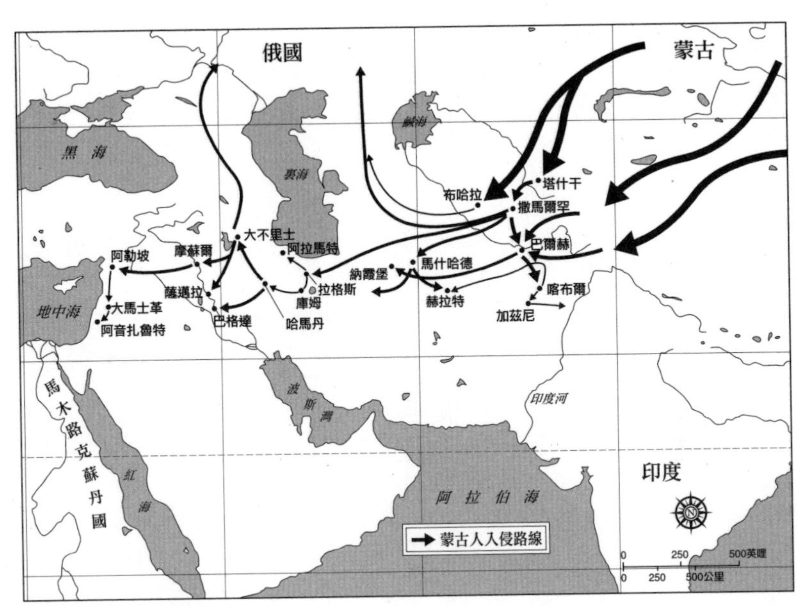

蒙古人入侵伊斯蘭世界

因為沒有活口能留下來修復那些坎兒井。阿拉伯地理學家雅谷特·哈瑪維（Yaqutal-Hamawi）曾在蒙古入侵之前的幾年中記載了伊朗西部、阿富汗北部和烏滸河以北的各個小王國的情形，他描述的是一片肥沃，繁榮的省份。在蒙古入侵後，那裡變成了荒漠，而且至今仍是這樣。

並不是所有蒙古人造成的破壞都是成吉思汗一人所為，他於伊斯蘭曆六二四年（西元一二二七年）去世，他生前所建立的帝國在身後即由眾多兒孫瓜分，他的兒孫們也繼承了他大屠殺的行為。穆斯林世界的核心區域落入成吉思汗的孫子旭烈兀（Hulegu）手中，由於成吉思汗還沒有征服整個穆斯林世界，旭烈兀繼承了他祖父未竟的事業。

伊斯蘭曆六五三年（西元一二五六年），當旭烈兀途經波斯時，蒙古大屠殺的故事中又增添上了一樁神祕的註腳。一位阿拉穆特（Alamut）附近的伊斯蘭法理學家向旭烈兀抱怨，因為阿薩辛派的總部近在咫尺，自己必須時時穿著護甲以防範隨時可能發生的攻擊。沒過多久，兩個阿薩辛特工（Fedayeen）化身成僧侶企圖暗殺旭烈兀，但沒有成功。他們大概也是要扒光他的鬍子。現在是一個可以謀殺任何人的異端遇上了一支可以殺害所有人的軍隊。旭烈兀為此特別拿出率軍西征的時間來攻打阿拉穆特。隨後他以對待其他人的方式那樣對待阿薩辛派：他在肉體上消滅了他們；也摧毀了他們的堡壘；還毀了他們的史料、藏書和文件——自從那時候開始，來自阿薩辛派的威脅終於結束。[9]

在旭烈兀徹底殲滅了阿薩辛派之後，他開始向巴格達進發。在巴格達，他發出了一封威脅信給阿巴斯王朝的末代哈里發。根據歷史學家拉希德．丁．法茲魯拉（Rashid al-Din Fazlullah）的記載，旭烈兀在信中說：「過去已成為過去，拆除你的城牆，填平你的護城河，將王國移交到你的兒子手中並加入我們的陣營。假若你不聽從我們的勸告，就請作好準備吧！當我揮軍進入巴格達，即便你能飛天遁地，我也能把你找出來。我將在你的土地上不留一個活口，然後燒了你的城市和國家。假若你還有心憐惜古老家族的血脈，不妨聽從我的勸告吧。」

然而阿巴斯哈里發朝最近才剛煥發出一絲復甦的跡象，有時候哈里發甚至能握有指揮軍隊的實權。當時在位的哈里發是個驕傲的人。為了榮譽，他回信旭烈兀說：「年輕人，你最近才成人，就想著要長生不老。你……認為他人必須絕對服從你的命令……或許你擁有策略、軍隊和套索，但是你抓得住天上的星辰嗎？你難道不知道自東方至西方、自天子至乞丐、自老至少，都是我這個敬畏真主崇拜真主的宮廷的僕人嗎？你難道不知道他們都是我軍隊的士兵嗎？一旦這些散居各地的人士為我動員起來，我先要對付伊朗然後就把我的注意力轉移到圖蘭人（Turan）身上，我要讓一切事物各歸其位。」[10]

對巴格達的攻擊是在一二五八年二月三日展開的。到二月二十日時，巴格達不僅僅是被征服了，簡直可以說是消失不見了。蒙古人有一個習俗是忌諱貴族人士流血，所以他們絕不違抗習俗。於是他們把哈里發和他家族的成員裹在地毯裡踏死。至於巴格達的市民，旭烈兀手下的蒙古人把他們屠殺殆盡。至於到底有多少巴格達人死在蒙古人的屠刀之下的問題取決於當時的巴格達有多少人口。穆斯林的史料認為死難者的人數是八十萬人。旭烈兀本人對於這件事倒是顯得很謙虛，在一封致法國國王的信函中他宣稱自己只殺了二十萬人。不論確切的死亡人數，他的確是履行了他的諾言，城市本身被燒毀了，所有圖書館、學校和醫院，以及這座城市中所有的文獻和史

9 Sabbah's sect resurrected itself as the Nizari Isma'ilis,gained new converts,and rose again,but it morphed into a peaceful movement that is now one of the most progressive sects of Islam,devoted to science and education.Its leader is called the Agha Khan,and the Isma'ilis run the Agha Khan University in Pakistan,one of the brightest centers of learning in today's Islamic world:everything changes.

10 An account of the sack of Baghdad by Muslim historian Rashid al-Din Fazlullah (1247-1318)appears in *The Middle East and Islamic World Reader* (New York: Grove Press, 2003), p. 49.

料，所有在巴格達被珍視的文明結晶，還有伊斯蘭文明在其黃金時期中留下的大量印證，全都蕩然無存。

只剩一股力量仍在試著堅守陣地抵禦蒙古人，這股力量就是埃及。除了他們，已經沒人能夠阻擋蒙古人的勢如破竹了。

當蒙古人的大屠殺開始的時候，薩拉丁的後代仍然統治者這個地區，但是到了一二五三年的時候，他們已經顯現出古老王朝行將就木的一切徵兆：驕矜縱容的弱者霸佔王位，身旁有一群虎視眈眈的競爭對手環伺。有一天國王突然去世，卻沒有明確的繼任者。因此國王的妻子夏加・阿杜爾（Shajar al-Durr）便繼任了蘇丹大位，但是那些精英奴隸兵，即馬木路克（mamluk）卻集結勢力並且選出他們之中的一人去和蘇丹結婚，這樣他們就成了實際上的蘇丹。

那時候正是旭烈兀要摧毀巴格達的前後。他在摧毀了巴格達之後即沿著許多征服者曾經走過的路線揮軍南下。但埃及最偉大的馬木路克將軍扎希爾・拜巴爾（Zahir Baybars）在阿音札魯特（Ayn Jalut）和旭烈兀的大軍遭遇了。「阿音扎魯特」的意思是「哥利亞的泉水」。根據傳說，在聖經的時代，大衛就是在這裡戰勝了哥利亞。如今，西元一二六〇年，拜巴爾就是新的大衛，而旭烈兀則是新的哥利亞。[11]

大衛再一次取得了勝利。（順帶提一句，穆斯林在這場戰役中使用了一種新武器：手持炮筒，或者按照我們現在對它的稱呼，槍。這可以說是槍第一次在戰爭中扮演重要的角色。）

同一時間，在開羅，夏加・阿杜爾和丈夫在沐浴時雙雙身亡——這場陰謀的細節至今仍然不清楚。拜巴爾帶著他在阿音札魯特戰勝的光環從混亂中掌握了局勢，建立了所謂的馬木路克王朝。

如前所述，馬木路克曾是奴隸，通常來說是突厥人，自幼就被帶入宮廷中，並被教授各種的格鬥技能。在中央世界的歷史，馬木路克常常推翻自己的主人並建立自己的王朝。但是拜巴爾所建立的王朝卻十分與眾不同。

這並不是一個真正的「王朝」，因為它繼位的原則並不是是由父傳子，而是每當一位蘇丹去世，位於他的權力內環的那些有權勢的馬木路克們會從他們之中選定一個新的蘇丹。與此同時，新的馬木路克也會依照他們的功績獲得逐步升遷，最後爬升到這個最有權勢的馬木路克權力內環之中，這個圈子之中的任何一個人都有可能成為下一位蘇丹。這樣一來，我們可以說埃及並不是由一個家族來統治，而是由一個不斷有新血加入的軍事集團來統治的。這是一個精英統治體制（meritocracy），這一系統的運作十分有成效。在這些馬木路克的統治下，埃及成為了阿拉伯世界的領先國家，其地位至今仍沒有被真正的替代。

雖然蒙古人以迅雷不及掩耳的速度征服了伊斯蘭世界，但最後穆斯林又征服了蒙古人，這並不是透過戰爭來完成的，而是透過宗教將蒙古人同化成穆斯林。第一次的歸信是發生在西元一二五七年，一位名叫別兒哥（Berke）的可汗改信了伊斯蘭教。旭烈兀的繼任者之一，脫脫蒙哥（Tode

11 The mamluk army was much bigger than Hulagu's,but the Mongol's terrible success made them the Goliath in every confrontation.

Mongke）不僅是信仰了伊斯蘭教，而且還宣佈他是一個蘇非派。在此之後，波斯的蒙古統治階級中有更多的蒙古人開始使用穆斯林名字。在一二九五年，穆罕默德．合贊（Mahmoud Ghazan）繼承了波斯王位。合贊曾是佛教徒，但之後改信了什葉派伊斯蘭教，他統領的貴族階級不久之後也改信了伊斯蘭。在他的後代的統治之下，波斯成為了穆斯林的伊兒汗國（Il-Khan dynasty）。

改信伊斯蘭教之後，合贊告訴他的蒙古貴族們不要迫害當地人。「我並不是要保護波斯的農民們，」他對貴族們說，「如果壓迫他們是有利可圖的事情，那就讓我把他們所有人都搶個精光吧——不會有人比我更有力量來做這樣的事。搶劫也應該算我一個！但是——我們欺負他們，拿走他們的牛和種子，這會讓他們的莊稼死掉——那我們以後吃什麼？你也要想想，你們毆打凌虐他們的妻子和小孩，但是我們自己也有妻子和小孩，我們疼愛我們的妻小，他們也一樣疼愛他們的。他們和我們一樣，都是人。」[12]這樣的話並不像是旭烈兀或者成吉思汗會說出來的。合贊的這些話只是一個細微的信號，標誌著伊斯蘭教和伊斯蘭文明即將走出蒙古大屠殺的陰影，恢復往日的生氣及活力。

12 Morgan, 146.

10
重生
REBIRTH

伊斯蘭曆六六一—一〇〇八年（西元一二六三—一六〇〇年）

蒙古大屠殺和歐洲的黑暗時代並不相同。它不是像黑暗時代那樣慢慢的開始，且逐漸地消散。它是一場驚駭但短促的爆發，就像是十四世紀的黑死病席捲歐洲，或者像二十世紀的兩次世界大戰撼動全球一般。

和其它許多學者一樣，普林斯頓大學歷史學家柏納德．路易斯（Bernard Lewis）也據此認為蒙古人並不是真的那麼壞。的確，他們完全摧毀了一個個的城市，但是以積極的觀點來看：他們也留下了一些毫髮無損的城市。路易斯甚至還說過「以現代的標準來說，」蒙古人造成的破壞是「無關緊要的」。如果以他的觀點來審視穆斯林世界範圍內的情形的話，的確有一部分的事實，伊斯蘭教文明迅速地吸收了蒙古人。那些掌控波斯的人很快就成了什葉派伊兒汗王朝的創立者。在改換宗教的過程中，蒙古人甚至還給伊斯蘭世界帶來了一股新鮮空氣，一種新的精神，一批新的觀念。

以上的說法很對，但是也有點像是在說：以最終的分析來看，二十世紀的兩次世界大戰所造成的破壞也是「無關緊要的」，因為即便有上百萬人被殺，但是還是有上百萬人沒被殺，而且即使像俄羅斯、德國、法國和英國這樣的國家遭到了嚴重的破壞，但是他們馬上就重建起來了。你看他們現在發展得多好。

甚至有人對成吉思汗和他的直接繼承者們有了讚賞之情，認為他們作為戰爭策略所採取的大規模屠殺的精明的策略，完全摧毀一些城市使得其它的城市放棄抵抗的行為不能被貼上殘酷的標籤。在讀到這樣的分析時，也許真的會有讀者認為蒙古人已經盡最大努力避免了不必要的流血呢！

我們可以說相比從成吉思汗到旭烈兀的那些著名的蒙古征服者，他們的後代帖木兒（Timur-i-lang，在西方被叫作 Tamerlane）簡直更加的血腥，帖木兒於西元十四世紀末崛起於中亞，之後以不斷血洗屠城劫掠的方式橫掃中亞，造成許多生靈塗炭。帖木兒代表了由成吉思汗開啟的恐怖模式的最後一次爆發，看起來很像是電影裡的那種垂死的怪獸，看起來要死掉了，卻猛然甩起尾巴，造成了一連串更令人驚駭的破壞。

對帖木兒來說，流血可不僅僅是精明的戰爭策略。他看起來很享受流血本身帶來的樂趣。是他（而不是成吉思汗）開心地在被他劫掠的城市門外堆起斷頭的金字塔。而且也是他，沒錯，將還活著的俘虜丟進一個高聳無窗的塔樓，直到把整個塔樓填滿為止。帖木兒一路屠殺到了小亞細亞，之後又一路殺回到印度，在這裡，因為通往德里的路上有太多被他殺死的屍體腐爛發臭，使得德里幾個月內都無法居住。他的殘忍簡直是太可怕，卻沒有在各種世界史料中留下什麼記錄，但是他也的確不值得被長久地研究，因為這一切是毫無意義的，簡直就是：他來，他見，他殺人（he came, he saw, he killed），然後他剛一去世，他的龐大帝國就立刻崩解了，除了令人恐怖以外，他在人世間沒有遺留下別的什麼印象。

所以沒錯，比起純粹的野蠻，成吉思汗的確比他的這位後代看起來好一些（至少帖木兒自己宣稱成吉思汗是他的祖先，雖然他的譜系十分模糊）。但是，最初的蒙古征服有更大的影響力：他們改變了歷史的軌跡。

首先，蒙古人點燃了一場伊斯蘭神學的危機，直到今天，穆斯林仍然在和當時的穆斯林在面對那場危機時所做出的反應所帶來的後果角力。這場危機根植在穆斯林神學家、學者，實際上也在大多數穆斯林的心中，他們長久以來都認為伊斯蘭教在軍事上的勝利證明了神啟的真實性。那麼如果是這樣的話，如果勝利意味著神啟是真的，那麼失敗意味著什麼呢？

穆斯林從未在任何一個地方經歷過如此兵敗如山倒的失利，甚至在惡夢中也沒有發生過這種場景。歷史學家伊本．艾西爾（Ibn al-Athir）認為蒙古屠殺是一場「前所未有的大災難」，「從現在到世界的末日」全世界大概也不會再經歷這樣的事情了。另一位主要的穆斯林史學家認為蒙古人的來臨是世界末日的徵兆。按照另一位歷史學家的說法，蒙古人的勝利顯示出真主已經放棄了穆斯林。[1]

十字軍至少還算是基督徒，那蒙古人算是什麼呢？蒙古人甚至連「有經典的人」都算不上（譯者註：穆斯林把同樣信奉一神教的基督徒和猶太教徒看作有經典的人，people of the book）。他們的勝利給神學家們帶來了一個很棘手的問題，並且用一種無處不在的方式考驗大眾的信仰，這種方式讓所有人都能感覺到，卻又沒辦法用理智來說明白。特別是對後十字軍時代的美索不達米亞地區來說，當巴格達慘遭劫難後，那裡的穆斯林社群經歷了最具毀滅性的倒退，所有那些認為歷史的目的就在於讓穆斯林社群遍及天下的人們大概都會思考這個問題：「到底是哪裡出錯了？」

最具震撼力的回應是由敘利亞的法學家伊本・泰米亞（Ibn Taymiyah）提出的。他的家族來自哈蘭（Harran），這個地方位於今天的敘利亞、伊拉克和土耳其的三國交界處，正好在蒙古人侵略的路線上。他的家族為了躲避旭烈兀的殺戮，只帶了他們的書就開始逃亡，最後落腳在大馬士革，伊本・泰米亞就是在這裡長大的。他接受了正規的伊斯蘭教義教育，過人的才智和天賦使他年紀輕輕就擁有了能夠下達法特瓦（*fatwas*），即宗教命令的身分。

極度的恐怖會催生出極端的對策，伊本・泰米亞深深地受到他所處的時代的影響。毫無疑問，被迫舉家遷移的不安一定會讓他思索這場蒙古人的大災難所具有的意義，或者也可能是他的個性讓他提出了他的觀點，和他的經歷和所處時代沒有多大關係——可是誰能說得清呢？但是在剛剛被蒙古人蹂躪過，而且還要忍受殘餘的十字軍的敘利亞來說，伊本・泰米亞至少找到了可以聆聽他想法的聽眾。如果伊本・泰米亞這個人沒有出現的話，那些擁抱他想法的聽眾也一定能找到其他提出相似觀點的人。

伊本・泰米亞提出三項主要論點，第一，他認為伊斯蘭教義不存在任何問題，神啟也沒有任何錯誤，穆斯林藉由軍事上的勝利來證明神啟的真實性也完全無誤。他提出，問題在於穆斯林本身，穆斯林不再落實「真正」的伊斯蘭，因此真主有意削弱穆斯林的力量。假若穆斯林要重回勝

1 Morgan, pp. 16-18.

利之路，必須回到經典，穆斯林應該捨棄所有的新概念、新式解讀及創新看法：也就是回到穆罕默德和他的同伴們的宗教方法，回到那些價值和理念中，回到他們日常物質生活的細節中——最古早的統治才是最好的統治。這是他的法律信條的核心內容。

第二，伊本・泰米亞主張傑哈德是每一個穆斯林的核心義務，就和禮拜、齋戒、避免說謊以及其他的聖行一樣；而且伊本・泰米亞所說的「傑哈德」指的是「作戰（strap onasword）」。他聲稱，穆斯林社群之所以特別，是因為穆斯林社群曾經的尚武精神。之前接受過神啟的人們「滿足於只是做正確的事，而沒有去阻止不對的事。」有些人「完全沒有拿著武器去努力」，而有些人的目的只是「將敵人趕出他們的土地，或是受壓迫的人反抗壓迫者。」對伊本・泰米亞來說，這種克制的，防禦性的傑哈德是不準確的。他認為傑哈德意味著主動的奉獻，甚至是主動戰鬥，不僅是保衛自己的生命、家園和財產，而且要擴張信仰真主的社群。

伊本・泰米亞親自走上了戰場，去抵抗蒙古人。在當時，他所抵抗的蒙古人已經皈依了伊斯蘭教，所以這導致了穆斯林為什麼要攻打穆斯林的問題。但伊本・泰米亞詳細解釋說，攻打這些穆斯林是合法的傑哈德，因為他們不是真正的穆斯林。他同樣也反對基督徒、猶太人、蘇非派，以及任何不同於他的穆斯林教派——首要是什葉派。有一次他無意中聽到一個基督徒說了些關於穆罕默德的負面評論，那天晚上，他和一個朋友跟蹤了那個基督徒並暴打了他一頓。

讀者可以理解為什麼他的激進立場能在當時引起一些共鳴，從基本上看，他說的是：「我們不能再任由這些異教徒蒙古人和十字軍蹂躪我們了，讓我們團結一致反擊回去，在團結中獲取力量並團結在統一的教義之下吧！」在當時飽受外來侵略的社會環境下，這樣的口號是不可避免的訴求，而且在那時候，伊斯蘭世界已經遭受到可怕的攻擊長達一個世紀了。

伊本・泰米亞還擴大了他的傑哈德合法打擊對象的名單，其中不只有非穆斯林，還包括異端、叛教者及宗派分離主義者。在這些類別中，還包括了那些有意對伊斯蘭教進行更動或是藉由離開字面意思來解讀古蘭經和聖訓而推崇不同見解的穆斯林。

伊本・泰米亞從來不承認他是在排擠其他人對於伊斯蘭教義的解讀。他堅稱他是在試著消滅那些本身有疑點的解讀，並勸導穆斯林回歸經典，這暗示了古蘭經（和聖訓）存在於某種絕對的形式中，不容人類的解讀。

有些人認為把異端和宗派分離主義者挑出來並不屬於早期的伊斯蘭精神。的確，在繼承問題上的確有過爭論，甚至可以說是血淋淋的爭論。但是穆罕默德本人和大部分的早期穆斯林都傾向於接受任何想要成為穆斯林的人成為穆斯林。（「偽信者」——那些想要搞亂社群的假扮成穆斯林的叛徒則另當別論。）當那些想要成為穆斯林的人被接納到穆斯林社群，社群能夠自己釐清「穆斯林」意味著什麼這一問題。但是伊本・泰米亞堅持只有一個方法能成為穆斯林，而且穆斯林的主要任務就是去確信那一個方法並且遵照它。解讀經典並不在這個方法的範疇中，因為一個人所要知道的全部關於伊斯蘭的事情已經在經典中白紙黑字地寫好了。

伊本・泰米亞神格化了第一代穆斯林社群生活的完美，他把默罕默德的同伴們稱作「阿薩拉夫・薩里辛」（*al-salaf al-salihin*），意思是「虔誠（或古早）的先賢們」。他的神學觀點最終在印度和北非以被稱作薩拉菲主義（Salafism）的運動重新出現，並且一直延續到了今天。這個詞在新聞報導中常以「伊斯蘭極端份子（Islamists）」的形式出現。這個概念就是在那個時候萌芽的，成長在蒙古大屠殺的陰影之下。

伊本·泰米亞在他去世前的追隨者規模並不算大，普通民眾根本就不太在乎他是誰，這有可能是因為他曾經懲罰那些把傳統民俗融入到他們的伊斯蘭思想中並加以實踐的穆斯林和那些參訪在地聖蹟（shrines）的穆斯林。伊本·泰米亞認為那樣的行為屬於人類偶像的崇拜，即便是崇拜那些偉人，也是違反虔誠的先賢們的。

官方甚至更不喜歡伊本·泰米亞，因為他會抨擊一些被官方視為既定的裁決。當他被請到一群烏理瑪學者的面前來為他的觀點進行辯護的時候，他拒絕接受他們的權威，指控他們由於屈服於創新和解讀，他們已經失去了他們法律地位。當他一次又一次地對於教義提出爭議，伊本·泰米亞不願意為了維持和平而作出讓步。實際上那些爭議的問題對於非穆斯林來說簡直就是細枝末節的小事情：比如，一個提出了三次的離婚申請應該是僅被視為決定還是不可更改的決定？已有的判例認為它是不可更改的決定，但是伊本·泰米亞說它是決定但並非不可更改。在這個情形下，官方以逮捕伊本·泰米亞的方式對這一爭議蓋棺定論。他在監獄中待了很久，直到死去。

伊本·泰米亞並沒有對什麼是伊斯蘭這一問題做出一個總結，甚至也沒有總結出至少十三世紀的伊斯蘭是什麼樣子的——當時有太多的思想學派了，也有太多的方式方法了——但是使那麼多的傳道者和官員討厭伊本·泰米亞的那種態度也吸引了很多人喜歡他。塔米亞屬於由伊本·罕伯里（Ibn Hanbal）創立的伊斯蘭法學派別，也就是那個在阿巴斯時代強烈反對理性的首要性和充分性的派別。伊本·罕伯里喜歡用最接近字面意思的方式閱讀古蘭經及實踐教義，在多數時候甚至反對用類比推論的方法來拓展教義，這些看法都與伊本·泰米亞不謀而合。兩個人的個性都是頑固、充滿戰鬥力以及堅毅不屈。姑且不論他們的理念具有怎樣的智識上的優點的話，他們為自己的理念而入獄的事實使他們的故事變得高貴了許多。

真理伴隨著勇氣的證明常常在歷史中出現，即便是今天也是如此：談話節目主持人比爾·馬哈爾（Bill Maher）因為在節目中暗示「九一一」的恐怖份子相當勇敢而被解僱。大眾所接受的那種正面形象要求那些具有罪惡的行為和理念的人的身上不能帶有一絲正面的品格。不幸的是，這樣的思維定勢使得那些帶有值得令人懷疑的理念的人利用勇氣來捍衛自己，就好像一個懦夫就不能說出真話，或者一個勇敢的人就不會做錯事一樣。伊本·罕伯里就曾從這種綜合作用中獲益，如今的伊本·泰米亞亦是如此。

據說伊本·泰米亞寫了四千本小冊子及五百本書，他靠著這些作品種下了思想的種子。這些種子沒有立即開花結果，卻也從未死去。他所種下的這些種子一直在那裡，埋在伊斯蘭文化的表層下，等待合適的時機萌芽茁壯。四個半世紀之後，萌芽茁壯的時機終於降臨了。

蒙古大屠殺是穆斯林在好幾個世紀以來遭遇的大破壞的最高潮，針對於這一破壞的最高潮，穆斯林世界還做出了另外的一種反應，和薩拉菲主義相比，這一反應更受人歡迎而且更加的溫和——蘇非主義無聲地開花了。可以說伊本·泰米亞的主張有多強調按照字面意思行事和嚴格的教條，蘇非派的主張就有多強調思維的開放性和不按教條行事。那些心醉神迷的蘇非主義者（與「嚴謹蘇非主義者」相對）就和異教侵略者一樣令伊本．泰米亞厭惡，因為對他來說，異教敵人只是從外部來攻擊伊斯蘭教的敵人，而蘇非派則是伊斯蘭教內部的敵人，他們潛伏在穆斯林社群中，擴大及模糊教義律條的單一性，威脅了單一性對穆斯林社群的定義。

蘇非派是典型的伊斯蘭的神秘主義，與佛教和印度教的密契主義擁有一部分相同的理念和驅動力。蘇非派的信徒是那些對宗教的官僚化心存不滿的個人，他們轉而探尋內在，去探索能與真主達到神祕的統一之道。

所有的蘇非都有著幾乎相同的目的，但對達成目的的方法則各異其趣。不同的蘇非發展出了不同的精神探尋技巧。每當某一位蘇非似乎有了些突破，消息就會很快傳開，其他的追尋者就會群聚一堂，期待能從受到啟發的靈魂身上尋求指引，藉由和他（她）的氣質魅力的直接接觸，獲得對自己的超越有幫助的能量。就是這樣，在那些傑出的蘇非個人之間，形成了一種「蘇非們的兄弟會」：一群修煉者在一位被稱為「大師」（*sheikh*或*pir*，前者是阿拉伯文，後者是波斯文，都是「老人」的意思）的人的指導下，共同生活、工作以及實踐他們的功修。

典型的情形是這樣的，大師身邊最親近的幾個徒弟自成一個群體，他們本身都認可各自的蘇非導師身份。當大師去世後，其中的一位導師將繼承大師的衣缽指導之前的群體。他們的某些人也可能會跳出來成立自己的新群體，仍然延續他們的大師的神秘主義方法，但他們會吸引他們自己的徒弟。於是這種兄弟會逐漸演變成蘇非教團（Sufi orders），神祕方法學的傳統直接地由導師傳給新加入的徒弟，日復一日，年復一年，幾個世紀以來都是如此。

那些成功的蘇非教團也許會在任何時間，任何地點，成就出許多得了慧根的大師，這些大師通常會和他們的穆里德（*mureeds*）（修煉的徒弟們）在一起，住在被叫作「坎卡（*khanqas*）」的地方，坎卡也給旅行者和異鄉人提供住宿和飲食。所以從某種意義上講，這種蘇非的兄弟會成為了伊斯蘭教版本的基督教僧侶教團（Christianity's monastic orders），在中世紀的時候，僧侶教團在歐洲各地修建了修道院和女修道院（nunneries），吸引人們退隱至此來把追求精神上功修當作人生的主要志業。

然而在很多重要的方面上，蘇非兄弟會和僧侶教團不一樣。首先，每一個僧侶教團都有一套來自修道院長的嚴格規定要求修士和修女遵守。蘇非兄弟會則鬆散得多，也不正式得多，他們之間的關係更多是同伴的性質，而比較少有外部強加的紀律。

另外，成為任何一所基督教修道院的一員代表著放棄世俗的一切以及必須承諾「禁肉慾」。這是因為基督教在本質上關注個人的救贖，因為人類生來就背負著在伊甸園偷嚐禁果的「原罪」，所以對人類來說，救贖是某種必須的東西。因為原罪，人類將受困於肉身形體，在物質世界中經歷生老病死。

加入一個教團對於修士和修女來說意味著把自己和象徵人類墮落的世俗世界隔離開來。他們修行的目的是懲罰他們的肉身，因為肉身是人類的問題所在。他們把不婚當作理所當然的功課，因為基督教把精神（spirituality）看作是對肉慾的療癒。

然而在伊斯蘭教中所強調的並不是對孤立靈魂的個人救贖，而是建立一個完美的社群。人類不是背負著原罪等待被救贖的人，而是被要求服從的僕人。人類生來是純潔無罪的，有能力把自己昇華到最尊貴的高尚品級中，也有可能沈淪至最低賤的罪惡中。[2]追隨者之所以加入蘇非教團，不是為了被救贖，而是為了達到一個更高的境界；他們進行儀式的目的不是為了懲罰肉身，而是為了將能量專注在真主身上。比如，他們進行齋戒，不是為了懲罰肉身，而是為了加強自制力。他們不覺得守身不婚和精神追求能畫等號，他們並不脫離現實的生活。蘇非及想要成為蘇非的人們照樣辛勤工作、做買賣、結婚、養育子女和參加戰鬥。

事實上，有一些蘇非兄弟會演化成了神秘騎士團隊，他們力行一種被叫作「福圖瓦（*futuwwah*）」的精神，很類似於歐洲的騎士風範，追求典雅的愛情和騎士的榮譽。無論這種影響是從西方傳到了東方，還是從東方傳到西方，或者這兩種說法都具有爭議，我們在此不必做繼續的討論。

無論如何，蘇非們是用神話般的詩歌體裁來描繪第一個穆斯林社群的穆斯林英雄故事，並以此來展現福圖瓦的理想。例如，有一個這樣的故事，講的是一個年輕的旅客因為殺了一位老人而被抓了起來，遇害者的兒子把這個年輕人帶到了哈里發歐瑪爾的面前。旅客坦承了殺人罪行，雖然案情中有一些可以減刑的地方，但他也不打算以此為藉口不負責任，畢竟他殺害了一條性命，理應用自己的命作償還。然而，他提出了一個請求，他想要回他的家鄉辦一件事，推遲三天行刑。原來他在他的家鄉扶養了一個孤兒，他必須在自己死前把留給孤兒的遺產藏起來，否則在他死後這個孩子將一無所有，畢竟讓無辜的孩子承擔監護人的後果是不公平的。「如果你讓我今天啟程返鄉，我保證三天內一定會趕回來讓你們執行死刑。」

哈里發說：「好吧，但是你必須提出一個人作為你的代理人，萬一你沒回來，代理人同意代替你接受死刑。」

這項要求讓這位年輕的旅人非常為難，他在這個地方完全沒有任何的朋友和親戚，哪一位陌生人願意相信他並冒著代替他接受死刑的風險呢？

這時候，先知的同伴阿布·達爾（Abu Dharr）宣佈他願意成為這位年輕兇手的代理人，如此一來兇手得以如期出發了。

三天過去了，兇手並沒有回來，對於這樣的結果，沒有人感到驚訝，但他們卻為可憐的阿布·達爾垂淚，因為他已經從容地把自己的頭放在行刑台上了。正當劊子手給斧具上抹油準備行刑之時，那位年輕的兇手滿頭大汗地騎著一匹渾身是土的馬趕到了刑場。「對不起，對不起，我遲到了，但我現在來了，我們快來行刑吧。」

圍觀群眾這下全看傻了眼，「你本來已經自由了，你已經完全逃脫了，根本不會有人找到你並把你抓回來，為什麼你還願意主動回來？」

年輕人回答到：「因為我先前已經作出承諾，我是一個穆斯林，怎麼能留個話柄讓世人說穆

---

2 See Akbar Ahmed's interesting discussion of these different between the two religions in *Islam Today*, pp. 21-22.

斯林不遵守諾言呢？」

群眾這時轉向阿布・達爾問到：「你認識這位年輕人嗎？你先前就知道他有高貴的人格嗎？所以你才答應他成為代理人？」

阿布・達爾回答：「我不認識他，在這件事發生之前我從未見過他，我只是覺得怎麼可以讓世人覺得穆斯林不再對人懷有慈悲的胸懷了呢？」

受害者家屬這時突然跪下，「別殺他了，」他們請求道。「我們怎麼能讓世人覺得伊斯蘭教中不存在原諒呢？」

有許多人都把這些蘇非騎士精神的美德回溯到阿里的身上，他們這樣做並不是因為他們屬於什葉派，而是阿里本身就擁有完美騎士精神的傳奇色彩，他是力量、勇氣、虔誠和榮譽感的完美結合。舉例而言，有人說在伊期蘭早期的一場象徵性的戰役中，一位年輕人揮著劍衝向阿里。阿里說：「有勇無謀的小伙子，你難道不知道我是誰嗎？我是阿里！你是無法擊敗我的，我會殺了你，為什麼你要攻擊我？」

這位年輕人回答到：「因為我在熱戀中，我的心上人說如果我殺了你，她就屬於我。」

「但如果我們真的打起來，我很有可能會殺了你。」

「有什麼事能比為愛而死更美妙呢？」年輕人回答。

聽到這樣的話，阿里拿起了他的頭盔，將脖子伸向前去，「從這兒下手吧。」

眼看著阿里願意為了愛而赴死，這個年輕人的心被點燃了，他把對情人的愛昇華到了更偉大的——對真主的愛。就是在這一瞬間，阿里把一個普通的年輕人轉化成了一位開了竅的蘇非。[3]
就是這類的傳奇故事啟發了這些穆斯林騎士們。

鄂圖曼人（約伊斯蘭曆七〇〇年—一三四一年）

即使各個蘇非教團遍及了整個穆斯林世界，但是他們在小亞細亞造成的影響最為深遠，這一地區也被稱作安那托利亞（Anatolia），這片土地由今天的土耳其構成。後蒙古時代的伊斯蘭復甦就是從這裡開始的。

在小亞細亞，蘇非教團是和商人及手工藝人的商會聯繫在一起的，這些商會被稱作「阿齊」（*akhi*，即「futuwwah」的土耳其文）。這些商會給人們提供幫助以備不時之需。人們也的確需要這樣的幫助。長久以來，小亞細亞地區都是突厥穆斯林和歐洲基督徒之間的前線。塞爾柱帝國和拜占庭帝國各自佔據了這一地區的部分領土，並且相互攻打。有一位塞爾柱王子曾經建立了一個比較穩定的政權，名叫魯姆蘇丹國（Sultanate ofRum，「Rum」一詞就是阿拉伯化的「羅馬」），但是到處出現的十字軍打亂了這個國家的秩序，而且塞爾柱人之間的內戰也進一步侵蝕了這裡的穩定性。

3 Muhammed ibn-al-Husayn al-Sulami, *The Book of Sufi Chivalry: Lessons to a Son of the Moment* (New York: Inner Traditions International, 1983). These stories appear in the the forward,pp. 9-14.The ghazis apparently borrowes the story about Omar from a traditional older story about a pre-Islamic king named Nu'man ibn Mundhir.

當十字軍勢力已經江河日下之時，這裡的各位突厥王子或多或少地控制著小亞細亞東部的土地，但是也僅限於或多或少的程度而已；拜占庭帝國也是同樣，或多或少地控制著小亞細亞的西部；任何的一點要求都會引起另一方的爭議。小亞細亞已經成為了法律廢弛的無主之地，這裡居住著穆斯林和基督徒，但是他們都沒有真正地被誰統治著。

蒙古人的大爆發把那些年輕的突厥遊牧部落趕出了中亞。那些部落四散漂流，後來他們來到了小亞細亞，發現這裡和他們的故鄉很像。為什麼是小亞細亞呢？因為放牧的遊牧部落比較喜歡這種沒有法律管束的地方。他們身為自我管理的自治部族，有自己的領導人和法律，對於政府所推行的那種法律覺得綁手綁腳，很不自在。然而在這片處處都是爭議的前線地區，他們可以想去哪就去哪，想在哪裡放牧，就在哪裡放牧，他們按照那個曾經被稱作家鄉的大草原的古老傳統——突襲定居居民的方式補充他們的需要。

仍有基督徒還生活在這片無法無天的土地上，這裡還有小城鎮和村莊，但是沒有政府能夠保障道路上的安全，沒有警察能夠在有人的店被搶劫了之後伸手相助，在火災、水災或者其它的什麼災難降臨之後，也沒有什麼機構會來提供救援。公共環境如此糟糕，所以一個人如果遇到了難處的話，他是沒有其他選擇的，只有求助於自己的部族、朋友、以及蘇非兄弟會。

隨著新興的蘇非派在這片土地的興盛，到處雲遊的神秘主義者開始在這片土地上遊蕩。他們有人來自波斯和更往東的地方，有的人則是當地出現的雲遊者。他們中有許多人是迭里威施（*dervish*），意指自甘貧窮並以此作為精神上的試煉之人。他們不工作，靠施捨度日，唯有如此才會有足夠的時間思考真主。

很多神祕的雲遊者都是怪人。如果你能靠著乞討為生，那你大概是擁有一些別人沒有的東西。有一個人名叫卡倫達爾（Kalendar），他是最早的這種雲遊者中的一位，他和他的追隨者們從一個城市遊蕩到另一個城市，所有人都打著鼓、高呼著口號、唱著歌、叫嚷著、嘶喊著，不拘小節地勸戒大家接近阿拉並且鼓勵人們要去攻打異教徒！攻打異教徒！攻打他們！他和他的追隨者們蓬頭垢面，穿著破布一般的衣衫，他們打破了平靜，點燃了熾熱的激情和不為人們熟知的理念，無論卡倫達爾走到哪裡，當地都會有卡倫達爾的兄弟會蓬勃發展起來。

就像是要對抗卡倫達爾這樣的野蠻人一樣，有更多令人尊敬的人投入了另外一位神秘主義者的懷抱，他的名字叫貝克塔什（Bektash），他是一位嚴格的苦修主義者。對貝克塔什的宗教觀點來說，他擁有同樣令人不安的激情，但是至少他不會那麼大吼大叫的。他成了烏理瑪最喜歡的蘇非。

另外還有梅夫拉維派（Mevlevi）的迭里威施，他們是知識分子和業界精英的最愛。梅夫拉維派的追隨者是集中在一位名叫賈拉魯丁（Jalaludin）的詩人身邊並逐漸發展壯大的，這位詩人出生於巴爾赫（Balkh），因此，在阿富汗他被稱作賈拉魯丁・巴爾希（Jalaludin-iBalkhi）。當成吉思汗正在集結蒙古勢力的時候，賈拉魯丁還是個小孩。他的父親預見了風雨欲來之勢，就舉家西遷到了後來沒有被完全夷平的魯姆蘇丹國，因此全世界大部分的人都稱這位詩人為賈拉魯丁・魯米（Jalaludin-i Rumi，即「羅馬的賈拉魯丁」）。

魯米的父親學識淵博，成立了一所學校，所以魯米成年後就開始在那所學校教書，因為他也是一位因為學識淵博而著名的人。他寫了很多符合傳統觀念的宗教論文，這使得他十分受尊敬並且吸引了許多學生慕名而來，他的課堂座無虛席，學生們對他說的每一個字都牢記在心。

魯米傳奇人生的關鍵時刻發生在某一天，一個衣衫襤褸的陌生人來到了他的課堂，這個陌生人坐在教室的後面，但嘴巴可沒閒著，他不斷地哼歌，打斷上課——他看起來是個瘋子。這個陌生人的故事倒是讓人想起了當艾倫．金斯堡（Alan Ginsberg）第一次在公開場合閱讀詩作《嚎叫》（*Howl*）時，年輕的傑克．凱魯亞克（Jack Kerouac）不停地喊著：「走！」。魯米的學生們把這個乞丐揪了起來，想要把他扔出教室去，魯米阻止了他們，並詢問他是誰，是來做什麼的。

「我是塔布里茲的夏慕士（Shams-iTabrez）」，陌生人答道，「我是來找你的。」

出乎所有學生意料之外，魯米闔上了書本，脫下了學者的長袍，說：「我教書的日子結束了。這人是我的導師。」他和夏慕士走出了教室，就再也沒有回來。

賈拉魯丁和這個乞丐變得形影不離。這兩個人在純潔的精神層面充滿激情地結合到了一起，他們結合得如此緊密，魯米甚至以塔布里茲的夏慕士之名簽署他的詩作：這段期間他的詩篇被收集在《塔布里茲的夏慕士作品集》（*The Works of Shams-iTabrez*）中。在魯米見到夏慕士之前，他是受人尊敬的作家，他的作品可能被後人傳誦了一百年。在他遇到夏慕士以後，他成為了文學史上最偉大的神秘主義詩人之一。

幾年後，夏慕士神秘地消失了，魯米繼續創作了一首長達一千頁的長詩名叫《瑪斯納維》

（*MathnawiMa'nawi*）。在它著名的開篇中，魯米提出了一個問題：為什麼蘆笛的旋律如此哀傷？隨後他自問自答說：因為蘆笛來自蘆葦，長在河畔，紮根土壤。當它被做成笛子，它就離開了它的根。憂傷的笛音歌唱的是蘆葦對它失去的本源的依戀記憶。在接下來的三萬句對句中，魯米用結合了情慾的熱情語言講述了上百個故事，解釋給我們這些猶如蘆笛一般的人類要如何重建我們和本源的連結。魯米的影響力一直存在，即便是在英語世界，他作品譯本的銷量也超過了其他的任何一位詩人。[4]

簡單地說，不同品味與不同階級的人都能在蘇非主義中找到自己追尋的東西。蘇非們讓那些放牧的遊牧民接受了伊斯蘭教，所以這些部落在吸收伊斯蘭教的教義之前先接受了伊斯蘭的激情。蘇非教團和手工藝人商會、商人行會、農民、貴族軍事團體交織在一起，就像是一張網一樣，把這個分裂的世界中互不相干的群體們聯結到了一起。

有一些致力於踐行福圖瓦精神的蘇非兄弟會演變成了嘎茲團體（ghazi corporations）。「嘎茲（*ghazi*）」這個詞的意思有點像「聖徒武士（warrior saint）」。這個概念很容易讓人聯想到聖殿騎士（Knights Templar）和十字軍時期興盛的其它基督教軍事教團，但不同之處是沒有人去規定嘎茲們，伊斯蘭教中也沒有一位像是教宗那樣發號施令的人物。取而代之的是，嘎茲們實行自我規範，圍

4 Alexandra Markswriting for the *Christian Science Monitor* on Novermber 25,1997,said the Coleman Barks's translation of Rumi, *The EssentialRumi* (San Francisco: HarperCollins, 1995) ,had sold at that point,a quart of a million copies worldwide.

繞在有威望的騎士周圍建立他們的團體，並且自一些深具魅力的長老導師身上獲得啟發。他們頭戴特殊的頭飾、身穿罩袍並佩帶其它的飾品，以此作為他們組織的會員象徵。他們有入會的儀式，包括發誓、作保證、配戴標誌性的飾物和秘傳聖物，和小男生發起「祕密社團」時的所作所為差不多。

嘎茲教團的成員把他們生活的中心放在征服基督徒的領地，表現無上勇敢的行為上，並以此來表現真正的正信。他們很像是伊斯蘭版本的亞瑟王騎士（knights of Arthurian）故事。

幾百個大大小小的嘎茲團體就在這樣的氛圍下發展起來，為了尋求名聲和財富，這些嘎茲躍進到「邊境」的戰鬥前線，這裡所說的「邊境」是指拜占庭人仍舊宣稱擁有主權但有效統治越發地曖昧不明的帶狀領土。不時地有一些嘎茲團長控制了足以宣稱是自己的小國家的領土，他們於是就立即宣布自己是那裡的埃米爾（amir，emir），這些小國家也就成為了他的大公國（emirate，或酋長國）。「埃米爾」這個詞曾經是伊斯蘭教中的一個頭銜，是「指揮官」的意思，但如今變成了類似於「王子（prince）」一類的意思。

隨著安那托利亞東部逐漸結晶成數不清的嘎茲小王國，拜占庭帝國的勢力也逐漸萎縮，法治不彰的前線邊境一直向西延伸——這也造成了一種諷刺的對比：朝著前線推進的行為曾是嘎茲小王國的力量之源。隨著爭議地帶的遷移，嘎茲們也隨之遷移；於是他們就脫離了他們已經建立了的公國並繼續向西邊的荒野地帶進發，在這樣的荒野地帶，他們仍可以在戰鬥中證明自己存在的價值，並順便劫掠一些戰利品。

然而，當這樣的行為進行到一定的程度，西邊的前線就不再任其開拓了，因為他們的前線已經離君士坦丁堡太近了，拜占庭在這裡已經可以守得住他們的土地了。在最近的五十年間，當戰爭在安那托利亞的其他地方已經越發少見了的時候，騎士們在這裡仍然可以找到僱主。相應的，東部的公國越弱，前線的小國就越強。因此，就是在這樣的一個軍事化的邊境地帶，一個新的世界帝國誕生了。[5]

西元一二五八年，在旭烈兀摧毀巴格達的同一年，一個名叫奧斯曼（Othman）的男孩也在安那托利亞的一個重要嘎茲家族中出生了。奧斯曼的後代被稱為奧斯曼利斯（Othmanlis）或西方人慣稱的鄂圖曼人（Ottomans），這個家族建立起了一個強盛的帝國。

帝國並不是在奧斯曼的手中建立的；他在世之時只是在安那托利亞建立了一個最為強悍的小型嘎茲公國。奧斯曼的近祖是離開了中亞的遊牧民，他們的部族約有四百人，是為了逃離蒙古人而落腳於此，而且奧斯曼並沒有拋棄許多他的遊牧民族傳統。他的馬就是他的宮殿，他的馬鞍就是他的王座，他的鞍囊就是他的辦公大廳。無論當晚在哪裡安營扎寨，那裡就是他的都城。他可以真正留給他的繼任者的，也就是移交權力這個程式而已。在戰鬥的時節，他會帶領軍隊進入到邊境省份並靠著打擊基督徒來積累他的聲望。在「休養生息的時節」裡，他靠著向勢力範圍內的居民徵收租稅渡日。

5 See Paul Wittek, *The Rise of the Ottoman Empire* (London: Royal Asiatic Society of Great Britain and Ireland, 1965) pp. 33-51.

隨著奧斯曼家族的勢力愈來愈強大，他們開始兼併其他的嘎茲公國，有的時候通過武力，有時候則是靠著買斷併購的方式。那些嘎茲首領們則從之前手握統治權的埃米爾變成了封建貴族，他們依然很有權力，但仍要臣服於一個擁有更大權力的階級，這就是鄂圖曼王朝的開始。

關於一個家族王朝興盛或者衰敗有一個至關重要的因素，在這一點上，鄂圖曼家族十分的幸運並且受益良多——他們家族的統治者都十分的長壽，而且每個人都很有才幹。穆拉特一世（Murat I）便是他們中的一個，他越過了黑海，開始把一點點歐洲領土納入到了他的統治之下。在他的統治時期（西元一三五〇—一三八九年），鄂圖曼人已經不再是馬背上的統治者了，而是一個擁有城市首都、一座宮殿、一個政府官僚機構、稅收政策和國庫的統治者。鄂圖曼統治者們接受了伊斯蘭文明中的上層的那種光鮮亮麗的外表，更不可避免地接受了拜占庭宮廷中的禮儀、排場和慶典活動。

另一位鄂圖曼統治者巴耶塞特（Bayazid，1389-1402）發起了一場被稱作「德夫希爾梅」（*devshirme*）的運動，這場運動的內容包括把從基督教歐洲俘虜的男孩子帶回到宮中以穆斯林的方式養育成人，然後再把他們變成最好的軍人。這就等於是給伊斯蘭歷史中出現過的馬木路克模式（mamuluk）起了另一個名字而已。馬木路克曾是在阿拉伯或波斯宮廷中長大的突厥男孩，而這些基督徒男孩只是成長在突厥人的宮廷裡而已。這些以德夫希爾梅的方式變成的士兵被叫作「耶尼切里（*janissaries*）」，也就是突厥語的「*Yeni Ceri*」，即「新兵」的意思。

巴耶塞特的新兵幫他擺脫了對那些他自己的封建領主的依賴，也就是那些祖籍來自中亞的握有大權的貴族嘎茲們。嘎茲們的部隊仍然為巴耶塞特的軍隊補充步兵，但是耶尼切里則為他提供了專業的指揮官人選。

巴耶塞特對歐洲的襲擊越來越深入。法國和匈牙利的國王還聯合起來組成軍隊來抵禦他，但是一三九六年，巴耶塞特在今天保加利亞境內的尼可波里斯（Nicopolis）擊潰了他們的聯軍。鄂圖曼的埃米爾從此開始真正的統治一個帝國。事實上，埃米爾的頭銜已經容不下巴耶塞特了。他稱呼自己為蘇丹，也就是說，他自此開始把自己當作了整個穆斯林世界的執行者（CEO），成了世俗版本的哈里發。他的軍事冒險變成了全面攻勢，每年都有新的軍事行動，他一年揮師西進，來年則掉頭東進以吸收更多的嘎茲公國並在舊有的穆斯林核心地區拓展自己的統治。他就是這樣來回作戰，動作十分迅速，以至於人們開始叫他雷電霹靂。巴耶塞特簡直就像是凱撒一樣風光。

然而，這一切沒多久就崩塌了。在他的一次東進途中，他遇到了比他更強悍的對手——那位恐怖的帖木兒（Timur-i-Lang）。是巴耶塞特自己的那些封建領主們把帖木兒請到安那托利亞來的。他們對於自己的政權被鄂圖曼人奪走而懷恨在心，所以他們送了一封信給帖木兒，抱怨巴耶塞特花了太多的時間在歐洲，都要變成一個基督徒了。的確，帖木兒除了空前的野蠻殘忍，卻絕不會有半點想要成為基督徒的意願，除此之外，帖木兒也是一個資助藝術的自負者，自稱自己是學者，更是一位虔誠捍衛伊斯蘭的人。

西元一四〇二年，兩位文明的藝術贊助人先將精緻細微的品味放一旁，在安卡拉（Ankara）附近兵戎相見，最狠毒的一方將獲得勝利。帖木兒最後證明自己是更殘忍的一方，他摧毀了鄂圖曼軍隊，還把巴耶塞特本人俘虜了，巴耶塞特就像動物園的動物那樣被關在籠子裡，被強押回了帖木兒用寶石裝點的巢穴撒馬爾罕城。巴耶塞特被絕望和恥辱擊潰，隨後自殺了。在西邊的根據地，巴耶塞特的兒子們開始為爭奪這個一度的帝國的殘缺領土發動了內戰。

從情勢的發展看，這大概就是鄂圖曼人的結局了。就像是又一個流星般的突厥王國，璀璨奪目而又隨即黯淡。但實際上，這個王國十分不一樣。從奧斯曼到巴耶塞特，鄂圖曼人做到的並不僅僅是征服土地而已，他們已經編織出了一套新的社會秩序（我將會用接下來的幾頁篇幅來說明）。到目前為止，我們完全可以說在歷經帖木兒的蹂躪後，他們擁有深厚的社會資源來利用。隨著帖木兒在幾十年後去世，他的帝國很快就變成了一個在阿富汗西部的小王國（但在文化上卻耀眼奪目）。相比之下，鄂圖曼帝國不僅恢復了過來，還再次崛起。

在一四五二年，這個帝國一躍而跨進了更高的層次，一位名叫蘇丹穆罕默德（Sultan Mehmet）的皇帝執掌了王位，好戲開始了。穆罕默德所繼承的帝國正處在一個很好的狀態，但他的繼位卻帶來了一個問題。他當時才二十一歲，身邊有一大群虎視眈眈的年長者，這些年長者們每人都覺得一個年紀更大、更強硬的、更飢渴的人（比如他自己）也許可以成為更好的蘇丹。穆罕默德知道他必須要做出點厲害的成就才能讓他潛在的對手們卻步，才能牢牢地握住權力。

所以他決定攻佔君士坦丁堡。

當時的君士坦丁堡已經不再具備軍事上重要的地位了。鄂圖曼人早就圍住了它，並且不斷地向東歐方向推進。君士坦丁堡更像是一個心理上的獎勵：因為這座城市在東方和西方都具有重大象徵意義的重要性。

對西方來說，有一條牢不可破的聯繫是從君士坦丁堡一直延伸到奧古斯都和凱撒的羅馬，也就是說君士坦丁堡代表著基督教。只有後來的歷史學家在審視羅馬帝國東半部的發展時，才賦予它這個新名字。拜占庭自己從來就稱呼自己是羅馬人，並且認為他們的城市就是新的羅馬。

對穆斯林來說，先知穆罕默德本人就曾說過，伊斯蘭教最終的勝利將會是在穆斯林攻陷君士坦丁堡之時。在伊斯蘭教的第三個世紀，阿拉伯哲學家金迪（al-Kindi）就曾預言能夠拿下君士坦丁堡的穆斯林將會重鑄伊斯蘭教並將統治全世界。有很多學者都說能夠攻陷君士坦丁堡的人將會是馬赫迪（Mahdi，救世主），是那個「被期待的人」，也就是許多穆斯林所企盼的那個在歷史將要終結時出現的神秘人物。因此蘇丹穆罕默德有足夠的理由相信攻陷君士坦丁堡對他來說將會是一場公共關係的勝利，會讓全世界都對他刮目相看。

當時有許多的技術專家為鄂圖曼帝國效勞，其中就包括擁有鑄造大砲專長的匈牙利工程師烏爾班（Urban），大砲在當時仍算是新式的武器。穆罕默德要求烏爾班為他打造一些特殊的武器好讓他應戰，烏爾班在離君士坦丁堡一百五十英哩處設立了鑄造廠並開始製造大砲，他的傑作是一樽二十七英呎長的大砲，口徑大到可以容納一個人在口徑中屈身而過。這台所謂的「巴斯利克」（Basilic）可以將一百二十磅的花崗岩石彈射出一英哩的射程。

鄂圖曼軍隊用了九十頭公牛和大約四百名力士才將這門超級巨大的砲拉到戰場上。最後的結果是：這尊巴斯利克實在是太大了。光填彈就要花三個小時，而且每次發射的時候，由於後座力

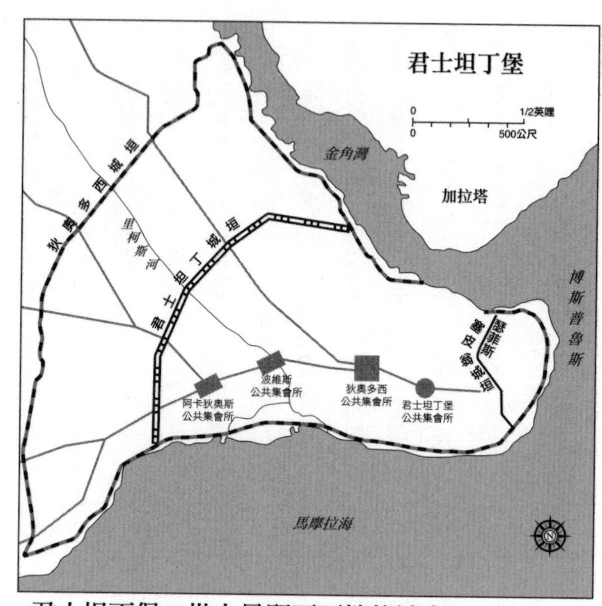

君士坦丁堡：世上最堅不可摧的城市

太大，巨砲後邊死去的自己人比它殺死的前方敵人還多。除此之外，如果要射擊一英里之內的目標，它的精準度太差，會錯過整個君士坦丁堡城；但是這並不要緊。與其說這座巨砲是一個軍事武器，還不如說它是一個象徵性的武器——它向全世界宣佈，鄂圖曼人會把這樣的武器帶到戰場上。毫無疑問的，他們除了擁有巴斯利克之外，還擁有許多更小的火砲。在當時，他們是裝備最精良而且是技術最先進的軍隊。

對君士坦丁堡的包圍持續了五十四天，整個城市可以說被圍得滴水不漏。該城位於一個形狀像犀牛角的三角形沙咀上，它的一邊是面對著博斯普魯斯海峽，而另一邊則面朝著馬爾馬拉海（the Sea of Marmora）。這些岸邊都有高聳的城牆和海岬控制著窄窄的海峽，拜占庭軍隊可以在這裡對任何靠近城市的船隻發射砲彈攻擊。在陸地這邊，有一系列的從博斯普魯斯一直延伸到馬爾馬拉海的石頭城牆圍繞住了整個半島，每座石牆還有自己的護城河。愈靠近內陸，護城河就越寬，水就越深，城牆就越高越厚。最靠裡面的石牆高達九十英呎，厚達三十英吋；沒有人可以越過這道屏障，更何況拜占庭軍隊還有一種名叫「拜占庭火」（Byzantine Fire）的秘密武器，這是一種自弩砲中發射的膠質燃燒物，著地時會四散飛濺並黏在人的皮膚上。它不會被水澆滅——實際上，它就像是某種凝固汽油彈的雛形。

然而鄂圖曼人還是堅持了下來。大砲不斷地轟轟作響，耶尼切里兵團一次又一次地衝鋒，由許多不同的部落和民族組成的圍攻部隊不斷地攻擊拜占庭的防禦工事，他們之中有阿拉伯人、波斯人，甚至還有歐洲的基督徒，但是最後，戰局的決定性因素是有人忘了關上第三道城牆上，也就是最堅固的一道城牆上的一個小門。一些突厥人衝鋒到了這裡，他們奪下了這道門，並給同伴們開了一個更大的門，西方世界屹立最久的帝國的堅固都城就在這一剎那間被攻陷了。

穆罕默德給軍隊三天的時間在君士坦丁堡城內劫掠，但連一分鐘都不可以延長。他希望他的軍隊把這座城市保存下來，而不是毀掉，因為他要把這裡作為自己的都城。自此之後，這個城市有了一個非官方的名稱——伊斯坦堡（幾個世紀之後才正式更名），而這位取得勝利的蘇丹也開始被稱作「征服者穆罕默德」（Mehmet the Conqueror）。

讀者們可以想像一下，假如穆斯林在伊斯蘭擴張的最高潮時就已經攻下了君士坦丁堡，如果阿巴斯王朝的首都是君士坦丁堡而不是巴格達：仗著橫跨黑海和地中海的地理位置優勢，穆斯林所擁有的港口足以派出艦隊跨越愛琴海和地中海抵達希臘、義大利和西班牙以及法國沿海，並且通過直布羅陀海峽北上，順著大西洋沿岸到達英格蘭和斯堪地那維亞，再配上穆斯林被證明過的陸上戰鬥力——整個歐洲也許已經被收納進伊斯蘭帝國了。

但這時候距離哈里發國家的巔峰時期已經過去了七百年。歐洲已經不再是那個貧窮到只求糊口的悲慘大陸了。這時的歐洲實力正在上升。在伊比利半島，天主教君主們正忙著將最後一批頑強抵抗的穆斯林趕回非洲，同時正資助著像哥倫布這樣的水手們去探索世界。這時候的比利時已經發展成了銀行業的首都，荷蘭人則正在忙著他們的大買賣，義大利正在卯足了勁進入文藝復興時代，英格蘭和法國則正在整合成民族國家。君士坦丁堡（伊斯坦堡）給了鄂圖曼人無與倫比的發展基礎，但基督教歐洲已經不再那麼容易被擊倒了。然而在當時，沒有人知道誰正在興起，誰正在衰敗，而且隨著鄂圖曼人的勝利，從大的方面看，伊斯蘭世界的確是看起來復甦了。

在被鄂圖曼軍隊征服的當下，伊斯坦堡只有七萬人居住，因此征服者穆罕默德發起了一系列政策，諸如稅務特許權以及財產捐贈等措施，好讓新首都重新聚集人潮。穆罕默德也再次確立了經典的伊斯蘭征服原則：非穆斯林仍享有宗教自由，保有其土地和財產，只需支付吉茲亞稅（*jizya*）。信奉各種宗教和各民族的人們開始匯聚到伊斯坦堡來，把伊斯坦堡變成了一個富有多元性的帝國中的一個微型世界。[6]

這時候的鄂圖曼人統治了一個橫跨歐亞的帝國，在兩塊大陸上都擁有大片領土。那些最偉大的城市都在他們的統治之下。然而，他們最大的成就並不是軍事佔領，而是在他們一百五十多年的統治中，帶來了獨一無二的新型社會秩序。他們利用某種方式，把本來住在安那托利亞的一群無政府狀態的遊牧民、佃農、部落戰士、神秘主義者、騎士、工匠、商人和各式各樣的人整合成了一個相互配合並行不悖的複雜整體，在這個整體中，充滿了像鐘錶零件一樣相互咬合的部件，彼此間相互平衡，相互制約。這樣的社會秩序之前從未有過，後來也未曾再出現。只有現代美國社會的複雜性能和當時鄂圖曼社會的複雜性相提並論——但也僅限於複雜性而已。細節決定了一切，而我們的世界和鄂圖曼人所在的世界幾乎在每個細節上都不一樣。

寬泛地說，鄂圖曼社會可以水平地切分成統治階層和隸屬階層，統治階層負責徵稅、組織動員、發佈命令以及作戰，隸屬階層則負責生產和繳稅；但社會同時也可以被蘇非教團和兄弟會垂直地切分。因此分屬不同階層的人們可能在追隨同一位謝赫（Sheikh）的時候又團結在了一起。

另一方面，整個鄂圖曼社會也區分成幾個主要的宗教社群，每一個宗教社群都再有其各自的垂直和水平的區分，每一個宗教的社群都是一個半自治的國家或稱「米列特」（*millet*），每個這樣的米列特都負責自己的宗教場所、教育、司法、慈善和社會服務事宜。

以猶太人為例，猶太米列特由伊斯坦堡的大拉比領導，他們是一個很大的社群，這是因為在十四至十五世紀有大量的猶太人蜂擁來到鄂圖曼帝國以逃脫在西歐遭到的迫害——在十字軍期間，英格蘭驅逐了猶太人，他們在東歐被屠殺，在伊比利半島面臨西班牙的宗教審判所，對猶太

6 Detail of Ottoman society come largely from Stanford Shaw's *History of the Ottoman Empire and Modern Turkey* (Cambridge: Cambridge University Press, 1976), especially pp. 55-65, 113-138,and 150-161.

人的歧視如影隨形，到處都有。

東正教社群是另一個米列特，由君士坦丁堡主教（Patriarch of Constantinople，基督徒至今仍如此稱呼）領導，他有權管理帝國境內的所有斯拉夫裔基督徒，其數量隨著鄂圖曼帝國在歐洲的勝利而遞增。

還有亞美尼亞人的米列特，他們是另一個不同於希臘人的基督徒社群，這是因為亞美尼亞教會和希臘教會互相視對方的教會為異端。

每一位米列特的領導人都在宮廷中作為其民眾的代表人並且直接受蘇丹的管理。同樣的，穆斯林們的社群也只是這樣的米列特中的一種，也有一位最高的領導者，被稱為「Sheikh al-Islam」，也就是「伊斯蘭的謝赫」或「伊斯蘭的長者」，這一職位是由巴耶塞特在他被帖木兒擊敗前不久所創的。謝赫依照沙里亞和由穆夫提（muftis）對先前法律的解釋來立法，由法官來執法，並由教導青年人信教的穆拉（mullahs）來提供基本的宗教教育並在在地社區和村莊裡執掌宗教儀式。

然而沙里亞並不是這片土地上的唯一法律。還存在有蘇丹的法典（sultan’s code），這套法典是一套和沙里亞平行的法律系統，用於處理行政事務、稅收、各米列特之間的互動和不同階層之間的關係，尤其是統治階層和隸屬階層之間的關係。

讀者們不必去深究這種複雜的關係，鄂圖曼帝國體系的複雜關係是難以形容的。我所做出的描述只是讓各位能夠淺嘗其味而已。這一整套的平行法律系統包括律師、官僚和形塑且實踐這套法律系統的法官們，這些人都處於大維齊爾（Grand Vizier）的權力之下，大維齊爾領導宮廷的官僚機構（其本身又是另外一整個系統）。大維齊爾可以算作帝國的第二號人物，僅次於蘇丹本人。

其實大維齊爾也可以算是第三號人物，因為畢竟伊斯蘭謝赫有權力審核世俗法律中的每一個條文，而且一旦他認為某一條文和沙里亞是有衝突的，他就可以動用他的否決權將其廢止或者駁回修改。

從另一方面來看，伊斯蘭謝赫是為蘇丹的喜好服務，大維齊爾所執行的法律是蘇丹的法典。萬一大維齊爾與伊斯蘭謝赫產生了衝突……讀者們可以猜猜誰會讓步？或者有任何一方願意讓步嗎？

閱讀至此各位讀者應該可以體會整個體系的運作方式其實就是一種互相牽制及平衡的機制。

在鄂圖曼社會中建立起的另一套相互制衡的機制則是由巴耶塞特創立的德夫希爾梅。首先，就像我提到的那樣，這只是一套換了名字的馬木路克系統。就像是馬木路克那樣，耶尼切里新兵是按統治者的保鑣而培養的——然而這只是最初的目的。後來耶尼切里的功能就擴大了。

首先，這些人不再是只能成為士兵。有些人被傳授了行政管理方面的技能。其他的一些人則接受了文化上的訓練。蘇丹開始指派耶尼切里擔任政府的重要職位，在陸軍和海軍中也是如此。鄂圖曼建築師錫南（Sinon）負責了那些最有鄂圖曼風格特色的清真寺的建設——這種風格的建築有雄偉的主體建築，上面覆有一個巨大的穹頂和許多長得像是蘑菇一樣的小穹頂，在建築的四角有四個像是鉛筆一樣的宣禮塔。這位建築師錫南就是一名耶尼切里。

最初，德夫希爾梅只來自新征服的疆土中的基督教家庭。但是征服者穆罕默德創立了另一種殘忍的創新制度：他把德夫希爾梅擴展到了自己的帝國中。因此，鄂圖曼帝國治下的所有家庭，無論是穆斯林還是非穆斯林，無論階級高低，都要把自己的幾個兒子送進這種特殊形式的「奴隸制」中，吊詭的是這種「奴隸制」卻提供了一條晉升至鄂圖曼社會最高階層的捷徑。

通過德夫希爾梅制度，鄂圖曼人為他們的社會打造出了一個全新的精英階層。然而和其他的社會精英不同的是，耶尼切里不允許結婚或者有（合法的）子嗣。因此他們無法成為世襲的精英階層。事實上，德夫希爾梅制度是一個不斷地給社會翻土，提供新鮮土壤的機制。它在各個社會階層挖掘出有前途的年輕人，給予他們最為嚴格的智能和體能訓練，然後賦予他們管理帝國的重責大任。很自然地，他們會從那些古老的、傳統的、軍事化、祖先來自中亞的突厥貴族那裡分走一大部分權力。這麼做可以很好地解決一個鄂圖曼人的心頭大患，無形之中削弱了他們的潛在對手們。

雖然鄂圖曼人完全可以根除他們的潛在對手們，但是他們並沒有這麼做。他們當然不能這麼做，鄂圖曼人採用的天才般的制衡策略給傳統貴族家庭保留了一部分權力，這使得他們又可以牽制那些耶尼切里，免得後者圖謀不軌。

那些傳統貴族家庭究竟保留了哪些權力呢？首先，他們仍然是帝國境內最大的地主及最主要的稅賦來源。雖然話是這樣講，但是「地主」這個稱呼或許會造成誤解，畢竟在官方說法上，蘇丹才是帝國境內的土地持有人。他有權將小片的土地出租給他想要租的人，這些小片土地被稱為

「稅務農地（tax farms）」，土耳其文稱之為「提瑪爾（*timars*）」。作為提瑪爾財產的所有人可以向稅務農地上的居民徵稅，那些居民中的大部分都是靠耕田維生的佃農。提瑪爾所有人被允許按照其意願徵稅，他們想徵多少稅就徵多少稅。作為這種特權的交換，他們每年給政府上繳固定金額的錢。剩餘的錢都歸他們自己所有。至於如何徵收賦稅則完全沒有規定。政府收取的金額多寡並不取決於提瑪爾所有人能回收多少金額，而是取決於提瑪爾的面積。因此它屬於土地稅，而非收入稅。如果一片土地的產出超過了政府預期的產出，那麼提瑪爾所有人則是受惠者，而不是政府受惠。如果一塊提瑪爾土地的收成很差，其所有人也要承受損失。如果提瑪爾所有人連續好幾年都交不出錢的話，那這一片提瑪爾就會被政府收回交給其他人。

每當打了勝仗，蘇丹都有可能把提瑪爾送給表現好的將領作為獎賞。一般來說，除非是新佔領的疆土，蘇丹肯定是要從某人的手中收回提瑪爾才能再將其授予另一個人。也就是說，提瑪爾的所有權並不是永遠穩固的，這就意味著提瑪爾所有人的土地貴族地位只能算是半世襲的。因此提瑪爾可以說是另一項促進社會流動的機制並且保障了鄂圖曼帝國內部的流動性。

讀者們很可能推測這個提瑪爾系統會鼓勵那些鄂圖曼貴族去壓榨他們的佃農。畢竟上繳政府稅金之後的盈餘都歸他們所有。但是提瑪爾的所有人並沒有那樣做，事實上，他們沒辦法為所欲為，因為佃農可以去沙里亞法庭上訴，而且沙里亞法庭是一個完全獨立的機構，是一個獨立的社會力量基礎，是由烏理瑪執掌和運行的。貴族對此完全沒辦法找捷徑。如果一個家庭想要「安插」一個司法系統的位子給他們的兒子，那他必須要經過和別人一樣久的流程加入到烏理瑪中，這是一個非常漫長的過程，事實上，就算他真的最終進入了這個烏理瑪，他的大部分社會人脈也會和其他烏理瑪成員連在一起。因此他的興趣和他們的興趣是一致的，他的興趣是由古老的教義而不是他的宗族和家庭所塑造的。

雖然具有廣泛的權力，但是宗教機構在鄂圖曼帝國並沒有把持穆斯林的宗教生活。作為大眾的宗教，蘇非派繼續繁榮興盛，多數人都至少在名義上從屬於這個或那個蘇非教團，而且還有很多人積極地參與到兄弟會中。這個現象並不意謂著鄂圖曼帝國境內所有（或是許多）的普通百姓都踐行神祕主義。更應該說蘇非主義對於大多數人來說，其意義已經變成了風俗習慣、民間迷信、聖蹟、護身符、治療、咒語以及對擁有超自然能力的蘇非「聖人」的崇拜。

此外，如前所述，這些蘇非教團與阿齊（akhis），也就是手工藝者和商人的同業行會之間有著錯綜複雜的關係。身為社會組織，阿齊同業行會擁有一定程度的自治權，為會員設立標準，針對新事業發行執照、收取會費、延展信用、支付退休金、負擔喪葬費用、提供健康照護、經營避難所及提供免費食物給需要幫助的人、頒發獎助學金、組織市集和嘉年華會、遊行及其他公開的娛樂活動。每一個同業行會都有自己的導師、委員會、謝赫及內部的政治流程。有委屈想申訴的會員可向行會申訴，就像是今日的工會成員可向工會代表上訴一樣，必要時行會官員可代表會員打官司或是代表會員向政府請願。同樣的，政府也給同業行會指定規章制度，為其設定標準並為了公共利益來管控市價。

每個手工藝者都屬於某個同業行會，而且許多行會成員也屬於某個蘇非兄弟會，蘇非兄弟會的關係跨越了行會的界限。一般來說，兄弟會設有會所作為會員集會和社交的場所，這些場所不僅開放給隸屬於同一個兄弟會的成員，也開放給路過的商人或旅客，實際上，這種行會——蘇非的會所成為了十分活躍的旅人救助及招待中心。

對於鄂圖曼帝國錯綜複雜的社會運行機制，以上的描述只能算是驚鴻一瞥：如果讀者更深入和仔細地研究鄂圖曼社會的話，你會發現每個層次中都有同樣複雜的運行機制。各種事情的各個方面都環環相扣地彼此聯繫在一起，當各個環節都各自平衡運作順暢時，整個社會的運行也是順暢的。幾個世紀之後，當帝國逐漸衰老，交織在一起的各部分和錯綜複雜的運行機制變成了鄂圖曼帝國十分特別的不利因素；這種複雜性意味著如果有一個地方或是一個領域出現了問題，那麼這種問題也會莫名其妙地出現在更多的其它地方或者領域之中——但這都是以後才會發生的事情。在十六世紀時，鄂圖曼帝國是一部運行順暢的超級機器。

鄂圖曼帝國的東向擴張並不算順遂，因為它遇上了另一個崛起的勢力——薩法維王朝（the Safavids，後文將有詳述），於是鄂圖曼帝國轉而向南發展，佔領了自印度洋至地中海的傳統阿拉伯心臟地帶，之後征服了埃及，終結了馬木路克王朝，向西沿著北非海岸線擴張。

蘇萊曼大帝在十六世紀的統治時期是鄂圖曼帝國的極盛時代，歐洲人稱蘇萊曼大帝為「Suleiman the Magnificent，光輝燦爛的蘇萊曼」，但是他則稱呼自己是「honorific of Suleimanthe Lawgiver」，即「榮耀的立法者蘇萊曼」，當時的鄂圖曼帝國很有可能是世界上的最大強權。其疆域橫跨歐亞，擁有羅馬(也就是君士坦丁堡)和麥加，更別提他們還擁有開羅了。鄂圖曼帝國的統治者統治了比其他任何人都更多的人口和土地。這也怪不得他們開始自稱哈里發了，而且沒有人對此提出質疑。當然了，有一部分的原因是因為當時已經沒人覺得這個稱號還有什麼值得一爭的了。在當時，哈里發的頭銜只具有儀式上的意義，但是依然值得注意到鄂圖曼統治者同時擁有在伊斯蘭世界最具權威的兩個頭銜：哈里發和蘇丹，這在歷史上是第一次歸同一人所有。對於穆斯林大眾來說，這清楚地意味著歷史又再次前進了：穆斯林社群回到了本來的軌道，成為了全球性的社群。

薩法維王朝（伊斯蘭曆九〇六年—一一三八年）

然而「哈里發」和「蘇丹」並非是伊斯蘭世界普世權威的唯一頭銜，別忘了還有什葉派對領導人的尊稱「伊瑪目」——談論至此就不得不說到波斯的薩法維王朝，也就是成功阻止鄂圖曼勢力東擴的王朝。

薩法維人是以最非同尋常的方式掌權的。他們的根源可以追溯至蒙古勢力崛起之後的一個蘇非兄弟會，他們圍繞在一位名叫薩法維．阿勒丁（Safi al-Din）的謝赫周圍整合了波斯北部，他們由此就被叫作薩法維人。

在三個世代以來，這個兄弟會的功能和當時其它的蘇非教團並沒有什麼不同：是一個十分平和的非政治化團體，在當時紛亂的時局中給人們提供精神上的陪伴及庇護。但之後教團的性質卻產生了轉變。首先，第三位謝赫去世之後，他的兒子繼位成為新的謝赫，當他去世後，他的兒子再繼承其位，如此循環往復。簡而言之，這個教團的領導權變成了世襲制的。

其次，在發展的過程中，這些謝赫開始有了政治上的野心。他們有計畫地招納特定會員進入他們的精英階層，這些人不僅僅是學習修煉其精神宗教的技術，還學習武藝。他們開始變成了謝赫們的保鑣，然後變成了謝赫們的命令執行者，再後來就變成了一支重要的軍事團體。

這些武裝的神秘主義者頭戴一種特別的紅帽子作為薩法維禁衛軍的象徵物，因此他們被人們稱為「奇茲爾巴什」（Qizilbash），即突厥語的「紅腦袋」（the redheads）。他們的帽子有著非常特殊的十二道皺折設計，反映了第三項也是薩法維教團最重要的轉變：他們改信了什葉派。

十二道皺折代表了主流什葉派的十二位伊瑪目，正如我在前文闡述過的，什葉派認為伊瑪目擁有絕對及世襲的宗教權威，伊瑪目是真主在人世間的代表，世間只會有一位伊瑪目而不會出現第二位，真正的伊瑪目是先知的女兒法蒂瑪和夫婿阿里所延續下來的先知後代。

只要一位伊瑪目有好幾個兒子的話，一旦這位伊瑪目去世了，關於哪一個兒子才是真正的伊瑪目傳人的爭議就會開始。在第五位伊瑪目和第七位伊瑪目去世時所爆發的就是這種爭議，分別產生出了五伊瑪目派（Zaidis或Fivers）和伊斯瑪儀派（Isma'ilis，也叫七伊瑪目派，Seveners）。

其餘的什葉派信徒都認同以阿里為首的十二位伊瑪目人選，但是第十二位伊瑪目在他還是小孩的時候就失蹤了。非什葉派信徒認為他是被殺害了。但是什葉派信徒相信他從未死去，而是進入到了一種「隱遁（occulation）」的狀態，這個概念是什葉派所獨有得概念：隱遁意味著他不會（不能）再被人普通人看到。

主流什葉派（或十二伊瑪目派）認為這位第十二個伊瑪目是「神隱伊瑪目」，什葉派教義認為神隱伊瑪目一直活著，他仍舊與真主直接溝通，仍以某種人們看不到的方式指導世界。教義中並未說明神隱伊瑪目是如何保持神隱的。教義也沒說他是隱形了，還是被賦上了偽裝，還是變形了，或藏在地洞中，還是以別的什麼方式。我們所說到的這些對於如何達成神隱的解釋其實都屬於科學範疇的解釋，而神隱是一個神秘主義的概念，是和科學的解釋毫不相干的。

什葉派教義宣稱第十二位伊瑪目將於歷史終結之時現身，激發出真主社群的至善性，開創一個最終的公平時代（final Age of Justice），這是所有良善的穆斯林所追求的完結點。在這完結點之後，歷史就結束了，然後死者將復活過來，然後真主的最終審判將會依據人們應得的賞罰把他們分成永居天堂的人和下地獄的人。正因為期待隱遁的伊瑪目在末日來臨前的現身，什葉派信徒有時候會把他當作馬赫迪（Mahdi），即「被期待的那個人」（這個概念在遜尼派伊斯蘭教中也有，但沒有如此的生動）。今天的大部分伊朗人都屬於這一派別的什葉派，因此十二伊瑪目派是當代什葉派中的主流。

在十五世紀的中葉，薩法維人接受了這一套複雜的信仰。奇茲爾巴什上面的那十二道褶皺的設計就是十二伊瑪目的象徵。這時候的薩法維人已經是一個有點像是邪教團體的組織，以一個野心勃勃的謝赫為首，他的手中掌握著一支數目不斷增加的軍隊。他手下的士兵不僅僅將他看作是最高指揮官，而且還將他視為通往天堂的生命線。

這些政治化的薩法維人在社會動亂的背景中行動著。曾被成吉思汗摧毀了的波斯世界又再次經歷了帖木兒的摧毀，已經變成了一個又一個的由突厥首領統治的支離破碎的公國。每個突厥首領都是堅定的遜尼派信徒。與其相對的是，長久以來，人們就已經把什葉派和波斯人對外來侵略的抵抗聯繫到了一起，這個模式自從被阿拉伯人佔領的時候就開始了，當突厥人接過大權，這個模式就再次被拿出來。現在，當蒙古的災難已經過去，這個被叫作薩法維的什葉派武裝派別輕而易舉地就把當時出現的反對派和革命行動聯合到了一起。難怪地區性的王公開始把薩法維人當成是眼中釘肉中刺。

在一四八八年，這些王公中的一位決心要採取行動。他殺了薩法維教團的領袖，隨後他也把這位謝赫的長子殺了。他大概也要把那位名叫伊斯瑪儀（Ismail）的兩歲小兒子也殺了，但是奇茲爾巴什搶先一步，迅速地將孩子藏了起來。

在接下來十年裡，薩法維教團固化成了一個強大的祕密社團，伊斯瑪儀在不停躲藏、不斷地更換藏身之處的狀態下長大成人。奇茲爾巴什自始至終都認定他是教團的領導人，而不僅僅是傀儡。他們敬重這位小男孩，並相信他身上潛藏著神性的火花。讀者們不妨想像一下當他將要成年之時，他會如何認識這個世界（和他自己），他在躲藏中成長，隨時都擔心有致命的危險，甚至在最早的記憶中，身邊都有著一群頭戴紅帽子的幽靈般的人們向他鞠躬，言聽計從，執行他的任何意願。偶然間，這個男孩居然長成了一位以自我為重，出色和堅韌的人。

在十二歲的時候，伊斯瑪儀帶著他的奇茲爾巴什軍隊從躲藏的狀態中現身出來。他迅速地解決掉殺害他父親的那位王公。其他的各位王公開始站出來想要摧毀他，他們心裡想著，除掉一個十二歲的男孩能有多難？但後來的事實告訴我們，非常難。

在一五〇二年伊斯瑪儀十五歲的時候，他宣佈自己是「Shahanshah」，這個詞的意思是「王中之王」。這個稱呼是曾經薩珊王朝的君主以及更之前的諸位君王所用的。通過拒絕「哈里發」或者「蘇丹」的頭銜，伊斯瑪儀也就拒絕了阿拉伯和突厥的歷史傳統，而表現出對本土的波斯認同的喜愛。他稱自己統治的領土為伊朗，喚醒了波斯人對於菲爾多西的史詩《列王書》（*The Book of Kings*）中的祖先君王的記憶。事實上，伊斯瑪儀的政治宣傳者們宣稱他與昔日薩珊王朝的國王有血緣關係。

為了能和他周圍的鄰居區別，伊斯瑪儀宣佈十二伊瑪目什葉派作為國家的官方宗教，還讓他的追隨者公開詆毀伊斯蘭的前三任哈里發：阿布·巴克爾，歐瑪爾及奧斯曼，以國家的名義宣布阿里才是穆罕默德唯一的合法繼承人，而自先知之後傳承下來的各位伊瑪目只是宗教性的權威。伊斯瑪儀的宣傳人員還散佈消息說伊斯瑪儀除了是薩珊王朝的後代，也是阿里的後代。他們還暗示說伊斯瑪儀可以與隱遁的伊瑪目直接溝通（這樣的說法當然也暗指他可以直接與真主溝通）。事實上，伊斯瑪儀離宣稱自己就是隱遁的伊瑪目只差了一點點，他本人說不定還真以為自己就是隱遁的伊瑪目呢——畢竟以他的成長方式來看，要叫他如何相信自己不是隱遁的伊瑪目呢？有人說他甚至覺得自己就是真主。

在強烈的使命感驅使之下，伊斯瑪儀派出說客進入鄂圖曼帝國傳播宗教思想。他的說客要求鄂圖曼土耳其人改信什葉派並接受伊斯瑪儀作為他們唯一的受神指引的領導人。他還不遺餘力地迫害在他統治下的遜尼派信徒。有一些人看穿了國王行為背後的神經質，所以急忙逃到了鄂圖曼帝國，至於選擇留下來的人，很多人不是被囚禁就是被殺害了。

但是，讀者大概不知道鄂圖曼蘇丹塞利姆（Selim the Grim，殘酷的塞利姆）為了實施報復，開始在他的國土上囚禁和迫害什葉派信徒。不可避免的結果就是遜尼派向西逃往安那托利亞，而什葉派則是向東逃往波斯。整個過程導致了什葉派信徒前所未有地集中在了薩法維王朝（而遜尼派則更加集中於鄂圖曼帝國境內），薩法維王朝也竭盡所能地大力推動這一趨勢，並把什葉派教義和波斯文化融合起來。這種什葉派教義及波斯民族主義的融合成為了這個新帝國的意識型態基礎，也是後來之現代伊朗的國家內核。

作為這項運動的一部分，薩法維王朝將坦茲亞（*Tazieh*）上升到了國家級儀式戲劇的高度。坦茲亞是什葉派信徒紀念胡塞因在卡爾巴拉殉難的生動演出，演出通常是在被叫作「*takiahkhanas*」的地方舉行。按照傳統，在穆哈蘭姆月（month of Muharam）的第十天（胡塞因殉難紀念日），什葉派信徒會在那些地方齊聚一堂進行集體悼念的儀式——這項傳統已經延續了好幾個世紀了。在悼念儀式的過程中，只要有人覺得有必要上台講一段殉難故事的橋段，他就可以跳上台來講一段故事，以增添場上的悲傷氣氛。什葉派信徒從此變得十分熟悉殉難故事的每一個細節，因為每個故事大概都要一遍遍地講述這些細節。通過這種講故事的方式，什葉派發展出了一套獨特的以引起悲傷為目的的演說形式。坦茲亞就是由那些在歷年的悼念集會中被表演過的故事所組成的（有許多片段以文字的形式被記錄了下來，但是並沒有單一的文字版本）。如今薩法維人掌控了權力，為了營造公共性的悲傷效果，帝國各處的什葉派信徒走到了街上（不再僅限於*takiabkhanas*）進行悼念儀式，後來還獲得了在國家資助的劇場中表演的機會，由政府資助的專業演員在舞台上表演。

伊斯瑪儀二十七歲時發現自己畢竟不是真主。鄂圖曼帝國是通過入侵他的領土來給他上了這一課。渴望一戰的伊斯瑪儀立即展開了迎戰。這二支軍隊在靠近塔布里茲（Tabriz）的查爾迪蘭平原（the plains of Chaldiran）遭遇了。鄂圖曼軍隊擁有槍械，但薩法維人覺得他們有更好的武器——老式的宗教狂熱和有神指導的領袖。這一次，槍械看起來更有用處。塞利姆擊潰了伊斯瑪儀的部隊，還差一點殺了伊斯瑪儀，並且佔領了他的首都塔布里茲。

查爾迪蘭戰爭與標誌著英格蘭成為民族國家的黑斯廷斯戰役（the Battle of Hastings）有一樣重要的地位。歷史學家通常認為鄂圖曼帝國是獲勝的一方，但總得來看則是一場平局，因為塞利姆沒辦法控制塔布里茲。隨著寒冬降臨，他撤退回了較為安全的安那托利亞內陸，波斯人於次年重新佔領了塔布里茲並執行了焦土政策，使得侵略者如果再次發起攻擊便會面臨無糧可食的窘境。因此，查爾迪蘭戰役成為了界定鄂圖曼人和薩法維人邊界的戰役，這條邊界後來被穩固了下來，直到後繼的國家土耳其和伊朗也是以此為界沿用至今。

伊斯瑪儀在查爾迪蘭戰役之後變得既傷心又消沈，這次戰敗讓他開始重新思索自己的命運。他的餘生差不多都在隱居，沈思宇宙的奧秘並創作宗教詩歌。伊斯瑪儀雖然消沈下去，但是薩法維王朝卻蒸蒸日上，一部分的原因是因為繼任者們很有才能而且都很長壽。

隨著兩國的邊境線或多或少地穩定了下來，鄂圖曼帝國和薩法維帝國之間的敵意開始消解，彼此間的貿易開始興旺起來。薩法維帝國的疆域一直都比鄂圖曼帝國小，而且從未像鄂圖曼帝國那樣強盛過，但是因為其單一的官方宗教和單一的主要民族，薩法維帝國的文化也更為統一。

波斯帝國毫無疑問地是在伊斯瑪儀的玄孫沙・阿巴斯大帝（Shah Abbasthe Great）治下達到了國勢的巔峰，他在位四十二年，於一六二九年離世。阿巴斯用槍械和火砲裝備他的軍隊，在他的統治下，伊朗發展出了繁榮的由國家支持的紡織業、陶瓷業、服飾業和地毯產業，這些產品出口到了遠至歐洲、非洲和印度的宮廷中。

繪畫藝術，特別是所謂的「波斯細密畫（Persian miniature）」——細節極其精緻的場景被花草和幾何圖案邊框包圍起來的繪畫——在薩法維時代的波斯達到了巔峰。因為穆斯林十分尊崇對古蘭經的書寫，所以書法在伊斯蘭世界被看作是一種重要的藝術形式，這門藝術也是在這一時期發揮到了極致。這兩門藝術在插圖手抄本中被結合到了一起，這種插圖手抄本在當時是擁有最高藝術高度的產品，而這種藝術形式中最精美的作品即是為薩法維君主特製的菲爾多西的史詩《列王書》：這部作品有兩百五十八幅圖畫和由不同藝術家完成的六萬行書法——簡言之，這部作品就是這兩種藝術形式的共同寶庫。

薩法維帝國的創造力之巔峰在其建築風格上得到了徹底展現。比如，不像是鄂圖曼帝國的那種由宣禮塔區分成好多個嚴肅的小圓頂的恢宏清真寺建築，薩法維人採用了具有空間感的建築結構，並採用釉面馬賽克瓷磚來表現出閃閃發光的效果，讓建築看起來就像是彩色的花車一樣。所以即便是巨大的清真寺看起來也像是用蕾絲和光線建造的。

如果說建築是薩法維波斯的最高藝術形式的話，那麼它的城市建設就可以說是其建築形式的藝術之源。薩法維人不斷地更換首都（為了躲避可怕的鄂圖曼威脅），而且每當他們來到一個新的城市，他們都會在審美上重建這個城市。在西元一五九八年，他們將伊斯法罕選為新都城，沙・阿巴斯開展了一場將這座城市轉變成一顆璀璨寶石的建築計畫：當他完成的時候，這座城市擁有了許多的公共廣場、花園、清真寺、大宅邸、水池、宮殿和公共建築，並有漂亮的大街充斥其間。讚嘆不已的訪客們開始有了：「*Isfahan Nisf-Jahan*」的說法，可以翻譯成「伊斯法罕是天下的一半」，這句話的意思是說：如果你沒來過伊斯法罕的話，你就錯過了一半的天下之美。

鄂圖曼人的世界和薩法維人的世界雖然迥然不同，但是在兩國政府的敵意中間，也有一種文明性上的同一感。這種感覺就像是英格蘭和法國之間的那種感覺，甚至相異的地方更少。一位旅客如果從伊斯坦堡來到伊斯法罕，或者反之從伊斯法罕來到伊斯坦堡的話，他大概會或多或少地感覺到很熟悉的地方。這其實是一件很精彩又難以置信的事，有兩個如此強大而又各具特色的帝國肩並肩地在如此相同的時期崛起。比這更加不可思議的是，還有另一個巨大、富有特色、恢宏而且強大的穆斯林帝國也在差不多同一時期矗立著，這個帝國即蒙兀兒帝國（Moghul Empire）——最終發展到了疆域從緬甸橫跨印度並延伸至阿富汗中部，和薩法維帝國的邊境相接的帝國。

蒙兀兒帝國（約伊斯蘭曆九〇〇年——一一七三年）

在財富和國力上，蒙兀兒帝國和鄂圖曼帝國在每一點上都是相當的。全世界有大約百分之二十的人口生活在蒙兀兒人曾經統治過的土地上，包括有五個現代國家的全部或部分領土，這些國家是阿富汗、巴基斯坦、印度、孟加拉和緬甸。這個龐大帝國的創建者和沙．伊斯瑪儀幾乎是同一時代的人，他名叫巴布爾（Babur），是「老虎」的意思，而且在有些方面上，他幾乎比那個奇異的薩法維青年更神奇。

巴布爾宣稱他自己是帖木兒和成吉思汗的後代。至於是什麼樣的血緣關係能把他們連在一起就不得而知了，但是巴布爾卻把這一血統的傳承看得十分重要；因為這一觀念給了他一種終身的使命感。巴布爾的父親曾統治了今日阿富汗北部的費爾干納（Farghana）小王國，當他的父親在西元一四九五年去世時，巴布爾繼承了父親的王位。當時他十二歲。

巴布爾即位不到一年就失去了王位，這一點也不讓人吃驚：畢竟他才十二歲。但是他隨後重整旗鼓並佔領了傳奇的撒馬爾罕——這裡曾經是帖木兒的首都——但他隨後又失去了這座城市。於是他又回到了費爾干納並奪回了那裡。結果他的敵人又再從他手中奪回了費爾干納。隨後他又第二次征服了撒馬爾罕，這次跟著他的人只有兩百四十人——所以他始終沒辦法守住撒馬爾罕。當巴布爾長到十八歲的時候，已經有兩個王國從他的手中兩次得而復失，他這時候只是帶著自己的母親和姊妹以及幾百個人跟隨著他在阿富汗的群山中東躲西藏。在三年的時間裡，他們在各地流竄，找尋著他們新的王國：當國王就是他所知道的一切，國王的頭銜就是他所追尋的唯一事業。

我敢說任何一個能讓一群成年戰士四處跟著他居無定所地四處奔逃的青年人一定是有什麼出

色的地方；而且巴布爾在身材上絕對是一個嚇人的範例。有傳說說巴布爾可以用他的腋下夾著一個身高馬大的成年人跳過溪流（故事並沒說那個成年人對於這項練習做何感想）。但是和那些典型的硬漢不同的是，巴布爾個性很敏感，具有藝術氣質，而且浪漫。在冒險旅程之中，他隨身帶著日記，晚年還寫了一本自傳，這本自傳還成為了突厥文學的經典名作。後來當他的孫子把這部作品翻譯成了更有影響力的波斯文之後，這本書也在波斯文學的領域中享有很高的地位。在這本書中，他用非同尋常的坦承來記錄自己。比如，在一次重要的軍事失敗後，他告訴我們他曾「哭得好慘」。是什麼樣的硬漢會承認這樣的事情呢？他後來還寫到了他的包辦婚姻以及儘管他作出了最大的努力，他還是對他的太太難以產生任何熱情，他寫道他只是每週或者每兩週才去找一次他的太太，唯一的原因是他媽媽一直對他碎碎唸。後來他戀愛了——和一個他在巴扎市場裡見到的男孩。「在那像是升起的泡沫一般的慾望和激情中，在年少輕狂的壓力下，我曾光著腳到處蹓步，沿著大街小巷和花園酒莊；不論是朋友還是陌生人，我都失禮地對待，既不關心自己，也不關心別人……」[7]這位未來的皇帝就這樣在我們面前展露了他敏感容易受傷的青春期——而且這個人是一個已經有兩次征服又丟失撒馬爾罕的經驗的傢伙。

在四處漫遊的過程中，巴布爾和他的追隨們來到了一個山坡上，他們看到腳下的山谷之間夾著一個迷人的城市。巴布爾又一次墜入了愛河，這一次是和喀布爾。而且喀布爾，按照他的說法，也對他情有獨鍾：那裡的居民憎惡他們的國王並祈求巴布爾可以取而代之。這是不是聽起來就像是來自征服者的不可以相信的政治宣傳？或許如此，但是我可以告訴各位讀者，喀布爾人對巴布爾的喜愛一直縈繞到了今日。由巴布爾建造的公園仍俯視著喀布爾城，那也是喀布爾人所喜愛的一個公園，裡面有巴布爾的陵墓，至今仍是一個受人歡迎的聖蹟。

巴布爾於一五〇四年成為了喀布爾的國王，自此他就有了發展的基地。幾經思索之後，他放棄了再度佔領撒馬爾罕的企圖。他和他的謀士們決定向南進發，就像眾多的突厥－蒙古征服者曾經做過的一樣。巴布爾帶著一萬人進入了印度，與率領著十萬人的德里蘇丹（sultan of Delhi）在帕尼帕特（Panipat）的平原上相遇了。以一敵十——這又是神話故事一樣的記載！不僅如此，蘇丹還有一千隻戰象，但是巴布爾也有他的優勢——槍械。當新科技戰勝了古老的生物時，巴布爾也一舉擊敗了蘇丹並佔有了德里。就像是鄂圖曼人和薩法維人一樣，蒙兀兒人也是以子彈和大砲戰勝敵人的長矛和弓箭的。自此三大穆斯林「火藥」帝國中的第三個也登場了。

蒙兀兒人，甚至比薩法維人更有過之而無不及地從一系列長壽又有才能的統治者身上獲益。在帝國的前二百年中，僅有六位統治者當政。他們之中的大部份人都很有激情，浪漫而且富有藝術氣質。至少有三位是軍事天才。有一位是個糟糕的行政者，但他的妻子努爾・賈汗（Nur Jahan）卻在背後垂簾聽政，而且她可以說是和蒙兀兒帝國最好的統治者一樣出色——她是一位精明的商人、詩人、藝術贊助者、一位出色的運動員，還是她所在的時代中最為有手腕的政治家。

---

7 Zahirud-din Muhammad Babur,*Babur-nama*,translated by Annette S.Beveridge,(1922;Labor:Sange-e-Meel Publications,reprinted 1987),p.121

六位統治者中只有一個是紈絝子弟，那個人就是巴布爾的兒子。這個酒鬼花了十年時間將他父親打下的基業敗光。然而當丟失了王位的他在阿富汗的群山中逃亡的時候，他的妻子生下了一個寶寶，這個男孩就是後來的阿克巴大帝（Akbarthe Great），他所處的時代中最卓越的君王，和同期英格蘭的伊莉莎白女王齊名。在阿克巴以王子的身份慶祝十二歲生日時，他的父親決定將王位奪回來並且達成了目的。在這之後不久，有一天他的父親正站在他的圖書館的樓梯頂上，當他聽到遠處傳來的呼喚人們做禮拜的喚禮聲的時候，他突然決定要革新自己的人生，於是他匆忙地跑下樓打算從此開始過聖人般的生活，但他卻絆倒並摔斷了自己的脖子，這件事使得他年輕的兒子繼位了。

阿卡巴鞏固了他祖父所征服的土地並加以擴大，還在整個帝國中建立了秩序。光是這樣的成就就足以將他稱為舉足輕重的君主了，但是阿克巴遠不止一名征服者那麼簡單。

從一開始，他就認識到了他帝國的弱點：一小部分穆斯林試圖統治人口巨大的印度教徒，而且自從五百多年前加茲尼王朝的馬默德蘇丹開始，穆斯林就在擄掠、搶奪和殺害那些印度教徒了。阿克巴以被他成為「普世寬容（*sulahkul*, universaltolerance）」的原則來鞭撻這樣的行為。為了證明他是多麼的認真，他娶了一位印度教徒公主並且宣佈她的第一個兒子為王位繼承人。

阿克巴以穆斯林所享有的相等權利把政府的所有職位開放給印度教徒。他廢除了在這一地區的穆斯林統治者長久以來強加給印度教徒的參拜印度教聖蹟的懲罰性稅金。阿克巴還免除了古蘭經中提到過的由非穆斯林繳納的「吉茲亞稅（jizya）」。他用一種面向所有臣民，無論地位高低都要繳納的土地稅代替了上面提到的兩種稅務。事實上，在當時的世界上，還沒有哪個國家曾向貴族徵收稅務，但是阿克巴打破了這個陳規。他還命令他的軍隊要保護所有宗教的聖蹟和聖地，而不僅限於伊斯蘭教的。

這位偉大的蒙兀兒帝國君主還廢除了他的祖先曾經依賴的現有軍事貴族制度，並取而代之以一套行政性的系統，在這套系統中，所有的官員都是接受任命到任的，而且有一定的任期，在任期結束後，官員必須另謀高就。從本質上說，阿克巴試驗了任期限制的概念，以此中斷了過去曾帶來太多麻煩的地區性軍閥的產生機制。

阿克巴自從生下來就是以穆斯林的方式被教導成人，他也毫無疑問地把自己看作是一位穆斯林君主，但是他也深深地對其它的宗教感到好奇。他召集來印度教徒、穆斯林、基督徒、耆那教（Jains）、祆教徒、佛教徒及其他的宗教領袖齊聚一堂，解釋及辯論各自的觀點，皇帝則在一旁聆聽。最後，阿克巴認為每種宗教都反映了某一部分的真實，但沒有宗教能呈現完全的真實，因此他決定從每個宗教中取出最好的部分再融合成一個全新的宗教稱之為「丁伊拉赫（*Din-illahi*）」，即「神的宗教」（The God Religion）。這個新宗教的教義包括，第一，真主是一個單一及全能的整體；第二，宇宙是反映造物主的單一整合體；第三，每個人的首要宗教義務都是不傷害其他人；第四，人們應該作為「完美的人格」（Perfect Lives）的榜樣，這樣的榜樣曾有很多——穆罕默德就是其中之一，阿克巴如是說，而且什葉派的各位伊瑪目也位列其中。阿克巴以此含蓄地暗示他自己也提供了這樣的榜樣。

阿克巴為他的新宗教所著迷，他甚至還為此興建了一個全新的城市。以紅砂岩打造的勝利之城（Fatehpur Sikri）在沙漠中拔地而起，圍繞著阿克巴最喜愛的蘇非神祕主義者的聖蹟及陵寢。這裡的主要建築是他的私人會客廳，這是一個獨棟的大房間，有高聳的穹頂和唯一的一種傢俱元素：一根高高的柱子和窄小的走廊連在一起沿著牆壁通往陽台。阿克巴的座位就在這根柱子的頂部。來面見君王的人民在陽台上陳情請願。大臣和其他的相關人員則在樓下洗耳恭聽。

沒有人站出來反對他傳播新的宗教，這可以說是他魅力和支配力的證明，但是這個宗教卻沒有推行開來。因為對穆斯林而言，這個新宗教不夠伊斯蘭；對印度教徒來說也不夠印度教。他所打造的勝利之城也沒有持續很久：它因為水源乾涸的關係導致了城市的沒落。

但阿克巴的思想也不是完全地變成了過眼雲煙。這種把伊斯蘭教和印度教的精華結合起來的運動在巴布爾的時期就隨著神秘主義將兩者的交匯而滲透進了印度次大陸。例如在一四九九年，有一個名叫拿納克（Nanak）的人因為感受到了一種宗教體驗而宣稱「不存在印度教，也不存在穆斯林。」儘管出生在印度教家庭，他轉向了蘇非派並致力於拒絕和反對種性制度。他開始了一種傳授精神技術的傳統，這種精神技術是直接從師傅傳授給弟子的，這一傳統直接反映出了來自印度教大師和蘇非聖人的影響。古魯．拿納克的追隨者後來開始稱呼自己為錫克（Sikhs），一種新的宗教誕生了。

和古魯．拿納克處在同一時期，不識字的詩人卡比爾（Kabir）的生身母親是一個信仰印度教的寡婦，但他是被一個穆斯林織工家庭撫養成人的。他長大後開始出口成章地吟誦出歌頌愛的詞章，這些作品同時具有一些蘇非派和一些印度教的靈感，有人用筆將他的即興作品記錄了下來。這些詞句一直保留到了今天。

當蒙兀兒印度的蘇非主義者遵循口頭創作的傳統創作出激情四射的詞章時，宮廷詩人也在用波斯文詮釋出複雜難解的玄學風格詩歌。與此同時，蒙兀兒藝術家也發展出有自己豪邁特色的「波斯」細密畫和插圖手抄本。

蒙兀兒人創造力的頂峰在建築上所表現出的是將鄂圖曼風格的雄偉和薩法維風格的空靈豔麗成功地結合起來。第五位蒙兀兒君主沙賈汗（Shah Jahan）本人就是這領域的天才。在他的統治期間，他被稱作是一位公正的統治者，但是到今天已經沒有幾個人能夠記得他諸多政治上或軍事上的成就了，而人們至今仍牢記的是他對他的妻子慕塔芝·瑪哈（Mumtaz Mahal）綿長的愛。慕塔芝·瑪哈的名字是「宮殿之飾」的意思，她在沙賈汗即位不久後就過世了。這位傷心的皇帝之後投入二十年的時間為她建造一座陵寢，這座陵寢即泰姬瑪哈陵（Taj Mahal）。泰姬瑪哈陵常被稱為世界上最美麗的建築，與達文西的蒙那麗莎的微笑和米開朗基羅的西斯汀大教堂壁畫並列為非凡出眾、舉世知名的傑作。最令人驚訝的是這位主導此一藝術傑作的人每天還要日理萬機地治理一個帝國，雖然有眾多的建築師和設計師都在為泰姬瑪哈陵貢獻力量，但是，是這位皇帝負責了建造過程中對每一個細節的管理：他才是那個統籌全局的大師。[8]

8 Waldemar Hansen, *The Peacock Throne, The Drama of Mogul India* (New York: Holt, Rinehart, and Winston, 1972) pp. 113-114, 493-

蒙兀兒帝國最後一位傑出的統治者是沙賈汗的兒子奧朗則布（Aurangzeb），他沒有什麼美學上的造詣。他對音樂、詩歌與繪畫都相當無感。他的激情所在是宗教，而且沒有什麼要比他的家族在這片次大陸上所首倡的寬容的傳統更令他不快的了。在他的父親的統治末期，他開始對抗他的父親並且奪得了權力。他把這位年邁的老人囚禁在一座石頭城堡裡，沙賈汗的晚年就是在這裡的一個單間牢房中面對著一個高得沒辦法看到外面的鐵窗前度過的。然而在他去世之後，獄卒發現監牢的牆上有一面小鏡子，沙賈汗可以站在他的床上通過鏡子的反光看到外面，他唯一可以從那裡看到的是就是泰姬瑪哈陵。

奧朗則布的夢想是恢復正統伊斯蘭教在蒙兀兒帝國中的特權地位。他的軍事才能就和他的曾祖父阿克巴一樣出色，而且和阿克巴一樣，他也在位長達四十九年，因此他有足夠的時間和力量在這片次大陸上深化他的改變。

然而，奧朗則布尋求和推行的改變和他的曾祖父阿卡巴大帝所推行的東西完全相反。他恢復課徵吉茲亞稅，對印度教徒重新徵收特別稅。他命令他的禁衛軍摧毀了所有新建的印度教聖蹟。他驅逐政府中的印度教徒並且對拉其普特（Rajpurs）開戰，他們是南方的半自治政權，對其開戰的目的是為了更進一步強化拉其普特的蒙兀兒政府權力和穆斯林宗教機構，即印度的烏理瑪。

奧朗則布還嘗試根除錫克教。古魯・拿納克是一位堅定的和平主義者，但奧朗則布的迫害卻讓錫克教徒轉變成為一個尚武的宗派，自此之後錫克教的宗教禮器中便包括了一把長長的彎刀，虔誠的錫克教男性都必須隨身佩帶。

即便蒙兀兒王朝的最後一位傑出統治者是一位嚴厲冷酷的狂熱分子，但是這個王朝還是在歷史上書寫下了濃墨重彩的一筆，而且在他統治的巔峰時期，也就是西元一六〇〇年前後，蒙兀兒帝國毫無疑問的是世界上三個最偉大而且國力最強的帝國之一。

事實上，在一六〇〇年的時候，一個旅行者可以從印度尼西亞乘船來到孟加拉，然後穿越印度，跨過興都庫什山脈（Hindu Kush）直達烏滸河北岸的大草原，之後再穿過波斯、美索不達米亞平原和小亞細亞來到巴爾幹半島，然後經高加索地區折返穿過或繞過黑海，向南穿過阿拉伯半島抵達埃及，西行至摩洛哥，在這段路途中，這位旅行者總是可以發現自己無時無刻地身處於同一個文明之下的大致相似的世界裡——這就像是一個現代的旅行者從舊金山來到倫敦再穿過歐洲，他會發現自己總是身處在同一個文明的洗禮下，只是在這裡有一點德國味道，那裡又有一點瑞典味道，在別的什麼地方又有點西班牙、不列顛或者荷蘭的味道。

沒錯，一位十七世紀的旅人如果要穿越穆斯林世界的話，他會遇到不同的在地習俗和各種語言，的確，他得要越過國境並且呈交文書證件給為不同政權效力的官員，但是無論他走到哪裡，他也會毫無疑問地找到許多的共同元素。

例如，在所有這三個偉大的穆斯林帝國及其周邊區域裡，這個旅行者都會發現掌握政治和軍事力量的是突厥人。（即便是在薩法維王朝的波斯，統治者家族在血緣上也是突厥人，大部分的奇茲爾巴什

494.

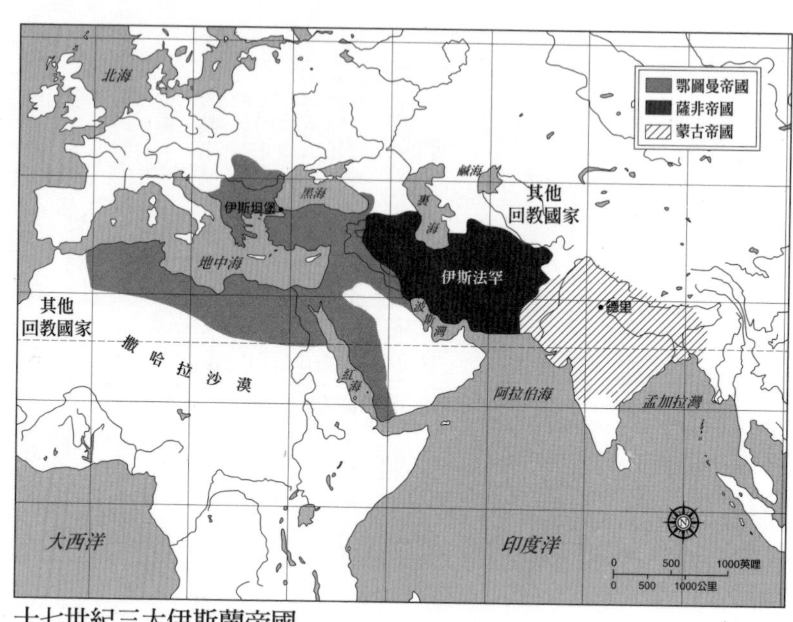

十七世紀三大伊斯蘭帝國

也是如此。）旅人在這個世界之中會發現受教育的文人通曉波斯文及波斯古典文學。在各處都聽得見用阿拉伯文呼喚的提醒人們禮拜的喚禮詞（*azan*）一日五次地從各地的宣禮塔上傳來，而且在各種宗教儀式中聽到的語言也都是阿拉伯文。

旅人所到之處，不僅僅是在這三個帝國，還包括遙遠的邊境地區，比如在印尼和摩洛哥，這些社會都處於一個由規則和勸告所形成的網中，這些規則和勸告向上發展成了法律，向下發展成了日常的實踐和禮儀，在這兩者之間不存在一個界線。而且每個社會都有自己的烏理瑪，這些烏理瑪組織都很強勢，自行更新代謝（self-regenerating），由非經選舉產生的學者階級組成，他們對人們的日常生活有影響力。旅人途徑各處，都能見到蘇非派和蘇非教團。生意人和商旅擁有較高的社會地位，但略低於與宮廷相關的官僚階層及官員，這些官員們本身也是社會上獨特又重要的一個階層。

這名旅人遍及公共領域的各處都很少能看到女性。在這個從印度尼西亞延展到摩洛哥的世界中，他可以發現社會或多或少地分為公領域和私領域，女人則退隱在私人領域中，而男人則幾乎全部佔有了公共領域。

旅人在公開場合中所見到的女性——以上街購物或者到別人家作客的女子為例——大致都穿著某種遮蓋性的服飾或者遮住了她們的面部。如果他看到沒有遮蓋面部的女性，他知道她是屬於比較下層階級的：可能是佃農或者僕人，或者某方面的勞力提供者。不管這些女人們穿什麼樣的衣服，都不會裸露她們的胳膊、腿，或者乳溝，她們會配戴某種形式的頭部遮飾。

男人們的服飾在各地都不一樣，但無論這個旅人走到哪裡，男人們的頭部也都是遮蓋住的，他們的衣服會比較寬鬆而不顯出體型，在做禮拜的時候，男人們會穿著能夠確保遮蓋住襠部的衣服。

在這個世界中的各個地方，書法都是具有特別高地位的一種藝術形式。（與抽象藝術和裝飾藝術相對的）具象性藝術是很少見到的，除非是在插圖手抄本中，而且口頭傳述的形式和文字傳述的形式都具有很高的地位。

另外，這位旅人所經過的城市大概都像是沒有直通各處的大街的村莊集合體；不會有城市會像希臘式城市那樣有棋盤形的街道網絡。每個街區都有自己的巴扎，每個城市都有各自的大清真寺，所有的清真寺都有穹頂和宣禮塔，而且普遍都裝飾有上釉的馬賽克瓷磚。

如果這名旅人在這個世界中和某個陌生人攀談起來，他將會發覺這個人和他擁有共同的神學背景：兩個人都知道亞伯拉罕宗教傳統中的重要人物——亞當、大衛、摩西、諾亞等等；兩個人除了知道穆罕默德，也都知道阿布·巴克爾、歐瑪爾、奧斯曼和阿里，而且他們對於這些人會有各自的認知和看法。對於重大歷史事件，他們也會有些共同的知識基礎，例如，他們可能都知道阿巴斯王朝和黃金時代以及當初所發生的大事，他們也知道蒙古人以及他們帶來的大災難。

事實上，在西元一六〇〇年，在穆斯林世界中的普通人都應該會認為穆斯林各帝國以及它們周邊的領土就是「整個世界」了。或者，按照芝加哥大學的歷史學家馬歇爾·哈濟生（Marshall Hodgson）的說法來說，就是：「如果有一個火星人在十六世紀時造訪地球的話，他應該會覺得整個人類世界都在接近變成穆斯林的邊緣。」[9]

當然，這位火星人誤判了情勢，因為歐洲自十字軍運動以來的發展，已經讓歷史的進程在這時發生了傾斜。

9 Marshall Hodgson, *Rethinking World History*(Cambridge: Cambridge University Press, 1993) p. 97.

11
同時期的歐洲
MEANWHILE IN EUROPE

伊斯蘭曆六八九—一〇〇八年（西元一二九一—一六〇〇年）

埃及的馬木路克在西元一二九一年將最後一批十字軍驅逐出了伊斯蘭世界，但是在歐洲，十字軍運動的殘留影響在這之後的好幾年裡繼續發酵。那些由羅馬教會（Church of Rome）所培育的軍事宗教團體帶來了一些沒有事先預料到的效果。比如說，聖殿騎士團（Templars）變成了頗具影響力的國際銀行家。醫院騎士團（The Knights Hospitaller）則佔領了羅德島（island of Rhodes），之後將總部移到了馬爾他，他們或多或少地演變成了在地中海中搶劫穆斯林船隻的海盜。條頓騎士團（The Teutonic Knights）佔領了足夠大的普魯士領土並且建立起一個延續到了十五世紀的國家。

與此同時，歐洲人也繼續嘗試著向穆斯林世界發動新的進攻，但是這些攻勢十分的無力，有一些在沿路中就解散了，其他的攻勢也脫離了本來的目標。所謂的北方十字軍（Northern Crusade）最後將矛頭指向了波羅的海地區的異教斯拉夫人。在歐洲境內，教宗煽動各地的君主發起了許多針對「異端」的小型戰爭，這些君主的軍隊也被貼上了「十字軍」的標籤。舉例來說，在法國境內曾有一段歷時頗長的「十字軍聖戰」反對一個叫作阿爾比派（Albigensians）的教派。在伊比利半島，十字軍運動持續到了一四九二年，直到他們佔領了格拉納達（Granada），將最後的穆斯林王朝逐出了伊比利半島才停止。

有一部分的十字軍精神則從真正的十字軍運動中延續了下來，這是一種新的動機鼓勵人們到東方去：是一種對來自比如印度或者更遠島嶼的貨物貿易的渴望，那些比印度更遠的島嶼被歐洲人稱作東印度群島（Indies）。在這些貨物中就有來自印度的被稱作「糖」的神奇商品。從馬來西亞和印度尼西亞來的貨物則是胡椒、肉豆蔻和其他的各種香料。那些中世紀中期（High MiddleAges）的廚師們喜歡在他們烹調的各種食物中放入香料——他們經常在開胃菜和甜品中放入相同的香料，反正他們就是熱愛香料！[1]

但麻煩的是，十字軍東征雖然激起了歐洲人對東方貨品的需求，卻也同時阻礙了歐洲商人接近貨源的機會，因為十字軍的侵略造成了一條從埃及一直延伸到亞塞拜然的敵視基督徒的帶狀區域。歐洲商人無法越過這道牆來直接與貨物的源頭進行貿易：他們必須請穆斯林中間商出面接洽。雖然說馬可波羅就是在這段時間裡去了中國，但是他和他的同伴們只是十分不尋常的一群人，歐洲人對於他們能去到中國並且回到歐洲感到十分的驚訝。事實上，大多數人都不相信他真的去到了中國：人們把他的冒險遊記稱作「百萬」，來指代他們認為書裡謊話的數目。穆斯林控制了黑海的東岸，也擁有高加索的群山和裏海之濱。他們還擁有紅海以及所有通往紅海的路線。歐洲人不得不從敘利亞和埃及的穆斯林商人手中得到印度和東南亞的貨物，而且穆斯林商人毫無疑問地把價錢哄抬到了市場所能接受的最高價格，如果客戶是歐洲的基督徒的話那就更是如此

1 See C. M. Woolger, "Food and Taste in Europe in the Middle Ages," pp. 175-177,in *Food: The History of Taste*, edited by Paul Freedman,(Berkeley: University of California Press, 2007).

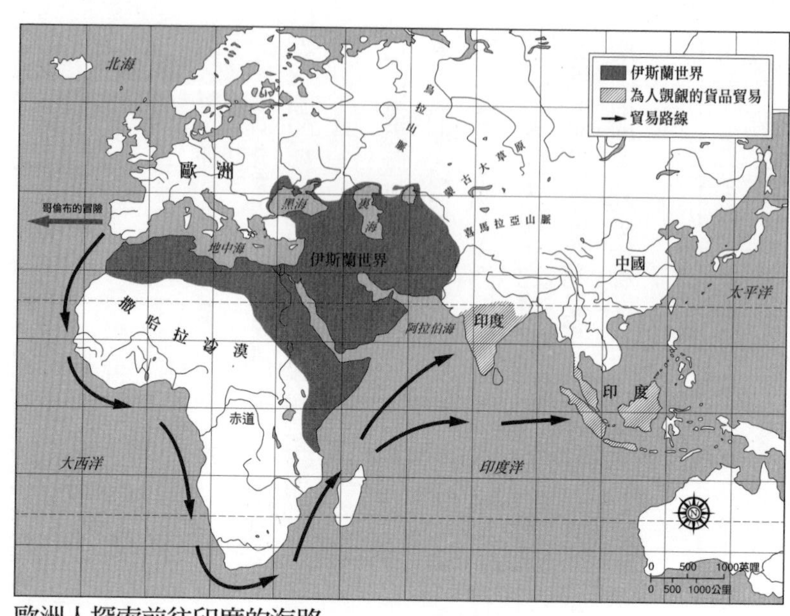

歐洲人探索前往印度的海路

了，他們用這種方式報復十字軍東征時期埋下的種種仇恨，就更別提那些法蘭克基督徒還曾和蒙古人聯合起來打擊穆斯林的往事了。

西歐的貿易商要如何應對呢？

這正是十字軍運動中的那種探索精神的新歸宿。穆斯林雖然佔據了通往世界上最重要的古老市場的各條陸上線路，但是幾個世紀以來，穆斯林的君主和人民都沒有注意到，西歐人已經在航海技術方面取得了飛越。首先，後十字軍東征時期的歐洲人，其中有那些來自北方的海上維京強盜，他們十分擅長航海，已經駕著他們的龍船越過了北大西洋去過了格陵蘭。這些人曾一窩蜂地入侵英格蘭，在英格蘭，「北方人（*Northmen*）」這個詞被含糊說成了「諾曼人

（*Norman*）」。有一些這樣的諾曼人遷移到了法國的沿海地帶並且住了下來，這個地區就變成了人們熟知的諾曼第（Normandy）。

但是不僅僅是維京人而已。所有定期從斯堪地那維亞航行到南歐的人都發展出了形式粗糙的大船而且還學會了如何駕駛著它們在北大西洋的狂風大浪中行駛；正因如此，西歐人變得十分習慣航海生活。擁有了如此出色的水手，一些野心勃勃的統治者就開始夢想能在歐洲和東亞之間航行而拋開中間的所有陸上交通，這樣的話也就自然而然的甩掉了穆斯林這個大麻煩：簡而言之，歐洲人對於尋找通往印度和更遠島嶼的海上路線有著濃厚的興趣。

葡萄牙的亨利王子（雖然沒有親自參加他所贊助的任何一次航海探險，但還是被稱作「航海家亨利[Henry the Navigator]」）在這項事業上傾注了極大的支持。亨利王子和葡萄牙的國王有著十分緊密的聯繫，但是更重要的是，他是整個西歐最富有的人之一。他資助船長們沿著非洲的海岸線向南航行，尋找能夠繞過非洲大陸的辦法。亨利的書信和告示告訴我們他本來把自己看作是一名十字軍，想要通過戰勝摩爾人（Moors）來證明自己是一位偉大的基督教君王並且要為了基督教尋找新的靈魂來加以拯救。[2]

然而他的水手們所發現的許多新靈魂都住在黑皮膚的軀殼中，而這些人有著作為奴隸的商業價值，結果是，航海家亨利變成了奴隸貿易販子亨利。除了奴隸，在葡萄牙人向南航行的途中，

2 Peter Russel, *Prince Henry the Navigator* (London: Hispanic and Luso Brazilian Council, 1960).

他們也發現了各種的有市場價值的商品，比如金沙、鹽巴、鴕鳥蛋、魚油——貨物清單上的東西列都列不完。不斷發現的新奇商品讓十字軍的夢想中多了經濟上的動力，於是十字軍運動就讓位給了歐洲人所稱的地理大發現。或許最具戲劇性的大發現是發生在一四九二年，哥倫布（Christopher Columbus）跨過大西洋是為了找尋通往印度的路線，無意之中卻來到了美洲大陸。哥倫布的航行是由斐迪南（Ferdinand）和伊莎貝拉（Isabella）所資助的，這兩位天主教君主完成了將穆斯林驅逐出伊比利半島的十字軍使命，統一了西班牙的各個天主教王國。

大家都知道當哥倫布在加勒比海上的伊斯帕尼奧拉島（Island of Hispaniola）登岸時，他自以為已經抵達了東印度群島。在他的錯誤被認識到之後，印度以東的各個島嶼開始被稱為東印度群島，而加勒比海上的群島則被稱為西印度群島。大多數的穆斯林對於這項意義重大的地理發現只產生了很模糊的感覺，鄂圖曼帝國的資料直到西元一五七〇年代才對哥倫布的航行有一些輕描淡寫的記錄，只有少數的鄂圖曼繪圖家繪製出了比較準確的世界地圖，呈現出兩個美洲大陸的正確位置。然而到了那時候，西班牙已經在墨西哥建立了新帝國的雛型，英格蘭人、法國人等等則已經開始了對更北地區的墾殖。

與此同時，在中央世界的東部，穆斯林早就發現了歐洲人最初想要尋找的東西：穆斯林貿易商已經在馬來西亞和印度尼西亞航行了好幾百年了。在這片水域建立起根據地的許多穆斯林商人屬於不同的蘇非教團，通過他們，伊斯蘭教在第一個歐洲人到來的很久以前就在東印度群島札根了。

在開拓之風襲捲葡萄牙人、西班牙人、英格蘭人、荷蘭人和其他北歐人的很久以前，南歐人已經在海上建立了一定程度的影響力。他們的文明是建立在航海之上的，而他們卓越的航海技術可以追溯至羅馬人、希臘人，甚至更之前的邁錫尼人（the Mycenaeans），克里特人（the Cretans）和腓尼基人（Phoenicians）。

截止到十四世紀，熱那亞人（Genovese）和威尼斯人（Venetians）已經用他們最大最堅固的一些船隊參與地中海貿易場上的競爭了，在水上，這些義大利人也可以作戰。威尼斯人在君士坦丁堡擁有大額的貿易量，在鄂圖曼帝國接過了統治權之後，威尼斯人勇敢地在伊斯坦堡設立了商務辦公室。

地中海的貿易為義大利帶來了巨額的財富，促進了城市國家（city-states）的興起，不僅僅是威尼斯、熱那亞，還包括佛羅倫斯、米蘭及其他城市。在義大利，金錢取代了土地成了財富和地位的主要決定因素，商人成了新興的權勢菁英，像是佛羅倫斯的梅第奇家族（the Medicis of Florence），米蘭的斯福爾扎家族（the Sforzas of Milan）這樣的家族取代了舊有的封建地主軍事貴族，所有的財力，所有的企業能量，所有的城市多元性，所有的政權實體都在這裡展開了近距離的競爭，攀比華麗的排場、建築物和聲望，並創造出了歷史上前所未有的社會活力。任何一位有天賦的藝術家和有手藝的工匠都能很容易地在這時的義大利一展身手，因為有太多的藝術贊助人為了得到他們的效勞而在彼此競標。伯爵、樞機主教甚至是教宗都爭相吸引像是米開朗基羅（Michelangelo）和達文西（Leonardo da Vinci）這樣的藝術家來為他們效力，因為他們的作品不僅僅是漂亮，更是他們地位的象徵。義大利開始充滿了藝術、發明和創造力，後人將這個時代所取得的成就稱之為「義大利文藝復興」（the Italian Renaissance）。

與此同時，書籍也開始重領風騷。在中古世紀的黑暗時代，除了神職人員之外，歐洲幾乎所有人都是文盲，神職人員識字的目的不外乎是閱讀聖經和舉行宗教儀式。舉例來說，查理大帝時期的日耳曼基督教神職人員相當尊崇拉丁文，並使用拉丁文主持宗教儀式，他們認為這是上帝所使用的語言。他們擔心如果他們的拉丁文水平退化了，上帝會聽不懂他們的祈禱，因此他們保存並研習了一些像是由西塞羅（Cicero）這樣的異教徒寫成的書，他們閱讀這樣的古籍只是為了幫助他們掌握這門古老語言的文法、結構和發音。他們希望自己可以清楚地發出每個音節讓上帝聽到。當研讀類似西塞羅之類的作品時，他們努力地試圖忽略書中的內容，只把焦點放在文體上，以此來確保自己不受異教徒觀點的玷污。他們的這種保存拉丁文的努力使得這門語言變得僵化，並最終淪為了一門死去的語言，只能用於宗教儀式和禱文，無法成為辯論或思想的載體。[3]但是儘管如此，他們把藏書當成一門手藝，這意味著會有一些教堂和修道院有汗牛充棟的藏書充滿他們的地下室和儲藏室。

後來，到了十二世紀，基督徒學者開始造訪穆斯林的安達魯西亞（Muslim Andalusia），他們在那裡結結巴巴地用拉丁文轉述阿拉伯文翻譯的希臘哲學家的著作，比如亞里斯多德和柏拉圖的著作。大部分這樣的著作都是在托雷多（Toledo）完成的，當時在托雷多的翻譯事業蓬勃發展，許多書籍自托雷多來到了西歐，最終進入到教堂及修道院的圖書館裡。

他們在安達魯西亞發現的阿拉伯文作品中包括有大量的穆斯林哲學家的評述性著作，比如伊本・西那（Ibn Sina，歐洲人稱其為阿維森納[Avicenna]）和伊本・魯世德（Ibn Rushd，歐洲人稱其為阿威羅伊[Averroes]）的作品。他們的作品主要是關注於將希臘哲學和伊斯蘭神啟配合起來。基督徒對於這樣的成就毫無興趣，他們傾向於忽略穆斯林加諸於亞里斯多德及其他人的衍生闡述，而是去探索如何把希臘哲學與基督教的神啟配合起來。通過這樣的努力，產生了許多重要的「學院派」哲學思想家，比如湯瑪士・阿奎那（Thomas Aquinas），鄧斯・史考托斯（Duns Scotius）等等。穆斯林和古希臘作品之間的聯繫就是這樣從歐洲的文化記憶中被抹去的。

歐洲的學者們開始聚集到那些有圖書館的修道院去，因為書都藏在那裡。然後，學生們也開始聚集到那些有圖書館的修道院，因為學者們都在那裡。身無分文的學者們在追求學問之際藉由教學勉強維持生計，學術圈開始在修道院的周邊發展起來，之後進一步發展成了歐洲最初的一批大學。其中最早的一所大學之一就在巴黎聖母院（Notre Dame）附近出現了。另外一個很早的學術圈變成了那不勒斯大學（University of Naples）。隨後在英格蘭的牛津也發展出了大學。當兩派學者在那裡爆發了爭執後，一派人氣憤地出走，來到了劍橋並建立了自己的學術圈。

那些學者們在這些初期大學中逐漸意識到大多數的學生連展開學習的最起碼基礎也不具備，所以他們設立了一系列的標準課程來讓這些學生可以為之後的學習做準備，舉例來說，這些課程

3 Daileader, Lecture 15, *Early Middle Ages* (Chantilly, Virginia: The Teaching Company, 2004).

中的修辭學、文法、邏輯以及算數，只是為了讓他們知道如何讀、如何寫、如何思考。成功完成了這些基礎課程的學生們被稱作學士（baccalaureates），也就是拉丁文的「初學者（beginners）」之意；也就是說至此他們才可以真正開始學習一些真正的學科，比如神學、哲學、醫學或者法學。當然，在今天，學士學位（baccalaureate）所指的就是四年制大學的畢業文憑。

隨著財富在歐洲的逐漸累積，有一些人得以將畢生的時間用來學習、閱讀、寫作和從事藝術。隨著重新回到歐洲的希臘思想，一系列的新觀念進入到了歐洲知識分子的想像力中。希臘人曾經說過：「人是萬物的尺度，（Man is the measure of all things）」而且希臘的異教萬神殿中的「神」是一系列結合了人性的神祇的集合，並且像人類一樣用戲劇化的方式進行彼此間的互動。希臘人帶著敏銳的觀察力體會自然世界以及現世人類的奧妙。他們將辨別各種自然現象的規律作為解釋這些現象的第一步，並且在這一點上取得了很大的進展。那些閱讀和討論古希臘著作的人開始對這些事情產生了興趣，因此，他們對於揭示地球萬物生命的奧妙產生了興趣，這種態度與羅馬帝國崩解以後的教會所持的態度十分衝突，因為對於中世紀基督教的普遍教義來說，現世的物質世界是罪惡的。人們來到現世的唯一目的就是脫離現世。因此唯一值得研究的科目就是來世，而且唯一值得參考的文本就是聖經和神學性的著作。新興的人文主義者並不覺得自己是在和基督教做對；他們並不覺得自己是無神論者；但是教會卻認為這是一種具有威脅性的新思想體系，他們預見到了這一趨勢的發展方向。

基督教曾是在逝去的羅馬帝國的框架中發展的。它發展出了和羅馬行政等級制度相似並且受其影響的教會等級制度。當帝國的結構崩解以後，基督教的結構自然而然地取而代之，成為了繼續支撐人們生活的框架。拜占庭的皇帝一直是帝國等級制度的頂端，也就自動成為了基督教教會體系的頂端。各種各樣的主教受制於皇帝而作為教會的領導者，這就像是受制於皇帝的省長一樣。基督教的教義由那些皇帝所發起的會議上的主教們（bishops at councils）來制定，並且週期性地由相似的會議來更新教義，但皇帝總是擁有最終的話語權。

由於基督教和羅馬帝國如此根深蒂固的交織在一起，所以當羅馬帝國一分為二的時候，基督教會也分裂成了兩個。在東方，皇帝仍是教會的首腦。在西方，具有如此意義的「皇帝」頭銜則已經不復存在了。在政治上，歐洲大陸分裂成了特別是由軍閥所控制的各片小領地。在這樣的環境下，教會成為了西歐的文化凝聚力以及文化統一的唯一仰賴，成為了說不同語言的人們之間的文化媒介而且幫助各政權之間可以繼續交往或者在彼此的領地上通行。為了完成這樣的功能，教會的教義必須是統一的，被廣泛理解和接受，因此教會發展出了一種糾察異端和鎮壓異端的殘忍態度。

在十字軍東征時期，西歐的教會經常定期處決異端——任何人只要公開表示背離傳統教義的見解的話——都會被釘死在柱子上，或者是被施以火刑。

隨著教會對日常生活的控制越來越緊，羅馬的主教就變成了西歐的一個重要人物。人們開始稱呼他為「*ilpape*」，即「教宗（pope）」，因為人們將他看作是基督教社群的「爸爸」。在東方，君士坦丁堡的大主教（patriarch of Constantinople）是宗教領導人物，但是還有很多別的和他地位平行的大主教，他只是他們之中比較重要一點點的那一個。在西方，教宗的權威凌駕於其他所有主教之上。大概在十字軍運動時，天主教開始提出教宗永遠不會犯錯的教義。

與此同時，教會的支配力也開始擴張到整個歐洲大陸並滲透到每一個細微之處。每個農村、城鎮、城市都有神父及地區教堂的特定教區，每位神父都以相同的方式及語言來舉行相同的儀式。教會等級制度被完全合理化並且嵌入到了人們的生活中：每一位神父都聽命於更高一級別的主教，主教再聽命於大主教（archbishop），大主教再聽命於樞機主教（cardinals），樞機主教則聽命於教宗。

然而，隨著十字軍東征結束，教會霸權體系開始崩解。宗教改革派開始公開質疑教會的特權。牛津教授約翰．威克里夫（John Wycliffe）於十四世紀晚期將聖經翻譯成了最通俗的語言——日常英語，此舉震驚了教會人士。為什麼要這樣呢？如此一來，一般人就可以閱讀及理解聖經。教會官方不能理解為什麼要讓一般人了解聖經，因為他們已經有神父可以替他們了解聖經了。

威克里夫還更進了一步。他指出神職人員必須是窮人，就像是耶穌的門徒們一樣，而且教堂和修道院所擁有的土地應該被拿來用於世俗事務，此舉大大地激怒了教會。由於威克里夫有強而有力的政治後台保護著，所以他得以頤享天年，但是在他去世的四十年後，一位教宗居然將他的屍骨挖了出來，磨成粉末丟到了河裏：如此可見，這股怒氣一直存在。

教會餘怒未消的一部分原因是因為威克里夫的理念並沒有因為他離世而消失。例如，在他之後的下一代人中，波希米亞神父揚．胡斯（Johann Huss）呼應了威克里夫的想法，他認為每個人民都有權以自己的語言閱讀聖經，這項理念開啟了龐大的翻譯計劃。教會人員引述宗教法典證明他的行為是錯誤的，他則引述聖經的內容加以反駁，宣稱聖經的地位凌駕於教會之上。這樣的言論超過教會容許的範圍，於是胡斯立即遭到了逮捕，用他所倡議的通俗版聖經抄本作為燃料，將胡斯活活燒死了。簡而言之，基督教對待第一批宗教改革者的反應和伊斯蘭教對於蘇非派的前身——哈拉傑（Hallaj）的反應如出一轍。

然而，殺害宗教改革者的行為並沒有澆熄人們對改革的渴望。威克里夫、胡斯及其他同類的宗教改革者已經碰觸到了在人民心中不安地醞釀已久的東西——對真正宗教體驗的一種不求回報的渴望。

宗教官僚制度已經把教會變得十分強大而且給歐洲帶來了文化上的統一，但是宗教官僚制度最終還是沒有辦法給人們帶來他們可以合理存在的核心經驗。日耳曼神學教授馬丁・路德（Martin Luther）所提出的理論正好命中了這一要害。路德是一個被罪惡感折磨著的人。不管他做什麼事，他都覺得自己是一個通向地獄的罪人。基督教的儀式本應該通過洗刷罪惡來減輕他的罪惡感，但是對他來說，沒有一種儀式是有效的。他嘗試了各種辦法——無論是齋戒、自我鞭笞、每日的聖餐還是無止境的自我懲罰，當神父最後告訴他無罪了的時候，他根本就不相信神父所說的。他只有審視自己的內心才知道自己是不是仍不純潔。他知道，這是因為他仍然有那種負罪感。

有一天，路德突然產生了一個前所未見的念頭。這個念頭就是他永遠都無法獲得救贖，除非他相信自己已經獲得了拯救。假若他沒有這種信念，無論神父做了些什麼或說了些什麼都沒有用；假若他秉持這種信念，無論神父做了些什麼或說了些什麼也都不再重要。這樣的想法引發了一個很大很大的疑問：神父到底是做什麼用的？甚至他們為什麼會存在？

事實上，這一信念讓路德深信，救贖並不是領取救濟金，是沒辦法賺來的（not beearned）。救贖是一份禮物，只有收到了這份禮物才能得到救贖，而且只有通過信仰，通過內在的過程，絕不是通過所謂的「某種工作」，不是那些表面上的善舉和行為。

有了這樣的念頭作武裝之後，路德發現這個世界上到處都是透過「工作」來追求救贖的人，更糟的是，這些工作是由龐大、富有、具有很強組織性的官僚機構所指派的，這個官僚機構就是羅馬教會。他開始感到害怕，因為如果他的想法是正確的話，那所有的這些「工作」便都是白費工夫！

在所有的那些由教會所指派的「工作」中，最讓路德覺得警覺和不悅的地方在於教會有權發放贖罪券（granting of indulgences）。贖罪券可以赦免對某些原罪的處罰，而且教會聲稱它們有權發放這樣的贖罪券，作為交換，人們要上繳一些好東西或者值錢的條件給教會。這種行為可以追溯至十字軍時代，那時候教宗給予願意出征去攻打突厥人的人贖罪券。後來隨著十字軍運動的式微，教會開始給願意付錢的人發放贖罪券。俗話說千里之堤，潰於蟻穴。一些神職人員有可能會為了私利來發放贖罪券。總之在馬丁．路德的時代，不論你用什麼樣的角度來看，教會發放贖罪券的行為都意味著人們可以花錢免於地獄的刑罰，並且可以花錢購買開往天堂的快車票。

讓人們花錢來進天堂已經夠糟糕了。但是對於路德來說，這樣的行為意味著更糟糕的事情。

如果說救贖是一種個人和上帝之間的某種直接、私人的互動的話，那麼教會收取獻金的行為就是讓人們進入一扇自己無權決定開關的大門。這簡直不僅僅是貪污，而且是最糟糕的偷竊和欺騙！

西元一五一七年萬聖節的晚上，路德在維滕貝格（Wittenberg）的一個教堂的門上釘上了一份內容頗具煽動性的文告，提出了九十五條論綱，列出了反對教會和目前作法的九十五項論述。路德的文告成了一夜之間颳來的旋風，點燃了新教改革（Protestant Reformation）的火焰。

新教改革並非一起單一事件。一旦馬丁．路德開啟了這扇門，改革的熱情隨即散布到各地，各種各樣的改革家紛紛推出不同的運動，各種新的教派也應運而生，每個新教派都有屬於自己的特殊信念，但大抵而言它們都具備以下四個共同點：

- 救贖是可被感知，是一種隨時隨地的經驗。
- 救贖只能僅僅透過信仰達成。
- 人和上帝之間的連結不需要媒介。
- 人們可以從聖經中得到任何他們需要知道的宗教知識；人們不需要懂拉丁文，也不需要了解教會會議所做的結論或者由神父和學者所提出的公告或判決。

從某種方面來說，觸發了新教改革的動因源自某種不滿和渴望的情緒，這些情緒和蘇非派興起的動因是相同的。然而在西方，並沒有一位西方版的安薩里（Ghazali）來融合保守派教義和對個體化的宗教進展的追尋。

從另一方面來說，新教改革和伊本・罕伯里（Ibn Hanbal）與伊本・泰米亞（Ibn Taymiyah）的運動——也就是極度反對蘇非派的運動很相似。就和那些穆斯林神學家一樣，新教改革者希望去掉所有那些對教義所做的後續添加，並回歸到最初的源頭：也就是回歸聖經。回歸宗教經典。

但是最終，新教改革和伊斯蘭歷史中發生過的任何事情都不同。新教改革發起了針對教會和教宗的反叛，但是在伊斯蘭教，並不存在有教會或教宗供大家去反叛。在西方，新教改革者對天主教教會霸權的破壞不會帶來一些完全統一的新型教會的興起，而是賦予了個人更多的力量。這樣的追求方向並不會與基督教教義發生衝突，因為基督教本來就是一個以個人為出發點的宗教：是一種給個體提供救贖的宗教。然而伊斯蘭教，則是一項提供給社群的計畫，是指導一個社群要如何運行的宗教；任何旨在保障每一個個體都有權按照他自認為的最佳方式去踐行宗教的運動，這樣的運動本身就和伊斯蘭教的核心教義相悖。

通過賦予個人更大的權力，新教改革所產生的影響遠不僅僅是在宗教上。在有些層面上，打破了「這個教會」的掌控相當於打破了任何教會的掌控。十六和十七世紀的新教改革者的確只是在談論宗教上的事務，也的確是每個教派都有很絕對也很片面的關於人和上帝之間的恰當關係的觀點。大概沒有一個宗教改革者想的是要鼓勵人們在信仰的問題上放開桎梏，發散思考。然而無論宗教改革者的本意是如何，呼籲個人對於救贖的責任使得每個人都有正當的權力思考自己想要從上帝那裡得到什麼。而個人思考自己想要從上帝那裡得到什麼的權力又進一步暗示了人們有正當的權力去思考自己想要從其它的任何事上獲得些什麼。

新教改革在這一方面的影響與古希臘思想的重新發現交互在了一起，人們對異教的拉丁學者重新產生了興趣，再加上阿拉伯思想家涓涓細流的影響，歐洲人被這種交互的影響滋養了。感覺到可以靠自己來尋求救贖的人們因此自然而然地開始了自由地觀察神和這個世界的本質，當到處都浮現出這種有趣的觀念時，有一些人不可避免地開始用新的方式來看待他們周遭世界的奧妙，並試著解決人們的疑惑。

假若這個時候的教會依舊無所不在並且一言九鼎的話，這些觀念就將會被要求背負上和宗教有關的解釋。例如一個人在思考：「為什麼萬物都是往下掉而不是往上飛呢？」那麼這個時候，那個無所不在的教會的聲音就會在這個人的潛意識中出現並且質問：「考慮這種事情會對成為一個更好的基督徒有什麼幫助嗎？」如果一個人無時無刻都要背負這樣的包袱的話，那麼他是沒有辦法思考的。

從這樣的包袱中解脫出來的哥白尼就提出地球是圍繞著太陽運行這樣的假設。這個簡單而又大膽的假設解釋了有關星體運行的事情，但是卻沒辦法說明為什麼上帝沒有要整個宇宙圍繞著祂最寶貴的創造物，而是圍繞著別的東西來運行的問題。如果你不需要回答第二個問題的話，回答第一個問題就變得容易多了。有很多關於自然的問題都是這樣：只要不用將解釋侷限在宗教中，很多關於自然的問題都會變得更容易解釋。

對大部分的思想家而言，這樣的想法與信仰並沒有抵觸；只是說宗教信仰是一件事而解釋自然又是另一件事：他們是分屬於二種不同領域的探究過程，從來就不應該把兩者湊在一起。把對自然奧秘的探索從宗教的框架中分離出來使得歐洲人可以在新教改革之後的兩個世紀裡提出令人目不暇接的一系列科學概念與發現。

舉例來說，法蘭西斯．培根（Francis Bacon）和勒內．笛卡兒（Rene Descartes）顛覆了亞里斯多德的提問方式並力求科學方法的精進，這群人同時也建立了宇宙哲學機制模式，用單純的物理原理解釋眾多的物理事件。伽利略和笛卡兒等人進一步解構了亞里斯多德的想法，即世界萬物由土、空氣、水和火組成，代之以物質的原子理論，奠定了現代化學的基礎。

安德雷亞斯．維薩里（Vesalius）首先以解剖學的觀點來標示人體，威廉．哈維（William Harvey）則發現了血液循環。他們兩個和其他人一起奠定了現代醫學的基礎。雷文霍克（Van Leeuwenhoek）發現了微生物的世界，從而有了巴斯德（Pasteur）重要的疾病細菌理論。

羅伯．波以耳（Robert Boyle）開啟了熱力學四大定律的形成進程，單是這四大定律就控制了從兔子的消化系統到宇宙的生成這些大小現象中的能量轉換法則。

不要忘記他們中最偉大的科學家艾薩克．牛頓（Isaac Newton），他發明了微積分，以三個簡單的方程式解釋了宇宙中從一塊小石頭到一個星球的所有物體的運行方式並發現了重力定律，使得哥白尼和伽利略以來對於天體的移動的解釋終於得到確認；除此之外，他還描述了光的自然波動並且進而發現了光譜。從未有過任何一位單一科學家能作出如此多的科學發現，之後也沒有人在科學成就上能與牛頓相提並論。因此，當牛頓自認為他一生最大的成就在於終生未婚時，就格外顯得諷刺。

但是這裡有一件非常有意思的事情供我們思考。穆斯林科學家早在這些西方科學家達到如此成就之前，其實就已經到達了這些理論的門檻處。例如在十世紀，拉濟（al-Razi）就駁倒了蓋倫（Galen）作為醫學治療基礎的四大氣質理論（theory of four humors）。在十一世紀，伊本・西那以數學的方式分析了運動現象，比牛頓的成功研究早了六個世紀。在十三世紀，伊本・納夫斯（Ibn al-Nafis）對血液在人體中如何循環的描述比維薩里早了三百年。一〇三九年去世的伊本・海薩姆（Ibn al-Haytham）發現了光譜，他還描述了科學的方法，並且建立了作為科學研究之基礎的量化分析及實驗：他可以說是牛頓之前的牛頓以及笛卡兒之前的笛卡兒。關於物質，穆斯林已經有了複雜的原子觀點，這是從印度科學家那裡得到的啟發，而且有些穆斯林科學家已經從中國人那裡得到了關於宇宙的複雜機械化模型。

真正具有重大意義的事物並非這些科學發現本身，而是科學的觀點，因為西方人經過持續不懈的努力，靠著不停累積前人發現，不斷強化彼此的論點，才產生出一系列完整且延續性的新方式來觀察和解釋世界，這種科學的觀點使得西方可以爆發出那些後來的先進科技。但是為什麼這一切是發生在西方而不是東方呢？

答案有可能是因為當穆斯林有了重大的科學發現時，正趕上他們的社會秩序開始分崩離析，反觀西方世界的重大科學發現正趕上社會秩序從長期的崩壞中恢復過來，這時候又有宗教改革打破了教會在人們思想上的束縛，使得人類能夠自由思考。

因此新教改革成為了歐洲中興的關鍵。但這場改革還和歐洲的另外一場影響深遠的運動交織在了一起，這就是作為政治實體的民族國家的出現。這兩者之所以交織在一起是因為當馬丁·路德等宗教改革人士與教會對抗時，他們會在歐洲的各個君主那裡避難，歐洲各地的君主常常因為地方權力歸屬的問題和教宗發生齟齬，爭吵的是宗教機構擁有決定權還是世俗機構擁有決定權。新教改革引發了一場遍及歐洲各處的暴力衝突，直到一五五五年的奧格斯堡合約（the Peace of Augsburg）才停止。在奧格斯堡，參與角逐的各方勢力達成了一個里程碑式的原則：無論國家大小，每個國家的君主都有權力決定他的國家是和羅馬教會在一起，還是信仰新教各教派中的某一派。但結果是奧格斯堡只帶來了一次休戰。破壞力在三十年戰爭（Thirty Year's War）中再次的爆發出來，這次戰爭相當於一場席捲了整個歐洲的內戰，戰爭的原因基本上是關於哪種宗教佔優勢的問題。最後當衝突終於平息下來之際，各方在一六四八年於威斯特發利亞（Westphalia）簽訂了合約，當初在奧格斯堡所訂下的原則終於獲得了確認。隨著長久以來的個人主義的壯大，新教改革最終瓦解了歐洲全體（Europe-wide）的意識型態，形成了一個國家和教會相互強化並推崇民族主義的系統。

最早的民族國家是在英格蘭和法國形成的，這兩個國家在一三三七年至一四五三年間，不定時地進行著百年戰爭（Hundred Year's War），當然，這並不是一場持續性的戰爭，而是被和平中斷的一些戰爭。在戰爭以前，並沒有所謂「英格蘭」和「法國」的概念。那只是由不同貴族統治的領土而已，貴族與貴族之間又存在著不同的合縱連橫關係。帝國，比如中世紀的加洛林王朝

（Carolingians），也只是一系列領土的集合。作為這些領土的皇帝代表的是擁有徵稅的權利和權力，以及自他們領導的民眾之中徵兵，與其他皇帝合縱連橫交換手中的領土、進行貿易往來或是為了從其他君主手中搶奪一小塊領土而發動戰爭，其實和小孩子搶玩具或是交換棒球卡沒什麼太大的差別。同一位皇帝統治的兩塊不同領土的人民，在這種狀況下無法被激發出人民彼此之間的同胞感。同時處在禿頭查理（Charles the Bald）的統治之下並沒有辦法讓人民感覺到歸屬感進而團結一致。

然而，隨著百年戰爭的進行，由一群人所共享的同胞情感被發展了出來。首先，法國人說法文和英格蘭人說英文的狀況愈來愈明顯，法國人與同樣說法文的人之間自然會產生團結感，更是和不停發動攻擊的說英文的軍隊不一樣。與此同時，長期進行征戰的講英文的士兵會與同袍講述他父親曾參與的一場戰爭，而同袍的父親可能也參加過那場戰爭，他們的兒子也許還會參與同樣的戰爭，藉著這個過程，他們彼此之間會更團結一致，產生團隊合作的信賴感。這段期間，「國王」的概念逐漸發展，意義上已經超越了地位最高的貴族，「國王」可說是「國家」概念初期發展的具體表現。

百年戰爭一開始是從大貴族和他們的騎士之間的戰爭開始的，他們在戰爭中還帶著各自的跟班給他們抬行李，而且這些跟班有時候還會把他們簡陋的箭射向對方的跟班，這些箭對於射殺那些身穿金屬盔甲的真正士兵根本不起作用。然而在戰爭進行到了某一階段的時候，英格蘭長弓被發明出來了，這種弓箭可以發射得更遠更有力，而且能夠穿透盔甲。很快，戰線後方的一列弓箭手可以在對方的前排騎士還沒來得及衝出陣線的時候就將他們殺死。

從此之後，騎士就不再是能決定戰爭結果的兵種了，這也就意味著騎士過時了。封建的政治組織中包括了由人際關係組成的網絡。隨著封建制度的逐步消亡，那些掌握金錢的人就可以組織大規模而且不受人際關係左右的軍隊參戰，甚至後來還可以組織這些軍隊為其工作。從一方面來說，這一轉變使得國王成了他的國家的權勢人物：他是最適合籌錢來組織起一支大規模的軍隊的人。但是從另一方面來說，國王們必須要透過貴族來籌錢集資。在英格蘭，一個被叫作「國會」的地方就是國王召集貴族們在一起集資發動戰爭的地方。英格蘭君主對於國會的依賴促進了稅收的合法化，最終也促進了英格蘭民主體制的發展——但這些事情還都是後話。在一四〇〇年，國王的華麗排場還算是一則大新聞呢。

在民族國家興起之前，政治組織的最強形式也只是由許多具有半獨立政權性質的人物所組成的鬆散的領土集合而已，這種形式在許多層面都是如此。大體來說，領導人要通過許多的媒介才能行使職權。他所發號的命令在所到之處很可能會被當地的權力人物所修改，更不用說這些命令還會在翻譯成各種語言的時候被曲解，以及這些命令還要因應在地的風俗做出修改，也不用提當這些命令傳達到了最基層的級別時已經完全消失了，因為大多數的各地層級都忘記（或者拒絕）傳遞這些命令。最偉大的皇帝的最強命令在傳達到最偏遠省份的最小村莊時，大概已經變成了最無力的噪音。但是在一個民族國家中，每個人都或多或少地說同一種語言，單一的官方行政網絡可以自上而下地進行統治，人們在這樣的國家裡或多或少地都處在相同的境況下，國王的命令可以在他的國土上不受干擾地傳達到任何一個角落。

我並不是說西元一三五〇或一四〇〇年的英格蘭和法國是上述那樣的民族國家，但是它們都正在朝著那個方向邁進，一些北歐的親王領地也屬於相同狀況。民族國家的興起讓一個連貫的單一政府得以制定影響王國境內所有人民生活的政策，當人們還覺得自己是臣民之時，其實他們已經漸漸地變成公民了。所以當西方人後來來到東方時，他們是以民族國家的型態出現的，就像是又堅又利的刀子切在軟得像麵包一樣的帝國上。

十字軍運動的後續波讓歐洲人開始尋找到達東印度群島的海上路線，這股風潮趕上了民族國家在歐洲的興起，而這時候的宗教改革又將個人變成了歷史舞台上的主要角色，在這時候，個人主義和再度興起的古典思想一起發生了功效，促成了現代科學的誕生。

西元一四八八年，葡萄牙探險家巴爾托洛梅烏・迪亞茲（Bartholomew Diaz）繞過了好望角，證明了船隻可以從大西洋沿岸航行到印度洋。一股交通的洪流開始匯聚到這條航線上。在一四九二年，哥倫布的航行跨過了大西洋並且發現了兩塊不為歐洲人所知道的大陸。來往歐洲和美洲的交通開始變得頻繁起來。

因為西班牙是哥倫布航行的財力支持者，因此西班牙成了第一個從美洲致富的國家。這筆財富讓西班牙一度成為了歐洲最富有的國家。西班牙從美洲搜刮了如此多的黃金，然後在歐洲肆意揮霍，導致了歐洲黃金市場的崩潰。諷刺的是，崩潰的黃金市場也毀掉了西班牙的經濟，西班牙變成了歐洲最窮的國家。

美洲黃金效應同時也影響了整個歐洲的經濟，發生的時間點正好是西歐民族國家興起之時。民族國家的特性是團結一致、首尾一貫，運作方式就像是獨立個人的運作。在民族國家興起之前，不可能會有在英格蘭的某人希望「英格蘭」能變得更富裕，也不會因為國家變得更富裕而滿足和驕傲。他或許會希望財富能流向他所在的地區；也許他會希望他的城鎮、家庭、甚至是他的國王變得更富有，但是至於「英格蘭」？誰知道「英格蘭」是什麼東西？但是如今，在一個地區的人民開始集體自覺地同屬於「國家」的歸屬感下，人們就會不可避免地去思考對國家發展有益的政策，其中一項就是重商主義。

重商主義其實真的是一個相當簡單的概念。它建立在國家的經濟狀況就如同個人的經濟狀況一樣的概念之上。假若一個人收入很多但花費很少，他就會變得相當有錢。對任何個人而言，承載收入的最好載體就是黃金。如果一個人積累了好多黃金，那他就很有保障了。因此西歐人開始覺得他們的國家只要盡可能多地拿到黃金就可以了。而且他們看到了達成目的的辦法：賣給朋友和鄰居大量的商品，而且如果可以的話，賺到的錢一分也不花出去。

大量外銷表示必須先大量製造。如果你不想要買任何的東西，你必須能夠做到自給自足。如果不是這樣的話，怎麼可能有一個國家可以一直賣東西卻從來不買東西呢？那些原料從哪裡來呢？這個問題就是緊接著十字軍運動而來的重商主義所感興趣的問題。重商主義還和民族主義、新教改革、個人主義精神和文藝復興的人文主義交織在了一起。

在上述各種思潮和運動的協調作用和交互影響下，歐洲的發展在一六〇〇年前後開始達到了頂峰。在那個時候，歐洲人是王牌的水手。他們以民族國家的形式迅速地被組織了起來。他們以科學的概念重新思考世界。他們擁有美洲的黃金，出手闊綽。他們是被經濟利益驅動著的雛形資本主義企業家，同時也被個人主義的精神所武裝起來。

令人足夠驚訝的是，所有的這些發展實際上都沒有被穆斯林世界所注意到，當時，蒙兀兒的文明和薩法維的文化分別在印度和波斯到達了它們的巔峰，掌握小亞細亞、美索不達米亞、黎凡特、希賈茲、埃及和北非的鄂圖曼帝國也才剛剛過了它開花結果的最佳時期。

到了這時候，這兩個世界開始要糾纏到一起了。

12

由西方到東方

WEST COMES EAST

伊斯蘭曆九〇五—一二六六年（西元一五〇〇—一八五〇年）

在西元一五〇〇年到一八〇〇年之間，西歐人可以說是航行到了世界上的所有地方，並在幾乎所有的地方建立了殖民地。有些地方，他們很輕而易舉地將其收入囊中，完全取代了當地的原住民：北美和澳洲的遭遇就是這樣，實質上變成了歐洲的延伸。

在其他的地區，他們沒有取代本來的居民，而是變成了統治精英居於本來的居民之上，並且掌控了所有的重要資源。原有民族中的一部分人淪為了西歐人的僕人或奴隸，剩下的人則是盡力地在受壓制的環境中討生活。大部分南美洲和撒哈拉以南非洲的人民都處在這樣的境況下。

然而在一些地方——主要是在中國和伊斯蘭的心臟地帶——歐洲人來到這裡對抗那些看起來足以自主進行統治的組織良好，富裕而且技術先進的社會，在這樣的地方，新來者和主人之間的互動關係變成了一種十分微妙的事物。伊斯蘭世界出現了一種特別複雜的社會心理情節。首先，因為西歐人本來就和穆斯林有過糾結的歷史。其次，因為歐洲人正好是在這三個偉大的穆斯林帝國的實力發展到顛峰，國力正盛的時候開始滲透進穆斯林世界的。

我們必須要清楚一件事：歐洲人進入到穆斯林世界這件事從來就沒有上升到過文明衝突（這個概念是在九〇年代出現的）的高度。在殖民時代，所謂的「歐洲文明」從來沒有向所謂的「伊斯蘭文明」開戰，明白這件事是理解之後內容的關鍵。事實上，在一五〇〇年後，來到東方伊斯蘭

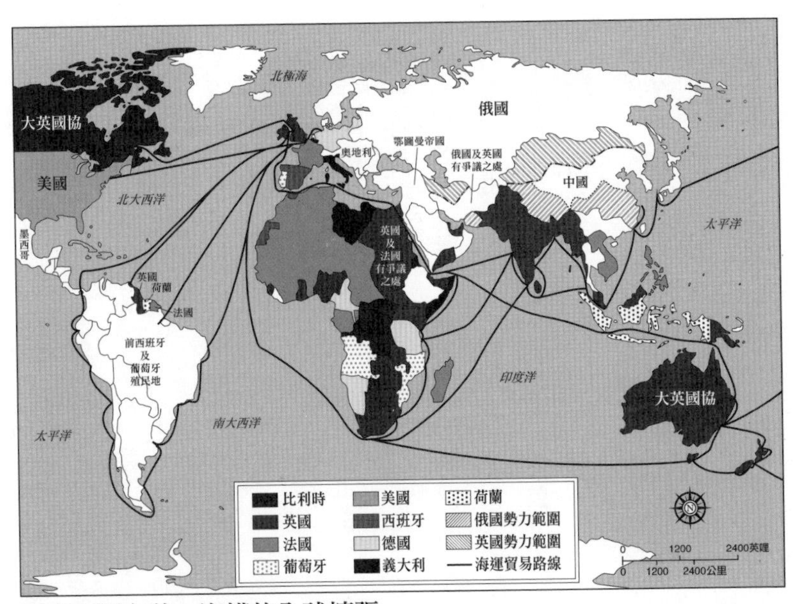

西方帝國主義：海權的全球擴張

世界的西歐人主要都是商人。有什麼能比商人更不具有威脅性呢？貿易是人們用來代替戰爭的事情。貿易幾乎就是和平的同義詞！

歐洲人也並不曾大規模地來過。首支從海上抵達印度的歐洲探險隊是由葡萄牙貴族瓦斯科・達伽馬（Vasco de Gama）所帶領的四艘船和總共一百七十一名船員。他們是在一四九八年到達印度西海岸的卡里卡特（Calicut）的，他們詢問當地的印度教統治者是否可以讓他們沿著海岸線建立貿易站並進行一些小買賣。這位統治者答應了他們的要求。他為什麼要拒絕呢？假如這些陌生人想要買些布匹或者生棉花，或是糖之類的任何什麼東西，他為什麼要說不呢？他的人民將有生意可做！不做生意就賺不到錢。

在接下來不久的時間裡，歐洲人的確是遭遇到了來自穆斯林的敵視，但是在印度的南部，穆斯林自己也是闖入者，因此葡萄牙人得到了當地印度教勢力的支持並得以在一個叫作果阿（Goa）的地方建立一個小城並且加以防衛。歐洲人並沒有什麼新奇的貨品去貿易，但他們卻有財力購買，在隨後的幾年中，由於美洲的黃金流入到了歐洲的經濟中，越來越多的歐洲人帶著越來越多的錢來消費。果阿因此成了葡萄牙人在印度的永久植入體。

隨後有越來越多的來自西歐其他區域的商人也不斷湧入到印度。法國人於本地治里（Pondicherry）設立了「貿易站」，英國人則是在馬德拉斯（Madras）設立了類似機構[1]。荷蘭人也來到了這裡想要分一杯羹。這些歐洲人開始為了各自的商業優勢相互爭鬥，但印度人對此並不在意。為什麼印度人要在意他們之間的勝負呢？巴布爾和他的後代才剛在印度北部建立了蒙兀兒帝國，與那些莫名其妙的商人在沿海興建的小堡壘相比較，蒙兀兒帝國才是當時的大事。因此在十六世紀正在成為過去的時候，歐洲人在伊斯蘭世界並沒有造成什麼影響。

要再重申一遍的是，並非所有來到伊斯蘭世界的歐洲人都是商人。有些人是以貿易顧問或技術顧問的身份來到伊斯蘭世界的。在一五九八年，來自英格蘭的兄弟檔，羅伯特和安東尼・雪利（Robert and Anthony Sherley）來到了波斯，當時的波斯正處於薩法維王朝的沙・阿巴斯（Shah Abbas）統治下「黃金時期」。這兩位英國人說明自己的到訪完全是和平目的，是為了向波斯的國王提出一項有趣的提案：將大砲和槍械販賣給沙・阿巴斯，並保證售後技術支援服務——他們可以派遣人員來訓練沙王的軍隊如何使用新型武器，並傳授相關的軍事戰術，以及武器若有損壞該如何維修之類的事情。

沙·阿巴斯對這項提案很感興趣。薩法維王朝的波斯在軍事科技落後於他們周邊的國家。奇茲爾巴什（Qizilbash）並不喜歡使用槍械，他們在作戰時還在使用長矛、長劍及弓箭等，這項弱點導致了他們在查爾迪蘭戰役的失利，而討人厭的鄂圖曼人又想方設法阻止軍火輸入到波斯。從一個遙遠的，不重要的西歐小島那裡引入軍火看起來簡直就是一個完美的解決辦法。英國人對他們的貨物很在行，而且來的人也少，他們經歷長途跋涉，應該不至於造成什麼危害，看起來的確是這樣。於是這一切就從這裡開始了：由歐洲顧問出任指揮波斯軍隊的職位。

的確是這樣，但是也並不是所有西方人與穆斯林的互動都是和平的。鄂圖曼人和歐洲基督徒的戰爭已經進行了好幾個世紀了；他們的西邊國境正是東西方的前線，摩擦就是在這裡出現的。但是在各次戰役的期間，甚至是雙方在一個地方激戰正酣的時候，在另一個地方，雙方正進行著大量的貿易往來，因為這並不是第二次世界大戰那種形式的全面戰爭。戰爭是在一定的區域範圍內進行的。有時候雙方正在戰場上對陣，但在幾英哩之外的地方卻在如常地進行貿易。這樣的衝突的確有十字軍運動留下的意識型態上的衝突，的確有——基督教與伊斯蘭之間的衝突，但就實際層面來說，戰爭只是侷限在君主之間針對領土的職業性戰爭。總之，還是有大量基督徒和猶太

1 Great Britain was born after King James VI of Scotland in herited the crown of English.He and his successors held both crowns separated until the Act of Union in 1707 .Only after that date is it correct to speak of"the British."

人居住在鄂圖曼帝國的境內，有些人還屬於鄂圖曼軍隊，為了鄂圖曼帝國參戰，這不是出於對鄂圖曼帝國的愛國熱忱，而是因為對他們來說，這只是一份工作，他們需要的是錢。這類型的戰爭自然是讓其他人得以穿梭其中，靠買賣而獲利。

十七世紀時，不僅僅是威尼斯人，還包括法國人、英國人、德國人、荷蘭人及其他的歐洲商人來到了穆斯林世界，他們並不是帶著錢，而是帶著槍。這些商人的到來幫助鄂圖曼帝國進入了一個緩慢卻不可逆轉的轉換進程，只是他們並不是帶著黃金，而是帶著槍械來到這裡，這些生意人導致一段緩慢卻無法逆轉的進程，將強大的鄂圖曼帝國變成被歐洲人叫作歐洲病夫（the Sick Man of Europe）的遲鈍畸形體，歐洲人有時候也更溫和——但是在某些方面卻更有優越感地稱鄂圖曼帝國為「那個東方的問題（the Eastern question）」。上述進程的發展非常地慢，然而卻如此地影響廣泛和複雜，以至於不太可能有人能在這段歷史長河中逐日審視，找出歐洲人的闖入和迅速衰落之間的聯繫。

在這項進程中第一件值得留意的事就是有什麼事是沒有發生的。面對外來勢力的進逼，即便鄂圖曼帝國早已奄奄一息，只是比兀鷹來吃的腐肉稍強一點點而已，鄂圖曼帝國卻還是掌握有破壞性的軍隊實力。

歷史學家指出有兩場重要的軍事失利開啟了鄂圖曼帝國的衰亡，雖然這兩場失敗在當時都或多或少地被鄂圖曼人忽視了。第一場失敗是發生在一五七一年的雷龐多戰役（Battle of Lepanto），在這場以海戰為主的戰事之中，威尼斯和他們的盟友實質上是摧毀了鄂圖曼人的整個地中海艦隊。

在歐洲，這場戰役被標榜為討人厭的突厥人終於走下坡路了的令人激動的信號。

然而在伊斯坦堡，大維齊爾（grand vizier）將艦隊的損失比喻成男人刮鬍子：被刮去的鬍鬚再長出來的時候只會比原來的更濃密。的確，在一年之內，鄂圖曼帝國就以一支數量更大、更現代的艦隊代替了損失的艦隊，有八艘比以前更大的大戰艦長時期地在地中海上巡航。在雷龐多戰役後的六個月，鄂圖曼人就贏回了地中海東部，征服了賽普勒斯，並且開始襲擾西西里。也難怪當時的鄂圖曼分析人士並不把雷龐多戰役看作是重要的轉折點。距離歐洲人在海上建立起不可動搖的主導地位還要再等上至少一個世紀。

另一場重要的軍事事件所發生的時間比雷龐多戰役稍早一些，但是其後續影響要到很後面的時候才顯現出來。這一切都要回溯到蘇萊曼大帝（Suleiman the Magnificent）沒能將維也納收入囊中的那場戰役。由於鄂圖曼人從來就沒有停止過向西的擴張，在一五二九年，他們兵臨維也納城下，但是蘇萊曼大帝包圍這座著名的奧地利城市的時節已經太晚了。隨著冬季的到來，他決定先放過維也納一馬，等明年再來將其征服。但是對於蘇萊曼來說，這個機會已經不會再來了，因為有其他的事情突然出現並分散了他的注意力——畢竟他的帝國太遼闊了，邊境線是如此之長，不是在這裡就是別的地方接連出現麻煩。這位蘇丹再也沒有試圖攻佔維也納，但是當時的人並沒有從中看到衰弱的信號。攻佔維也納始終位列在他的待辦事項中；他只不過是太忙了。他正忙著贏下其它的戰役，而且他的統治是如此的成功，只有亂說話的白痴才會只是因為沒有攻下維也納就在那個時候預告說鄂圖曼帝國正在衰落。畢竟那場戰役並不算是一場敗仗，只是沒有連珠砲似地取得又一場壓倒性的勝利罷了。

但是當歷史學家回顧以往的時候，的確可以清楚看到蘇萊曼無法成功佔領維也納是一個轉捩點。在當時，帝國的領土已經大到了極點。在那之後，帝國就不再持續擴張了。這在當時是很難察覺出來的，而且從戰場上傳來的消息常常都是好消息。也許鄂圖曼人在這裡或是那裡打了敗仗，但是他們同時也在別的什麼地方取得了勝利。那他們在那時候是輸掉了關鍵戰役而贏得了沒那麼關鍵的戰役嗎？這是一個真正的問題，而且這個問題的答案是「是的」，但是這對於徜徉在各大歷史性事件中的人來說也是十分難以衡量的。人們要如何來衡量一場戰役的重要性呢？有的人喜歡危言聳聽，而且這樣的人總是存在。總之，在一六〇〇年的時候，鄂圖曼帝國絕對沒有正在萎縮。

但很不幸的是，對鄂圖曼帝國而言，只是做到沒有萎縮還不夠好。事實上，這個帝國是建立在不斷擴張的前提之下的。帝國需要在它的邊境上得到不間斷的、普遍性的軍事勝利來保證複雜的內部機制的運行。

首先，擴張是收入來源，在這一點上，帝國沒辦法承受失敗帶來的損失。

其次，戰爭起到了安全活閥的作用，可以將社會內部的壓力向外釋放。例如，因為各種理由被迫放棄土地的佃農不至於變得沒飯吃和喪失希望從而變成不安定的暴民。他們總是可以參軍，走上戰場，得到一些戰利品，從而回到家鄉開始做一些小生意……

然而，一旦擴張停了下來，這些壓力就會流向國家內部。因為各種原因無法靠土地吃飯的人們開始流動到城市裡。即便他們有一技之長，也不一定能夠靠手藝吃上飯。因為各行各業的同業公會控制了所有的生產，他們只能吸收一定數量的新會員。有許多到處遊蕩的人最後變成了失業者並由此心懷不滿。由擴張的停止所帶來的類似後果還有很多。

第三，本來的德夫希爾梅制度（*devshirme*）是取決於從不斷取得的新領土上徵得「奴隸」，而這些人可以進入到產生帝國精英的機構中去。本來的耶尼切里新兵（*janissary*）是受制在一項嚴格的規定之下的：他們不可以結婚生子，這樣的規定可以保證新鮮血液可以進入到這個行政系統之中。但是一旦對外擴張停了下來，德夫希爾梅制度也就停滯不前了。隨後耶尼切里也開始有了婚姻。接下來他們就開始了天下父母都會為自己的小孩所操心的事情：給他們的小孩提供力所能及的最好的教育機會和就業機會。這實在是再正常不過了，但是這意味著耶尼切里從此變成了一個永久且世襲的精英階層，這會減損帝國的活力，因為那些保障帝國運行的專業人員和技術官僚不再像早期那樣只能由有才幹的人擔任，而是由許多貴胄子弟擔任。

沒有人把這些停滯歸咎於幾十年前蘇萊曼沒能征服維也納。人們怎麼會這麼說呢？這些後果和其原因之間是如此的遙遠又如此的間接，對於社會大眾來說，這一切僅僅是某種沒辦法下定義又難以解釋的社會萎靡，這類的事情使得宗教保守人士開始責罵世風日下，他們開始重申舊式道德的重要性，比如提倡自我控制，敬重老人等等。

接下來將要發生的則是蘇萊曼出征失利的後續發展了。在一六八三年，鄂圖曼人曾嘗試再次攻佔維也納，結果還是像一百五十四年前一樣，他們再度失利，但這次他們是被歐洲聯軍所擊潰的。就技術層面而言，第二次征服維也納的戰役僅能算是沒能取勝，但是在鄂圖曼帝國精英們的心中，他們知道這是一次迎頭的痛擊，有些事情已經徹底失控了。

這次的失利讓鄂圖曼帝國的統治精英臥薪嘗膽地執意加強他們的軍事實力。他們太過簡單地認定帝國的實力和活力是取決於軍隊和武器上的。為了對抗正在侵蝕這個帝國的那些無形力量，他們認為要孤注一擲地提升軍力。他們將資源傾注到軍事力量中，然而這只是導致了本就財政失衡的政府要承擔更多的支出。

鄂圖曼帝國之所以會財政失衡一方面是因為進入此地的歐洲商人破壞了原本社會系統的微妙平衡。讓我們先忽略雷龐多戰役，也忽略維也納圍城的失利。歸根結底，還是商人而不是軍人，摺倒了鄂圖曼帝國。

讓我們來闡述更多的細節。在鄂圖曼帝國，同業公會（和蘇非教團交織在一起）控制了所有的生產，他們通過排除競爭來保護成員的利益。比如說，生產肥皂的同業公會就壟斷了這項產業，同時也會有壟斷製鞋產業的同業公會……因為國家已經規定了各種物價的上限，同業公會不能利用他們的壟斷地位來抬升物價。國家保護了民眾的利益，而公會則保護了會員們的利益。兩者之間是平衡的，而且所有事情都沒問題。

然後，西方人進入了這個體系。他們並不是靠著賣鞋或者賣肥皂來和同業公會競爭——國家並不允許他們這麼做。他們來這裡是為了找到可以買入的東西，主要是原材料，比如羊毛、肉、皮革、木材、油、金屬等等——只要是他們有用的，他們都會購買。供貨商很樂意把貨物賣給他們，甚至連國家也對此很滿意，因為這樣的貿易可以換來黃金，為什麼這會是一件壞事呢？不幸的是，歐洲人所購買的原料與當地製造業所需要的原料是相同的，歐洲人手中握有從美洲掠奪而來的黃金，因此他們的出價總是高於公會的出價，相形之下，公會受限於政府的價格限制，手中只有有限的利潤額來進行競價。他們也沒辦法通過加大產量來改變局面，因為他們沒有足夠的原料來加大生產。隨著外國人不斷地將原料從鄂圖曼的土地上吸到歐洲大陸去，鄂圖曼帝國的手工業者開始感受到了壓力：國內的生產開始凋敝了。

鄂圖曼官方意識到了問題所在，於是禁止了國內製造業所需的關鍵原料出口。但這一類型的法律只是開啟走私的機會：當出口羊毛變成了犯罪，那就只有罪犯才會從事這樣的事。黑市經濟因此興盛起來。一整個由黑市企業家組成的暴發戶階級出現了。因為他們的收入是非法所得，所以他們必須要賄賂各種官員來給他們的財路行個方便，這又造成了貪腐的問題，從而帶來了一整個黑市企業家的附生階級：貪腐官僚階級。

如此就有更多的人有了非法所得來消費，但這些錢並不是靠生產力的增加而得來的。這些錢是由可以自由支配金錢的歐洲人那裡輸入到鄂圖曼帝國的經濟中的，而那些錢又是歐洲人從美洲得來的。那些鄂圖曼的新富人士要如何花銷他們這些錢呢？總之，肯定不會是光明正大地投資工業：這麼做肯定會招來不必要的麻煩。所以他們開始做和現代美國毒販一樣的事情。他們自由自在地砸錢購買各種奢侈品。在鄂圖曼世界中，這些奢侈品也包括要靠非法途徑才能得到的歐洲商品。這一趨勢也削弱了鄂圖曼社會生產商品的能力，這也就給歐洲的工業提供了市場，意外地把黃金帶回了歐洲。

當生產衰落的時候，外來的熱錢湧入鄂圖曼體系引發了通貨膨脹：這是財富過剩但供給過低時就會產生的現象。我曾在北加州的鄉間看過相同的過程，當地有少部分人藉由種大麻賺到了巨額財富。在一個沒有明顯經濟活動的地區，你卻能看到有人開著BMW之類的豪華車，普通的房子卻要價上百萬美金，甚至在那些突然致富地區的商店中，連麵包都賣得比較貴。

誰是通貨膨脹的主要受害者呢？受害者主要是靠固定收入過活的人。在當今，我們習慣將將「固定收入」等同於「低收入」，一提到這個名詞就聯想到靠福利系統領取救濟金的人。事情並非如此，在鄂圖曼社會中，領取固定收入的人是領薪水的政府工作人員，更典型的則是在宮廷中領取薪水的官員——是那些驕傲又沒有生產能力的人。那些固定收入者是比克羅伊斯（Croesus，呂底亞王國最後一位君主）還富有的人，但即便是這些有錢人中的有錢人，也感受到了購買力下降的威脅。在一九二九年美國股市崩盤的時候，眾所週知有一些銀行家在跳樓自殺命喪路邊的時候，身價還有好幾百萬美金。由此可見，這些人擁有多少財產並不重要，他們在乎的是自己少拿到多少財產。與此相似的是，在鄂圖曼社會中，通貨膨脹使那些拿固定薪水的富裕大臣們覺得他們必須得勒緊褲腰帶過日子才行，而他們恰恰最討厭這樣。這時候他們就開始動用自己唯一能控制的工具來補貼家用了。

這些大臣（以及官僚人員）掌握了什麼工具呢？他們掌握的是進入國家行政和立法系統的通道。當一個人的角色僅僅是提供通道的話，那麼，他能做到的也僅僅是拒絕別人進入這個通道了。鄂圖曼帝國的大臣和官員們開始以阻絕代替促進——除非他們能得到賄賂。帝國從此就變成了文書工作的夢魘。為了能夠「處理一下」這條通路，人們必須要串通門路上下打點才行。

為了打擊這一弊端，國家提高了薪資水平，讓那些大臣和官員覺得沒有收取賄賂之必要。但是國家並沒有在實際生產上投注任何額外的經費，尤其是在帝國的對外擴張停滯下來後更是如此，國家已經沒有那些以往能從征服中得來的收入了。所以為了提高薪資水平、撫恤金和軍人薪餉，帝國只好印製鈔票。

印製鈔票會刺激通貨膨脹——這就讓所有的問題又回到了我們討論的原點了！鄂圖曼帝國政府所做的一切旨在杜絕貪腐和提升效率的努力都讓本來的問題變得更難以解決。最終，政府的官員們只能放手並且決定要僱用一些顧問來幫助他們把事情理順。那些被他們僱用的管理顧問和技術專家來自於那片看起來知道怎麼做事的地方：西歐。

或許早就應該有一些天資秉賦的執政者能夠提出解決問題的辦法，帶領鄂圖曼帝國的精英們走出這片可憐的境地，但是這個帝國最成功的地方，也就是它輝煌的統治家族已經將其皇室文化和生活轉變成了一種阻礙新的征服者穆罕默德或是新的蘇萊曼大帝的誕生的一種帝國文化和生活方式。尤其是帝國的宮廷，已經變得更大、更沉重並且更不作為，到最後就像是一個背負了整個社會的畸形巨人。

象徵著這種畸形狀態的原型大概可以算是帝國所謂的「後宮」，即蘇丹在伊斯坦堡的成群妻妾。當然了，在穆斯林世界的歷朝歷代都有後宮，但是在鄂圖曼帝國的社會中，這個糟糕的體制擴大到了幾乎是前所未有的規模，也許只有明朝中國的後宮能夠與之相提並論。

來自各個佔領地區的數千名女子居住在迷宮一樣縱橫交錯的後宮之中，她們雖然身處奢華富麗的環境中，但是大部分的女子都住在迷宮般的小房間裡。後宮女子得到化妝品和其它各種用來搭配裝飾品的配飾，除了打扮自己以外沒有別的事情可做：她們沒有有用處的工作要做，沒有求學的機會，也不被要求生產任何東西，沒有任何事能把她們從百無聊賴中解救出來。她們就是寶石籠子中的囚徒。

把自家女性藏起來的風俗在伊斯蘭世界已行之百餘年了，但即便是在這個時間點，這種風俗仍然沒有流傳到整個社會中去，只是在上流社會中流傳。在偏遠的地區，一位旅行者大概仍然能夠看到佃農女性在田地中勞作或者在路上趕牲口。在都市裡，社會地位較低階級的女性會在公共的巴扎中經營小買賣，為家裡採買日用品或手工藝品。在社會的中間階級中，有些女性擁有財產，也管理生意和指揮僱員。但是這些女性在公共事務中的拋頭露面表示了他們丈夫卑微的社會地位。

特權階級的男性通過將女眷隔離於公眾生活之外來炫耀他們的社會地位，她們的女眷被隱藏在家中的私領域中。這種風俗背後的心理學解釋（我覺得）是和男人的尊嚴有關——實際上就是在周圍其他男人們中間鶴立雞群昂首挺胸的能力——取決於他能不能讓和自己有關的女性免於成為其他男人的性幻想對象。到最後，這就是扣押女性這種行為歸根結底的理由，而且在這樣的文化大環境中，即便是社會較低層的男人也會感受到這樣的壓力而把自家的女人藏起來，免得在其他男人面前丟臉。

在蘇丹的後宮，上述的綜合症狀簡直是大到一個令人吃驚的地步。一般來說，尤其對於西方的東方學家來說，「後宮（*harem*）」這個詞有一種好色淫亂的涵義，就好像後宮中從早到晚都充斥著各種性方面的歡愉。但是這怎麼可能呢？蘇丹只是一個人而已，除了侍衛以外，根本就不會有其他人能看到這些女子，而且所有的侍衛都是閹人。而且對某幾個蘇丹來說，說來大家也許會覺得吃驚，他們根本就不是在後宮中尋求放鬆歡愉，也根本不和這些女子混在一起。有一個特定的閹人的工作就是每天晚上為蘇丹挑選一個女子，這個閹人要在夜幕的掩護下將她護送到蘇丹的寢宮去。性愛的特許權利和性壓抑在這個機制中離奇地交織在一起。[2]

那些閹人可以在後宮和外面的世界之間自由走動，因此他們成了那些女人們了解外面世界的眼、耳和手，也是她們改變外面的世界和對其施加影響的工具。蘇丹的孩子們，包括兒子，都是在後宮中長到十二歲才離開，這些人從來沒有和一般人接觸過，在青少年時期以前也沒有經歷過日常生活中的種種辛苦。到了他們離開後宮的時候，這樣的一位登上王位的王子幾乎就是一個典型的社會功能失調的產物，而他們的主要技能大概就是在錯綜複雜的後宮迷宮中游刃有餘的能力。

2 For a detail inside picture of life in the Ottoman harem,see Alev Croutier's *Harem: The World Behind the Veil* (New York: Abbeville Press, 1989),especially pp. 35-38, 103-105, 139-140.

後宮總是充斥著各種賭注極高、強度極大的陰謀，即便是指定了的繼任人選，其他王子的母親還是會不死心地持續運作，期望她們的兒子有天可以登上大位，（如此一來，她也能躋身帝國的權力人物）。因此，這群後宮佳麗和她們的子嗣們每天就是在籌劃謀殺潛在對手（有時這些陰謀會成功）直到蘇丹死去，後宮檯面下的陰謀鬥爭就會被抬到檯前來上演。從鬥爭中得勝的王子得以繼承大位，這一成功不僅僅是為了他自己，更是為了他身後的一大群後宮佳麗和閹人們。鄂圖曼帝國的王子們在成長的過程中知道自己只有很小的可能性成為世界的主宰，而有很大的可能性還沒成年就會死掉，他們就是在這種狀態下成長的。

這一系統最後產生出了一長串孱弱、痴呆又偏執的蘇丹。但是這一事實本身並不是鄂圖曼帝國衰落和滅亡的原因，因為當這個系統發展成熟，變成了那個腐敗的機制的時候，鄂圖曼的蘇丹已經不再掌管國家了。在蘇萊曼大帝去世後不久，蘇丹之位的執行力就開始衰落了。在鄂圖曼系統中，大維齊爾（grand vizier）才是那個握有實權的人。

然而不作為的皇室和其巨大的後宮的確是束縛住了鄂圖曼帝國，因為花費鉅大卻產出甚少——實際上，簡直沒有產出，甚至連決定都沒有做過。維齊爾和其他的官員們必須讓國家能夠運行，卻同時背負著那個該死的無能體系的龐大阻力，這使得整個運行機制不作為而且運行遲緩。

在西元一六〇〇至一八〇〇年間，薩法維波斯的根基也鬆動了。歐洲人如往常一樣地取得利益，但正是王國自己的內部矛盾導致了分崩離析。首先，世襲王朝的固有弱點發作了。在養尊處優的環境中成長的王子繼位後變得無能又懶惰。每當有一位這樣的國王離世，各繼承人之間就會爆發權力爭鬥。那個最終成功奪權的沙王就不得不接過一個被戰爭蹂躪了的爛攤子，通常這個人不是太不作為就是沒有能力去修復那些損失，就這樣，黃金時代變成了白銀時代，然後銀變銅，銅變泥。

當薩法維人剛剛掌握權力的時候，他們通過把什葉派當作官方宗教而創造出了迥然不同的波斯的伊斯蘭教。一開始，這是對國家有利的，因為他提升了國家的認同感，使波斯以其形似強大。但是這一政策邊緣化了國境內的遜尼派信徒，隨後當王權變弱的時候，這些遜尼派就變成了反叛的力量並且開始尋求擺脫國家的掌控。

把什葉派伊斯蘭教樹立成國教還存在著另一個缺點。它帶給什葉派學者一股危險的自命不凡之氣，特別是那些穆提哈德派（mujtahids），這個頭銜的意思是說「這些學者是如此的有學問，以至於他們有權力去作出原本的裁決」（到後來這些人開始被稱作阿亞圖拉[ayatollahs]）。這些什葉派的烏理瑪開始宣稱如果波斯是一個真正的什葉派國家，那麼這個國家的國王應該得到他們的認可才行，因為只有他們才能代替隱遁的伊瑪目講話。糟糕的是，烏理瑪與佃農及構成城市中產階級的商人們有著很強的聯繫。薩法維的國王們於是發現他們自己在這樣的問題面前根本就沒有選擇的餘地。如果他們尋求烏理瑪的認可的話，那麼他們等於說是把最終的統治交給了阿亞圖拉們；如果他們宣稱他們本身就掌握有自己統治權，那麼他們就得放棄烏理瑪的認可，如果是這樣的話就意味著他們的統治缺乏普遍合法性。

他們決定選擇後者；但是缺少合法性的國王們需要一些其他的力量來授予他們權力，但是有誰來幫薩法維人一把呢？他們除了向軍隊尋求幫助之外別無選擇——但是在這個時候，他們的軍隊已經是被歐洲的軍事專家武裝、訓練和「建議」的了。簡短來說，波斯的狀況變成了歐洲基督徒幫助薩法維的國王們來箝制穆斯林宗教學者，而宗教學者們則和人民大眾有著緊密的聯繫：這就是一個顯而易見的製造麻煩的配方。

隨著十八世紀接近尾聲，王位繼承之爭愈演愈烈，各個參與爭奪的派別開始招徠更多的歐洲軍事顧問及進口更多的歐洲軍火並以此來壓制敵手。權力的鬥爭無法得出唯一的贏家的時代來臨了，不同的競爭者佔據了不同的地區。波斯變得四分五裂，遜尼派的省份從王國中分離了出去，而且像烏茲別克和阿富汗這樣的相鄰地區也變成了王國並造成了很大的破壞。

當戰爭的硝煙平息之時，薩法維王朝已經不在了。取而代之的是一個全新的王室。在接下來的一百三十一年中，所謂的卡扎爾王朝（Qajar dynasty）在名義上統治了這個縮小了的伊朗。（這個國家對歐洲人而言仍舊是「波斯」，但是從這時候開始，當地人一般稱這個國家為「伊朗」，兩個名字的歷史都可以回溯至古代。）在卡扎爾王朝的各位國王的統治之下，薩法維王朝時代的那些令人不安的事情變成了稀鬆平常可以被接受的秩序。國家的軍隊裡到處都是歐洲的顧問和軍官。烏理瑪長期以來都與王室不和。這些在宮廷中被外國影響力逼退的烏理瑪將自己看作是傳統伊斯蘭文化的捍衛者，擁有社會中的中層和下層人民的支持。國王們通常來說是懶惰、貪婪、沒遠見和孱弱的。歐洲人只要拉動幾根線，就可以讓他們的這些傀儡栩栩如生地扭動身體，咿呀作響。

歐洲人從來沒有侵略波斯，從來沒有商定來發動一場戰爭。他們只是來買東西，賣東西，來找份營生，提供「幫助」。但是當一切變得亂七八糟的時候，他們就在那裡。歐洲人就像是潛伏在人體中的病菌，一旦免疫系統變弱，這些病菌就會壯大造成疾病，他們匯聚到這個龜裂社會的裂縫之中，當裂縫越來越大，他們也越來越壯大，直到最後他們變成了發號施令的人。

歐洲人幾乎沒有注意到他們已經掌控了波斯，其中一部分原因是因為根本就沒有一個所謂的「他們」。來自歐洲各國的西方人來到波斯，對於他們來說，波斯人根本就不是敵人，而只是背景而已。對歐洲各國人來說，他們的敵人是歐洲其他國家的人。英國人、法國人、俄國人、荷蘭人等西方人不斷地進入到波斯的權力空間中，他們並不是要征服波斯，而是要阻止對手征服波斯。在這一大群參賽者中最後剩下了俄國和英國對陣角逐，如果要理解這一競爭的話，我們必須要先了解在波斯東邊這時候發生的一系列重大事件，我們要把這些因素納入到我們的考量中。這些重大事件就發生在三大伊斯蘭帝國中的最後一個，即蒙兀兒帝國的土地上。

在蒙兀兒帝國，核心矛盾就是印度教徒和穆斯林之間的對立。阿克巴大帝曾經建立起一種調和的模式，但是他的曾孫奧朗則布翻轉了阿克巴所有的政策，生硬地推行正統伊斯蘭教，恢復了對於印度教徒的區別對待，擠壓像是錫克教徒這樣較小宗教團體的空間，逐步地以壓迫來代替容忍。但是，不論大家怎麼評價這個人心胸狹小的宗教狂熱者，奧朗則布的確是一位天才巨匠，因此他不但穩固了他的帝國，而且還擴張了帝國的版圖。但是，從始至終，他都是在播種只要有一位能力不及他的統治者上台就足以將帝國夷為廢墟的不滿和緊張因子。

奧朗則布之後的繼任者就是這樣一位能力不及他的統治者——而且之後的每一位都是如此。在蒙兀兒帝國的前兩百年歷史中，一共有六位皇帝；但是在他們之後的五十年中卻有八位皇帝之多。在前面的六位皇帝中，有五個世界歷史上的天才；在後面的八位皇帝中，所有的都是侏儒。

在侏儒們統治的五十年中，被稱作馬拉斯人（Marathas）的印度教國王們再次於南部興起。錫克教則轉變成了一股軍事力量。被叫作納瓦布（Nawabs）的穆斯林省級總督們開始不理會帝都下達的指令，並且開始獨立地統治各省。事實上，印度變成了一群分裂的小國，當每一個小國中的印度教徒和穆斯林或是別的什麼人之間爆發了衝突後，這個小國家也就在動亂中消逝了，這使得所有人的生活都變得極為不安定。

在這樣的分裂情勢下，葡萄牙人、荷蘭人、法國人以及英國人開始在國家的邊境上伺機而動，通過沿海的貿易站進行貿易。葡萄牙人最先控制了貿易。然後，荷蘭人趕跑了葡萄牙人，在東南亞和波斯都建立起了堡壘和貿易站，他們借助更好的艦船和武器在海上打擊葡萄牙人。後來法國人來到了這裡並得到了一塊自己的地盤，英格蘭人也如法炮製並且於一六三九年在馬德拉斯建立了堡壘，不久後開始索求孟買（Bombay，從此才被叫作「Mumbai」），因為英格蘭的國王娶了一位葡萄牙的公主（孟買是嫁妝的一部分），隨後他們開始在孟加拉灣建立殖民地，這裡後來發展成了加爾各答（Calcutta）。

在這一時期來到東亞的歐洲人所代表的是一種新的，在歷史上前所未見的東西。他們不是將軍也不是士兵，他們也不是作為國王的使節來到這裡，他們也不是政府的代表。他們只是私人公司的僱員，但是這些公司是一種新形式的公司：他們的型態是聯合起來的各支股權的組織，如果用今天的話來說，也就是股份公司。

第一間這樣的公司誕生於一五五三年，有四十個英格蘭商人每人集資二十五英鎊作為尋找到達印度的海上線路。他們金援的這次探險找到的是莫斯科而不是印度（別提了），但是他們還是賺到了一點點的利潤，當這個消息傳開之後，人們爭先踴躍地想要出錢進入到這個「俄羅斯公司」去。那些付了註冊費的人都拿到一張授權的文書，可以享受公司未來的收益，如果他們樂意的話，他們也可以讓他們將股份賣給投機商（也由此誕生了股票市場的機制）。

西元一六〇〇年前後，有三家巨大的由國家主持的股份公司在歐洲出現了：他們是英國、荷蘭和法國的「東印度公司（East India Companies）」。每間公司都是擁有私人股東的股份有限公司，成立的目的也都是為了在東亞進行貿易，盈利之後再回饋給股東，每一間公司都是由董事會來經營，這些公司擁有國家政府的特許授權，也擁有政府給予的在伊斯蘭東方進行貿易的壟斷權。實際上那些在波斯、印度和東南亞相互競爭，爭奪優勢的實體都是這種類型的公司。

在印度的這兩個世紀中，這些歐洲的公司徹底改變了印度經濟的結構，在一些方面也會讓人想起正在鄂圖曼帝國所發生的一切。在孟加拉，英國人把所有的歐洲競爭對手們都排擠了出去，東印度公司在很大程度上摧毀了孟加拉的手工業，但卻幾乎沒有意識到自己造成的後果。他們只是簡單地用很好的價格收購當地的原材料而已。當地人發現比起自己來製造，將原料賣給英國人可以獲取更大的利潤。當本土經濟變得泡沫化，當地的孟加拉人愈來愈仰賴英國人，最後變成了他們的附庸。

當這些公司剛到印度的時候，他們之間彼此競爭希望能夠得到蒙兀兒皇帝的好感，但是當後來帝國變得分崩離析，得到中央政府的好感變得越來越無關緊要了。歐洲人開始意識到他們最好能夠和那些竄升起來的地方統治者結盟。但是他們必須得選對人，因為有些地方統治者最後會淪為輸家變得不值錢。對於印度次大陸內政的錯誤估計會導致公司賠錢。因此與其耗費精神猜來猜去，不如試著操控當地的權力鬥爭。結果這些公司帶來了私人軍隊來幫助他們的盟友。在印度就像是在波斯一樣，對歐洲人來說，本地人並不是敵人，其他的歐洲人才是敵人。在支持他們印度盟友的時候，這些歐洲的公司實際上是在打一場代理人戰爭。葡萄牙人是最早被打出局的，其次是荷蘭人（從印度出局，但無論如何——他們佔據著東南亞），所以對印度的爭奪最終演變成了英法之間的對決。

當這一切正在發生的時候，在世界的另一端，法國和英國在北美的競爭也進入到了最終階段。在美洲，一場由一小批歐洲人引起的零星交火引發了一連串的歷史事件，使得整個印度淪為了英國的殖民地。在一七五四年的春天，一個名叫喬治・華盛頓的英國陸軍上校帶著一支隊伍沿著俄亥俄河北上，這時候他們遇到了一支法國的偵查隊。隨後有人開了槍，有一名佛吉尼亞人和一名法國人喪命，大不列顛和法國之間的全球性衝突就這麼爆發了，很快的，其他的歐洲勢力也摻合了進來。這場衝突在北美的部分叫作英法北美戰爭（French and Indian War），在歐洲叫作七年戰爭（Seven Years' War），在印度叫作第三次卡納提克戰爭（the Third Carnatic War）。[33]

在印度的歐洲對手們已經在卡納提克地區進行了兩次代理人戰爭，這一地區位於現在的馬德拉斯（Madras）北部，這些戰爭的目的都是為了讓各自的當地盟友能夠坐在那二等王位上。這兩次戰爭都是由不列顛的東印度公司和法國的不列顛公司發動的。在一七五六年，孟加拉的納瓦布，西拉傑．達烏拉（Siraj al-Dawlah）在加爾各答夷平了英國的堡壘。在一個炎熱的六月夜晚，某人（不是這位納瓦布，他本人對這件事一無所知）將六十四位英國公民囚禁在一間無通風的地牢內，這個所謂的「某人」本應在當晚釋放他們並送他們回國，但是相關的信號出了差錯，這些囚犯被留在了地牢中過夜。到了早上，四十三人已經死亡。

這一消息迅速地傳回了英格蘭。媒體譁然爭相報導。他們將納瓦布的地窖稱之為加爾各答的黑洞。這件事每經過一次轉載，地牢的面積就會變小一點，人數都會上升一點並且最後被說成了一百四十六人，死亡的人數被說成了一百二十三人。這件事引起了英國民眾的巨大憤慨。在印度，有一個叫羅伯特．克萊武（Robert Clive）的東印度公司前僱員，現在是公司的私人軍隊的領導，他率軍來到加爾各答尋求報復。他罷黜了這裡的納瓦布並讓他的叔父接替了他的位子。導致這一結果的所謂戰役被稱作帕拉西戰役（battle of Plassey），其中還包括克萊武賄賂納瓦布的保鏢讓他回家，然後逮捕並處決了落單的納瓦布的橋段。

即便到了那時候，英國人也沒有自稱為統治者，即便是在這印度的一省都沒有如此自稱。以

3 James Gelvin point out these global interconnections in *The Modern Middle East*. See pp.55-60.

名義的角度來看，孟加拉仍然是蒙兀兒的領土而且政府中也仍舊是孟加拉人。克萊武只是把自己任命為這個省政府的一個僱員，他給自己設定的薪水是年薪三萬英鎊。東印度公司只是把自己升格成了孟加拉政府的「顧問」而已。為了效率，他們乾脆直接代替蒙兀兒政府進行稅收。再重申一次，是為了效率的關係，他們決定再直接把收上來的錢就地花掉：把錢交到首都去再發回來，何必那麼麻煩？而且，差點忘了說，東印度公司的私人軍隊也負責安全事務，保障法律與秩序。即便如此，東印度公司還是堅稱他們沒有在孟加拉行使統治：一切都只是為了提供孟加拉省所需的服務然後賺點錢而已。

對孟加拉人來說，英國統治的前幾年的效果很糟糕。東印度公司把日常的行政事務交給當地人，而自己只關注和商業利益有關係的事務。實際上，這意味著（毫無權力的）「政府」要為所有的麻煩負責，而（握有實權的）公司則索取了所有的利益並對人民的福祉不作任何責任的承擔；畢竟他們不是政府。貪婪的公司僱員們吸乾了孟加拉的血，但是對此有所怨言的人則是在埋怨「政府」。這場對孟加拉省的劫掠導致了一場饑荒，在僅僅兩年中有三分之一的人口死亡——我們在此討論的是生活在這裡的約一千萬人口。[44]這場饑荒也損害了公司的利益，但是，這就像是莊稼枯萎的時候，侵蝕莊稼的寄生蟲也跟著倒霉一樣。

這時候，英國政府決定介入。國會給印度指派了一位總督—將軍來管控東印度公司並派兵進入到印度次大陸。在接下來的一百年中，印度有兩股相互敵對的英國勢力：為公司效力的所謂「約翰陣營」和為女王效力的所謂「女王陣營」軍隊。但在這裡值得注意的是，軍隊裡只有軍官才是歐洲人。那些扛槍和背子彈的人都是僱用或徵召來的當地人，他們被稱作「印度兵（sepoys）」。

在孟加拉，克萊武樹立了一個很快就會在其他國家省份出現的先例。他宣稱只要是在東印度公司有商業利益的地方，英國就有權任命和罷黜當地的統治者。在一七六三年後，因為法國輸掉了七年戰爭並且放棄印度次大陸，所以印度各地都有了上述的那種制度。

英國很快又作出決定，只要任何一位印度統治者沒有男性繼承人，英國的女王都可以繼承他留下的領土。按照這種方式，英國逐步直接控制了許多印度的省份。在其他省份，英國安排了順從英國擺佈的傀儡統治者。印度變成了一個由英國直接或間接統治的省份所組成的拼湊物，東印度公司漸漸成為了這塊次大陸上的最高權力和蒙兀兒人真正的繼承人。

英國失去北美洲殖民地的時間點和其取得印度掌控權的時間點很接近。在美國歷史中耳熟能詳的那位被喬治．華盛頓於約克郡打敗的康沃利斯將軍（General Cornwallis）正是印度的第二任總督將軍，他是真正鞏固了英國對印度的控制權的人物。如果只從美國歷史的角度來看，康沃利斯是輸家，但是他的機遇仍舊讓他在他的畢生成就的榮耀中去世，因為印度成為了「英國女王王冠上的寶石」，是英國最寶貴的殖民地，是英國主導世界發展的關鍵。

4 Nick Robbins, "Loot: In Search of the East India Company," an article written for openDemocracy.net in 2003.Find it at http://www.opendemocracy.net/theme_7-corporations/article_904.jsp.

有了印度次大陸豐沛天然資源的加持，英國得以資助去非洲大陸及全球各地的殖民地探險。因此十分自然的是，任何針對這塊寶石的威脅對於英國來說都極為敏感。而且就在歷史要從十八世紀邁入到十九世紀之時，真的有一股這樣的威脅出現了：這股威脅來自於正在擴張著的俄國。

當突厥人征服了君士坦丁堡時，東正教陷入了危機之中。君士坦丁堡曾被稱之為「新羅馬」，是東正教基督教世界的中心。要是失去了這個核心地帶，東正教要以何為繼呢？莫斯科大公（Grand Duke of Moscow）在這時承擔下了這項責任。這個人——伊凡三世（Ivan the Third），宣佈他的首都是東正教新的中心，是「第三個羅馬」。他的孫子恐怖的伊凡（Ivan the Terrible）還戴上了凱撒（Caesar）的頭銜，以此宣示古羅馬的帝國傳統（在俄文中，這個詞被寫作「czar」，因此在中文中譯作「沙皇」）。西元一六八二至一七二五年間，其中的一位沙皇，彼得大帝（Peter the Great），建立了一支強悍的軍隊開始向莫斯科以東的方向擴張其帝國。到了一七六二年，羅曼諾夫王朝（Romanoff dynasty）的凱薩琳大帝（Catherine the Great）開始掌權的時候，這個帝國的國境已經遠遠地越過了裏海和烏拉山，深入西伯利亞，並且向著印度以北、波斯、美索不達米亞和小亞細亞之間的這一大片地區延伸。

凱薩琳大帝很快意識到俄國不能只限於東擴；它也要向南擴張。凱薩琳大帝的軍隊試圖佔領黑海沿岸並把突厥人趕出歐洲。他們和鄂圖曼人的戰爭進展得頗為順利，但是英國人絕不答應讓俄國人南進到波斯，甚至更糟的話，讓俄國人進入到阿富汗部落居住的群山中，因為這樣的後果會讓俄國人距離女王王冠上的寶石只有咫尺之遙。實際上，在好幾個世紀以來，興都庫什山脈

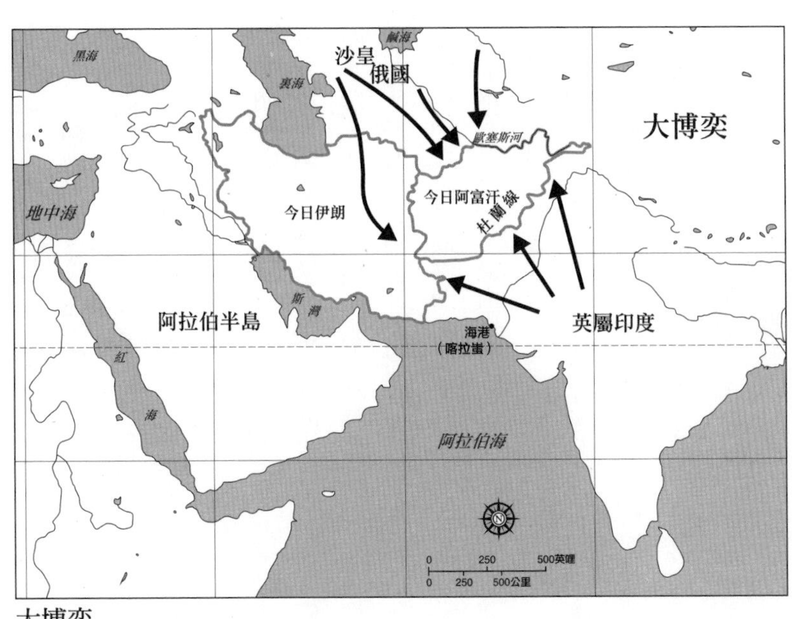

大博奕

（HiduKushmountains）和波斯高地（Persian highlands）一直是征服印度的入口。英國的領導人們決心擋住俄國人在這一地帶以內任何一處的進犯。大博奕（The Great Game）也就由此應運而生了。

「大博奕」這個名詞是英國小說家魯德亞德．吉卜林（Rudyard Kipling）提出來的，這個詞代表的是英國和俄國為了爭奪從北方的沙俄帝國一直到南邊的大英帝國之間的所有領土的控制權的各種努力。這一大片土地曾經都是薩法維波斯的領土，這些地方包括了現在的阿富汗、大部分的巴基斯坦、蘇聯曾經的四個加盟共和國，也就是土庫曼斯坦、烏茲別克斯坦、吉爾吉斯斯坦和塔吉克斯坦——這一大片土地就是上演這場大博奕的競技場。

這場大博奕其實並不是一場賭博，「上演」這個詞也並不準確。但是它也絕對不是一場戰爭。這段時期內偶爾爆發過一些戰役，有過幾次屠殺，以及發生在這裡或那裡的種種暴行，但是大博奕的內容主要是陰謀、密會、共謀、操作、干預、政治把戲、賄賂和毒害上述地區的人民。敵手是兩支歐洲強權，居住在這些土地上的人民實際上幾乎都是穆斯林，他們扮演的只是棋子和籌碼罷了。

在伊朗，卡扎爾王朝的國王們還夢想著藉由進口的歐洲技術和那些專業人員來讓國家重新強盛起來。但是他們要從哪一家的手裡買呢？他們當時手握著一大票的歐洲備選！俄國使節在這裡努力說服，而英國使節則在那裡唇槍舌劍。法國人、德國人、瑞典人也在到處遊說。卡扎爾人並沒有什麼力量能夠對付歐洲人，歐洲人已經完全掌控了他們。卡扎爾人只能靠挑動一支歐洲勢力來對付另一批歐洲勢力的辦法來給自己贏得一點點獨立的空間，但是伊朗的國王們在這裡看到了別的機會，看到了靠出賣壟斷合同給歐洲人來圖利自己，收取回扣的辦法。簡明來說，就是把國家經濟拍賣給外國人。

其中有一項巨大的授權案是把伊朗全境的鐵路和城市軌道交通的獨家營造權，加上礦物開採權和森林砍伐權，再加上建立和經營國家銀行的權利一股腦地交給了德裔英國公民路透（Baron Juliusde Reuters）。路透的交換條件僅僅是給國王的一筆現金和之後會交給國家金庫一點點稅的許諾。一股巨大的反對聲浪爆發了，若不是俄國和其他的對手們為了各自的利益聯合起來反對的話，反對的聲浪是不會起什麼作用的。面對這樣的壓力，國王只好作罷並取消了合同。但是因為他已經在合約上簽了字，因此伊朗必須要付給路透男爵一筆四萬英鎊的違約金。幸運的是（對國王本人來說），這筆錢並不是出自他本人的腰包而是由伊朗的國庫來支付。因此，這個國家（以及納稅的人民）必須要白白付給一個英國人一大筆錢，還給他留下了新成立的伊朗國家銀行的控制權。[55]

類似的情況一而再再而三地發生，而且每筆交易都給這位腐敗的國王和他的親戚帶來收益，並且讓歐洲的公司或政府控制起伊朗經濟的某一領域。如果有一筆交易被取消掉了，這種事時有發生，那麼伊朗的納稅人就要支付一筆巨款作為違約金。伊朗人民完全知道這樣的情形正在發生，但是卻無能為力。他們根本就沒有力量，而且卡扎爾王朝的國王們有強大的力量管控自己的人民，將其打入監牢，加以虐待和處決。

但是，以歐洲人的觀點來看，這個被切成一片一片，一塊一塊的國家只是待用的戰利品而已，更重要的問題是哪個歐洲國家能把這些利益轉化為進一步的策略優勢以便進一步的剝削。鑑於這兩個主要敵手幾乎是難分伯仲，英國和俄國最終將伊朗變成了他們各自的勢力範圍，俄國穩固住了自己在伊朗北部的佔有和掠奪，而英國則佔據了伊朗南部。雙方所達到的這一協定或多或少地固定下了伊朗的南北邊境，並且在伊朗的東部畫了一條互不爭強息事寧人的線，這條線後來變成了伊朗和阿富汗之間的國境線。

---

5 Gelvin, pp. 84-86.

與此同時，在未經開發的位於興都庫什山脈及其北面的平原地區上，大博奕也正在上演著。就在這裡，十八世紀初，一個名叫艾哈邁德·沙·巴巴（Ahmad Shah Baba）的部落首長統一了難以駕馭的阿富汗各部落，並在這裡發展成了又一個四處擴張，不時地進入印度的帝國。艾哈邁德·沙的帝國是最後一個這樣的帝國，但是他的繼任者們必須要面對曾經沒有的全新現實：兩個強大的歐洲帝國主義勢力同時從南面和北面施壓。俄國人不斷地派出間諜和特工進入到阿富汗的領土上，恩威並施地試圖發展國王成為其盟友，或者是支持某一個對立的部落首領推翻國王。英國人的作法也如出一轍。

英國為了阻止俄國甚至兩次入侵了阿富汗並試圖實施佔領，但是每一次阿富汗人都成功地將英國人趕了出去。第一次英國阿富汗戰爭（Anglo-Afghan war）結束於一八四一年，當英國人試圖逃離這個國家時，阿富汗人殺死了所有的英國軍民（但是沒過多久，一支英國軍隊回到這裡，放火燒了喀布爾的大巴扎，燒死了裡邊的所有人）。

正當英國人還在舔舐第一次入侵阿富汗的傷口時，一場大亂在印度爆發了。這場混亂始於一八五七年的印度士兵起義。英國的軍官們要求步兵們以牛脂及豬油的混合油脂來潤滑子彈，這樣的指令當然不會被執行了。絕大部分的印度步兵都是印度教徒或穆斯林。對於印度教徒而言，牛是神聖的，因此用牛脂來潤滑子彈是褻瀆神明的行為；對於穆斯林而言，豬是極為不潔淨的畜牲，用豬油來潤滑子彈是令人憎惡的行為。

有一天，一整個印度兵團的士兵都拒絕為槍上膛。軍官決定採取行動：他把所有人都送進了監獄，從那開始，暴動蔓延到了整個城鎮。很顯然，英國人是頭一次聽到用牛脂或豬油潤滑子彈居然會讓印度兵覺得冒犯。這個愚昧的錯誤反映出了英國軍官和印度步兵之間的鴻溝，這種文化上的鴻溝在歐洲人到來以前是不存在的，雖然印度的軍隊常常由不同民族或信仰的士兵組成，有說突厥語的穆斯林、說波斯語的穆斯林和說印地語的印度教徒在一起並肩作戰。這些不同的民族和信仰者之間時常有爭執而且彼此間互有矛盾，但是他們至少知道彼此的底細，而且他們之間是互動的。在蒙兀兒軍營中，他們的語言被混合到了一起變成了烏爾都語（Urdu），這是一種揉合了印地語、波斯語和突厥語的全新語言（在突厥語中，「Urdu」的意思有點像是「軍營暗語」）。在英國人指揮的印度軍隊中，沒有新的語言出現。英語並沒有和任何的一種當地語言混合在一起，這是因為英國軍官和他們手下的士兵完全就是壁壘分明的不同階級。

處理子彈潤滑油事件的失當使得英國人意外地促成了阿克巴大帝試圖達到的目標：把穆斯林和印度教徒團結起來。印度士兵的叛亂擴大成了一八五七－一八五八年間的印度大起義。在這期間，印度全境的印度教徒和穆斯林都攻擊了英國的據點。穆斯林的行動主義者把這場叛變稱為傑哈德，組織縝密的攻擊行動顯示出子彈潤滑油事件只不過是點燃大火的火星而已：這場叛變已經醞釀很久了。

可惜醞釀很久還不足夠，因為英國軍隊很快就粉碎了叛變並開始進行報復，他們在印度各城鎮裡搶劫了大約一個月之久，把嚇壞了的百姓從家中趕到街上殺害。至少一個案例是這樣，他們把無辜的俘虜圍繞在一個大坑前站好，然後以十個為一組地分批殺害，這麼做是為了屍體可以就地掉入坑中，讓他們不那麼費力掩埋。[66]英國歷史學家查爾斯．克羅斯威爾斯爵士（Sir Charles Crosthwaite）形容這次勝利是英國版的伊利亞德，他將其稱之為「種族的勝利」。

當印度的起義被完全撲滅後，英國人拋棄了所有的矯飾，把可憐兮兮的末代蒙兀兒皇帝發配流放，把東印度公司降格為私人機構，開始由女王直接接管印度。從此開始了英國對印度為期九十年的直接統治，這一統治被人們稱作「英屬印度（the Raj）」。

英國的領導人將印度視為「女王皇冠上的寶石」，更加變本加厲地守護其在印度的利益。在一八七八年，英國發現俄國對阿富汗有了新的興趣。所以他們打算再次佔領喀布爾。但是英國人再一次低估了佔領多山部落地區的難度，那裡住著太多充滿敵意並且相互敵對的部落。按照歐洲人對於「征服」的定義，那裡並不算難征服。英國人輕而易舉地進入到了首都喀布爾，並且安排了順從自己的代理人上位，還派了一個所謂的「大使」來指導他。在大多數的情況下，這樣的局面就代表了征服，但是英國人卻發現讓那些阿富汗領導人屈服於英國人的意願並不能帶給英國人多少好處。在他們壓力之下的阿富汗領導人根本就是沒什麼用處，他們成了英國的附庸而不是工具，讓原本應該仰賴這群傀儡領導的山區部族人民變成了不受控制的游擊隊。在第二次英國阿富汗戰爭中，當英國大使凱文納里（Cavignari）被殺之後，戰爭局面變得更加地難以收拾，爆發了毀滅性的城市巷戰。到最後，英國不得不撤離阿富汗，再次回到印度次大陸。

經過第二次英國阿富汗戰爭的教訓，俄國人和英國人都認為佔領由阿富汗部落統治的領土的代價太過昂貴，因此兩國同意將整個地區作為他們兩個帝國之間的緩衝區：俄國不向南越過烏滸河，而英國則不向北越過由英國外交官莫提梅爾・杜蘭（Mortimer Durand）在沙漠中間畫下的人為界線。在這兩條邊界之間的領土即變成了今天的阿富汗。阿富汗的國王們在過去或許征服過遠比這更廣闊的領土，但是現在他們則集中精力尋求更深入的征服——征服每個部落，每個小山谷，直到這片沒有主人的土地逐漸納入到喀布爾中央政府的薄弱控制下。

當然，俄國人從未真的放棄得到一個印度洋溫暖海域港口的希望；英國人也從未放下他們對於俄國人企圖的懷疑；因此「大博奕」仍然在進行著。

在大博奕的西邊，還有另外的一場大戲在十九世紀展開了，上演的是另一場西方勢力在穆斯林世界中擴張的劇情。在這裡，主要的競爭者是英國和法國，而他們爭奪的籌碼則是分崩離析的鄂圖曼帝國省份。對歐洲人來說，核心的議題是歐洲的民族國家在發展過程中的角力。對他們來說，那些在美索不達米亞、黎凡特、埃及和其餘的北非所發生的事情只不過是這場大戲相對來說不那麼重要的東緣部分——只不過是「東方的麻煩」而已。

在法國大革命時，東方的麻煩變成了極為緊迫的事情，因為法國大革命把所有的歐洲皇室都嚇壞了，因為它的精神所否定的是他們所有人的統治正當性。因此各國的君主們開始團結一致來鎮壓革命。他們覺得鎮壓革命應該不難，因為革命已經把法國搞得很動盪了，但是讓他們吃驚的

6 As reported by Frederick Cooper,deputy commissioner of Amritsar,in a dispatch excerpted by Reza Aslan, *No god but God* (New York, Random House, 2006), pp. 220-222.

是，革命的法國就像是一個發怒的馬蜂窩一樣難以被征服。

讓事情變得更糟糕的是，從革命中又竄出來一個拿破崙・波拿巴，在他的領導下，法國一躍成為一股征服世界的力量。所以英國領導了一支武裝力量來打擊拿破崙，這場冤家對決的戲碼的第一集在埃及上演了。

西方的歷史學家們記載了拿破崙是在一七九八年率領了一支三萬四千人的軍隊來到了埃及，而納爾遜勳爵（Lord Nelson）則緊追在後。在尼羅河上，法國輸掉了一場水戰，拿破崙丟下了他的軍隊並且逃回國內策動了一場讓他成為法國的唯一統治者，讓法國變得更強，結果成功的政變。戰爭就這麼繼續發展下去了。

但是埃及人怎麼看待這一切？他們是誰？他們扮演的角色是什麼？他們歡迎拿破崙嗎？他們幫助了拿破崙嗎？拿破崙必須要征服埃及嗎？埃及人在英法之戰中扮演了什麼角色？他們是站在誰的一邊的？歐洲人走後發生了什麼？對於這些問題，西方的歷史學家並沒有談論太多，他們只是聚焦在英法之爭上。就好像埃及人不存在一樣。

但是埃及人一定是存在的。當拿破崙到來的時候，埃及在名義上仍然是鄂圖曼帝國的一省。但是拿破崙在金字塔的影子下用了不到一天的時間就摧毀了埃及的主要軍隊！剩下的所有殘部都在英國人到來後被清理掉了，從此才開始了真正的戰役——是在歐洲人之間展開的。英國艦隊在尼羅河擊沉了幾乎所有的拿破崙的戰艦。拿破崙在埃及當了一年的「統治者」，但是瘟疫襲擊了他的軍隊，叛亂也開始爆發起來，他在這個國家下達的命令無法得到執行，但是法國部隊遭到叛軍的攻擊比來自地方勢力的攻擊多。英國人向埃及派出了更多的探險隊並遊說土耳其人也來攻打埃及。作為回應，拿破崙率軍攻打了敘利亞並且在雅法（Jaffa）屠殺了上千人。最終他回到了歐洲，但自從那時候開始，埃及就開始變得風雨飄搖了。一位鄂圖曼軍官很快就趁著形勢動盪攫取了權力。他就是穆罕默德．阿里（Muhammad Ali），在阿爾巴尼亞出生的突厥人，他自稱埃及的「省長」，就彷彿他是伊斯坦堡蘇丹的唯一代理者一樣。但是每個人都知道，他才不是省長，是一支獨立的勢力，是一位沒人能夠否認的新國王。

穆罕默德．阿里看到了拿破崙是如何輕而易舉地進入到埃及的，他對此印象深刻。他決心無論如何也要學習歐洲人，尤其是要像法國人那樣，只有這樣才能保證不會再有一個新的拿破崙或者新的納爾遜動爵像是流氓團伙一樣地來到埃及，把埃及當作是國中的操場。

但是拿破崙的秘密是什麼呢？阿里知道拿破崙剝奪了法國宗教勢力的力量，關閉了教會學校並建立起世俗的學校系統來取而代之。穆罕默德．阿里決定要在埃及做同樣的事。他切斷了對於烏理瑪的國家財政援助。他還切斷了對慈善機構、宗教學校和清真寺的財政援助。他下令所有的宗教組織都要給他們所擁有的土地登名造冊並註明所有權，這當然是不可能做到的，因為那些土地的所有權可以一直追溯到中世紀初期，三、四個帝國以前的時代。因此阿里的國家就沒收了這些土地。埃及仍然有根深蒂固的馬木路克精英階級作為這個國家的農場稅收主，但是阿里看到歐洲是國家直接實行稅收。所以穆罕默德．阿里邀請了所有的主要農場稅收主來參加一場鴻門宴並將他們殺害。然後他發起了一場急促的項目修建現代公路和學校等等。所有的這一切都是人類將會在下一個世紀中頻頻看到的發展模式的預演。

所有這些突如其來的倉促發展導致了埃及的破產，穆罕默德・阿里只能靠借錢才能維持政府的運轉。他依靠的是歐洲的銀行家們，當然，這些銀行家們堅持讓歐洲的金融顧問來監視穆罕默德・阿里政府的各個部門，這是為了審查工作，確保這些錢不是被濫用。

與此同時，鄂圖曼人已經越來越警覺對敘利亞有所企圖的穆罕默德・阿里。他們現在已經無力靠自己的力量來壓制穆罕默德・阿里了，因此他們開始請求英國人的幫助。英國人的答覆是鄂圖曼人必須要簽署一份讓歐洲人擁有在鄂圖曼領土上的一系列特權的條約才肯出手相助。在這個條約上，歐洲國家是以一個團伙的形式出現，是一種利益的聯盟，簡單來說，就是當一切塵埃落定之後，穆罕默德・阿里會被安全地限制在埃及，但是歐洲人則就變成了黎凡特地區的主宰勢力。現在，只剩下「東方問題」亟待解決了，這個問題說白了就是：哪個歐洲國家負責「保護」哪一部分的東地中海領土。

埃及是這些地方中的最大獎，所以法國和英國都搶著迎合這裡的統治者。穆罕默德・阿里在埃及建立起了家族王朝的統治，繼承權傳給兒孫並且延續下去。

在這之後的幾十年中，自稱赫迪夫（*khedives*）的割據國王們給了英國人在埃及修建鐵路的特許權；然後為了安撫法國人，又交給他們一份修建蘇伊士運河的肥約；然後再與忿忿不平的英國和解，交給他們建立並且擁有埃及的國立銀行的權利。在這每一項交易中，這些赫迪夫們都會為自己收取回扣——讀者們可以看到事情的走向了。

同時間，穆罕默德．阿里的後代認為埃及的未來在於棉花。紡織品工業是歐洲第一個工業化的產業，因此棉花行情變得奇貨可居，而尼羅河河谷能種出上好的棉花。在大約一八六〇年前後，世界市場上的棉花價格開始飆升，當時的赫迪夫是一位出手大方的東方花花公子，名叫伊斯瑪儀（Ismail），他夢想著能讓自己和他的國家變得富有。他從歐洲銀行家那裡借來了一筆巨款用在一夜之間工業化埃及的棉花產業：他斥巨資買來軋棉機之類的機器，他覺得埃及很快就能靠賺來的錢還債，並且永遠靠著種棉花來發財。

但是棉花價格的上漲只是美國內戰所帶來的曇花一現。內戰的爆發阻礙了美國南部各州的棉花出口並使得英國的紡織品工廠不得不尋找別的織物來代替棉花。隨著美國內戰結束，棉花價格回落，埃及遭受了重創。如此一來，銀行家和金融顧問們開始像潮水一般熱情地湧入埃及。每一個埃及政府的官員到最後都有了自己的歐洲顧問。東方問題依舊存在——英國和法國都想要獨佔埃及。

英國人看起來在這裡更有優勢，然而這使得法國人更決心不能在更西邊的地方落後。正當法國處於革命的動盪時，有兩個阿爾及利亞的猶太家族賣了價值八百萬法郎的糧食給法國軍隊作為口糧。當拿破崙被打敗，法國迎來君主制復辟的時候，法國卻想要賴帳。鄂圖曼帝國當地的省長召見了法國領事皮埃爾．杜逢（Pierre Duval）要求對方作出解釋。杜逢回答說法國不打算和阿拉伯人談錢。省長於是扇了杜逢一巴掌，而且用的是一個……蒼蠅拍！這可是丟盡了法國人的榮譽感！*L'Affaire de Mouche-Swatter*（蒼蠅拍事件）開始被法國媒體爭相報導，但是沒人覺得這件事可笑。雙方開始有更多的相互侮辱，緊張情勢一觸即發。就在這時，法國國內正經歷保皇派和自由派之間的角力，擁有權力的保皇派人士看到了快捷、成功的軍事冒險可以給國內政治帶來的利益。而且拿破崙也已經證明了埃及的阿拉伯人是多麼的不堪一擊，因此，在一八三〇年的時候，法國入侵了阿爾及利亞。[77]

這場冒險正如法國人所希望的那樣迅速而且成功。阿爾及利亞省長扔下了他的財富逃往那不勒斯，留下了一個無人領導的國家。法國從阿爾及利亞劫掠了大約一億法郎，其中的半數進了法國的國庫中。剩下的一半則消失在侵略軍的軍官和士兵的口袋中。

隨著政府的垮台，阿爾及利亞成為了一個權力真空，而這種權力真空是非自然的。與其扶植一個代理人或傀儡政權，法國決定乾脆將阿爾及利亞納入其國家結構中並以三個新省份的形式存在。換句話說，法國並不是把阿爾及利亞看作是殖民地，而是把它看作是法國的一部分。一個「聯合股份」公司成立了起來，向打算移民到這些新省份的法國公民出售土地，並以此來幫助當地「發展」。

即便是在遭受法國人徹頭徹尾的侵略的阿爾及利亞，作為移民湧入的外國人也並沒有和當地人爆發武力衝突。他們只是規規矩矩地買下了全境八成的土地，建立起了全新的經濟模式。與其說他們沒有和當地的經濟競爭，還不如說他們根本就是忽略了當地的經濟。阿爾及利亞的阿拉伯人自由地想種什麼就種什麼，如果他們付得起運費，他們還可以把貨物運到阿爾及利亞的港口去，如果他們能找得到任何的買家，他們還可以把貨物賣給世界市場上任何的買家，如果他們樂意的話，他們還可以賣掉他們的土地，如果他們有本錢，他們還可以搬去城裡開始做些買賣，但問題就是他們根本付不起運費，找不到買家，也沒有本錢。假如他們有本錢，他們可以從法國官員那裡得到營業執照，但問題是，由於各種合理又合法的理由，他們通常也得不到營業執照。

因此阿爾及利亞的阿拉伯人仍然以傳統的方式在彼此間進行買賣，然而與此同時的是，這個國家的大部分土地已經被納入了歐洲和世界市場，以主流方式，也就是非常有效率的現代方式進行著交易。

如果有人問任何的一個阿爾及利亞人是反對還是支持把國家八成的土地賣給法國買家，他一定會回答說他反對。任何一個面臨上述選擇的人通常都會說不。但是沒有人有機會去決定是不是要把整個國家八成的土地出售給外國人。每個地主在把自己的土地賣給「法國人」的時候，他出賣的僅僅是自己的土地，買家也僅僅是這一個買家而已。所以當然可以在反對把全國八成的土地賣給外國人的同時，出於十分有說服力的原因把自己的這一塊賣給這一個外國買家。

在接下來的一個世紀中，阿爾及利亞的法國公民社群的人口增長到了七十萬人。他們來到阿爾及利亞並且擁有大部分的土地，而且把自己也看作是土生土長的阿爾及利亞人，因為他們也出生在阿爾及利亞，而且他們大多數人的父母和小孩也出生在這裡。但麻煩的是，有五百萬的阿拉伯人也生活在那裡，但是卻沒人說得清他們的來歷和他們靠什麼生活。他們看起來一點作用都沒

7 Jamil Abun-Nasr, *A History of the Maghrib in the Islamic Period*. (Cambridge: Cambridge University Press, 1988), pp. 249-257.

有，而且不管他們靠什麼生活，那也幾乎是一個和法裔阿爾及利亞人所倚靠的經濟完全分離的經濟。

到了一八五〇年，歐洲人已經控制了伊斯蘭世界（Dar al-Islam）的每一個角落。歐洲人在這些國家中以上流社會的身份生活，對穆斯林進行直接的統治或者是由歐洲人來決定誰是統治者，歐洲人控制了資源並主導政治，而且對人們的日常生活做出限制。在比如埃及、伊朗和印度這樣的國家，那裡有不許埃及人或伊朗人或印度人入內的俱樂部。歐洲人沒有依靠任何的大規模戰爭或大範圍的攻擊就達到了對這些國家的控制。歐洲人甚至很難覺察到有一場爭鬥，而且他們贏了。但是穆斯林卻能注意到，因為感覺到頭頂上的石頭要比感覺到腳下的石頭要容易得多。

13
改革運動
THE REFORM MOVEMENTS

伊斯蘭曆一一五〇—一三三六年（西元一七三七—一九一八年）

在這些政治發展的同時，在人類智識的領域，也展開了至關重要的發展。這一發展在一八〇〇年之前就已經開始了，而且持續了很久，造成的影響動搖了整個世界並且一直影響到了今天：在歐洲人支配著這些地方的同時，穆斯林世界的各地都出現了復興的改革運動。

政治的發展和智識的發展雖然不是統一的，但是是相關聯的。無論有沒有歐洲人，一些極具衝擊性的挑戰將要在此刻來到穆斯林面前。為什麼呢？因為到一七〇〇年前後為止，宗教機構已經在精神信仰方面變得官僚化了，這種情形和歐洲中世紀晚期的天主教教會使基督教變得官僚化的方式是相同的。整個的穆斯林法律系統已經發展得如此的完備以至於沒有了創新的餘地留給有心人去發揮。對於沙里亞中的每一個細節和每一個句點的應用都已經變成了絕對的定制。烏理瑪的力量已經變得無可撼動。蘇非教團也已經變成得機構化，而且每一個層級的權威都認定「伊蒂哈德（ijtihad）的大門已經關上了。」

還記得嗎？「*ijtihad*」的意思是「以推理為基礎的自由和獨立思考」。伊蒂哈德不能背離經文，但它可以通過經文的引申含義進行創造性地思考。穆斯林學者們曾經允許在古蘭經沒有明確表明一件事情的時候運用伊蒂哈德；然後就變成了古蘭經和聖訓都沒有明確表明的時候才使用伊蒂哈德；再後來，就變成了古蘭經、聖訓和權威學者的先例判決中都沒有明確表明的時候才使用伊蒂哈德……因此到了十八世紀的時候，重要的學者們都逐漸認同已經沒有無先例的案例存在了。任何事已經都被考慮到了，一切都發展完備了；普通人已經不需要自由和獨立的思考了。除了守規則之外，他們已經沒有什麼別的要做了。

但是，一味地遵循規則卻沒有辦法帶給信徒渴望從宗教中尋找的那種精神上的滿足。相比基督教所激發出的那種導致了新教改革的不滿，伊斯蘭教的官僚體系也創造出了差不多的愚鈍和不滿情緒。而且的確，到了十八世紀中葉，穆斯林世界的各處都孕育出了改革運動的萌芽。

但是絕對不存在一種穆斯林版本的歐洲新教改革，那麼就更不會有新教改革所帶來的那些結果了：穆斯林世界不存在個人主義的教義，也沒有宗教和民族主義的結合（除了某種意義上的伊朗），也沒有教會和政治的分離，也沒有把世界分成世俗領域和宗教領域的概念性區分，也沒有那種突然爆發出的啟蒙運動式的自由主義，也因此不存在民主、科學，或者工業上的革命。

為什麼會是這樣呢？

首先，有些導致了新教改革的動因在伊斯蘭教中是不存在的。新教改革者們反抗教會，但是伊斯蘭教中根本就沒有教會。新教改革者攻擊教宗的權威，但是伊斯蘭教中根本就沒有教宗。新教改革者聲稱神父不可以充當人和上帝之間的媒介，但是伊斯蘭教中根本就不存在教會一說（與其說烏理瑪是神父，還不如說他們是律師）。新教改革者堅持信徒和上帝之間是直接的個人聯繫，但是伊斯蘭教的禮拜儀式本身就是人和神之間的直接、個人的聯繫。

但是歐洲人的出現也絕對是一個要素。假如沒有歐洲人出現在穆斯林世界中的話，穆斯林的改革運動很有可能會發展成完全不同的樣子。然而歐洲的宗教改革是發生在完全是以歐洲人為語境的環境中的。也就是說，當新教改革者們挑戰天主教的儀式和教義時，他們所討論的問題完全是他們自己社會中內部事務，而不是要在面對一個外來文化的挑戰時鞏固基督教。

而穆斯林所面對的完全是另外一幅光景。正如我所討論過的那樣，幾乎是從一開始，伊斯蘭教就以其政治上和軍事上的成功作為其教義和神啟的證明。這一過程從最初的巴德爾（Badr）和武忽德（Uhud）的象徵性戰役就開始了，這些戰役的勝利所彰顯出的是神學上的意義。這種擴張的奇蹟以及真理和勝利的聯繫延續了上百年。

隨之而來的便是蒙古的大屠殺，導致穆斯林神學家不得不重新審視他們做出的假設。這一重新檢視的過程帶來了類似伊本・泰米亞（Ibn Taymiyah）這樣的改革者。然而，面對蒙古人，穆斯林的弱點非常的明顯而且容易了解。蒙古人有更強的殺人能力，但是他們的到來並沒有帶來任何的意識形態。當人們從蒙古人帶來的血雨腥風中平靜下來，人類與生俱來的對意義的渴望再次點燃起來，但是蒙古人沒辦法回答這方面的疑問。事實上，反倒是蒙古人自己皈依了伊斯蘭教。伊斯蘭教還是贏了，就像是伊斯蘭教先前吸收了波斯人然後又吸收了突厥人那樣，這一次伊斯蘭教又吸收了蒙古人。

皈依伊斯蘭教後的蒙古人並沒有變得比較不那麼嗜殺了（正如帖木兒所證明的那樣），但是至少，在這些皈依了的統治者的保護下，最初的追求可以再次上路了，可以從斷壁殘垣之上重新開始——去建立一個普世性的阿拉的社群。

但是同樣的情形卻不可以套用在這些新的統治者身上。歐洲人到來的同時也帶來了他們的生活方式並且開始兜售他們自己對於終極真理的解釋。他們並沒有太多地挑戰伊斯蘭教，而是忽略了伊斯蘭教，除非他們是傳教士，而傳教士的任務是直接將穆斯林變成基督徒。即便他們注意到了伊斯蘭教，他們也沒有費力氣對此展開爭論（爭論也不是傳教士的工作），而只是對其微笑一下而已，好像那只是小孩子的玩具或者老一輩的什麼奇怪聖物一樣。這樣的態度是多麼能夠惹怒穆斯林的行家們啊！但是，穆斯林們又能對此做些什麼呢？

即便是穆斯林和基督徒學者們有一個論壇能夠彼此交換觀點，這對於解決穆斯林所面臨的問題也不會有太大的幫助，這是因為在十九世紀，基督教對伊斯蘭教產生的挑戰遠遠不及一種世俗的、人本的世界觀所帶來的挑戰大，這種世界觀是從新教改革中進化得來的，這一雜合的概念現在通常是被稱作「現代性（modernity）」。

造成穆斯林孱弱而歐洲人強悍的原因並不是那麼的明顯。問題的答案並不能嚴格地說是軍事優勢帶來的結果。在多數地方，外國人並沒有施行虐待及殺戮，而且在多數的地方，這些新的主宰甚至並不那麼的把自己設定為統治者。官方來講，大多數的穆斯林仍然是被他們自己當地君主所統治的，這些君主有自己的政府建築，有穆斯林官員在裡面給文件蓋章，而且在每一個穆斯林國家的某個地方，都有一個曾經繁華一時的首都，而且在那個首都裡，都有一個宮殿，宮殿裡有王座，王座上坐著的人通常是一位沙王、蘇丹、納瓦布、可汗、赫迪夫，或隨便你能想得到的任何一個頭銜，這些當地的統治者依舊富有並過著奢侈的生活，和古代的君王們並沒有什麼兩樣。

在伊朗，外國人僅僅是以顧問的身份漫遊在權力的通道上的。在土耳其，他們也是在那裡以顧問的身份賺取薪水。在埃及和黎凡特地區，他們以「保護者」的身份隨時待命。甚至在由英國議會指派的總督所在的印度，負責「維持秩序」的軍事和警察力量也是由大多數的穆斯林、印度教徒、錫克教徒、印度瑣羅亞斯德教徒（Parsees）和其他民族的當地人組成的。穆斯林們怎麼能說他們失去了自己的統治權呢？

但是到了十八世紀末的時候，當穆斯林們環顧四周，赫然發現他們已經被征服了：從孟加拉到伊斯坦堡，無論是身處在自己的城市、鄉鎮、自己的街區或是自己家中，他們在日常生活的各個方面都必須向外國人低頭。而且這些外國人還不像是自己家的隔壁鄰居，他們是說著完全不同的語言，信奉不同的宗教，穿不一樣的衣服，戴不一樣的頭飾（最誇張的是，他們根本就不戴頭飾！），建不一樣的房子，成立不一樣的組織。這些外國人吃豬肉，喝酒，他們的女子不戴面紗就在公眾場合上招搖過市，他們對一點都不好笑的笑話哈哈大笑，卻對真正的幽默無動於衷，他們吃奇怪的食物，聽著噪音般的音樂，把休閒的時光花在玩拼圖和諸如打板球或者跳方格舞之類沒意義的活動上。

所以就和面對蒙古大屠殺的時候一樣，穆斯林必須要面對這樣一個問題：如果說穆斯林擴張的勝利證明了天啟的真實性，那麼當穆斯林無力面對這些外國人的時候，這樣的現象對於信仰來說又有什麼意義呢？

隨著這一問題籠罩在穆斯林世界的天空，振興伊斯蘭的運動就通通不會脫離以重振穆斯林的力量為目標了。改革者們將不會僅僅是為了得到更權威的宗教經驗而提出解決辦法。他們必須要詳細地闡述要如何把歷史帶回到其本應在的軌道上，要闡述他們提出的計畫將如何重建穆斯林社群的尊嚴和榮耀，讓穆斯林能夠再次向著原本的歷史終點前進——穆斯林應該要像最初在麥地那所做的那樣，不斷地讓公正和慈悲的社群變得越來越完美，並把這樣的社群擴大到全世界。

面對這樣的情形，許多的改革者和改革運動應運而生，但是所有的這些改革者和改革運動都可以被歸納成三大類。

第一類是說伊斯蘭教不需要改變，但需要改變的是穆斯林。創新、更動和各種衍生的理論已經腐蝕了伊斯蘭教信仰，因此沒有人信仰的是真正的伊斯蘭教。穆斯林需要做的是排除西方的影響並建立起伊斯蘭教最初始，最本源的形式。

第二類是說西方才是對的。穆斯林已經陷入到了宗教思想的泥潭中；穆斯林把伊斯蘭教的控制權交給了與時代脫節了的無知神職人員；穆斯林需要將他們的宗教信仰按照西方的標準進行現代化改造，去除迷信行為，放棄那些幽玄的想法，將伊斯蘭教重新看待成為可以和科學與世俗行為匹配到一起的道德系統。

第三類是聲稱伊斯蘭教是真理的宗教，同時也承認穆斯林有特定的一些東西需要向西方學習。在這種觀點中，穆斯林們需要重新發現自己信仰、歷史和傳統中的精髓，並將其加強，但是同時要吸收西方的科學和技術。按照這種改革流派的觀點，穆斯林需要將自己現代化，而且要用顯而易見的穆斯林的方式來達成現代化：也就是把科學和穆斯林的信仰配合起來，做到現代化而不是西方化。

這三種面對現代性的挑戰所給出的答案很好地表現在了以下這三位十八和十九世紀的重要改革者的理論中，他們是：阿拉伯半島的阿布杜．瓦哈布（Abdul Wahhab）、印度阿里格爾的塞伊德．阿瑪德（Sayyid Ahmad of Aligarh），以及塞伊德．賈邁勒丁．阿富汗（Sayyid Jamaluddin-i-Afghan），對於他的出生地在哪裡還存在著爭議，而且他的存在在各地都能夠被感覺到。他們這些人無論如何都僅僅是改革者而已。他們的理念並不總是沒有交集。他們有的時候會代表兩種不同的改革流派。他們的同時代人和學生們常常借用彼此的觀點。但是不管怎麼說，上述的三個人代表了三個截然不同的改革並復興伊斯蘭教的方法。

瓦哈比主義（Wahhabism）

阿布杜．瓦哈布於西元一七〇三年出生於黃沙滾滾的尼吉德（Nejd）小鎮，那裡正是一般人想到阿拉伯半島時腦海所浮現出的第一印象。瓦哈布在一個很小的綠洲城市中長大，是法官的兒子。當他顯現出作為古蘭經學生的天份，他被送到了麥地那接受進一步的學習。在那裡，他的一個老師把伊本．泰米亞的著作介紹給了他。伊本．泰米亞正是我們之前談論過的那位簡樸的敘利亞神學家，蒙古大屠殺使他相信真主已經拋棄了穆斯林，因此穆斯林們必須要和最初社群做到一模一樣才能夠重新得到神的喜愛。他的這些觀念正好和年輕的瓦哈布不謀而合。

從麥地那出發，這個年輕人來到了位於波斯灣的大都市巴斯拉，在這裡，這個絕對的鄉村男孩看到了他眼中的巴斯拉——各種思潮百家爭鳴，各種的思想學派，對古蘭經的各種數不清的解釋，摩肩接踵的人群，燈光，還有喧囂——這一切讓他感到驚駭。他斷定這就是讓伊斯蘭教變得孱弱的毒瘤。

隨後他回到了他在沙漠中的家鄉的簡單生活並且開始傳授他的理念，認為要通過重建伊斯蘭教的原初形式來得到宗教的復興。世上只有一個神，他怒喝道，所有人都應該要完全像古蘭經中說的那樣，一字不差地崇拜唯一的神。每個人都必須遵守神啟所帶來的法律。每個人都應該要過穆罕默德時代的麥地那社群那種純粹的生活，任何想要阻止重建原初生活和神聖社群的人都必須被剷除掉。

鄂圖曼人把阿拉伯半島看作是他們的領土，但是他們對於那裡的貝都因（Bedouin）小部落卻不具備真正意義上的權威。那些貝都因人住在星星點點的沙漠綠洲中，以商人和牧羊人的身份過者極為樸素的生活。瓦哈布在他的貝都因同伴中吸引了一些人成為他的追隨者，他帶著這群人在荒漠到處遊蕩，毀掉那裡的聖蹟，因為那些聖蹟是錯誤的崇敬對象，阿布杜·瓦哈布所宣揚的是任何不是以真主為對象的崇敬都是偶像崇拜（idolatry）。最終，瓦哈布成功地得到了法官的地位並開始執行罕伯里教法學派（Hanbali law）的法律，他以毫不妥協的熱忱來看待罕伯里的法律。有一天，他把鎮上的一個很有名的女子以通姦罪處以石刑。鎮上的人早就對他忍無可忍了。一群人開始要求阿布杜·瓦哈布下台，甚至有人說他曾動用過私刑。瓦哈布只好逃離了城鎮，來到了另一個沙漠綠洲，該地名叫達利雅（Dariyah）。

當地的統治者穆罕默德・伊本・沙烏德（Mohammed Ibn Saud）熱情地接待了他。伊本・沙烏德在當時只是一個胸懷遠大志向的小部落酋長，他的夢想是「統一」整個阿拉伯半島。但是他所說的「統一」，其實就是「征服」。在一根筋的傳道者阿布杜・瓦哈布的身上，他看到了他所需要的東西；而瓦哈布也同樣在對方的身上看到了自己所需要的。這兩個人一拍即合。酋長同意將瓦哈布認定為穆斯林社群的最高宗教權威並竭盡所能地推行他的觀點。而傳道者的部分，則是同意把伊本・沙烏德認作是穆斯林社群的政治領袖，是埃米爾，並指導追隨者們為了埃米爾而戰。

這股合力隨後就開花結果了。在接下來的幾十年間，這兩個人「統一」了阿拉伯半島上所有的貝都因部落，把這些部落置於沙烏地—瓦哈比（Saudi-Wahhabi）的統治之下。每一次當他們遭遇到不服從的部落，他們都要求對方要皈依。「改信！改信！改信！」他們大喊三次。如果警告被忽視三次（通常的情形都是如此），瓦哈布就會告訴他的士兵們可以上前殺死那些人；真主是准許的，因為那些人是異教徒。

改信的呼喊的確是讓對方十分地困惑，因為那些部落本身就把自己看作是虔誠的穆斯林了。但是當阿布杜・瓦哈布說「改信！」的時候，他所說的其實是他所傳播的伊斯蘭教。他並不把他所傳播的教義稱作「瓦哈比主義」，因為正如伊本・泰米亞之前所說的那樣，他堅持宣稱他只是讓穆斯林回到原初的伊斯蘭而已，只是要穆斯林拋棄那些附加上來的東西並洗去那些腐朽而已。他並不是一個創新者；實際上，他是反對創新的人。

但是那些不認同他觀點的人則認為他的觀點只是一種對伊斯蘭教特定的解讀，而不是伊斯蘭教本身；而且那些不認同他的人也理所當然地將他的觀點稱為瓦哈比主義，這個名詞甚至也開始被那些贊成他的觀點的人所使用。

伊本．沙烏德於西元一七六六年遭到暗殺，他的兒子阿布杜．阿濟茲（Abdul Aziz）繼位並且繼續地努力將阿拉伯半島統一在阿布杜．瓦哈布思想的大旗之下。然後在一七九二年，瓦哈布本人去世，留下了二十個寡婦和數不清的小孩。他的全部生命都是在十八世紀內度過的。在這段時間裡，當他在阿拉伯半島推行他的原初伊斯蘭教的時候，英格蘭和蘇格蘭合二為一成為了大不列顛，美利堅合眾國成立了，法國大革命帶來了《人權宣言》，莫札特創作出了他的所有音樂，詹姆士．瓦特發明了蒸汽機。

在瓦哈布死後，阿濟茲．伊本．沙烏德宣佈自己是他的接班人。他已經是埃米爾了，現在這位新的伊本．沙烏德由把自己的任命為最大的宗教權威。在一八〇二年，阿濟茲．伊本．沙烏德進攻了卡爾巴拉（Karbala），這裡正是先知的孫子胡塞因殉難的地方。對於什葉派來說，這裡是他們信仰的中心，當時正好有什葉派的信徒聚集在一起前來參加胡塞因殉難的紀念活動。但是在瓦哈布所羅列的各項篡改腐蝕原初的伊斯蘭教的行為中，什葉派是首當其罪的一項，因此當阿濟茲．伊本．沙烏德攻佔下該城的時候，他下令殺死了這裡的大約兩千名什葉派居民。

在一八〇四年，阿濟茲．伊本．沙烏德攻陷了麥地那，在這裡，他的軍隊迅速地毀掉了穆罕默德同伴們的墳墓。從麥地那開始，沙烏地—瓦哈比的軍隊開始向麥加進軍，在麥加，他們毀掉了一個被認定是先知穆罕默德出生地的聖蹟（因此就不會有人墮入對穆罕默德的偶像崇拜了）。只要是他在麥加，伊本．沙烏德都會利用這一便利謙卑地進行朝覲卡巴（Ka'ba）的儀式。

在這之後的一八一一年，沙烏地－瓦哈比聯盟開始組織了一場新的進攻，這一次的目標是小亞細亞，也就是鄂圖曼帝國的心臟地帶。到了此刻，鄂圖曼的蘇丹才開始注意到了瓦哈比運動。為了能夠掌握住這些進犯的貝都因人，他找到了埃及的赫迪夫，穆罕默德．阿里，來幫助他。穆罕默德．阿里帶著他有組織的現代化軍隊進入了阿拉伯半島，然後在一八一五年——也就是拿崙在滑鐵盧失利的同一年——摧毀了伊本．沙烏德，重新建立了鄂圖曼帝國對麥加和麥地那的控制，並將聖城重新開放給各種各樣的穆斯林朝聖者。隨後他把阿濟茲．伊本．沙烏德的兒子和繼任者送到了伊斯坦堡，先遊街嘲笑了一番後砍頭。

在這之後的大約一個世紀的時間裡，人們很少能聽到沙烏地－瓦哈比聯盟的消息。被處決的酋長留下了一個兒子，他接過了沙烏地部落的殘餘勢力。現如今他又只是一個小小的部落首領了，雖然是小首領，但畢竟還是個首領，而且他仍舊是瓦哈比主義的信徒，所以無論他身在哪裡，他仍然可以實行他的權力，瓦哈比烏理瑪仍然掌握權力並且很昌盛。瓦哈布雖然死了，但是瓦哈比主義卻活了下來。

那麼它的教義是什麼呢？

有心的讀者們可以尋遍找遍阿布杜．瓦哈布所留下的所有著作，但是也不會找到我們今天對於瓦哈比主義的定義。很大的一部分原因是因為阿布杜．瓦哈布並沒有寫過政治性的文章；他寫作的是有關古蘭經的評論文章，而且他用的是十分嚴格的教義詞彙。他的一根筋主要是聚焦在穆斯林的教義、法律和信仰實踐的種種細節上，他所關注的這些細節在外人來看很可能會被認為是過度的鑽牛角尖。他的主要著作是《獨一之書（*Kitab-al-Tawhid, The Book of Unity*）》，這本書有六十六章，每一章都會至少引述一次古蘭經的內容，在每一處引文之上，他都會再附上關於這一句引文所需要學習的功課，並且解釋為什麼這一句引文和瓦哈布的核心信條有關聯。他根本就沒有說到東方或者西方，也沒有任何的內容是關於西方的影響或穆斯林的弱點的，我們根本就找不到任何的政治性的內容。如果閱讀瓦哈布的遣詞用句，讀者一定會意識到他是以純粹的宗教視角來看待這個世界的。在他看來，他的整套神學體系可以簡述成兩件事：第一，一元論（*tawhid*）或「統一性」的重要性，即神的獨一性和統一性；第二，以物配主（*shirk*）的錯誤性，也就是說，即便是在最小的程度之上分享神的神性都是不被允許的。

馬克思曾經說過「我不是馬克思主義者」，假若阿布杜・瓦哈比仍在世，他可能會說：「我不是瓦哈比主義者」。但是無論如何，瓦哈比主義是存在的，由於他借助沙烏德首領們來幫助他推行他的教義，所以隨著歷史的發展，瓦哈比主義還衍生出了許多進一步的教義。這種擴大化了的瓦哈比主義教導穆斯林，法律就是伊斯蘭，伊斯蘭就是法律：對其完全接受，完全了解，完全服從就成了信仰的全部。

按照瓦哈布和他的追隨者們的說法，法律已經在古蘭經中給出了，而聖訓中記載的先知生活中的聖行（sunna）則上升到了法律評論的高度。古蘭經給出的並不是指導人類行為的原則，而是穆斯林要去踐行的實際行動。其揭示出的不僅僅是一套形式而已，而且還是人類生活的實質內容。在先知穆罕默德的一生中，這些行為給每一個穆斯林設定了追隨的典範。

先知穆罕默德及前三任哈里發時期的麥地那便是這種理想的社群，那時候住在那裡的所有人都通曉法律，並且完全認同並遵守法律。這就是為什麼第一個穆斯林社群可以繁榮昌盛並能如此奇蹟般地擴張。那樣的麥地那是每一個穆斯林社群都要重新創建的典範。

人生的目的就是遵守法律。社會和政治生活的目的是建立一個法律可以被落實的社群。任何阻擋這個建立理想社群的偉大任務的人都是伊斯蘭教的敵人。穆斯林的任務包括參加傑哈德，付出努力去戰勝伊斯蘭教的敵人。傑哈德就像是禮拜、齋戒、慈善捐獻、朝覲和彰顯神的統一性一樣，也是穆斯林要履行的義務之一。

那麼誰是伊斯蘭教的敵人呢？

按照瓦哈比的教義，那些不信仰伊斯蘭教的人，這是當然的了，但是這些人只是潛在的敵人，並不是那些最為致命的冒犯者。如果他們同意在穆斯林的統治下和平地生活，這些人是可以被容忍的。真正棘手的敵人是那些鬆懈懶散的人、放棄宗教信仰的人、偽信者和創新者。

那些鬆懈懶散的人指的是那些光說不做的穆斯林。這些人擁護教義，但是當到了做禮拜的時候，這些人不是正在玩紙牌就是在打盹。這樣的人必須被懲罰才能杜絕他們腐化其他的穆斯林。放棄宗教信仰的人是那些生下來是穆斯林或者改信了伊斯蘭教，但是又放棄了信仰的人。這些人應該被殺死。偽信者是那些寫自稱是穆斯林但其實不是的人。他們口口聲聲地說自己是穆斯林，但是在這些人的心裡，他們卻擁抱別的宗教。這些人自骨子裡就是叛徒，他們和社群作對並有可能導致災難性的叛變危機。這些偽信者只要被發現就應該被殺死。然後是最後一種，大概是所有人中最壞的一種，他們是創新者：他們是通過增加或者更改原初的法律來腐化伊斯蘭教的人。這些人的禮拜方式和最初的虔誠信徒們禮拜的方式不一樣，或是這些人參與先知和他的同伴們從來沒有進行過的儀式，或是擁護古蘭經中沒有的觀念的人，這樣的人也是創新者。什葉派和蘇非派都屬於這一類人。按照瓦哈比主義以及長久以來從中發展出的觀念來看，對於他們的反對不僅僅是正當的，而且是義務的。

瓦哈比主義的態度和熱情遠遠地傳播到了阿拉伯半島以外，在穆斯林世界另一端的印度次大陸找到了最為肥沃的土壤。在實踐中，各式各樣自稱瓦哈比主義者的人強調的則是沙烏地部落所傳播的教義的不同方面。比如在印度，有一些所謂的瓦哈比主義者拒絕把傑哈德當作義務，其他一些人則宣稱對於放棄宗教信仰的人應該進行辯論而不是打擊，對於被看作懶散者的人應該加以勸導而不是懲罰，對於偽信者應該加以懲戒而不是殺死，除此以外還有許多不同的見解。但是所有的這些自稱瓦哈比主義者的人都把法律看作是伊斯蘭教的核心，甚至是伊斯蘭教的全部。所有的這些人都傾向於要重新回歸為穆斯林生活提供了典範的黃金時代，他們都傾向於相信重建穆罕默德在麥地那建立的第一個穆斯林社群可以重新讓穆斯林成為阿拉眼中喜愛的人，並從此恢復在四大哈里發治下的穆斯林社群所具有的那種活力和力量。

如果是站在伊斯蘭世界之外，沙烏地—瓦哈比的聯盟或許是看起來像是某種一閃而逝的異常現象，但是實際上，這場運動一直在阿拉伯的沙漠中積鬱悶燒著，然後全世界將會在二十世紀，當阿拉伯的勞倫斯以英國間諜的身份來到這片沙漠以後，全世界將會聽到這個聯盟所發出的強音。

阿里格爾運動（The Aligarh Movement）：世俗現代主義（Secular Modernism）

塞伊德·阿瑪德（Sayyid Ahmad），或是他晚年偏好的稱呼阿里格爾的塞伊德·阿瑪德爵士（Sir Sayyid Ahmad of Aligarh），代表了在十九世紀時出現在穆斯林世界各地的各自獨立的思想態度。他和其他一些人開始重新探索不同的方法來將伊斯蘭教作為一個道德體系來加以重新思考，這個道德系統將會保有本來傳統和精神的真實性，但是也可以適應由歐洲人主宰的世俗世界相調和。

塞伊德·阿瑪德於一八一七年出生在德里的一個顯赫的穆斯林家庭。他的祖先們曾經在蒙兀兒王朝統治這裡的時候擔任過重要的官員，如今英國人已經牢牢掌控印度次大陸長達好幾代人的時間了，塞伊德·阿瑪德的家族也完全適應了新秩序。他的祖父任職於東印度公司的管理職位，曾經為英國人辦學，之後還以英國特使的身份前往伊朗，曾兩度出任蒙兀兒王朝的宰相。然而，在這個時代，所謂的「皇帝」只是一位領取英國撫卹金的人，而宰相的任務只不過是填寫正確表格好讓撫卹金順利進帳。塞伊德·阿瑪德的父親也為東印度公司工作，他的兄弟則創辦了印度首份烏爾都語報紙。簡而言之，塞伊德·阿瑪德來自於社會地位高、現代化、西化的家庭，而且了解英國人生活的大概樣貌。

然而，塞伊德·阿瑪德的母親是一位極為虔誠的穆斯林，並且因為她的學問而受到景仰。她讓孩子在伊斯蘭學校受教育，他的母親和他的祖父對他的人生產生了同樣強烈的影響，因此，塞伊德．阿瑪德是在這兩種相互競爭的影響力下長大成人的。他一方面打從心底對自己所屬的伊斯蘭社群感到歸屬感，但另一方面也讚賞英國文化並且渴望獲得殖民者的尊重。

不幸的是，在塞伊德．阿瑪德的父親過世之後，他的家庭陷入了經濟上的困境。他必須輟學投入工作，在東印度公司當一個小職員，後來被升職到了副法官（subjudge）的職位，處理一些小案子，但是這只是東印度公司的法律系統中十分不起眼的一個位子，實在是比小職員好不了多少。他沒辦法得到更高的職位是因為他從未完成他的正規教育，他幾乎是自學的。

但是他依舊好學，勤奮地閱讀任何他能夠弄到手的關於科學和英文文學的著作。他和他的印度穆斯林朋友們組建了閱讀研討會並且組織了一系列有關科學的講演。在一八五七年的印度兵變中，他選擇站在了英國人的一邊；但是後來他又寫了一本小冊子名為印度叛亂的起因（The Causes of the Indian Revolt），駁斥英國行政官員的錯誤和疏忽，還將這本小冊子寄給了加爾各答及倫敦的政府官員；在這之後，他還寫了一本名叫《忠誠印度穆斯林的記錄》（*An Account of the Loyal Muslims of India*）的書並由一位英國上校翻譯成了英文。在這本小書中，他通過把印度的穆斯林描寫成女王最忠實的臣民來試圖恢復他在英國人眼中是和英國人站同邊的角色。他還辯稱穆斯林沒有對英國人發動傑哈德的感情，而且也不應該有這樣的感情存在，並援引宗教著作來證明以傑哈德方式來反對英國人是不被允許的，因為英國人並沒有限制或者介入穆斯林的信仰。

在一八七四年，他終於決定要親眼去英格蘭看一看。這是他第一次旅行到印度以外的地方。

在倫敦，他的作品已經為他帶來了一些聲譽，在倫敦的生活也超過了他的本意，他參加時尚派對，結交知識份子、藝術家和貴族。在這些人當中他顯得相當突出，因為他堅持穿著穆斯林長袍，留著大鬍子，頭上總是戴著一頂小藥盒似的宗教小帽，看起來就像是蒙兀兒上流社會的老派穆斯林紳士。女王本人還頒給他一條「印度良伴之星」的綬帶，因此他在此後都自稱塞伊德·阿瑪德·汗爵士（*Sir Sayyid Ahmad Khan*）。

隨後有一次在倫敦，他偶然看到了一本由某個英國佬寫的貶損先知穆罕默德的傳記。他對此十分懊惱。他由此放下了一切任務，全心全意地撰寫他自己的先知傳記，以此來駁斥那個英國佬的版本。他是以烏爾都語寫成的，因為那是他的母語，但是他的目標讀者群是歐洲的讀者，因此他花錢找人翻譯，每寫完一章，他都付錢找人將其翻譯成英文、法文、德文和拉丁文。但事實證明這樣的工作量實在是太大了；所以他開始降低他的企圖，最後致力於出版一本有關穆罕默德的論文集。但是即便如此，他還是在沒有完工的時候就已經沒錢了。在離開印度十七個月後，他拖著疲憊的身體，身無分文地回國了。

塞伊德·阿瑪德對英格蘭的印象十分深刻，然而他的批評者認為英國帶給他的影響未免太過深刻了。通過將印度和英格蘭相比，他發現他的祖國實在是令人心痛地太過落後了。「我並不是要獻媚英國人，」他寫道，「我可以負責任地說，我們印度人，無論是地位高低，從商人到擺攤的，從受過教育的人到文盲，在教育、禮貌和人格上與英國人相比，就像是把骯髒的動物和一個高尚又英俊的人相比一樣。」

究竟是什麼使得他的穆斯林兄弟們變得如此落後呢？他要怎麼做才能提升他的社群的地位呢？塞伊德．阿瑪德認為一部分的原因是出在穆斯林解釋伊斯蘭教的方式上。他們太過分地陷入於那種幽玄的想法，太執著於迷信行為，並把這些事情稱之為伊斯蘭。因此塞伊德爵士開始詳細地解釋伊斯蘭的教義，以至於得罪了當時的印度烏理瑪。宗教，他如是說道，是人類所追尋和成就的十分自然的一件事。宗教是構成人生的必要部份，就像是其它的事情，比如藝術、農業、科技一樣，隨著人類的發展而一起發展，當人類越來越文明，這些事物也發展得越來越精細。

塞伊德．阿瑪德認為，早期的人類只有十分有限的能力以智識來探索道德和倫理的相關問題。他們需要天啟宗教來幫助他們克服他們的激情並指導他們作出道德判斷並加以執行：這一過程是由更高級的力量把那些訊息傳遞給先知們，這些先知的氣質中具有領袖的權威，可以勸說人們而不解釋一切。但是一切的道德和倫理上的禁令都是有理性的，真正的宗教不會是建立在非理性上的。一旦人類發展出了智識的能力便可以利用理性來發現那些內涵的道理。

這就是為什麼穆罕默德宣佈他是最後的一位先知——他的意思不是說他當初在麥加和麥地那的治理和那些針對各種事務的判例就是留給人類的最後訊息了。他的意思是說他已經給人類帶來了最後的極需人類靠自己的力量去發展自己的道德社群的工具，有了這一工具，就不存在沒有被神解釋了的疑問了。伊斯蘭教是最後的神啟宗教，這是因為它開啟了以理性為基礎的宗教之時代。理性的人可以通過從那些響亮的基本原則上作出正確的理性判斷並以此達到道德上的優秀。這些理性的判斷和那些從基督教以及其它的偉大神啟宗教中得到的東西是一樣的，這是因為伊斯蘭教也是理性的。這樣的理性判斷可以把人性從對於迷信和教條的盲目服從中解放出來，不再錯誤地解釋古蘭經的啟示，也不再偏離本來的軌道。

塞伊德含蓄地暗示穆斯林應該放下那些歷史中的神的顯能以及對於天堂和地獄的過份在意，要把信仰作為一個道德倫理系統進行重新的考量。在這種方法中，好的穆斯林不一定是那些每天用阿拉伯文誦讀古蘭經好幾個小時的人，也不一定是那些按照一定的方式穿衣或者禮拜的人。對於好穆斯林的定義應該是那些不說謊、不欺詐、不偷竊、不殺戮的人，應該是那些盡最大可能發展自己的能力的人，是那些待人良善的人，是那些尋求社會正義的人，是那些在社群中盡職盡責的人，是那些慈悲為懷，具有同情心，盡自己最大能力行善的人。

在塞伊德・阿瑪德前往英格蘭之前，他就在北印度城市阿里格爾成立了一個名叫「科學協會（Scientific Society）」的組織。這個組織舉辦講演並且通過把西方文化的重要書籍翻譯成烏爾都文和波斯文好讓印度的穆斯林了解到西方的知識發展。在他從英格蘭歸來後，塞伊德・阿瑪德爵士把科學協會發展成了大學，並希望將其變為「穆斯林世界的劍橋」。除了「宗教科學」和其它的伊斯蘭教學術的傳統學科之外，阿里格爾大學（Aligarh University）還設有物理、化學、生物學以及其它的「現代」學科。

雖然有很多印度烏理瑪成員攻擊塞伊德的觀點，但是這所大學發展了起來並吸引來了學生。阿里格爾大學的學生和職員形成了世俗運動的種子，這場世俗運動在二十世紀時將遊說印度的穆斯林從印度中脫離出來建立自己的國家，這場運動導致了巴基斯坦的誕生。

塞伊德．阿瑪德特別的想法並沒有創造出任何以他為名義的廣泛運動，但是其他穆斯林地區的現代派知識份子們也探索著相似的觀點並且得出了相似的結論。在伊朗，一位卡扎爾國王手下的大臣建立了一個名叫達爾．方努（Dar-al-Funun）的學校，這所學校提供關於科學以及西方各種藝術、文學和哲學的學習。從那裡畢業的學生開始和現代主義者們一同影響伊朗社會，尋求按照歐洲的標準重塑他們的社會。

在鄂圖曼帝國的首都也有類似的現代主義者躍躍欲試。在十九世紀晚期，鄂圖曼政府中的現代主義者開展了一項名叫「坦志麥特」，或「改革」的運動，這些運動的內容包括建立歐式學校，在政府官僚系統中引入歐洲行政技術，以歐洲標準重新組織軍隊，給士兵裝配歐式軍服，在政府官員中鼓勵歐式穿著等等。

伊斯蘭現代主義

我們現在來討論一位十九世紀的重要穆斯林改革者，他帶來了一股火山爆發式的改革力量，他就是塞伊德．賈邁勒丁．阿富汗（Sayyid Jamaluddin-i-Afghan）。據說他是在一八三六年出生在阿富汗距離喀布爾五十五英里的一個名叫阿薩達巴德（Asadabad）的城鎮，該地是庫納爾省（Kunar Province）的首府。他的家庭和阿富汗的統治部族有婚姻上的親戚關係，但是卻得罪了皇室所以不得不在賈邁勒丁還是小孩的時候就匆忙逃往伊朗。

但是足夠令人混淆的是，他們來到一個城鎮的附近落腳，而這個城鎮也叫作阿薩達巴德，因此引起了關於賈邁勒丁・阿富汗真正出生地在哪裡的長久爭執，到底是阿富汗還是伊朗，哪個國家能夠宣佈他是自己的兒子呢？阿富汗人指出他總是自稱「賈邁勒丁・阿富汗」——這個名字已經說明一切了。而伊朗的歷史學家們則聲稱他之所以稱呼自己是「阿富汗人」只是為了隱藏他是伊朗人的事實，並且拐彎抹角地引述一些文件證據來證明他們的說法絕對正確。從另一方面來說，我是在阿富汗長大的，喀布爾的很多人看起來都認識他的家人和親戚，他們在當時仍然在庫納爾擁有地產。對我來說，這已經足夠說明問題了，但是也可能只是因為我是阿富汗人。

但是有一件事是確定的。在今天，許多的穆斯林政府都把塞伊德・賈邁勒丁當作是一件值得誇耀的事情。然而在當時，幾乎每一個穆斯林政府都對他避之不及，就像是躲避惹麻煩的害蟲一樣迫不及待地將他攆走。現在就讓我來簡要地概述一下他神奇、四處漫遊的一生。

不論賈邁勒丁在那裡出生長大成人，可以確定的是他在十八歲的時候來到了印度。當時印度的反英情緒十分高亢，可說是正達到高點，賈邁勒丁可能遇到了一些醞釀反英政變的穆斯林。在印度兵變爆發時，他卻正好在麥加朝聖的途中，但是他在回來的時候見證了英國人令整個穆斯林東方為之震驚的瘋狂報復。或許就是在第一趟前往印度的旅途中，他的心中就產生了持續終生的對於英國人的憎惡以及對歐洲殖民主義的普遍反感。總之，從造訪印度開始，他又去到了……

・**阿富汗**。他獲得了英國人沒能成功推翻的國王的支持。國王聘請了賈邁勒丁來輔導他的長子阿贊（Azam）。賈邁勒丁在這時候已經開始規劃把改革及現代化伊斯蘭教作為重新樹立穆斯林力量和榮光的方法了，他認為這份輔導該國王位繼承人的工作是一個顯而易見的機會，可以藉此塑造這位統治者來推行他的計畫。他用改革者的思想影響阿贊・汗（Azam Khan）王子並訓練他領導阿富汗邁入現代。不幸的是，阿贊繼位不久就被他的一個擁有英國人支持的表親推翻了。英國人推翻阿贊的一部份原因也許是因為不想要任何賈邁勒丁的門徒掌權。他們嗅到了他想要做什麼。無論如何，阿贊去了伊朗，並以被流放的身份客死在那裡。賈邁勒丁也被迫必需逃亡，所以他來到了……

- **小亞細亞**。在那裡，他開始在君士坦丁堡大學開演講。他宣佈穆斯林需要學習有關現代科技的所有知識，但是與此同時要讓他們的孩子們謹守伊斯蘭的價值觀、傳統和歷史。現代化，他宣稱，並不意味著一定要西化：穆斯林可以在伊斯蘭教本身中完美地找到伊斯蘭現代化的配方。這一信息被證明在人們大眾和上流社會都十分受歡迎。塞伊德・賈邁勒丁現在就可以很順理成章地以一個為伊斯蘭教代言的身份在鄂圖曼土耳其謀求一個高位，並且過上富裕又備受尊重的生活。但是他沒有這麼做，他開始教導民眾說他們有自己解釋古蘭經的自由，而不必受烏理瑪壓抑的「指導」。他還批評烏理瑪要為伊斯蘭文明在科學知識上的落後負責。這番言論自然讓有勢力的神職機構起而反對他，並導致他被驅逐，因此在一八七一年，他來到了……
- **埃及**。在這裡，他開始在著名的艾茲哈爾大學（Al-Azhar University）開班授課並且舉辦演講。他繼續以伊斯蘭的角度闡釋對於現代化的看法。（在這段期間，他還著手寫了一部阿富汗歷史，或許只是另一個狡猾的策略讓後人相信他出身於阿富汗，並非伊朗。）但是在埃及，穆罕默德・阿里所建立的王朝已經腐朽成了一個和英法利益糾纏不清的專制王朝，他開始批評權貴階層的腐朽。他宣稱這個國家的統治者應該採取現代的生活方式並且和人們站在一起，就像是早期穆斯林社群的領導人那樣。他還開始呼籲議會民主制度。再一次，他強調民主化並不意味著西化。他在兩個伊斯蘭概念中發現了伊斯蘭式民主的基礎：舒拉（*shura*）和伊吉瑪（*ijma*）

「舒拉」的含義有點像是「咨詢委員會」，是早期的穆斯林領導人尋求社群建議和共識的一種機制。最早的舒拉是哈里發歐瑪爾下令，由幾個人組成來選定哈里發繼任者的。舒拉的成員們必須要向麥地那的穆斯林提出他們選出的候選人並尋求民眾的同意。當然了，當社群只有千來人，其領導成員們當然可以在清真寺和清真寺周邊的庭院中坐得下，因此我們可以說舒拉民主是一種鄉鎮議事廳形式的直接民主。這種形式的民主要如何在一個像埃及這樣的大國實施本來就是另外一個問題了。

「伊吉瑪」的意思是「共識」。這一概念可以追溯至先知說過的一句話，他說：「我的社群將永遠不會對錯誤的事情達生共識。」烏理瑪用這句話作為法律裁定原則，當他們所有人對一條教義的中的一點精神達成同意後，這一點精神就會成為將來詰問或辯論的基礎。簡而言之，共同選擇的伊吉瑪意味著的是他們之間所達成的共識。但是，賈邁魯丁重新詮釋了這兩個概念的含義並且擴大了它們的應用面。從舒拉和伊吉瑪中，他辯稱在伊斯蘭教裡，統治者如果沒有人民的支持，就不存在這合法性。

他對於民主的想法使得埃及的國王十分緊張，再加上他以誇張聲調向群眾演說上流社會的衰敗頹廢更是觸怒了有一定收入水準的民眾。西元一八七九年，賈邁勒丁被逐出埃及，所以他又回到了……

・**印度**。在這裡，由塞伊德・阿瑪德爵士領導的「自由派」阿里格爾運動已經發展成了一股不容忽視的力量。但是賈邁勒丁認為塞伊德・阿瑪德爵士只是一條對著英國人搖尾乞憐的寵物狗，而且還在他唯一成本的著作《物質主義者的反駁》（*Refutation of the Materialists*）中提到了這樣的話。然而，英國人更偏好塞伊德・阿瑪德的觀點。當埃及爆發了起義，英國當局宣稱賈邁勒丁煽動了他的追隨者們並點燃了這場叛亂，因此賈邁勒丁被囚禁了幾個月。當起義逐漸平息之後，賈邁勒丁獲釋但被逐出了印度，因此，在一八八二年，他又前往了……

・**巴黎**。在巴黎，賈邁勒丁以英文、波斯文、阿拉伯文、烏爾都文及法文為不同的出版社寫作（他不僅僅可以流利使用這些外語，用詞還非常精確，甚至到了辯才無礙的程度）。在他的文章中，他發展了伊斯蘭教在本質上是一個理性宗教的思想，而且伊斯蘭教是科學革命的先驅。他接下來堅稱穆斯林的烏理瑪和專制者減緩了穆斯林世界的科學進程，但是他也說到其他宗教的神職人員和專制者對其他的宗教也做了同樣的事情，這也包括基督教。當時在法國，有一位哲學家名叫歐內斯特・勒南（Ernest Renan），他為文指出穆斯林天生就不具備科學思考的能力（他還說過中國人是一個「具有完美體能技藝但沒有榮譽感的種族」，猶太人則是「殘缺的」，那些「黑鬼」則是最好壓榨的東西，歐洲人是天生的主人和士兵，如果每個人都能「各司其職」的話，這個世界就會很好。[1]）賈邁勒丁使得勒南和他在索邦（Sorbonne）進行了一場著名的辯論（至少是在穆斯林中間很著名），在那場辯論中，他辯稱伊斯蘭教之所以看起來不像基督教那樣的「科學化」，僅僅是因為伊斯蘭教是更年輕的宗教，還處在比較早的發展階段。

正是在巴黎，賈邁勒丁和他的一位門徒，埃及人穆罕默德·阿布杜（Mohammed Abduh）一起創辦了一部重要的刊物——《最強的連結》（*The Firmest Bond*）。他們只出版了十八期就用完了所有資金並遭遇了其它的一些困難，因此被迫停刊了，但是在這十八期刊物中，賈邁勒丁提出了如今被稱作泛伊斯蘭主義（pan-islamism）的核心精神。他宣稱，所有的那些穆斯林國家和歐洲列強之間顯而易見的地方性問題，比如伊朗和俄國之間的亞塞拜然問題，鄂圖曼帝國和俄國之間的克里米亞問題，英國和埃及之間的貸款問題，法國和阿爾及利亞之間的糧食銷售問題，英國和印度以及阿富汗之間的邊界問題等等，這些問題實際上不是不同角色之間關於不同議題產生的問題，所有的這一切問題都是兩大跨國實體之間的問題，即伊斯蘭和西方之間的問題。他是第一個用這兩個名詞來給這些相連的，而且也當然是歷史性的衝突劃分類別的人。在這段時期之中，賈邁勒丁還造訪了……

- **美國**，但是我們並不清楚他在那裡進行了哪些活動，他只是短暫停留後就離開了，隨後他又去了……

· **倫敦**好幾次，在倫敦，他和邱吉爾的父親藍道夫·邱吉爾（Randolph Churchill）和其他的英國政要辯論了英國在埃及的政策。他還去了德國遊歷一番，在俄國首都聖彼得堡也待了一段時間。當他的刊物停刊後，他在歐洲就沒事可做了，所以他來到了……

· **烏茲別克斯坦**。在這裡，他向沙皇官方爭取了在沙皇統治下得以面向穆斯林出版和傳播古蘭經的機會，並且翻譯、出版並傳播了在中亞中斷了好幾十年的伊斯蘭文學作品。他的努力帶來了伊斯蘭文化在整個地區的復興。在這裡，他還豐富了他長久以來所提倡的想法：穆斯林國家必須要利用歐洲國家之間的敵對來為自己贏得獨立空間，通過與俄國結盟來抗衡英國，與德國結盟來抗衡俄國，與英法結盟來抗衡俄國。他的這些想法將在二十世紀時成為全球「不結盟運動（non-aligned movement）」的核心策略。在一八八四年，他去了……

· **伊朗**。在這裡，他致力於改革司法系統。這項工作使得他要和那裡的烏理瑪面對面地對決。當情勢發展到了白熱化，他不得不匆忙回到中亞。但是在一八八八年，伊朗的國王納賽爾丁（Nasiruddin）邀請賈邁勒丁回去擔任他的總理大臣。納斯爾丁在當時和烏理瑪的權力鬥爭中陷入了困境，所以他覺得賈邁勒丁的「現代主義」可以幫得上忙。賈邁勒丁真的回到了伊朗，但卻不是以總理大臣的身份，而是作為國王的特別顧問。但是在這時候，賈邁勒丁卻批評了國王以及他向歐洲列強出售經濟「優惠」的行為。在賈邁勒丁身在伊朗的

---

1 Ernest Renan, "*La Reforme intellectuelle et morale*" (Paris: Calmann-Levy, 1929).

這段時間裡，國王最令人瞠目結舌的例子就是將菸草業的「優惠」在沒有競價的情形下授與了英國的公司，這筆交易導致英國掌握了伊朗菸草種植和銷售的全部利益。[2] 於是賈邁勒丁號召人民抵制煙草，這一策略也在後來被各地的政治行動者們所效法，其中也包括印度的反殖民領袖莫罕達斯・甘地（Mahatma Gandhi，他號召印度人抵制英國棉花並堅持自己紡棉）。賈邁勒丁的滔滔雄辯讓伊朗的大街小巷都擠滿了反對國王的抗議者，國王大概很後悔自己居然把目光投向了這個阿富汗改革者（伊朗改革者？）。賈邁勒丁甚至還建議一位大阿亞圖拉（grand ayatollah）宣佈菸草特許權是非伊斯蘭的行為。此舉終於觸動了國王的要害。國王派軍隊把賈邁勒丁從家中趕了出去並且將他驅逐離境。因此，在一八九一年，這位賈邁勒丁回到了……

・**伊斯坦堡**，在這裡，鄂圖曼蘇丹哈米德（Hamid）給了他一所住宅和一筆固定的薪水。蘇丹認為賈邁勒丁的泛伊斯蘭主義思想可以從某種程度上讓他獲得一些政治上的利益。賈邁勒丁繼續教書、寫作和發表演講。來自穆斯林世界各個角落的知識份子和行動者們都前來拜訪他。這位偉大的改革者告訴他們，伊蒂哈德——也就是「自由的思想」——是伊斯蘭教的基本原則：但是自由的思想，他繼續說道，必須要根基於古蘭經和聖訓中的首要原則。每個穆斯林，無論男女，都有權用自己的方式詮釋理解經典文本和神啟，但是作為一個社群的穆斯林必須要以根植在神啟中的首要原則來教育穆斯林大眾。穆斯林犯下的最大錯誤以及穆斯林衰弱的原因，賈邁勒丁說，是因為拒絕了西方科學卻熱烈擁抱西方的教育和社會習俗。穆斯林們應該要完全反其道而行之：應該要擁抱西方科學並且關上西方教育和社會習俗的大門。

不幸的是，在一八九五年，一名伊朗學生刺殺了國王納賽爾丁。伊朗政府立刻就指責賈邁勒丁涉案並要求將其引渡到伊朗受審。蘇丹哈米德拒絕了這一要求，但是將賈邁勒丁軟禁起來。當年的晚些時候，賈邁勒丁被診斷出患了口腔癌，他要求蘇丹允許他前往維也納就醫，但是蘇丹拒絕了這一要求，而是派他的私人醫生為其治療。宮廷御醫的診斷方法是摘去了賈邁勒丁的下顎。賈邁勒丁於當年去世，埋葬在小亞細亞。後來他的屍體被轉移到了阿富汗並被重新安葬。不管他是在哪裡展開了他的人生旅程，毫無疑問的是，阿富汗是他的歸葬之所：他的墓地位於喀布爾大學校園的中心。

我們應該要記住這一有趣的事實，就是塞伊德．賈邁勒丁．阿富汗不曾有過任何官方的領導頭銜或是擔任官方職務。他並不是治理一個國家。他沒有指揮一支軍隊。他沒有在任何國家的政府中任職。他也沒有成立政黨或是組織一場政治運動。他沒有僱員，沒有手下，沒有任何人聽命於他。更特別的是他也沒有留下著作，甚至沒有一部連貫地闡述其政治哲學的著作，他沒有留下一部伊斯蘭主義者的《資本論（*Das Capital*）》。這個人只是一隻牛虻、一個喚起烏合之眾的人、一

2 Hamid Dabashi, *Iran: A People Interrupted* (New York: New Press, 2007), pp. 58-59.

位起義者——這就是他的角色。

然而他是如何對穆斯林世界產生了這麼巨大的影響呢？答案是通過他的「門徒們」。塞伊德·賈邁勒丁·阿富汗的行動從某種意義上看就像是一位先知。他濃烈的領袖氣質在他的所到之處都燃起了火花。他的追隨者穆罕默德·阿布杜成為了艾茲哈爾大學的首腦而且還成為了埃及的頭號宗教學者。他正是那位撰寫著作，細緻化並系統化賈邁勒丁現代主義思想的那個人。

另一位賈邁勒丁的弟子扎格盧勒（Zaghlul）則成立了華夫脫黨（wafd），並最終演變成了領導埃及獨立的民族主義運動。他的另一位弟子，蘇丹（Sudan）的宗教領袖，以「救世主（the Mahdi）」的身份參與了抗英運動。在伊朗，他所推動的抵制菸草運動啟發了一個世代的社運人士，這些人在二十世紀時發起了制憲運動（constitutionalist movement）。

賈邁勒丁還啟發了一位居住在土耳其的阿富汗知識份子塔吉（Tarzi），他後來回到了阿富汗並延續了賈邁勒丁的足跡，成了阿富汗王位繼承人阿瑪努拉王子（Prince Amanullah）的老師。塔吉把這位王子塑造成了一位現代主義的國王，並且在賈邁勒丁僅去世二十二年後就從英國的控制下贏得了完全獨立並宣告阿富汗成為一個主權國家。

他的學生們也有學生。信念和訊息在不斷傳遞的過程中發生了改變。有一些流派在政治上發展得更加激進，而有一些則發展成了民族主義，有的只是更加偏向發展主義——這種主義就是說，不論怎樣就是要在穆斯林國家不顧一切地發展工業和科技。穆罕默德·阿布杜的學生，敘利亞神學家拉什德·理達（Rashid Rida），勾勒出了一種將伊斯蘭教作為國家基礎的思想。另一位師承賈邁勒丁的知識份子哈珊・班納（Hassan Banna）成立了穆斯林兄弟會（Muslim Brotherhood），我們將在後面的篇幅中更詳細地討論。總而言之，他無休止地在穆斯林世界中遊走，這位熱情雄辯的人所產生的影響力也在穆斯林世界的每一個角落都傳來了回音。

14

工業，立憲與民族主義

INDUSTRY,CONSTITUTIONS,AND NATIONALISM

伊斯蘭曆一一六三—一三三六年（西元一七五〇—一九一八年）

阿布杜．瓦哈布、薩伊德．賈邁勒丁．阿富汗和薩伊德．阿瑪德——他們每個人都提出了各自類型的想法來針對伊斯蘭世界的問題提出解決方案。在整個十九世紀中，這三種傾向發展成了數不清的流派並得到了傳播。在所有的這些流派中，由阿里格爾的賽伊德．阿瑪德所代表的世俗現代主義是最公開地要求政治權力的一派。這並不是說賽伊德．阿瑪德本人領導了一場多麼強大的運動，他只是整個伊斯蘭世界中提出了相似想法的眾多世俗改革者中的一個。能夠使這種想法傳播得如此廣泛的原因是當時湧入伊斯蘭心臟地帶的一股社會現象三重奏，這三種現象即來自歐洲的工業化（industrialization）、立憲主義（constitutionalism）和民族主義。

這三股力量中影響最為深遠的大概就是工業化了，工業化的誘惑影響了世界的每一個角落。在歐洲，工業革命帶來了發生在西元一八〇〇年前後，以蒸汽機開始的一大波發明創造的浪潮。當我們在討論偉大的發明創造的時候，我們常常覺得彷彿新發明出現了，然後就自然而然地大行其道了一樣。但實際上，人們並不僅僅是因為這麼做比較聰明就開始建造和使用新的設備。由新發明所代表的技術突破只是它能成功的一個因素而已。社會背景才是真正的決定新發明是否會被「接受」的要素。

蒸汽機就在這件事上提供了最佳實例。能有哪一項發明比蒸汽機更有用呢？有哪一項發明比蒸汽機帶給世界更多明顯的改變呢？但是早在它出現在西方的三百多年前，蒸汽機就在穆斯林世界被發明出來了，但是在這裡，蒸汽機並沒有帶來多大的改變。這項發明只是被用來轉動烤肉架，讓富人宴會上的烤全羊能夠更快烤熟。（對於這項設備的描述出現在一五五一年土耳其工程師塔基·阿勒丁[Taqi al-Din]的書上。）但是在烤肉架之後，就再沒有出現關於這項設備的其它用處的說法了，所以這項發明就被遺忘了。

另一個實例則是古代中國人早在西元十世紀時就擁有了足夠的技術將生產流程機械化以便大量製造商品，但中國人並沒有將這些技術用在工業化，反而是將齒輪機器用來製造玩具。他們還使用水力動力渦輪來驅動大型時鐘。假若他們能像十九世紀的歐洲人那樣將這些技術用在製作節省勞力的機器並逐步發展成工廠的話，那麼工業革命就肯定是在中國開始了。

但是為什麼沒有發生呢？為什麼這些社會最終並沒有「接受」這些發明，直到這些東西在西方被發明出來才被社會接受呢？這些問題的答案與這些發明的本身並沒有什麼關係，而是和這些發明所處的當時的社會環境有關。

當中國人發明齒輪傳動機（gearedmachinery）時，中國是一個高效率、高度中央集權的國家，在這裡有帝國官僚體系管理著整個社會。除了進行文書記載和國防功能以外，官僚機構的主要功能就是組織各種的公共工作。中國的政治文化才能是能夠將社會的多餘勞力投入到大規模的建設計劃中並用來創造公眾福祉。例如，中國的第一位皇帝（秦始皇）動用了一百萬勞力來修建長城。後來的另一位皇帝（隋煬帝）則動用了更多的人力來挖掘大運河，這項工程聯通了這個國家的兩大河道系統。的確，中國有修造節省勞力的機械技術，但是誰有能力來修造這樣的機械呢？只有帝國的官僚體系有這個能力，但是他們為什麼要費力氣去節省那些本來就已經過剩了的東西呢？中國有多餘的人口和廉價的勞力。如果有許多的勞動力被擱置到了一邊，誰來負責對付那些隨之而來的社會問題呢？這個責任還是要官僚系統來負責。因此這個有能力在中國發起工業化的機構並沒有這麼做的動機。

與此相似的是，穆斯林發明家們沒有想到要利用蒸汽動力去製造可以大量生產消費品的設備，這是因為他們已經生活在了一個已經有充足過剩的消費品的社會中了，上百萬的手工藝人製作的手工藝品可以被高效率的貿易網絡分送到各處。除此之外，那些發明家所服務的對象是一個閒散的社會精英階級，他們已經擁有了各種他們所需的消費品，衣食無憂的生活讓他們沒有任何生產商品的動機，就更別提大規模的生產了。

並不是說這些社會在一些方面存在某種缺陷使得這些社會對於有潛力改變世界的技術表現的漠不關心，其實原因恰恰相反，是某些事情運行得太好，導致了這些社會進入了「一種高度平衡陷阱（a high-level equilibrium trap）」（這裡借用的是歷史學家Mark Elvin提出的術語[1]）。其必然的結果就是，並不是發明的本身不好，而是把發明變成生產的過程產生了問題，但是在十八世紀末的歐洲，一切都已經準備好了。

蒸汽機是由蒸汽幫浦演化而來，許多私有礦坑的礦主會使用蒸汽幫浦排除礦坑通道的積水，這些礦主還有另一個問題亟需解決——要將挖出來的礦石以最快的速度運至河邊或者港口，才能在市場上打敗競爭對手。傳統的辦法是用馬拉貨車，在兩條平行的木製軌道上運送礦石。有一天，一位目不識丁的英國礦坑經理喬治・史蒂文森（George Stephenson）想出了一個法子，蒸汽幫浦可以用螺釘固定在運貨車上，再輔助以適當的齒輪傳動裝置就能讓輪子順利運轉了。火車頭就這樣誕生了。

在當時的英格蘭，到處都有私營產業的老闆爭相把自己的產品和原料盡可能比競爭對手更快地運送到市場上。任何擁有鐵路的人都可以佔到先機，除非競爭對手也是用鐵路運貨。因此，所有人都爭先恐後地使用鐵路，只要是有能力建造鐵路的人，就都會使用鐵路運輸。

相似的是，在十八世紀晚期詹姆士・瓦特改良了蒸汽機後，精明的歐洲發明家們想出了機械化織布機的方法。任何擁有織布機的人現在都可以超過競爭對手的產量，並且將他們從行業中排擠出去——除非對手也有機械化織布機；所以很多人也的確做了這項投資。這些潛藏的財富讓聰明的生意人思考燃料驅動的齒輪傳動裝置還能製造什麼產品。鞋子？可以。傢俱？也可以。湯匙？當然可以。事實上，一旦人們開始朝著這個方向思考就會發現幾乎所有的日用品都能由燃料驅動的機器來製作，而且比手工製做的速度更快、價格更便宜、數量也更龐大。況且誰不想成為一名鞋業鉅子？或者湯匙鉅子或者任何什麼產品的鉅子呢？

1 Mark Elvin coins this phrase in pattern of the Chinese Past（London:Eyre Methuen Ltd,1973）,which includes an analysis of why China failed to develop high-level technology in the fourteenth to nineteenth centuries,when it had the prosperity to do so.

當然了，這個過程會讓無數工匠和手工藝者失業，但從這裡我們就能看出十九世紀的歐洲與十世紀的中國的不同之處了。在歐洲，市場突然充斥著機器製造的廉價商品，導致許多人在頃刻間失去了收入來源，但是那些購買機器的人並不用對那些失業者負責。這些失業者和他們既沒有血緣關係也不是源自同一宗族，他們只不過是一群素未謀面並可能永遠不會知道對方姓名的陌生人。處理大量失業人口造成的社會問題是別人要操心的事，和他們無關。向著工業化前進不會給他們帶來道德上的污點，這一切所反應出的只不過是一個被特定的分工區隔開了的社會。

工業革命只可能出現在特定的幾個先決條件已經存在了的社會中，而且在當時的歐洲，這些條件正好全都存在了。工業革命也會帶來不可避免的社會效應，在當時的歐洲，採用機械化生產的確改變了社會，日常生活以及歐洲人本身。讓我們來看看（其中的一些）變化：

- 鄉村地區的人口湧入爆炸式成長的新城市。
- 在大部份人的日常生活中已經看不到動物存在。
- 時鐘和日曆變得比天然計時標誌更重要，比如太陽和月亮。
- 大家族的網絡瓦解了，而核心家庭——也就是由丈夫、妻子和小孩組成的家庭成為了工業時代裡被普遍接受的家庭單位。
- 人和地域的聯繫變得越來越弱，因為新的經濟現實需要移動性：人們必需要到找得到工作的地方去，而且忽然間工作機會變得天南海北到處都是。

・世代之間的連結變得更為薄弱，因為大部份的人不再需要向父母學習有用的工作技術，父母也很少具備有價值的技術傳授給下一代。父母能為孩子所作的最好投資便是確保他們擁有基本的能力去調整、學習和適應。因此，讀、寫和算數的能力成為了個人需要掌握的基本技能，對這些能力的需求是前所未有的。

・最後，心理上的適應能力成為了一項具有競爭力的資產，這種能力可以讓人不斷地揚棄傳統價值和觀念並擁抱新的價值和觀念。

所有的這些改變都會帶來不安和焦慮，但這並不是那種大災難式的焦慮，因為歐洲人（美國人更甚）已經培養出了一種複雜的態度可以讓他們有能力應付這一切，而這種態度的核心便是在西方發展了好幾個世紀之久的個人主義。

當歐洲人來到伊斯蘭世界，他們所帶來的那些商品實際上是工業革命所帶來的最終產品，而不是讓這些商品變為可能的革命性過程。穆斯林們想要這些產品，這是當然的，誰會不想要這些東西呢——便宜的布料、機器製造的鞋、包裝好了的乾貨等等不一而足，人們找不到不要這些東西的理由。他們也可以購買和操作這些歐洲人製造的機器。他們可以把這些機器拆開，研究機器的構造，並且自己也做出相似的機器。沒有任何製造上的過程是他們無法理解的。

但是社會的基礎和肌理就是另外一碼事了。工業化的先決條件是沒辦法馬上進口的。工業化所產生的後果也不會那麼容易地就被社會結構與西歐如此不同的社會所吸收。

舉例來說，在鄂圖曼帝國，長久以來製造業都是掌握在和蘇非教團交織在一起的同業公會手中的，而蘇非教團又和鄂圖曼的國家和社會有著錯綜複雜的關係，也就是說每一個人都有著數不清的部族附屬關係，而且還牽扯到公共領域完全被男性占據的普遍假設，女性完全被隔絕在私人世界中，和政治與生產脫節。

然而，縱觀全世界，不論是在歐洲還是在伊斯蘭世界，在工業革命以前，製造業其實在很大程度上是掌握在女性手中的，因為幾乎所有有價值的東西都是在家中或者住家附近生產的。女人織布製作衣服，在飼養動物的事務上也扮演了重要角色，把各種原料變成有用的產品，還擁有各種手工手藝。當這些事情被機器完成了，「小農舍經濟」也就衰落，並留下了大量的女性沒有了工作。

在歐洲，大量的這種女性隨後來到工廠，商店，最終是辦公室工作。因為在歐洲的社會結構中她們是可以這麼做的：這導致了某種社會上和心理上的騷動，這是肯定的，但是畢竟女性已經贏得了進入到公共領域的機會，因此她們可以走出家門去外面工作，由這項偉大的運動所衍生的，而且是無論如何都終將發生的那些心理上的思索，政治上的理論化，社會上的行動主義就是我們今天所稱的女性主義，這一運動是建立在個人權利的存在和神聖性的前提上的。（只有在「個人」的概念存在的前提下，人們才可以說「每個人都有權利」，而且一旦這一主張被接受了，人們才可以接受因為男人和女人都是個人，所以女人擁有和男人一樣的權利的概念。）

在伊斯蘭世界，男性主宰公領域及女性主宰私領域已成為根深蒂固的普遍想法，這使得整體經濟結構在由家庭手工業過渡到工業生產的過程中衍生出了許多問題，也帶來了更多的麻煩。首先，這樣的變化需要翻轉長期以來被妥善區隔了的社會系統，這將會驚動每個家庭的核心生活，並且給男性和女性雙方都帶來懸而未解的位於深層意識甚至無意識的認同疑問，這樣的現象在二十世紀晚期表現得更為明顯。

而且，以工廠取代同業公會意味著切斷生產和蘇非教團之間的聯繫，這麼做在某種意義上說就是切斷了精神信仰和工作之間的聯繫。除此之外，把生產轉移到工廠中要求人們要開始過一種被鐘錶左右的日子，然而穆斯林生活的核心就是一天要進行的五次禮拜，這五次禮拜是在自然時間標誌的框架中的：以太陽的位置來決定禮拜的時刻。這又是另一個工業化生產模式與精神信仰相衝突的地方。（歐洲在工業化開始出現在封建時代的時候也面臨了同樣的矛盾，因為當時像晨禱和晚禱這樣的活動左右了人們的作息時間。）

拋開所有的這一切因素，工業化要求一個部落關係錯綜複雜並且以對部落的忠誠來維繫的巨大社會網在一夜之間展開反思，把自己變成一個由自主的個體所組成的社會，在這樣的社會中，每個人都要基於理性的自我利益考量，只為核心家庭負責，獨立地做經濟上的決定。發生這樣的一夜間的變化是不可能的，這不是一件容易的事，不會在突然間發生。這樣的變化所要求的是一種和西元七〇〇年以來的伊斯蘭文明發展趨勢相反的趨勢。穆斯林的社會需要一段時間來讓工業化的前提條件在社會中發展出來。但是這種情形也是不可能發生的，甚至比前一種情形更加的不可能。首先，沒有人會考慮讓「社會的先決條件」發展，人們會想到的是獲得商品、技術和在這些概念之下的科學原則。

也就是說，沒有人會看著一件機器製造的商品然後說「天吶！我們也應該來一場宗教改革然後發展一下個人主義，然後經歷上一段很長的時間來讓理性化解信仰的權威，與此同時發展出鼓勵自由探索的政治機構，所以我們就可以有現代科學的觀念，同時發展以私有企業互相競爭為基礎的經濟體系，一旦有了新科技問世，我們就可以馬上將其用於商品製造上，這樣一來的幾百年後，幾乎不依靠歐洲，我們自己也就可以製造這樣的商品了。」不會的，人們絕對不會這樣說，而是會說：「哇！多棒的商品啊，哪裡可以買到呢？」因為當我們看到車輪已經貼好價簽擺在那裡，卻再去重新發明車輪是沒有意義的。

包括馬克思和恩格斯在內的許多人，都記錄下了工業化在西方帶來的一些令人不愉快的副作用，但這在伊斯蘭世界甚至造成了更大的社會和心理上的破壞。然而工業製造的商品僅僅是存在於那裡，並沒有帶來反對的傳單和宗教上長篇大論的反對。「我們是好東西，你也應該來一些」這樣的現象在人群之中逐漸引起了某種需要改變現狀的意識，那些住在伊朗、阿富汗、小亞細亞、埃及或摩洛哥的居民應該變得比較……西化一點。因此，隨著對工業革命的認知逐漸滲入穆斯林世界，世俗改革的想法也在這些國家中獲得了發展的基礎。

西元一八四〇年代後的伊朗，有一位極具行動力的總理米爾札·塔齊（Mirza Taqi），他也叫埃米爾·卡比勒（Amir Kabir），意思是「偉大的領導者」，他發起了一場具有破壞性的計劃帶領國家邁向「現代化」。在他的定義之中，「現代化」就是「工業化」，但他理解這將是一個複雜的過程。

他知道伊朗不能只是滿足於獲得工業產品。為了迎頭趕上西方強權，伊朗人必須要獲得西方文化中的一些方面。但是究竟要獲得哪些層面的東西呢？埃米爾・卡比勒決定，事情的關鍵是教育。

他在全國範圍內建立了世俗公立學校的網絡。在距離德黑蘭不遠的地方，他建立了我們之前曾經提到過的大學「達爾・方努（Dar al-Funun）」，意即「智慧之屋」，在這裡，學生們學習外語、科學、技術學科和西方文化史。伊朗開始將學生送出國，前往德國和法國這樣的國家去見習。但令人不意外的是，這些學生大部分來自與宮廷或政府官僚體系關係緊密的城市特權家族——而不是來自於偏鄉務農家庭、商人家庭或者具有高級社會地位的宗教家族。因此，這一新的教育計畫進一步加深了已經在社會中存在了的分化。

從世俗教育系統中畢業的大批畢業生變成了「現代化」政府官僚體系和軍隊中的僱員。（「現代」這個詞在這一語境下的意思是「看上去更像是歐洲」。）因此，工業化給伊朗帶來的結果是發展出了一個新的社會階級，這個階級是由受過教育的公務員，軍官，大學生，教師，技術人員，專家，任何從達爾・方努畢業的人，任何去歐洲留學過的人……從這個快速發展的階級中發展出了更加世俗的觀點，更進一步地接受伊斯蘭教是一個理性的系統和道德價值觀的看法，而不僅僅是來自天堂基於神啟的行動手冊。

※

立憲主義，是誕生於歐洲的第二股社會現象，如今開始對伊朗產生了影響，這其中的很大一部分原因是因為得到了上述階層的擁護。立憲主義和民主理想主義（democratic idealism）並不完全相同，因為即便是最極權主義的獨裁者也可以有憲法，但是憲法絕對是民主的先決條件。憲法要求一個社會要在一個擁有清楚明了的法律的穩定框架下運行，即便是統治者也要受到憲法的制約。絕對的君主統治在穆斯林世界是一個有悠久歷史的系統，這一系統可以讓掌握實權的統治者在任何時候為所欲為。而且十分值得注意的是，這種絕對的君主統治像是一個運行規律一樣，不僅僅是針對最高統治者，而且也在社會中得到了固化，任何一個具有專權的人都能對他手下的人呼來喚去。（類似的是，民主也不僅僅是說最高領導者通過選舉得來；民主意味著在每個社會層級中都存在的某種相互協商過程：選舉不等於民主；選舉只是民主存在的一個標誌。）

立憲主義得以在伊朗取得發展的部分原因是因為除了新興的那些受過教育的世俗現代主義階層之外，一個新的知識分子階層也出現了。他們不僅僅是用他們的思想來敘述他們的現代性，他們還利用他們所使用的各種語言來表述他們的思想。新的作家們開始捨棄波斯經典文學中的那種充滿了修飾和華麗辭藻的措辭，取而代之的是一種簡潔、充滿陽剛之氣的文風。他們用這種文風寫作，不再創作長篇史詩和神秘主義詩歌，而是創作像諷刺小說、政治劇本之類的作品。

研究文學的學者哈米德·達巴希（Hamid Dabashi）注意到英文小說《伊斯法罕的哈吉·巴巴的冒險》（*The Adventures of Hajji Baba of Ispahan*）這一十分有趣例子，這本書的作者是一個英國旅行者，名叫詹姆士·莫里爾（James Morier），他假稱自己是從波斯文原文翻譯來的這本書。他在小說中以荒謬的口吻來譏諷波斯人的言談，並且把伊朗人描繪成言而無信的無賴和小丑。

後來，在一八八〇年代，令人震驚的事情發生了。伊朗的文法學家米爾札·哈比布將哈吉·

巴巴的故事翻譯成了波斯文。精彩的是，那些英文中的攻擊性種族主義垃圾話在翻譯中變成了文學上的傑作，這部作品成為了現代主義波斯文學發聲的開山之作並且成為了「立憲運動中的重要文本」。莫里爾用東方主義者（Orientalist）的方式來反對伊朗人的那種嘲弄方式，在翻譯版本中將矛頭轉向了伊朗社會中神職人員和皇室的腐朽，以此把這本書變成了一齣具有煽動性的政治批判。[2]

隨著世俗現代主義知識分子的出現，像魯米、薩迪（Sa'di）和哈菲茲（Hafez）這樣的文學家所創作的經典波斯文學和詩歌作品開始受到冷落，如今的讀者們不僅如饑似渴地閱讀新的伊朗作品，而且也閱讀歐洲哲學家，比如查爾斯·孟德思鳩（Charles Montesquieu）以及奧古斯特·孔德（Auguste Comte）的作品，這些哲學家用理論來闡釋社會是通過進化到更高級的社會來發展的。孟德斯鳩將各種政治體制加以分類和排名，宣稱共和制度是比君主制和專制主義更高級的下一種制度。孔德則宣稱隨著人們的文明程度越來越高，他們也會從追求宗教向著形而上學理論（metaphysical）發展，並進一步向著科學意識而演進。[3]

伊朗的現代主義知識分子認為他們的國家需要再演進。他們的不滿聚焦於卡扎爾王朝的君主身上，當時已經是這個家族統治的第二個世紀了。這個家族的國王們幾乎是把這個國家當作是他

2 Dabashi,pp.60-61.

3 Gelvin,p.129.

們的私有產物。一個接一個的卡扎爾國王不斷地將國有經濟一筆一筆地賣給外國人，換來的只是他們購買奢侈品和玩樂的花銷，這其中還包括去歐洲旅遊的錢。

世俗現代主義者的憤怒在賈邁勒丁·阿富汗奮力推動的抵制菸草運動中噴發了。當這場運動開始的時候，賈邁勒丁也將什葉派神學機關鼓動到抵制菸草運動中，也正是這股力量最終讓國王不得不低頭。但是一當國王廢除了英國在伊朗的菸草壟斷，神學家就覺得大功告成了，並隨即退出了抗爭。

但是剩下的行動主義者們仍舊團結在了一起，他們提出了新的要求。他們呼籲立憲，並以此來限制國王的權力並且讓人民的聲音可以在統治國家的過程中被聽到。這些受到了賈邁勒丁（此時已被驅逐至小亞細亞）鼓舞的世俗現代主義者開始討論建立議會制民主。神學家是完全反對這麼做的，他們聲稱憲法是非伊斯蘭的，因為伊朗已經有了一個憲法，其名字就叫作沙里亞。他們還嘲笑民主的理念：他們宣稱只有王朝統治才是被伊斯蘭所允許的。到了二十世紀初，伊朗長久以來的神學家和國王之爭已經演變成了神學家、國王和世俗現代主義知識分子之間複雜的三角之爭了，在這種鬥爭中，兩股力量可以團結起來反對另外的那一股力量。在立憲這件事情上，神學家和國王團結到了一起來反對現代主義者。

但是現代主義者的聲勢一浪高過一浪。在一九〇六年，卡扎爾國王穆札法爾·阿勒丁（Muzaffar al-din）終於讓步了。他接受了憲法對其權力的諸多限制並且允許組建被稱為馬基里斯（Majlis）的議會。在馬基里斯開始召開的一個星期後，國王去世了，他的兒子穆罕默德·阿里·

沙（Mohammad Ali Shah）繼位。當時議會究竟掌握多少權限還不清楚——他們沒有軍隊，也沒有指揮警察力量——但是在兩年之內，馬基里斯已經通過了一系列法律，奠定了言論自由、新聞自由的基礎，以及公民在伊朗的全面自由。

但是到了第三年將至的時候，國王將大砲對準了議會大樓並將其夷為灰燼，用這種方式告訴大家：「我們得給老規矩再一次機會。」烏理瑪和其它的各種傳統團體額手相慶，這就是伊朗在第一次世界大戰來臨之前的情形。

※

與此同時，第三股歐洲的社會現象也吸引了伊斯蘭世界各地人們的心靈和思想，這股社會現象即民族主義。伊朗被證明是對於這種思潮反應最不熱烈的地方，大概是因為它本來就差不多是一個民族國家了，或者至少是比其它位於伊斯蘭中心地帶的國家都更接近於民族國家。在印度，民族主義開始將阿里格爾現代主義轉變成了一個最終導致了巴基斯坦建國的運動。但是真正受到了民族主義思潮強烈影響的地方是那些曾經屬於鄂圖曼帝國一部分的各片領土。

當我說起民族主義，我的意思並不是說民族國家本身。一個民族國家是一個實在的地理上的現實：是有明確邊界的領土，有單一中央政府，在境內使用單一貨幣、設有軍隊及警察之類的國家。像是法國和英國這樣的民族國家是從歷史環境中自然而然地發展出來的，並不是說有民族主義者意識到了情況然後建立了這些國家。

我所討論的民族主義是一種思想。它不是從民族國家得以形成的基礎上發展而來的，而是來自於他們所沒有的發展民族國家的基礎。這一思想所描述的不是原本的狀況，而是描繪事情應該是怎樣。說日耳曼語的人們在進入到十九世紀的時候分屬各種各樣的侯國和王國。義大利分裂的情形也差不多，整個德國以東的東歐也都是如此。民族主義是在這些地區萌芽的。

民族主義的種子可以追溯到十八世紀德國哲學家約翰・赫爾德（Johann Herder），他曾駁斥比如伊曼努爾・康德（Immanuel Kant）之類的「啟蒙主義」哲學家的理念，這些哲學家主張人類從本質上說是理性的生物，道德價值最終必須奠基於理性，因為理性的規則對所有人都是一樣的，不論在什麼時間，什麼地方都是如此，文明開化的人會克制自己的激情並且讓理性來指導自己的行為，用理性來指導自己走向由單一而又普世的法律和價值共同體。

然而赫爾德則辯稱，根本就不存在所謂的普世的價值，無論在道德上還是審美上都是如此。他說，世界由各種文化實體組成，在這裡，他將其稱為「*volks*」，或「民族」。每一個這樣的實體都擁有各自的「*volksgeist*（民族性）」，是特定民族所共同體現的精神內核。共同的語言、傳統、習俗、歷史——將這些人連結在一起而成為民族（volk）。儘管真正意義上的民族只是一個純粹的社會實體，其「群體性（groupness）」不僅僅是一種社會契約或者由成員共同達成的某種協議，也像是各種細胞共同組合成為一個器官。民族國家具有統一的單一性，這種單一性使得民族國家就像蝴蝶或山巒一樣的真實。這就是赫爾德所說的民族的意思。而且當他說到民族性的時候，他的意思有點像是信教的人所稱的靈魂，或者是心理學家們所說的「自我」。每一個國家，對赫爾德來說，都具有這種統一的精神內涵。

赫爾德的這種觀點所暗示的是說並不存在一種普世有效或者客觀正確的道德或者審美上的判斷。如果人性無法轉變成追尋理性的能力，那麼價值對於人類就不是任何時候對任何人都相同的。以美學為例，一個印度人和一個德國人也許對什麼是美這件事有不一樣的看法，但是這並不意味著誰是對的或誰是錯的。每個人的判斷都反映出民族性，但是它所反應出的也僅僅是民族性中的一面而已。個人的價值判斷不一定代表了這個國家的價值判斷的水平。

赫爾德並沒有說哪個國家比哪個國家好，只是說它們不一樣，不可以用一個國家的價值觀來衡量另一個國家。但是有一位比赫爾德稍微年輕一些的哲學家費希特（Johann Gottlieb Fichte）把赫爾德的觀點又向前推了一步並動搖了其含義。費希特認同不同的人性集合成不同的國家，共同的精神屬性將彼此連結到一起的觀點；但是他認為有些民族可能的確要比其他民族更高級。尤其是，他暗示日耳曼人有天生偉大的追求自由的能力，他們的語言鏗鏘有力，與之相比的法語則死氣沈沈。（法國人肯定毫無疑問地不這麼想。）

費希特卒於一八一四年：因此他的人生處在拿破崙橫掃歐洲並統治日耳曼人的時代，這也許對費希特產生了關鍵的影響。的確，許多在法國統治下的日耳曼人都有這樣的想法：法國人和日耳曼人真的是具有兩種不同的精神性，而且他們喜歡聽到這樣的聲音，即便法國人也許佔有主導地位，但是日耳曼人則從某種意義上來說「更高級」……

拿破崙倒台後的五十年很快就過去了，時間來到了一八七〇年，普魯士首相奧托・馮・俾斯麥（Otto von Bismarck）將許多小小的日耳曼邦國鍛造成了一個單一的國家。這時候的法國，現在正處於拿破崙的蠢才重侄拿破崙三世（Napoleon III）的統治之下，他比拿破崙更加倍的自大，但是才能卻只有拿破崙的一半。俾斯麥煽動拿破崙對他宣戰，之後以壓倒性的兵力閃電入侵法國，幾個月之內就佔領了巴黎並且用侮辱性的稱呼來侮辱法國，還從法國手中奪走了兩個資源豐富的邊境省份〔亞爾薩斯、洛林〕。

德國民族主義本是源於戰敗及憤怒，如今有了勝利，這使得民族主義更加高漲。一種帶有神話宿命的日耳曼民族國家必勝的觀念開始出現。藝術家們開始從古代的條頓（Teutonic）神話中尋找日耳曼民族精神的來源。華格納在他浮誇的歌劇中表達日耳曼的民族主義激情。歷史學家們開始使用神話性質的敘述來把日耳曼民族的起源追溯到最早的印歐人，位於高加索山脈中的雅利安部落。

文理中學的教授們特別受日耳曼民族主義的吸引，這些文理中學是德國最有聲望的高教機構。在這裡，像是特萊奇克（Heinrich von Treitschke）這樣的哲學家開始教授國家是世界上真正的社會實體，也是人類生活的最高表現形式的觀念。他們狂熱地推崇一種泛日耳曼國家的概念，認為德國將統治所有有說德語的民族的土地。他們高談闊論有關英雄命運的話題，認為「偉大的」國家在野蠻人的土地上強加他們的意志是正當的。（換句話說即殖民主義是高貴的。）他們的學生也被灌輸了這種激情並進入到社會中，成為工程師、銀行家、教師等等，把這種泛日耳曼民族主義的病毒傳染給了德國大眾。

與此同時，在義大利一位名叫朱塞佩・馬志尼（Giuseppe Mazzini）的革命者給這一思想又加入了新的內容，這大概就是民族主義最終成為政治意識形態的最後一塊磚了。馬志尼的主要興趣是把義大利從外國統治者的手中解救出來，例如奧地利人，然而若達到此目的就非獨立不可。他的政治信念使得他提出個人應該只作為集體中的一員而行動，並為了國家而犧牲個體的個性。在他發行的宣傳冊《論人的責任（*The DutiesofMan*）》中，他大聲疾呼「不要說我，而是說我們」，「讓我們每個人本身都能成為國家的化身！」[4]馬志尼還進一步提出了基於民族主義的集體權利理念。每個國家都有「權利」擁有自己的國土，有「權利」擁有自己的領導人，有「權利」定義邊界，有「權利」擴張邊界以容納夠成國家的所有人民，以及有「權利」在邊境之內享有國家主權。他還聲稱，對於居住在同一個地理延續範圍內的人民，這是唯一一項自然而然的高貴權利，因此沒有人要被迫和陌生人住在一起。

在十九世紀後半葉，由民族主義所驅動的運動最先波及了德國，隨後到了義大利，但是這種病毒也傳播到了這兩個國家以外，傳播到了東歐，在這裡有眾多互不相干的社群，他們說著不同的語言、屬於不同的民族、訴說著不同的自己民族來源的故事，這些民族在兩個搖搖欲墜的帝國下不安地躁動，這兩個帝國便是鄂圖曼帝國和奧匈帝國。這兩個帝國的政府都在試圖澆滅各自境內的民族主義思潮，但只是將其逼入了地下，民族主義運動仍然在秘密進行著。歐洲的漫畫家將

4 Joseph Mazzini,*On the Duties of Man*.Included in its entirety in Franklin,*Realings in Western Intellectual History*(New Haven,Connecticut:aYale University Press,1978),p.561.

這些革命描繪成留鬍子的矮壯男子把形似保齡球的炸彈藏在鼓鼓囊囊的大衣之下：這實在是生動有趣的圖畫。但是歐洲民族主義所帶來的真正的無政府主義者和恐怖份子運動就沒有這麼生動有趣了。而民族主義也正是從東歐開始向東傳播到伊斯蘭世界的中心地帶的。

但是在話題離開歐洲之前，請讓我提到另外兩個民族主義運動在西方發展成熟的結果。第一個結果和鄂圖曼帝國有著直接的關係；另外一個則是之後將會顯現出來。第二個結果是在北美洲的新生國家形成的。嚴格來說，這個國家成立的契機是在十三個英國小型殖民地居民起身反抗母國政府並提出獨立要求的時候，但是從各種角度來看，他們所組成的邦聯（confederation）還算不上一個民族國家，這種情形一直延續到一八六一年至一八六五年的內戰後才結束。在內戰前，合眾國的人民在說到自己的國家時會說「these united states（這些聯合起來的州）」，但是在內戰後，他們則將其稱呼為「the United States（合眾國）」。[5]這場戰爭源於奴隸制的問題，但是林肯總統卻直率地把維護統一作為戰爭的正當性和必要性。林肯在蓋茲堡演說（Gettysburg Address）之中提出戰爭的目的在於測試國家是否「秉承自由」，民有、民治、民享的政府能否持久延續。他和美國的建國者們——那些政治家、歷史學家、哲學家、作家、思想家和普通民眾——提出了一種和歐洲傳播的那種意識形態截然不同的民族主義思想。與其在共同的宗教、歷史、傳統、習俗、種族或種族身份認同之中尋求國家認同感，他們認為不同的個體憑藉著對共同信念和共同效忠的珍視也可以成為「一種人」。這是一種基於理念的民族主義，是一種任何人都可以擁抱的民族主義，因為在理論上講，這個國家是每個人都可以加入的，而不是僅限於出生在這裡的人。

在這場內戰中，這個新興的國家開始注意到了自身的潛能。美國南北戰爭是頭一場由單人領導一百萬大軍所進行的戰爭，也是第一場有將近二十五萬士兵在同一個戰場上對決的戰爭，也是第一場由工業技術，諸如鐵路、潛水艇、早期機關槍等設備扮演關鍵角色的戰爭。雖然在這場戰爭中，邦聯和聯邦的軍隊實在是在進行一場對其他人來說沒有軍事要義的戰鬥，但是所有人都能夠想像到一旦雙方能夠融為一個單一的國家，那將會形成多麼令人生畏的力量。

另一個和穆斯林世界有關的歐洲民族主義運動所造成的具有世界歷史意義的後果是錫安主義（Zionism）。這一激情和理念的結合體就和其它十九世紀的歐洲民族主義一樣，有著相同的論點和主張。錫安主義贊同赫爾德所說的享有共同語言、文化和歷史的人民是一個民族國家。錫安主義也贊同馬志尼的理論，一個國家有權利在自己的領土上安全地管理國家。錫安主義還贊同類似於特萊奇克的理論，一個民族國家有權利（甚至是有一種天命）讓所有的自己人生活在國境之內，而且如果需要的話，讓所有的其他人離開。政治錫安主義的創始人說，如果日耳曼人有一個國家而且有這樣的權利，如果法國人有一個國家，那麼神也允許了猶太人有一個國家。

然而在錫安主義和其它的十九世紀歐洲民族主義之間有一點關鍵性的不同，義大利人、日耳曼人、塞爾維亞人和其他的民族所要求的都是他們本來生活的領土。而猶太人根本就沒有領土。

5 Garry Wills discusses this idea in *Lincoln at Gettyburg:The Words That Remade America* (New York:Simon and Schuster,1993).Shelby Foote(in a radio interview I Heard)quipped that"the Civil War made us from *are* into an *is*."

他們已經散居世界各地長達兩千年了，如今他們是居住在別人土地上的沒有土地的少數民族。在他們散居各地的兩千年中，他們通過圍繞在猶太教的周圍來延續民族認同感，而猶太教作為一種宗教，所具有的意義更多的是文化上和歷史上的意義：在十九世紀的歐洲，猶太人是完全可以不踐行猶太教，甚至不相信猶太教而同時又是一個猶太人的。但是即便如此，在猶太宗教和歷史敘述中所堅持的核心元素仍然是上帝應許給最初的希伯來人以迦南之地——亞伯拉罕和他族人的後代——以此來作為只遵守祂的指令而不崇拜別人的交換條件。按照這樣的敘述，猶太人抓住這一點不放並因此賺到了重新索回「他們的」土地的權利，這片土地被稱作巴勒斯坦，而現在這裡居住著阿拉伯人並且歸鄂圖曼土耳其人管轄。許多十九世紀的歐洲錫安主義者都是世俗者，但是這一關於應許之地的信念還是使得他們辯稱要沿著地中海東岸建立猶太人的民族國家。

一八九七年，奧地利記者西奧多．赫茨爾（Theodore Herzl）成立了第一個政治性錫安主義的官方組織，世界錫安主義大會（World Zionist Congress），但錫安主義已經存在，其概念可回溯至西一八〇〇年代早期。和當時的其它民族主義運動一起，歐洲的猶太人知識分子也開始提出要搬到巴勒斯坦去。一些德國的雛形民族主義者（proto-nationalists）很認同這些雛形的錫安主義者（proto-Zionists），並且是以一種不友好的方式表現出認同。以費希特為例，他堅稱猶太人永遠不可能融入德國文化，即便他們從一生下來就說德語也是如此。如果他們住在德國，他們總是生活在國中之國，因此他建議，猶太人應該去巴勒斯坦尋找他們的國家認同。

巴斯斯坦一直是有本土的猶太人口的，但是在一八〇〇年時，猶太人口只佔有很小的一部分——大約是百分之二點五，與之相對的是有百分之九十七的居民是阿拉伯人。截至到一八〇〇年代結束，當猶太人從歐洲移民到巴勒斯坦成為熱潮，猶太人口的比例上升到了總人口的大約百分之六。大約有三萬人在第一次阿里亞（aliyah，猶太人移民到巴勒斯坦的叫法）時移民到了巴勒斯坦，隨後這裡的人口比例又發生了改變。然而，第一批移民大多是屬於懷抱理想主義的都市知識份子，即便他們對於鏟子和鋤頭一無所知，他們仍舊自詡為巴勒斯坦農民，他們中的大部份人最終還是回到了歐洲，造成了第一批阿利亞的人數銳減，這便是第一次世界大戰臨近時的情形。

當這三股源自歐洲的社會現象——立憲主義、民族主義和工業主義滲入到鄂圖曼世界時，它們產生了一種特別具有腐蝕性的影響，一部分的原因是因為鄂圖曼「世界」在十九世紀中不斷縮小，這引發了一種不安的焦慮。阿爾及利亞被吸收進了法國。大不列顛控制了埃及，只給鄂圖曼帝國空留下一個名義而已。嚴格來講，埃及以北的地中海沿岸仍然屬於鄂圖曼帝國，整個阿拉伯半島和今天伊拉克的大部分地區也屬於鄂圖曼帝國，但是即便是在這些地方，鄂圖曼人也漸漸地發現他們要向歐洲人低頭。同時，鄂圖曼帝國對其歐洲領土的控制越來越弱。整個古老的帝國，在不久前還是世界上最偉大的，現在卻像是一個龐大的生物，手足已經脫落，身軀正在腐爛，但是仍有呼吸，仍然活著。

這個龐然大物雖然還活著，但是西方的商業力量，背後有西方各國政府的支持，在這個帝國中自由地運作。在整個十九世紀的上半葉，這些西方商業力量和鄂圖曼人之間的互動可以用一個詞來歸納：許可證（*capitulations*）。

許可證，這個詞聽起來就像是「屈辱地讓步」的另一種說法。然而在一開始，事情還不是像這個意思所指的那樣。

許可證是在鄂圖曼帝國正處在其巔峰的時候開始的，這個概念只是簡單地表示高高在上的鄂圖曼蘇丹所賜予的某種許可，讓來自歐洲的小小請願人可以在這個帝國境內做生意。許可證上面列有這些歐洲人在鄂圖曼帝國領土上被允許的諸多事項，其餘沒有列入的則都是被禁止的。但是這個詞在英文中為什麼有「許可」的意思呢？這是因為在拉丁文中，這個詞的意思僅僅是「按主題分類」。因此許可制指的就是歐洲人被准許的商業行為，這些行為都被分門別類地羅列好了。

因為並沒有某一場戰役將鄂圖曼人和歐洲人之間的實力對比顛倒過來，因此也就不存在一個時間點是意味著「許可證」這個詞所代表的「高高在上的鄂圖曼人趾高氣昂地賞賜一點恩惠」的意思廢止了，轉而開始代表「專橫自大的歐洲老闆們勒索鄂圖曼官員作出種種讓步」的意思。但是到了一八三八年，當鄂圖曼人和歐洲列強簽訂了《巴爾塔・里曼條約》（Treaty ofBaltaLiman，目的是確保能得到列強對打擊穆罕默德・阿里的支持）後，事情就絕對是上面說的那樣子了。這個條約是一個針對鄂圖曼帝國的不平等條約，例如，條約規定歐洲商品進入到鄂圖曼帝國時享受低額的關稅，但是當鄂圖曼帝國商品出口的時候則要負擔高額的關稅。該條約防止了鄂圖曼帝國形成壟斷，但是卻讓歐洲國家形成壟斷變得更容易。這些條約的目的只有一個：確保鄂圖曼帝國的商品沒有辦法在其自己的國土上和歐洲的商品展開競爭。

在《巴爾塔・里曼條約》的幾十年後，鄂圖曼政府抖了抖它那年邁的殘肢，頒布了一系列新法以求振興鄂圖曼社會，趕上歐洲列強——這和伊朗在差不多相同時間進行的動作一模一樣。在鄂圖曼帝國，這些現代化進程被稱作坦志麥特（Tanzimat）或「重組方案」。這些新政始於一八三九年的《玫瑰廳高尚敕令》（The Noble Edict of the Rose Chamber）。在一八五六年，又發表了新文件「帝國敕令」（The Imperial Edict）。之後在一八六〇年又推出了第三套改革方案。

以下是坦志麥特提出的若干措施：

- 按照法國的標準建立起的新國家政府官僚體系；
- 以世俗的國立法庭取代傳統的沙里亞法庭；
- 依據法國的「拿破崙法典」打造的新式刑法體系；
- 頒布支持「自由貿易」的新式貿易法令，這項法令基本上讓歐洲人得以自由地在鄂圖曼帝國建立了商業宰制；
- 按照普魯士系統打造的徵兵制軍隊，以此來代替兒童徵兵制（devshirme）；
- 仿照英式學校課程規劃，設立以世俗課程為基礎的公立學校，繞開了由穆斯林神學家運行的傳統學校系統；
- 設立遍佈帝國全境，由國家主導的單一徵稅機構（類似當今美國的IRS），用以取代鄂圖曼傳統的「收稅人（tax farmers）」（這些人中主要是以抽取提成的方式收稅的個體稅收員）；
- 無論種族及宗教，確實保障所有鄂圖曼子民的「榮譽、生命及財產」為不可褻瀆及傷害的權利。

從字面來看，這些改革看起來很棒，尤其是無論民族血緣，保障所有公民安全的那一條：有誰會反對結束歧視政策呢？事實上是歐洲人。

但是，如果你站在十九世紀鄂圖曼帝國的任何一位普通土耳其穆斯林公民的角度想問題：你很難把這樣的改革和歐洲人對鄂圖曼官員的頤指氣使區分開來看——真的是這樣，按照歷史學家詹姆士．傑爾文（James Gelvin）的說法，帝國敕令是逐字逐句地來自英國大使史塔福．坎寧（Stratford Canning）並交給鄂圖曼官員翻譯然後公之於眾的。[66]好一個《玫瑰廳高尚敕令》！對於鄂圖曼帝國的許多穆斯林來說，與其說這些新政是改革，還不如說是外國勢力在他們生活中的活生生的實例。

倒也不是所有的鄂圖曼穆斯林都這麼看。越來越多的改革主義運動在小亞細亞出現，也讓土耳其版本的運動出現在了印度、阿富汗和伊朗，這些國家擁抱並推動坦志麥特運動。他們認為戰勝歐洲帝國主義的唯一辦法就是師夷長技以制夷，而要做到這一點，首先要做的就是要採用讓歐洲變得強大的任何一種歐洲的思想。

但是烏理瑪仍然存在。坦志麥特運動直接地侵犯了他們的權益，將教育從神學家手中奪走……將沙里亞法庭代以世俗法庭……用法國法律來代替伊斯蘭法律——這樣的改革不僅僅是剝奪了烏理瑪的權力，而且還奪走了他們存在的意義。毫無疑問他們會展開抗爭，而且烏理瑪仍然在人民大眾中間擁有很大的道德權威。他們也還能夠對法庭施加影響力。

蘇丹和他的顧問們，因此很快就發現自己夾在世俗現代主義者的呼喊聲和捍衛伊斯蘭舊勢力的疾呼聲中間，被兩邊來回地拖拽，皇室今天說往東，明天說往西。當世俗現代主義者越是要求歐式改革，傳統主義者就越是抱著傳統固執不放。當世俗現代主義者要求國營工廠全面引進機械化作業的時候，烏理瑪便集結群眾抗議政府官員使用打字機——他們辯稱先知穆罕默德從來沒用過這玩意。

現代主義者一度曾佔了上風。在一八七六年，他們強迫蘇丹採行了憲法，當時人們將其視為「東方的法國大革命」，是一場重大的勝利。在此後的幾年中，這個步履蹣跚的老帝國也像英國一樣（在形式上）是一個君主立憲的國家。在這簡短的幾年中，不同民族不同宗教的現代主義行動者意氣相投，到處瀰漫著熱情：土耳其穆斯林、阿拉伯穆斯林、猶太人、東正教基督徒、亞美尼亞人，所有人都齊心協力地成為影響廣大社會的一份子，為建立一個新世界而努力。

但是舊勢力用計謀削弱了現代主義者們，他們重新建立起了蘇丹的權力，直到蘇丹的力量足夠強大足以廢除憲法時，蘇丹便再次建立了絕對的君主統治。鐘擺能夠再度回到原點的一部份原因是因為那些改革並沒有起到效果。小亞細亞的土耳其穆斯林感受到了他們的生活標準正在下滑，他們的自治權利也在萎縮。他們在面對無數來自歐洲的力量從外面擠壓進來時，只是感到更

6 Gelvin,p.82.

加的無力。

但是在他們的境內，有一個被他們看作是外來元素卻住在國境之內，並且完全任由他們擺弄的碎片。這個碎片就是亞美尼亞社群。實際上，亞美尼亞人比突厥人更接近歐洲人。他們自古以來就住在這片土地上。他們說著他們自己的非歐洲語言，也有自己的文化和歷史。他們並不是來自於別的什麼地方，實際上，他們比突厥人更是這裡的本地人。

但他們是被穆斯林環繞的基督徒少數民族，而且在這比原來還要恥辱的時局下，當來自西歐的商業利益於鄂圖曼帝國境內取得權勢，並以犧牲當地人的利益為代價建立有利可圖的商業運作機制之時，亞美尼亞人發現自己處在一個矛盾的立場之上。對鄂圖曼子民而言，當時唯一能生活得還不錯的方式就是為歐洲人工作，或是和歐洲人做生意，或者是想盡辦法與歐洲人建立各種形式的夥伴關係。然而當歐洲人在帝國境內尋求生意夥伴時，他們更傾向於和在他們看來和他們有親族關係的民族打交道，如果可以的話，歐洲人更願意選擇亞美尼亞基督徒而不是突厥穆斯林。因此，外國人帶來的紅利看起來是讓帝國境內的亞美尼亞社群獲益了，或者至少那些心存不滿，墮入貧困的穆斯林是這樣想的。

在這之前，亞美尼亞人一直是平靜地生活在鄂圖曼帝國境內的，但是非突厥人是被排除在軍事貴族階級以外的。在某種範圍內，他們也無法成為大地主或者收稅人。因此許多的亞美尼亞人都靠從事商業和金融業維生。

金融——實際上就是放貸的說法。在古代，這種行為是遭到普遍反對的。在借錢的時候收取利息盈利在古蘭經中是被禁止的，這就像是中世紀的基督教歐洲，教會法規中的「高利貸」一詞並不是指「收取過高的利息」，而是「收取任何利息」。為什麼放貸行為在伊斯蘭世界的名聲這麼臭呢？我猜想這是因為一般人把借給別人錢的行為看作是善行，而不是生意：當你的鄰居有難處需要幫忙的時候，你就應該要伸手相助。在這樣的框架之內來看，借錢來收取利息就像是用別人的痛苦來致富。然而人們常常有借錢的不時之需，即便是在最原始的封建經濟中也是如此，這種需求通常是在危急關頭的時候出現：比如鐵匠的店舖遭遇祝融；有名望的教士意外死亡，留下他的家人料理一場昂貴的後事；有人要結婚卻出不起嫁妝；某人罹患重病……人們在這種脆弱狀態的時候去找放貸的人，但是在文化心理的預設上，他們希望的是借到一筆錢而不用付出別的代價。急需用錢的壓力迫使他們接受銀行家的要求，但是這種憤恨會慢慢地積累下去。如果這個放貸的人是屬於同一社群的人，其它的情緒比如親戚關係或者忠誠感也許會消弭這種憤恨，但是如果放貸者本來就被看作是「外人」，產生的這種憤恨無疑會加深本就存在的對於其整個社群的敵意。這種情形的最壞狀況就是如果放貸的人是來自異文化的少數民族，而他們又居住在主要民族的中間。在歐洲，這種狀況造成了猶太人的遭遇。在鄂圖曼帝國中，倒霉的人就是亞美尼亞族群了。

當緊張的氣氛越來越濃，我們很容易就會忘記突厥人和亞美尼亞人已經和平相處很久了，他們之間和平相處的歷史甚至不止三代人，而如今這種彼此間的敵意看似是雙方關係中的頑疾。鄂圖曼帝國把不同的民族按照自治的方式區分開的政策本來是要讓各個民族都享有文化上的自主權。這種政策體現的是容忍的精神，是一種促進和諧的工具。現在，同樣的政策卻變成了缺點，變成了一種傾向性，是造成將要發生的麻煩的致命關鍵。因為這一政策運行地太分隔，太孤立，把不幸的亞美尼亞人們暴露在了眾目睽睽之下。實際上，米利特（*millet*）系統成為了一種加深鄂圖曼社會既有裂痕的機制。

在一八九四至一八九六年間，在安納托利亞東部，一系列的反亞美尼亞事件爆發了。土耳其村民開始屠殺亞美尼亞人，就像是東歐和俄國屠殺猶太人一樣，但是對亞美尼亞人的屠殺的規模更大。當這股狂潮平息下來，有三十萬亞美尼亞人死亡，這股狂潮能夠平息只是因為歐洲開始向鄂圖曼政府施壓，敦促其採取措施。因為歐洲人指揮鄂圖曼官員的怨恨是導致對亞美尼亞人洩憤的原因之一，官方要求停止暴力的命令更激怒了造成暴力的最初社會心理根源。這就像是家長出面制止了一個大孩子對小孩子的霸凌，然後在他們離開後，當小孩子獨自一人的時候，原來的霸凌反而更加嚴重一樣。

與此同時，儘管蘇丹破壞了憲法，權力分屬於老舊勢力和新勢力的手中。隨著政治鬥爭的持續，兩者之間的平衡開始不可逆轉地傾向新勢力，在伊朗也是一樣，歷史的潮流站在了現代主義者的一邊。截止一九〇〇年，一代全新的行動主義者呼籲重新修復憲法。他們想要他們父母年代的法國大革命回來。

在政治上，這是一個令人振奮但是也令人困惑的時代。它不像是有一群人信奉民族主義，另一群人則信奉世俗現代主義，還有別的一群人信奉自由立憲主義。許多的這些意識形態和運動都糾纏到了一起並且彼此互動。任何一個人都有可能信奉一點這個理論同時又支持一點那個思想。當時還沒有經過足夠久的時間來讓這些思想得到足夠的梳理，能夠讓人知道哪些能夠思想能夠並行而哪些互不相容。所有的這些人都把自己設定為反對舊勢力的角色，儘管新舊勢力其實都是鄂圖曼國民，都是想要重新塑造這個帝國。所有的行動主義者都像是團結在一起對付無知老頑固的年輕人，他們之所以能成為「手挽手肩並肩」的戰鬥夥伴，只是因為他們所有人都狂熱地喜愛「現代」，也不管這個概念到底是什麼。

新一代的活躍份子把自己稱為青年土耳其黨人（Young Turks），他們如此命名的一部份原因是因為他們真的很年輕，大多數人都只有二十多歲，另一部分原因是因為要起這個名字來和老舊勢力對抗，因為在傳統穆斯林的文化中，越老的東西就越有價值——例如「*shiekh*」和「*pir*」這樣的尊稱的本義都是「老人」的意思。這些年輕人嘲諷這些老古董的垂垂老矣是缺點，並驕傲地表現出「年輕就是資本！」

儘管他們有許多潛在的不合意見，青年土耳其黨人還是團結了足夠長的時間來戰勝最後一任鄂圖曼蘇丹，孱弱愚蠢的阿布杜・哈米德二世（AbdulHamidII）。在一九〇八年，他們強迫蘇丹重啟憲法，將其變成一個傀儡。

但是在將蘇丹推翻後不久，青年土耳其黨人發現他們其實不能算是一個群體，而是好幾個群體。例如，有一派人支持讓帝國去中央集權，保障少數民族的權益，並且在政府中讓人民發表最大的聲音。但是這一派人很快就被排擠出了政府。另外的一派人擁抱土耳其民族主義。這派別是在一九〇二年前後由六個學醫學的學生建立的，他們的派系進一步形成了一個組織緊密的軍國主義政黨，稱為團結與進步委員會（Committee for Union and Progress）。

該組織發現有愈來愈多民眾支持他們的觀點。他們的支持者中不乏反帝國主義的土耳其人、年輕一輩的土耳其人、受過教育的公務員、大學生、知識分子和知識分子的小孩以及閱讀過歐洲哲學著作的文人，他們都知道德國和義大利成功的民族主義奮鬥，他們開始把民族主義當作可以讓他們從帝國主義的枷鎖中解脫並得到解放的道路。他們希望去除那些沈重、老派、多元文化的鄂圖曼帝國思想，代之以精簡、清廉、出色，尤其是以土耳其人為重的國家機器：這就是他們的理念。那些阿拉伯省份當然可以切除不要，因為那些省份和這種理念不適合，但是這些新的土耳其民族主義者卻夢想著連通安納托利亞和突厥民族的發源地中亞之間的領土。他們的夢想是建立一個從博斯普魯斯一直延伸到哈薩克斯坦的突厥民族國家。

土耳其民族主義者知識分子開始爭辯說基督徒少數民族，尤其是亞美尼亞人，是在土耳其享有特權的貴族，是國家天生的敵人，這些人和俄國人結盟，和西歐人結盟，和那些從帝國分離出去的東歐斯拉夫領土結盟。

這些新一代的土耳其民族主義者認為國家要凌駕於所有的小我之上，提出國家的「靈魂」應該被交付予某種單一龐大的個性特質，這一理念直接承襲自德國民族主義哲學家的觀點。作家紀亞・勾卡普（Ziya Gökalp）宣稱除了英雄和天才，個人不具有任何的價值。他鼓勵他的土耳其同胞們切莫談論「權利」，他認為個人面對國家沒有權利可言，只存在響應國家號召的責任。[77]

帝國所面臨的困境使得這樣的軍國民族主義顯得更有誘惑力，而且帝國面臨的危機正在進一步地加深。其實這些危機在很久很久以前就已經到來了。保加利亞成功地獨立了。波斯尼亞和赫塞哥維納則脫離了帝國而被哈布斯堡王朝吞併到了他們的奧匈帝國之中。由於這樣的變故，大約有一百萬穆斯林遭到驅逐，他們湧入到安納托利亞，來到這個垂死、失靈、人口過剩的帝國尋找新的家園。隨後鄂圖曼人又在克里特島戰敗。該島的將近一半人口都是穆斯林，他們幾乎全部向東遷移到帝國內陸。所有的這些社會變動都引發了一種瀰漫在社會的各個角落，漂浮在空氣中的焦慮。

在這些喧擾紛亂之中，民族主義開始在其它民族之中抬頭。阿拉伯民族主義開始發酵，但是畢竟他們遭受的各種可怕的事情他們的突厥兄弟也遭受到了，現在亞美尼亞活躍份子也開始宣稱建立亞美尼亞民族國家的權利。當時東歐的眾多自我認同的民族也受到了同樣的民族主義衝動的影響。

在一九一二年，一場發生在巴爾幹的戰爭造成了阿爾巴尼亞、馬其頓這些伊斯坦堡之外最後的歐洲領土相繼獨立，這次的軍事失敗導致了焦慮、怨恨和混亂在小亞細亞的最終大爆發。不管受歡迎的程度如何，這樣的動盪局勢會讓組織最嚴密的團體獲利。布爾什維克（Bolsheviks）五年

7 Hamit Bozarslan,writing about the Ottoman Empire for the Online Encyclopedia of Mass Violence at http://www.massviolence.org/_Bozarslan-Hamit,includes this quote from Ziya Gokalp's *Yeni Hayat,Dogru Yol.*

之後就將在俄國證明這一點。在伊斯坦堡，當時組織最為嚴密的團體是極端民族主義的團結與進步委員會。在一九一三年的一月二十三日，他們發動了一場政變，殺死了在職的維齊爾大臣，罷黜了鄂圖曼最後一位蘇丹，驅逐了政府中的所有其他領導人，宣佈所有其它政黨非法，將鄂圖曼土耳其變成了一個一黨制的國家。這個單一政黨由三個人領導和運行，他們是：塔拉特·帕夏（Talaat Pasha）、恩維爾·帕夏（Enver Pasha）以及澤馬爾·帕夏（Djemal Pasha），當一九一四年那場早就預料到了要發生的歐洲內戰爆發的時候，正好是他們統治著縮水了的鄂圖曼帝國。

在歐洲，這場戰爭被稱作大戰；但是對中央世界來說，這場戰爭起初看起來就像是歐洲的內戰：德國和奧地利並肩對戰法國、英國和俄國，其他的大部分歐洲國家很快也加入了或者被不情願地拖入了戰團。

穆斯林並沒有被捲入戰事，但是團結進步委員會的領導人們認為假若他們在戰爭結束之前能壓對寶加入獲勝的一方，或許可以收穫到極大的利益。如同當時許多人的設想一樣，他們認為戰爭在幾個月後就會分出勝負，因為歐洲列強已經積攢這些「先進的」科技武器有好幾十年了，那強大的火力令人畏懼，恐怕沒有任何人，也沒有任何事物可以撐很久。因此戰爭的形勢看起來就像是一場突如其來的血腥對決，率先開火並最後用盡彈藥的人即是贏家。

團結與進步委員會的智囊們認為德國將會是獲勝者。畢竟，德國是歐洲最強大的工業強國，當時已經戰勝法國並握有中歐，這意味著德國可以利用本土優越的鐵路網把部隊和戰爭機器運送到任何一個戰場。除此之外，如果和德國結盟，土耳其人就可以和他們的宿敵俄國和英國較量一番。

當戰事已經進行了八個月，俄國的軍隊已經威脅到了帝國的北部邊境，團結與進步委員會的領導者們下達了臭名昭著的驅逐法案（Deportation Act）。按照官方的說法，這一法案將「重新安置」住在靠近俄國地區的亞美尼亞人，將他們重新安置到帝國更深入的地區，以確保他們不會和俄國人暗通款曲。直到今天，土耳其政府堅稱該法案完全是出於戰爭狀態下必要的安全考量。他們也承認出現過殺戮行為，但當時的狀況是正在面臨戰爭，人們別無選擇，而且雙方都採取了暴力行為——這是歷屆土耳其政府所堅持的，從來沒有讓步過的立場。

事實是這樣的，當時的確是在戰爭狀態下，俄國人也的確是大軍壓境，也的確有亞美尼亞人和俄國人合作，的確有亞美尼亞人殺死了土耳其人，這些發生在一九一五年的暴力事件看起來是一八九〇年代發生的那些政策和種族清洗所引發的無組織的後續敵對情緒。（聯合國對於「種族清洗」的定義是企圖於所轄領土範圍內執行民族同質化的行為，手法上是驅逐或殺害不樂見其生存的民族同時施以暴行，讓他們受到威脅心生畏懼而逃離。）

然而在土耳其之外，有一些學者懷疑一九一五年所發生的事情比種族清洗還嚴重，應受到更嚴厲的譴責。驅逐法令只是塔拉特．帕夏所策劃好的政策的開始，策劃者也許還包括恩維爾．帕夏，也許還有團結與進步委員會的秘密核心領導層中的某些匿名領導，從種族上消滅亞美尼亞人——不只是從小亞細亞或者是土耳其人生活的地方，而是在整個地球上將他們消滅。那些被

「重新安置」的人實際上是被迫被遷移並且遭到了殘酷對待直到死去。簡而言之，這是有計劃的種族滅絕（聯合國的定義是不僅僅在特定的地方，而是在各處完全消滅特定民族的意圖）。對於實際上的遇難人數，目前仍存在爭議，但是這個數字超過了一百萬。塔拉特・帕夏以內政部長和後來的鄂圖曼土耳其首相的身份執行了這一恐怖的行徑，直到第一次世界大戰結束他才不再擔任首相一職。

土耳其修正主義者歷史學家坦納・阿克查（Taner Akçam）引述了一位大屠殺期間隸屬於團結與進步委員會的醫師的說法，「你的民族比什麼都更重要……東方的亞美尼亞人曾經那麼興高采烈地和我們作對，如果他們保住了他們的土地，那就不會有一個土耳其人，不會有一個穆斯林能夠在那裡活命……於是我告訴自己：理希德（Rechid）醫生，只有兩個選擇。不是他們清洗了土耳其人，就是他們被土耳其人清洗掉。在這兩個選擇面前，我沒有什麼好猶豫的。我雖然是一名醫生，但是我首先是一名土耳其人。我告訴自己：與其被他們消滅，我們應該消滅他們。」[88]

但是團結與進步委員會徹頭徹尾地錯誤估計了局面。首先，戰爭沒有迅速結束。西歐戰場上並不是爆發大規模的對攻，而是陷入了莫名其妙的固守態勢，雙方上百萬的軍隊排成上百英里長的陣線對峙，有戰壕將戰場隔開，戰場上到處都丟棄著爆炸物和鐵絲網。沿著這些戰線常常爆發戰事，有時候在幾小時的戰鬥中就會死去成千上萬的人，而贏來或輸掉的陣地常常要以寸來丈量。這就是歐洲戰事的概況。

為了打破這個僵局，英國人決定從後方穿過整個小亞細亞來攻擊軸心國，執行這項戰略的前提是先癱瘓鄂圖曼帝國，因此同盟國的軍隊在加里波利半島（peninsula of Gallipoli）搶灘上岸，希望能自此襲捲伊斯坦堡，但這項突襲行動以失敗告終，協約國（Axis）軍隊全數被殲滅了。

同一時間，英國人也正在忙著為利用鄂圖曼帝國的另一項弱點而忙碌著。這時候鄂圖曼帝國的阿拉伯省份出於不同的原因，叛亂行動此起彼伏。民族主義運動要求阿拉伯人從土耳其人那裡贏得獨立。古代的部落聯盟機制損壞了鄂圖曼的行政統治，各種各樣有勢力的阿拉伯家族都想要建立自己的地方王朝。在所有的這些不滿中，英國人嗅到了機會的味道。

在那些尋求建立王朝的競爭者中，有兩個大家族從中脫穎而出，他們分別是伊本．沙烏德的家族，仍然是瓦哈比宗教派別的盟友，以及哈希姆家族，也就是統治伊斯蘭教的精神中心麥加的家族。

沙烏地—瓦哈比的領地在這時候已經縮水成了一個位於阿拉伯半島中部的貝都因部落國家，但是他們的統治仍然是源於他們的祖先，和激進的保守神職人員伊本．瓦哈布結盟的那位十八世紀沙烏地酋長穆罕默德．伊本．沙烏德（Mohammed Ibn Saud）。幾十年來，這兩個家族在各方面都交織在了一起，沙烏地家族的謝赫如今是瓦哈比宗教機構的領袖，而伊本．瓦哈布的後代們仍然是沙烏地領土上的烏理瑪領導人。英印外交辦公室（Anglo-Indian foreign office）派出了英國特工來訪問沙烏地家族的首領，希望能達成一個協議。他們盡全力煽動他的野心並且提供他資金和武器來攻打鄂圖曼人。伊本．沙烏德只是很小心地給了他們回應，但是他們之間的這次互動給了他很好

8 Quoted by Taner Akcam in *Turk Ulusal Kimligi ve Ermeni Sorunu*(Istanbul:Iletisim Yayinlari,1992)pp.175-176.

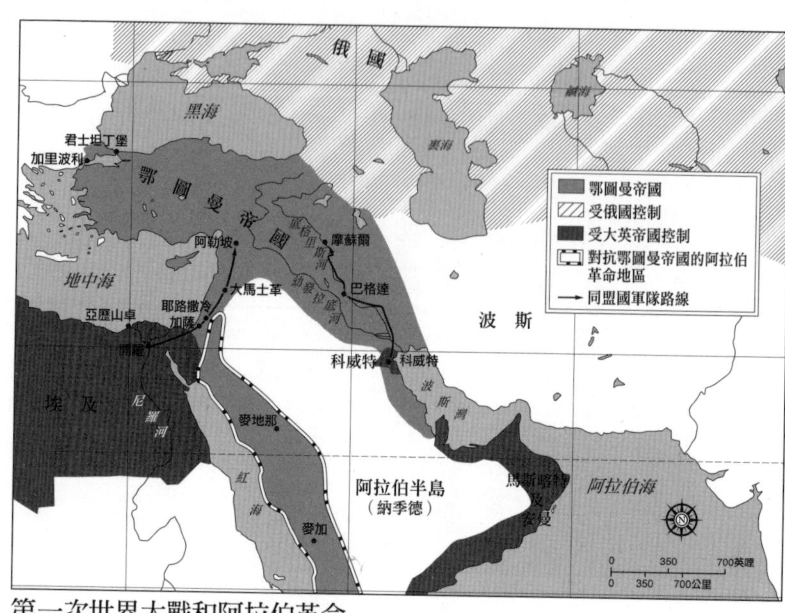

第一次世界大戰和阿拉伯革命

的理由去相信他對於土耳其人盡力造成的破壞可以換來戰後的獎勵。

哈希姆家族的族長名叫胡塞因·伊本·阿里（Hussein Ibn Ali），他是伊斯蘭教最神聖的聖地卡巴的照看者，以謝利夫（Sharif）的頭銜著稱，這個頭銜意味著他來自先知的家族，巴努·哈希姆（Banu Hashim）家族。讀者們還記得嗎？在西元九世紀的時候，讓阿巴斯家族掌權的革命者們就曾自稱哈希姆家族的後代。這個名字擁有古老又神聖的譜系，如今這個家族再次統治麥加了。

但是對謝里夫·胡塞因（Sharif Hussein）來說，僅僅是麥加還不夠。他所夢想的是一個從美索不達米亞延伸到阿拉伯海的阿拉伯王國，他認為英國人可以幫他達成目的。英國人很高興能讓他以為英國人願意幫忙，他們派出了一位行事高調的軍事情報長官和他一起工作，這個人曾經是一位考古學家，名叫湯瑪士．愛德華．勞倫斯上校，他會說阿拉伯語而且喜歡穿貝都因人的服飾，因此人們給他起了一個暱稱名叫「阿拉伯的勞倫斯」。

回顧歷史，我們很容易就能看出來英國人的葫蘆裡賣的是什麼藥。哈希姆家族和沙烏地家族是阿拉伯半島中最有勢力的兩個部落，他們都想要推翻鄂圖曼人對阿拉伯半島的統治，而且這兩個家族視對方為死敵。英國人向兩個家族都派出了情報人員，而且讓他們雙方都相信英國人願意幫助他們在幾乎相同的一塊土地上建立自己的王國，條件就是要打擊鄂圖曼人。英國人其實根本就不在乎誰會統治這個地區，他們只是想要趕快削弱鄂圖曼人的勢力，這樣才能幫助他們將德國人趕回家。

事情的結果是哈希姆家族發起了幫助英國人的阿拉伯起義。胡塞因的兩個兒子和勞倫斯一起，把土耳其人趕出了這一地區，為英國人進入到大馬士革和巴格達開闢了道路。英國人自此可以給鄂圖曼帝國施加壓力了。

正當英國情報人員忙著向阿拉伯的兩大家族作出承諾之際，兩位歐洲外交官，馬克．塞克斯（Mark Sykes）和弗朗索瓦．喬治—皮科（Francois George-Picot）正在秘密地拿著一張地圖和一根鉛筆，優雅地喝著茶，決定在戰爭結束後歐洲列強如何瓜分這一地區。他們就哪一片地區歸塞克斯的英國，哪一片地區歸喬治—皮科的法國，哪一片地區來感謝俄國達成了一致，而哪一片地方歸阿拉伯人則提都沒提。

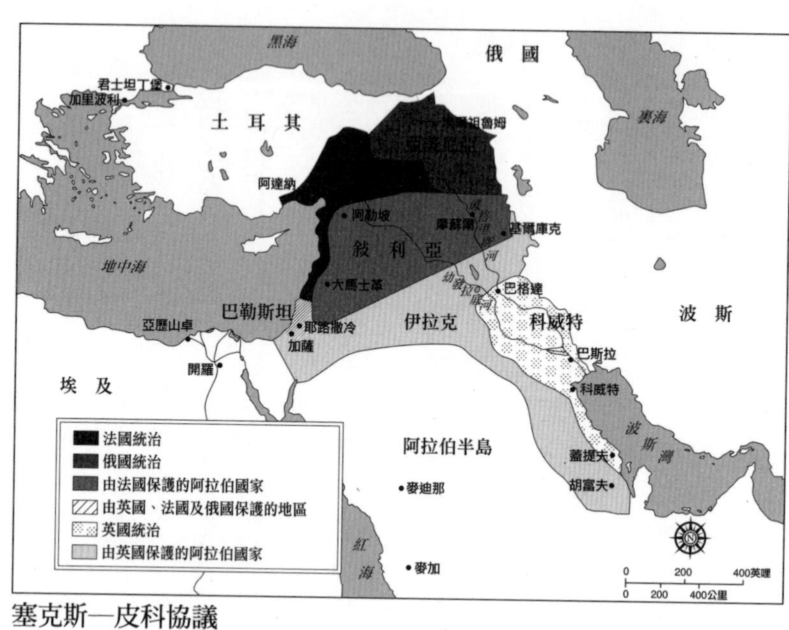

塞克斯—皮科協議

所有的這些成份混在一起已經將帶來足夠多的惡果了，但就像是深夜時段電視廣告中常見的台詞那樣，還有更多的在後面等著你呢！阿拉伯民族主義開始在巴勒斯坦及周邊的阿拉伯人居住地（也包括埃及）蔓延開來，而這股民族主義浪潮與哈希姆和沙烏地家族渴望建立屬於自己王朝的出發點沒有任何關係。這股浪潮是來自於那些擁抱新民族主義的世俗現代主義者們，他們都是各領域的專家、政府公務員和新興的都市小資產階級，這些人對於立憲主義和工業主義也很偏愛。在巴勒斯坦和敘利亞，這些阿拉伯民族主義者不僅僅是要求從鄂圖曼帝國及歐洲人的手中獨立出來，也同時要求能從哈希姆和沙烏地家族手中獨立出來。

然後，還有最後的一劑造成麻煩的成份，也許是所有麻煩中最棘手的：從歐洲移民到巴勒斯坦的猶太移民。歐洲的排猶主義助長了錫安主義，這一主義已經在這片大陸步入戰爭的過程中愈演愈烈。巴勒斯坦人口中的猶太移民人口從一八八三年的百分之四，膨脹到了一戰剛開始時的百分之八，截止到戰爭結束，這一人口比例上升到了接近百分之十三。

一九一七年，英國外交部長大衛・貝爾福（David Balfour）[9]致信給英國銀行家，錫安主義的領導者，同時也是大方地以個人名義出資支持猶太移民至黎凡特地區的李歐內爾・羅斯柴爾德勛爵（Lord Lionel Rothschild），信中貝爾福告訴羅斯柴爾德支持猶太人在巴勒斯坦建立一個猶太民族國家的觀點，英國政府將竭盡所能協助猶太人達成目的。

貝爾福也堅持說「不應該推行任何將會損害巴勒斯坦已有的非猶太社群之公民及宗教權利的行為」，但是英國打算怎樣在同一片領土上調和猶太民族主義和阿拉伯民族主義呢？貝爾福沒有說。

我們不妨重新概述一下——這件事絕對值得重新概述：也就是說，英國把同一塊領土許諾給了哈希姆家族、沙烏地家族、歐洲的錫安主義者、實際住在那裡而且快速發展著民族主義渴望的阿拉伯人——事實上英國和法國已經秘密地達成了將整塊領土分割給各自的協議。儘管有這麼多的雙關語、修飾語、免責聲明在這麼多年中被提出來，試圖解釋誰對誰同意了什麼，而誰又對誰許諾了什麼，但是這仍然是一個死結，保證了未來會有大爆發。

但是未來的優點就是因為它還沒來。在當時，戰爭正在如火如荼地進行著，英法密謀的短期策略極佳地奏效了：團結與進步委員會失去了鄂圖曼帝國在小亞細亞以外曾經擁有的所有領土。他們退出了巴勒斯坦、大敘利亞地區，把美索不達米亞讓給了英國人。而且歐洲的戰事對於土耳其的盟友們來說進行得很糟。在一九一八年，德國宣佈對協約國無條件投降，三位帕夏這才知道他們大難臨頭了。在逮捕令到達之前，他們三個人，塔拉特、恩維爾和澤馬爾逃離了伊斯坦堡。塔拉特逃到了柏林，於一九二一年被一個亞美尼亞人暗殺。澤馬爾逃到了喬治亞，於一九二二年被一個亞美尼亞人暗殺。恩維爾跑到了中亞從事鼓動反抗布爾什維克的起義，於一九二二年被一個亞美尼亞布爾什維克份子指揮的紅軍小分隊殺害。

團結與進步委員會由此走到了盡頭，他們無所諱言地是一個壞政府，但是隨著他們的倒台，「鄂圖曼帝國」的屍體變成了無政府狀態。

15
世俗現代主義的崛起
RISE OF THE SECULAR MODERNISTS

伊斯蘭曆一三三六——一三五七年（西元一九一八——一九三九年）

到了一九一九年，小亞細亞到處都是法國和義大利的軍隊。由希臘民族主義者領導的希臘軍隊夢想著一個大希臘之夢，並且率軍深入到了鄂圖曼帝國的心臟地帶。伊斯坦堡則是被英國佔領著。反抗運動正在安納托利亞各處醞釀著，人們凝聚在長著老鷹般的臉孔，目光銳利的將軍身邊。他就是穆斯塔法·凱末爾（Mustafa Kemal），後來被人們稱作「阿塔圖爾克（Atatürk）」——即土耳其之父。他的部隊在一九二三年將所有的外國軍隊驅逐了出去，他宣佈了一個嶄新的民族國家的誕生：土耳其。

土耳其並不是鄂圖曼帝國的再生版本。阿塔圖爾克摒棄了鄂圖曼的過去，也摒棄了帝國。他沒有對小亞細亞以外的任何地區宣示主權，因為他尋求的是一片具有凝聚力的領土，只有這樣，國家才有意義。因此，土耳其成為了一個擁有清晰而且無爭議國界線的國家，在這個國家裡，主體民族將會是血統上的突厥人，主體的語言將會是突厥語（土耳其語）。在這個新的國家裡，伊斯蘭教將被從公共政策的各個角色中被剔除出去並退居到私人領域中，在私人領域裡，伊斯蘭教也許會和別的宗教一樣越來越興盛，只要信徒們不要打擾鄰居們就行。

土耳其因此成了穆斯林佔人口多數的國家中第一個宣佈為世俗國家的，也是第一個宣佈政教分離的國家。既然遠離了伊斯蘭教，阿塔圖爾克便需要從別的地方找到團結國家的原則，因此他整理出了一套將六大主義上升到崇高地位的意識形態，這六大主義分別是：民族主義、世俗主義、改革主義（reformism）、國家主義（statism）、民粹主義（populism）和共和主義（republicanism）。土耳其人也把這套信條稱之為凱末爾主義（Kemalism），而且這套思想中的一些方面，尤其是前四種思想，在第一次世界大戰後傳播到了伊斯蘭世界各處並且引起了激盪。

可不要把阿塔圖爾克的民族主義和團結與進步委員會的核心思想相混淆。兩種民族主義都可以追溯到青年土耳其黨人，但是這種所謂的「青年土耳其主義」是一種意義十分寬泛的內容，從自由立憲主義一直到法西斯主義都可包括，而阿塔圖爾克的主義則十分靈活，是一種從自由發展出來的文化民族主義。

正是這種文化民族主義使得阿塔圖爾克拋棄了鄂圖曼帝國中的諸多語言而偏愛土耳其語。在舊帝國中，存在著各種類型的土耳其語和各種方言，這些語言都讓位給了一種單一的標準方言，這種標準方言不是在舊宮廷中使用的那種文言土耳其語，而是一種街巷中的人民大眾所使用的簡單化的土耳其語。有一些狂熱者隨後開始叫囂禁用土耳其語中的外來詞，然而阿塔圖爾克只是用了一種很簡單的敘述就駁倒了上述的煽動性言論，他說，土耳其語是各種語言之母，那些來自其它語言中的詞彙進入到土耳其語中就和回老家是一樣的。然而長久以來土耳其人所書寫的阿拉伯字母則被新拉丁字母所替代了。

作為一個骨子裡的現代主義者，阿塔圖爾克並沒有宣佈自己是國王或者蘇丹。他主導了新憲法的頒布，成立了議會，建立了共和形式的政府，自己則是總統。他所建立的議會制民主一直延續到了今天，但是我們可以實話實說——只要他還活著，就不會有人能靠投票箱來代替他的位子——我們想想看，他可是土耳其人的父親！那些沒投票給國父的人全都丟了工作！儘管他不是一個軍事獨裁者，也沒有建立軍政府（他遵守了自己建立的法律），但是他的確是依靠著軍隊來維護他所珍視的價值。所以他就像是一位牧羊人趕著牲口群一樣，讓他的人民在鐵拳頭的直接震攝下走向他給這個國家設定遠景。

他給國家設定的遠景是什麼呢？打破烏理瑪在土耳其的權威，讓伊斯蘭教不再是社會生活的仲裁者，讓世俗的方法成為社會管理的權威。在西方的語境中，這麼做讓他成為了一個「溫和派」，但在伊斯蘭教的語境中，這麼做讓他成為了一個徹頭徹尾的激進極端主義者。

他的行事曆的第一條：讓女性進入到公共領域。為了這個目標，他宣佈了新的法律，讓女性擁有投票權，在國家機關中任職，並且可以擁有地產。他還宣佈一夫多妻制非法，不鼓勵嫁妝，不支持傳統的婚禮習俗，支持以瑞士民法為基礎的新離婚法案，而不是以古蘭經或者聖訓中的內容為基礎。

他還禁止了頭巾和面紗——這是新的全國制裁著裝法案的一部分，而且這一法案對男女都有效，比如土耳其氈帽（fez）也被禁止了。纏頭巾和鬍鬚則是被強烈地不鼓勵。窄邊禮帽則沒問題，圓頂禮帽也沒問題，棒球帽和貝雷帽也都可以。阿塔圖爾克總是一副西裝革履的打扮，他也要求他的同胞們這麼做。

當作為國家職能的舞會被引入到官方環境中的時候，宗教機構驚訝得目瞪口呆卻完全沒有任何辦法。阿塔圖爾克說了算，他有能力和聲望推行這些事情。當他推動立法來讓公開閱讀古蘭經改用土耳其語而不是阿拉伯語的時候，他的議會給了他最大限度的支持——此舉對於信教者來說無疑就是褻瀆。當他把公休日從星期五改到星期日的時候（居然是星期日！），議會再次支持了他。阿塔圖爾克的政府繼續推行新政，他們關閉了宗教學校，關閉了蘇非兄弟會，廢除了古老的宗教慈善組織——瓦合甫（waqfs），代之以國家撥款的社會服務。在一九二五年，阿塔圖爾克以一項震動世界的舉動完成了現代主義革命的最後一步棋：宣佈哈里發制度壽終正寢。

實際上這算不得是一則爆炸性新聞。從各種的實用目的來看，哈里發王國在好幾個世紀以前就滅亡了，但是在從伊斯坦堡一直到印度河流域的廣大地域中，哈里發在公眾的想像中扮演了一個特殊的角色，這有點像是古羅馬對於西方的意義：是世世代代延續下來的普世社群夢想的化身。在西方，羅馬的幽靈一直到了第一次世界大戰結束才消亡，這一點我們從奧匈帝國的發展軌跡上仍能看出其影響，它只不過是「神聖羅馬帝國」的最終形式罷了，而且在一戰前的最後一位德國和俄國統治者的頭銜上看——「*kaiser*（皇帝）」和「*czar*（沙皇）」都是「*Caesar*（凱撒）」的變體而已。羅馬已經死去好幾個世紀了，但是普世國家的羅馬理想一直到一戰之前仍然沒有消逝。哈里發國家也是同樣的道理。當阿塔圖爾克廢除哈里發的時候，他廢除的是一種理念，而那種理念是連結整個穆斯林世界的理念。

或許至少是連結傳統主義者的紐帶，但是誰會在乎他們是怎麼想的呢？他們已經不再有權有勢了。實際上，阿塔圖爾克將會成為接下來半個世紀穆斯林國家領導人的雛形。而伊朗也發展出了這種雛形的伊朗版本。一戰結束後，末代卡扎爾國王面臨了一場「叢林革命（Jungle Revolution）」，這是一場由賽伊德・賈邁勒丁・阿富汗的支持者所領導的游擊隊起義。國王的勢力由兩支軍隊組成，一支是由瑞典軍官指揮的，另一支是由俄國僱用軍事人員指揮。[1]國王根本就不明白他的真正威脅不是來自於叢林裡，而是來自那些扶植他的外國人。後來當布爾什維克份子開始加入到叢林革命中，這引起了英國人的緊張。列寧這時候才剛剛在俄國掌權，英國人不想要這種事情擴散開。英國人認定國王不夠強硬來打擊布爾什維克，所以他們便支持了一位伊朗上校推翻了他的王位。

這位上校，禮薩・巴勒維（Reza Pahlavi），是一個阿塔圖爾克式的世俗現代主義者，只是沒有採用民主（只有很少的幾位世俗現代主義者領導人採用了民主）。在一九二五年，這位上校宣佈自己成為國王，成為了禮薩・沙・巴勒維（Reza ShahPahlavi），他是伊朗新王朝的締造者。一上位，他便發起了和阿塔圖爾克一樣的那種改革，尤其是在衣著服飾方面。頭巾、面紗、纏頭巾、鬍鬚——這些東西在普通民眾中遭到了禁止。登記在冊的神學家仍然被允許在新伊朗使用纏頭巾，但是他們必須要擁有執照來證明他們真的是神學家（而且他們要怎樣符合這項討厭的附加條款呢，伊斯蘭教就從來沒有過一個正式的機構來給神學家「認證」）。同樣的，任何沒有執照而戴頭巾的人都會被當街毆打並且投入監牢。

在阿富汗發生的情形也差不多。在阿富汗，名叫阿曼努拉（Amanullah）的衝動年輕人在一九一九年即位。他是青年土耳其黨人的熱情支持者，這位留著赫丘勒・白羅（Hercule Poirot）式鬍鬚的圓臉統治者給阿富汗帶來了自由主義憲法，宣佈女性解放，將大量資金用來支持世俗學校系統的建立，而且他也不例外，宣佈了老調常彈的著裝規定：不許配戴面紗，不許留鬍鬚，不許配戴纏頭巾等等。

我覺得這個著裝規定政策有意思的地方在於那些五十年後在伊朗和阿富汗奪回權力的激進伊斯蘭主義者在上台後又頒布了一模一樣的事情，只是正好相反罷了，一時間，女人必須配戴面紗，不留鬍鬚的男人將會被當眾毆打。但是毆打和監禁不符合著裝規定者的這一原則，雙方都十分贊成。

從伊斯坦堡至興都庫什山脈之間的三位統治者可以利用國家力量來推行他們的世俗現代主義運動的方針。而穆斯林世界的其他部分仍然處在帝國主義的統治之下並且出現了風起雲湧的獨立運動，而這些獨立運動也是由世俗現代主義者所領導的。比如在印度，最重要的穆斯林領袖就是溫文爾雅，受英國教育的律師穆罕默德．阿里．真納（Mohammed Ali Jinnah）。

簡而言之，世俗現代主義運動是在一九二〇年代席捲了整個穆斯林世界的運動，一個又一個的社會陷入到了這種新的政治信條的影響中。我仍然將這種政治信條稱作世俗現代主義，雖然這個稱呼並不能完全代表其內涵，因為世俗主義—現代主義—民族主義—國家主義—發展主義的名字太冗長了，而且即便是這樣，也不能完全涵蓋其所有的內容。中肯地說，這就像是一條由態度

1 Suroosh Irfani, *Revolutionary Islam in Iran: Popular Liberation or Religious Dictatorship* (London: Zed Books, 1983), p. 50.

和觀點組成的寬闊河流，其中的態度和觀點是建立在阿里格爾的賽伊德·阿瑪德，伊朗的埃米爾·卡比勒，伊斯坦堡的青年土耳其黨人和數不清的其他知識份子、受過教育的工人、專業人員、作家和中產階級家庭中的行動份子的思想基礎上的，上述的各種人士都是一個世紀以來才在中央世界中出現的。忽然間，穆斯林國家們知道了他們正在向哪裡走：和西方同樣的道路。他們走在西方的後面，確實如此，他們必須要拼命加油才能夠追上來，所以就更有理由要加快腳步奮起直追，那些細枝末節的事情（比如民主）可以先扔到一邊，先如火如荼地幹一番大事業——而這一大事業的核心就叫作「發展」。

在阿富汗和伊朗，國家強力箝制國民，這麼做是為了能推行「有進展的」計畫。兩個國家的君主開始修建公路、水壩、發電廠、工廠、醫院和辦公大樓。兩個國家都成立了航空公司，建立了國營（國家審查）報紙和國立廣播電台。兩個國家都大力建設其世俗公立學校。當時伊朗已經擁有了一間國立大學，而阿富汗正在著手建立自己的國立大學。兩個國家也都推行解放婦女的政策並將她們拉入到公共領域中。這兩個國家都想要讓自己的國家看上去更「西化」，但是並沒有看到西化和賦予公民自由之間的關聯。他們所許諾的並非自由，而是繁榮和自尊。

在這種情形下，人們似乎可以十分有說服力地說：伊斯蘭教作為一種世界歷史性質的論述已經走到了它的終點。這麼說雖然貌似可信，但是是錯的。西方的各種交互的思潮已經中斷了穆斯林社會，導致了最深的焦慮和最苦痛的懷疑。世俗現代主義者提出要通過按照西方的樣子來建設他們的社會，以此來平復那種精神上的動盪。在這裡不要看錯，大多數這樣的領導人依然認為自己是穆斯林，他們只是採用了何謂「穆斯林」的新觀點。他們中的大多數人仍然在努力打破西方列強對他的人民的束縛，他們只是以革命的反殖民主義者的身份來達成上述的目的，而不是以狂熱穆斯林的身份來號召振興伊斯蘭教，並使其成為履行神給予任務的社群。這些精英嘗試把西方作為自己的標竿和理想並取得進展，並且在這一過程中含蓄地認可這種假設的西方框架。

他們也的確得到了普遍的支持。在整個的中央世界，傳統的與宗教性的伊斯蘭教已經靜止了下來：被駁斥得遍體鱗傷並且棄於角落。受過教育的人們傾向於把老派的學者和神學家看作是古董。那些烏理瑪，那些經文釋義者，那些神奇的商人們，那些正統的「信徒們」——所有的這些人都已經掌控了穆斯林世界（Dar al-Islam）數個世紀之久，他們創造出了什麼呢？造不出騎車和發明不出飛機的老舊社會，比西方巨人們矮一大截。他們的失敗讓他們對自己的模樣喪失了自信，廣大的人民已經準備好了給別的什麼人一個機會。未來是屬於世俗現代主義者的。

或者只是看起來如此。

但是世俗現代主義並不是從十九世紀的穆斯林世界中出現的唯一改革力量。那麼另外的力量是什麼呢？比如那些瓦哈比主義者怎麼樣了呢？賽伊德．賈邁勒丁的門徒們怎麼樣了呢？我們不應該把這些運動和正統伊斯蘭教或老式的宗教保守主義混淆起來。這些也和世俗現代主義一樣，是新流行起來的運動，也是意圖要打破現狀的運動。

即便是被遙遠過去的神秘時代深深吸引的瓦哈比主義者，也拒絕僵化的現實（而且自從十二世紀以來就越來越僵化了）。他們仍舊存在於阿拉伯半島上。事實上，他們隨後通過建立沙烏地阿拉伯而掌握了國家權力。在阿拉伯半島以外，瓦哈比主義者無法從那些受過教育的精英或者新興的中產階級那裡得到多少好感，但是他們深耕在偏遠地區的小清真寺中，給教育狀況不佳的貧窮村民傳道。因為這樣的聽眾會產生共鳴，尤其是在印度。當他們說到過去的榮耀時，他們提出只要回到最初社群的生活方式就可以了，而他們才是穆斯林孱弱的症因。事實上，如果瓦哈比人士的敘述站得住腳的話，鄉村貧窮的原因正是那些城裡富人的錯。

在一八六七年，一群主張嚴守教規的印度瓦哈比信徒們在一個叫作德奧班德（Deoband）的村子裡建立了一個宗教學校。在這之後的五十年中，從這所學校中走出的傳教者遍佈印度次大陸，宣揚印度瓦哈比主義。在一九二〇年代末，這些德奧班德人在阿富汗看到了壯大自己的一絲光亮。

阿曼努拉國王一即位就從英國人手中贏得了完全的獨立並且派兵駐紮在國境線上，這些舉動讓整個國家眼前一亮。和英國人的戰爭還沒有見分曉，但是這卻給阿富汗在談判桌上贏得了獨立，這使得阿曼努拉國王成了第一個也是唯一一個在面對歐洲列強的直接對抗中贏得勝利的穆斯林君主。印度的瓦哈比主義者們歡欣鼓舞地擁護他成為新的哈里發，但是阿曼努拉並不是會接受這一頭銜的那種人。事實上，他「背叛」了德奧班德人，正如我們之前提到的那樣，他發動了全方面的阿塔圖爾克式改革。印度的這些瓦哈比主義者們發誓要讓這個叛教者付出代價。

他們真的動手了，但不是靠他們自己。他們得到了英國的幫助。這也許聽起來有點怪，畢竟阿曼努拉在文化上可比德奧班德人在文化上和英國人的價值觀合拍多了。歐洲人的理想也是他的理想。但是出於同樣的原因，英國人把他看作是一個威脅。他們知道反帝國主義革命是什麼，他們已經見識過列寧了。英國人不知道德奧班德人是誰，但是這些留著鬍子頭戴纏頭巾的教士讓英國人很驚訝，他們覺得這些原始人也許可以加以利用。英國人因此開始提供給德奧班德人資金和軍火來反對阿曼努拉，很快，藉助激進的當地神學家的幫助，德奧班德人讓阿富汗變得雞犬不寧。在一九二九年，他們成功地讓阿曼努拉國王被迫逃亡。

在動亂中，有一位真的是十分原始的土匪佔領了阿富汗的首都，他生動地自稱為挑夫的兒子（Water Carrier's Son），這名土匪不受約束地統治了九個月時間，在這段時間中，他不僅推行了「純粹的」伊斯蘭統治，而且還廢除了阿曼努拉的每一項改革，他把城市變成了廢墟，揮霍了國庫裡的所有錢。任何知道二十世紀末塔利班在阿富汗所作所為的人都能夠輕而易舉地理解這位挑夫之子在當時的恐怖殺戮。當他被解決掉的時候，阿富汗人已經受夠了這種動亂不安，他們渴望一名強人的領導。英國人扶植了一個更加順從的舊皇室成員登上王位，他就是恐怖的專制君主納迪爾．沙（Nadir Shah）。

這位新國王也是一名世俗現代主義者，但作風更偏遲鈍。他帶領著他的國家以非常非常慢的速度回到阿塔圖爾克主義者的道路，他小心翼翼地不得罪英國人，並通過在阿富汗文化和社會上採取壓制措施來求得與他故鄉的德奧班德人修復關係。

除了瓦哈比主義，體現薩伊德．賈邁勒丁的理念的改革者有什麼動作呢？這股潮流消失了嗎？當然沒有。從智識上看，賈邁勒丁的努力被他的主要弟子穆罕默德．阿布杜所繼承了下來，他任教於埃及享有盛譽，具有千年歷史的艾茲哈爾大學。阿布杜將他的老師的各種理念集合到了一起，成為了前後連貫的伊斯蘭現代主義信條。阿布杜自己的學生和朋友拉什德·理達進一步探索了如何以伊斯蘭的原則來運行一個現代國家。

緊接著的是哈珊·班納（Hassan al-Banna），他大概是賽伊德·賈邁勒丁最重要的智識傳承者了。這位埃及的學校教師與其說是哲學家更像是活躍份子。在一九二八年，他成立了一個叫作穆斯林兄弟會的俱樂部，這個組織最初有點像是穆斯林版本的男生童子軍。這對於伊斯蘭主義者來說是一個影響深遠的事件，但是這在當時並沒有受到注意。

班納居住和教書的地點在蘇伊士運河的區域，在那裡他每天都能親身感受到東西方的摩擦。事實上歐洲和東方各殖民地之間的所有貿易貨物都要經過這一運河，這條運河也是埃及最繁榮和現代化的建設，而且每艘貨船都必須支付極高的過路費。一家負責英法利益的公司負責運河的營運並且收取運河收入的百分之九十三。因此在運河所在的地區到處都可以看到外國的技術人員，讓這條狹長的小片土地成為了兩個世界交匯處的最完全寫照。一個世界由商店、餐廳、咖啡廳、舞廳、酒吧和其他為歐洲社區提供服務的商家組成。另一個世界則是由市場、咖啡屋和各種為社會地位較卑微的埃及人提供各種服務的商家組成。這兩個世界彼此交互在一起卻又截然不同。

哈珊·班納見到了他的埃及同胞是多麼辛苦又不得要領地學習歐洲語言和禮儀，低三下四地努力給自己鍍上一層西方化的外殼好得以進入西方世界，即便是在社會最底層工作的人們也是如此。埃及人這種羨慕又阿諛奉承的景象刺激了班納的自豪感。他成立了穆斯林兄弟會來幫助穆斯林男孩子學會彼此間健康互動，學習自己的文化，培養自尊。男孩子們在放學後會來到兄弟會的活動場所參加體育活動，班納和其他的老師們也教授伊斯蘭教和穆斯林歷史的課程。

後來男孩子們的父親和兄弟們也陸續加入了這個俱樂部，所以穆斯林兄弟會開始提供給成人的夜間課程，隨著他們的事業大受歡迎，新的活動中心也陸續開張了。到一九三〇年代的中葉，穆斯林兄弟會已經從本來的男孩俱樂部變成了一個男性組成的兄弟會組織。

從這開始，這個組織變形成了政治運動，這項運動宣佈世俗伊斯蘭教和埃及國內的「西化」精英是這個國家的主要敵人。穆斯林兄弟會反對民族主義，正是民族主義使得像是敘利亞、利比亞或埃及這樣相互獨立的小國能夠擁有自己的主權。他們呼籲穆斯林恢復一個跨國界的大社群，一個能團結所有穆斯林的新哈里發國家。就像賽伊德．賈邁勒丁一樣，他們宣揚的是摒棄西化的泛伊斯蘭現代化。

穆斯林兄弟會成形的時間大概是和美國的經濟大蕭條同期。在這個時期裡，納粹在德國掌權了，史達林也鞏固了他對蘇聯的控制。在埃及以外，沒人知道穆斯林兄弟會，倒不是因為它是秘密性的（起初是），而是因為它沒有什麼埃及精英的追隨者，因此外國記者也沒什麼興趣。甚至當埃及的報紙報導了一些關於他們行動的篇幅後，西方媒體也依然沒有動靜。他們為什麼要對它感興趣呢？這頂多就是一場在城市中工作的窮人運動，那些在埃及來了又去的外國人很難注意到那些就像是街道的陰影一樣的人們，他們辛勞地忙著搬運貨物，提供服務，或者討要「*baksheesh*」，也就是小費（這還引起了作家S. J. Perlman對埃及的嘲諷，他曾說：「問題不是天氣熱，是他們的貪婪！」）。

隨著西化及工業化的腳步不斷推進，埃及都市中的貧困勞動者人數也不斷攀升。隨著這個階層的擴大，兄弟會的認同也就發展成了一種流行在全國低社經階層的動亂——強烈反對世俗主義和西方的影響，強烈反對本國的現代主義精英，反對本國政府，反對穆斯林各國的所有民族主義政府，甚至反對民主機構所連帶反映出的西方價值。

到一九三〇年代末，穆斯林世界各國的世俗領導人，不管是握有國家權力還是作為獨立運動的箭頭人物，都感覺到自己正身處兩股勢力的擠壓之中：歐洲的帝國主義者仍然在從上向下施壓；與此同時，伊斯蘭主義者的動亂則是從下向上施壓。這些領導人們將要如何應對呢？

在這樣的壓力之下，政客們很典型地選擇聯合受歡迎的勢力以此來獲得支持，通常他們都是靠宗教作為他們獲取民眾熱情的來源。但是宗教又是作為世俗現代主義者無法苟同的那股力量，而且他們試圖從社會中去除的正是宗教。所以他們開始搖動起另外的兩面大旗。第一面旗幟是「發展」和將會隨之而來的物質繁榮；另外一面旗幟則是他們宣稱自己所代表的民族主義。比如在伊朗，巴勒維政權試圖喚起人們對伊斯蘭時代以前的波斯的記憶。在阿富汗，納迪爾．沙的政權堅稱普什圖語（Pushto）是國家的語言，儘管只有一小部分人才在家中說這種語言。在任何地方，國家的光輝，文化的燦爛和歷史的光榮都被拿出來大肆宣揚。

民族主義者的這種觀點在當時可不是偶然現象，在當時的中央世界到處都可以見到民族主義論述的衝擊。但是麻煩在於大多數新的民族國家都是人造的，比方說阿富汗，就是英國和俄國一起創造出來的。伊朗，直到不久之前，都是一個由各種不同的部份所組成的鬆散結合體，它是一個帝國（empire），而不是一個國家（country）。土耳其是民族國家只是因為阿塔圖爾克是這麼說的。至於印度，我都不知道要從何談起。

但是民族主義最有問題的地方還是在阿拉伯心臟地帶。原因如下。

在一戰後，獲勝國曾齊聚法國的凡爾賽來重塑世界。作為大會的前奏，當時的美國總統伍德羅．威爾遜（Woodrow Wilson）對國會發表演說提出了打造世界新秩序的「十四點原則」，大部份殖民地的人民因此深感鼓舞。對於阿拉伯人而言，威爾遜的十四點原則中最令人興奮的一點是他宣佈每個民族享有民族自決的權利，這項權利也應充分受到尊重、接納和包容。威爾遜也建議創立一個中立的國聯（League of Nations）來裁決國際爭端，例如先前由鄂圖曼帝國統治的阿拉伯人居住地的問題。在凡爾賽，那些「和平製造者們」只是建立了這樣的一個體制。

但令人足夠驚訝的是，美國拒絕加入到這個體制中！而且當國聯剛一開始運行，歐洲的一戰勝利國就迅速將它變成了為它們利益服務的工具。比如說，在原則中，國聯背書獨立自主的阿拉伯世界之理念，但是在實際操作中，它推行的卻是塞克斯－皮科協定，把該地區分成了由英國和法國託管的各「託管」地區來替英國和法國謀利。在設立託管地的文件稱這些領土是「居住著不知道如何應變現代社會艱困情勢之人民」，還說「監護這些人民的責任應該要托付給具有……經驗……的先進國家，只有這樣的國家才能出色地擔負這樣的責任。」簡而言之，這種說法簡直把阿拉伯人當成小朋友在管教，而歐洲人就是承擔兒童教育的成年人，得照顧小朋友直至他們的行為舉止像成年人一樣並且有能力獨力養活自己。假若穆斯林的論述在當時仍有效，這份文件的言語所談論的對象——那些仍然光榮的自認為是文明先驅的穆斯林——而且穆斯林在當時仍然保有這樣的自我認知。[2]

法國得到了敘利亞作為它的保護國，而英國則得到了所謂「中東」其餘的所有國家。法國把它的保護國領土分成了兩個國家，敘利亞和黎巴嫩，後者是一個人為而成的國家，其邊界只是為了能讓馬龍派基督徒（Maronite Christians）成為人口統計數據中的多數，因為法國將其視作在這一地區中的特殊代理人。

不列顛也有代理人，這一切都始於由哈希姆家族領導的給英國人幫了忙的阿拉伯起義，因此英國人把三個前鄂圖曼省份拼成了一個叫作伊拉克的新國家，並且讓他們的一個哈希姆家族代理人成為伊拉克的國王。這個運氣不錯的人就是費薩爾（Faisal），他是麥加的謝赫的次子。

然而費薩爾有一個哥哥，名叫阿布杜拉（Abdullah），但是讓弟弟管理國家而哥哥什麼都沒有好像也說不過去，所以英國人從英國保護國中分出了一個國家交給阿布杜拉，這個國家便是約旦。

不幸的是，男孩子們的父親則一無所有，因為在一九二四年的時候，這一地區的另一位英國代理人阿濟茲·伊本·沙烏德帶著一支宗教部隊進攻了麥加，佔領了聖城，並推翻了哈希姆家族的族長。伊本·沙烏德順勢征服了阿拉伯半島百分之八十的土地。只有葉門、阿曼和一些小紙片大小的沿海酋長國沒有落入他的掌控。歐洲列強沒有阻止他的原因是因為他也掌握著一些歐洲人的利益。一九三二年，伊本·沙烏德宣佈他所佔有的領土成為了一個新國家，即沙烏地阿拉伯。

與此同時在埃及，英國屈服於埃及的主張並宣佈國家的獨立、主權和自由——但是帶著一些警告。首先，埃及不能夠改變其政府的形式，必須保留君主制。第二，埃及人不能更換他們的統治者，必須保持已有的皇室家庭。第三，埃及人必須接受英國軍事力量的繼續存在和保留英國在埃及的軍事基地。第四，埃及人必須要把蘇伊士運河留給英國且不得抗議。第五，由英法控制的私人公司要繼續在繁忙的蘇伊士運河收費並且把那一大筆利潤送回歐洲。

埃及將會得到一個選舉議會，但是這個議會所做出的決定必須要經過英國在開羅的授權同意。除去上面幾點，埃及可以考慮自己的主權、獨立和自由。埃及很快就發展出了完全羽翼豐滿的（世俗現代主義）獨立運動了，這當然是得罪了英國人，因為一個獨立國家為什麼還需要獨立運動呢？他們難道沒看到之前留下的條件嗎？很顯然沒有。

在敘利亞，法國也面臨了些許的抵抗。在敘利亞，一位在索邦大學受過教育的基督徒阿拉伯作家米歇爾・阿法拉克（Michel Aflaq）發展出了一套泛阿拉伯民族主義意識形態。他聲稱有一種神秘的阿拉伯精神存在，這種精神是由共同的語言和共同的歷史經歷形成的，阿拉伯精神賦予了全體說阿拉伯語的人們統一的單一性。就和其他那些被十九世紀歐洲哲學家所啟發的二十世紀民族主義者們一樣，阿法拉克辯稱「阿拉伯國家」有權利成為一個統一且相連並由阿拉伯人統治的國家。

2 Article 22, Covenant of the League of Nations.

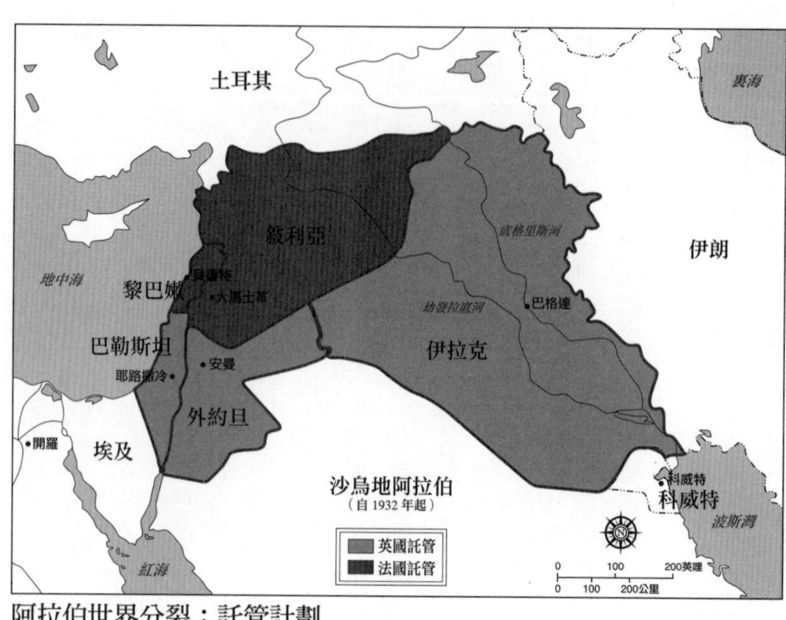

阿拉伯世界分裂：託管計劃

儘管阿法拉克是基督徒，他還是將伊斯蘭教放在了阿拉伯主義（Arabism）的中心位置，但只是作為一種歷史遺產。伊斯蘭教，他說道，在歷史中的某些時刻曾喚醒了阿拉伯精神，使之成為世界各地追求正義和進步的先驅，因此，阿拉伯人不論宗教信仰，都應該尊崇伊斯蘭教是阿拉伯精神的產物。然而，重要的是阿拉伯精神，因此阿拉伯人應該追求精神上的重生，不是在伊斯蘭教中尋得，而是從「阿拉伯國家」中得到。阿法拉克是世俗現代主義者的核心而且在一九四〇年，他和一位友人成立了一個政治黨派來追求他的理想。他們將其稱之為「Ba'ath」，或「復興黨」。

現在有從歐洲保護國中劃分出的四個新國家，第五個則是自一成立就是獨立國家，埃及得到了假的獨立。但是仍有一個問題懸而未解：巴勒斯坦怎麼辦？自決原則的指導是讓巴勒斯坦也不例外地成為自己統治自己的國家，但是這裡的「自己」是誰呢？在這個的天然「國家」中的阿拉伯人嗎？他們在這裡生活了好幾個世紀而且佔總人口的近百分之九十。還是猶太人？他們中的大部份人是在近二十年間從歐洲搬到這裡，但他們的祖先兩千年前就住在這裡。這的確是個難題。

問題的答案對於阿拉伯人來說十分地顯而易見：應該再有一個阿拉伯國家。對歐洲來的猶太移民來說，答案也很明顯：不論法律安排是怎樣，這一片領土應該成為一個安全的猶太家園，因為猶太人在世界各地都受到威脅，只有巴勒斯坦看起來像是一個屬於猶太人自己的地方。而且英國的貝爾福所做出的承諾也言猶在耳。

英國決定不再對巴勒斯坦作任何重大的決定，只針對現實情況作出應變，並觀察情勢的演變。

世界上哪一位世俗現代主義領導人會利用民族主義來結合他們覺得模稜兩可的國家呢？特別是當這些世俗現代主義者領導人的一些人仍在呼籲建立一個超越現有國界的阿拉伯國家——與此同時又有伊斯蘭主義者和瓦哈比主義者呼喊著去死吧國家，去死吧民族認同政治，我們都是穆斯林，我們應該重建哈里發國家。

最終，就是在這樣的環境中，世俗現代主義能否成功取決於兩件事。首先，因為世俗現代主義者高舉「發展」大旗，他們就必須要發展一些事情並且帶來他們所說的繁榮。第二，因為他們從民族主義中尋求正當性，他們必須要讓他們的國家獲得真正的獨立。

但是在一戰後的十年中，他們沒辦法達到這兩個目標中的任何一個。他們失敗的原因是因為，儘管有威爾遜的十四點原則的動人修辭，西方列強還是沒有鬆開對穆斯林世界核心地區的掌控。

西方列強不可能在這個時候放鬆他們的掌控，因為在這個階段，每個西方勢力都競相追求工業化。西方列強向著災難性的意識形態對決的方向走去，共產主義、法西斯主義、納粹主義、民主。利益是絕對的。勝利建立在工業實力的基礎上，工業則依賴石油，而世界上大部分的石油都蘊藏在穆斯林居住著的土地下。

第一個大型油田是在十九世紀末期的賓夕法尼亞州和加拿大發現的，但是當時這些發現並沒有激起什麼興奮，因為當時石油能夠做成的唯一產品就是煤油，煤油只是用來點燈，而當時的大部分消費者都更喜歡用鯨魚油來點燈。

第一個大型的中東油田是由英國探礦者威廉·瑙克斯·達爾西（William Knox D'Arcy）於一九〇一年在伊朗發現的。他立即從當時的卡扎爾國王手中買下了所有伊朗原油的獨家專利，代價只是馬上進了國王口袋的一筆現金，百分之十六的權利金則可稍後再付給伊朗國庫。權利金的計算方式是基於伊朗原油價值的「淨利」，而非「毛利」，換句話說也就是達爾西的合約並未保證伊朗能從它的石油那裡賺到錢。

讀者可能會好奇究竟是什麼樣的統治者居然會販賣自己國家所蘊藏的已知或未知的所有礦

藏，以此換來一點點打發乞丐的錢，而且為什麼這個國家的公民居然沒有立刻罷黜這樣的國王呢。答案是這樣的，第一：傳統。卡扎爾王朝的國王們已經這麼幹了一百年了；第二，這個國家才剛剛經歷了艱苦抗爭終結了圖利英國的菸草獨賣權，激烈的抗爭讓國內的社運人士疲憊不堪；第三，石油看起來好像沒那麼重要，它又不是菸草，謝天謝地（也不是鯨魚油）；第四，社運人士準備進行一場比石油和菸草更重要的抗爭：爭取憲法和議會。因此國王與英國人之間的石油協議並未受到重視。

然而，在伊朗贈予石油之時，受到內燃機新發明的影響，石油的重要性突然大幅提升。像是蒸汽機一類的外燃機是依靠木頭或是煤炭燃燒而取得動力，但內燃機卻只能仰賴提煉過的原油。一八八〇年代，德國發明家使用這種內燃機發動了大型三輪車。那輛三輪車最終進化成了汽車。到一九〇四年為止，汽車風靡歐洲及美國，為了讓汽車順暢行駛，歐洲和美國還特別重修了公路來配合汽車。隨後沒多久，火車也開始依靠石油了。緊接著飛機又於一九〇三年被發明出來。隨後，在大洋航行的輪船也開始使用石油了。

人類在第一次世界大戰中首次見證了坦克的應用，油動力的海軍，和投擲炸彈的飛機。到戰爭結束時，任何人都可以看得出來以石油為動力的戰爭機器只會愈來愈複雜成熟，擁有石油的人將會擁有世界。

對伊朗而言，這樣的覺悟是來得太晚。威廉．達爾西已經將伊朗石油特許權賣給了一家英國政府擁有的公司（這間公司延續到了今天，即英國石油公司或BP），按照溫斯頓．邱吉爾的說法，到一九二三年為止，英國從伊朗石油的生意中賺得了四千萬英鎊，而伊朗從中只獲得了二百萬英鎊。[3]

同時，那一家英國石油公司還和皇家荷蘭殼牌石油公司（Royal DutchShell）以及某些美國利益關係人共同組成一間超級公司（「土耳其石油公司[Turkish Petroleum Company]」），他們準備在波斯灣沿岸的一些鄂圖曼帝國省份探勘石油。當超級公司準備探採之時，這些相關的探勘地區是英國「託管」地區的一部分。隨後英國就在這裡創造出來了一個伊拉克並且把他們的哈希姆家族代理派來掌管這裡。石油財團立即接近費薩爾國王以求該國石油資源的壟斷權，國王也十分高興地迎合他們。伊拉克人希望能從公司中得到百分之二十的產權股份，但是他們卻在協商的過程中妥協退讓到了百分之零！目的是為了交換提煉每噸石油的固定費率，而這一費率至少在協議達成的前二十年和石油價格與公司的利潤不掛鉤。公司的股權被歐洲列強和美國瓜分，而他們競爭的焦點則是誰佔有股權的多少。在一九二七年，當所有的這些事情都談定了，該公司在伊拉克建立了該國第一個巨大的油田。[4]

九年之後，阿濟茲・伊本・沙烏德也可以慶祝他的領土境內也發現石油了。事實上，沙烏地阿拉伯掌握了全世界最多數量的這一關鍵礦物。沙烏地人只是在第二次世界大戰爆發的時候才開始開採石油，那時候石油的戰略重要性已經躍升到了很高的地位。在二戰期間，美國總統富蘭克林・羅斯福和伊本・沙烏德會面，即便沒有任何正式公開的合約，但事實上雙方形成了史無前例的結盟。這項協議保證美國得以放心大膽地取得沙烏地阿拉伯的石油，沙烏地的皇室則可以取得等量的美國軍備和技術，以便保持軍事實力抵抗所有的敵人。間接的，這一美國和瓦哈比宗教機構的結盟使得美國的力量成為了瓦哈比改革運動的保障者。當二戰爆發時，瓦哈比主義者和穆斯林世界各地的伊斯蘭主義者結合到了一起並積蓄實力，為全面打擊世俗現代主義者做準備。

3 Gelvin, p. 86.

4 Benjamin Shwadran, *The Middle East, Oil and the Great Powers* (New York: Frederick A. Praeger, 1955), pp. 244-265.

16
現代性的危機
THE CRISIS OF MODERNITY

伊斯蘭曆一三五七——一三八五年（西元一九三九——一九六六年）

戰爭史上最慘烈的流血衝突開始於一九三九年並且延續了六年。德國再一次對戰英法。美國再一次姍姍來遲並決定了戰爭的結果。參與大戰的一些國家在這次已經換了樣貌：俄國現在是蘇聯，鄂圖曼帝國消失了，日本變得更加強大——但是在最後，這場大流血只是恢復了一戰開始前的狀況。老殖民帝國們已經一個個心力交瘁，舊的聯盟關係也變得搖搖欲墜。走出戰爭的英國變得虛弱，法國已經是瓦礫遍地，德國被摧毀且一分為二。當槍聲沉寂下來，兩個新興的超級大國在世界兩端傲視而立，而且各自都很快就擁有了足以毀掉全人類的核武器。世界歷史的下一章將由它們的競賽所主導。

但是，在兩極冷戰的表面下，仍然有其它的敘述視角出現，其中也包括潛伏在表面下的作為世界歷史性事件的伊斯蘭教史觀。不管是穆斯林還是非穆斯林，所有的殖民地人民都在戰爭期間建立起了對獨立的渴望，在這時候，這種渴望已經到了爆發的臨界點。在埃及，起義在軍官之中醞釀著。在中國，毛澤東的共產黨已經開始對抗被眾人看作是西方傀儡的蔣介石的暴動。在越南，胡志明已經結束了三十年的流放回到了越南，組織越盟（Viet Minh）攻擊法國人。在印度尼西亞，蘇卡諾（Sukarno）宣佈他的國家從荷蘭的掌控下獨立。世界各處，民族解放運動像是野草一樣遍地開花，穆斯林國家和非穆斯林國家的獨立運動十分相似：不管局勢如何改變，伊斯蘭的敘述視角和穆斯林與其他民族的共同視角如今交織在了一起。

從地裡上看，許多爆發解放運動的「國家」的國界都是被帝國主義列強劃定的：所以即便他們在奮力求得解放，但是他們仍是在歐洲人劃定的框架中活動。在撒哈拉以南的非洲，比利時國王曾經征服的地方變成了剛果（後來又更名為扎伊爾〔Zaire〕）。德國人曾經征服的地方變成了喀麥隆，英國人曾經在東非征服的地方變成了肯亞。一張名叫「奈及利亞」的標籤貼給了一塊居住了超過兩百個種族，超過五百種語言的地方，這裡的許多人彼此並不了解對方，但是現在的世界是由國家組成了，因此，他們也成為了「一個國家」，其版圖的形狀和大小反映出了一些很久以前歐洲殖民者間相互競爭的結果。

在北非，各地的民族解放運動者都見證了阿爾及利亞、突尼西亞及利比亞成為國家，每一個國家都有自己的民族解放運動，三場運動最終都獲得了成功，但代價都很昂貴。阿爾及利亞長達八年的獨立戰爭雖然掙脫了法國的統治，但也使超過一百萬阿爾及利亞人失去了生命，而阿爾及利亞的總人口也不過才八百多萬，這真是一場令人驚駭的衝突。[1]

在穆斯林霸權的時代就存在的問題仍然遺留在這裡或是那裡。對於穆斯林敘述視角的堅持帶來了印度次大陸上的戲劇性變化，最大的全方面（full-fledged）殖民地贏得了獨立。即便是在世界

1 See http://countrystudies.us/algeria/48.htm. Thw statistics come from the Federal Research Division of the Library of Congress Country Studies/Area Handbook Series sponsored by the U.S.Department of the Army.

大戰以前，這個新出現的國家就已經在努力擺脫英國的統治了。在一場民族運動之下還發展出了一場次民族運動，這場運動即是穆斯林少數民族從國家中分離出去的要求。在印度誕生的同時（一九四七年八月十五日），嶄新的分為兩個部份的巴基斯坦也誕生了，就像是兩個馬鞍袋一樣位於印度的東邊和西邊。次大陸的分治帶來了潮水般的難民，這些帶著恐慌的難民跨過新的邊境來投奔共同宗教信仰者按理來說應該提供的避難所。在這場大騷亂中，幾個星期內就有成百上千的人被屠戮，有數不清的人淪為無家可歸的人。但即便是這樣的拆解仍然沒辦法解決「分治」帶來的問題。比如克什米爾（Kashmir）仍然懸而未解，因為這裡有一個印度教君主，但是大部份人口都是穆斯林。那麼這樣一來，克什米爾應該是歸屬印度還是巴基斯坦呢？英國人決定靜觀其變，而克什米爾在今天仍然動盪不安。

第二次世界大戰後不僅僅是出現了去殖民地浪潮，所謂的「民族國家主義（nation-statism）」也很興盛。我們很容易忘記以國家為單位來分割世界的模式還不到一個世紀，實際上，這個過程在這時候還沒有完全完成。在一九四五至一九七五年間，誕生了大約一百個新國家，地圖上的每一寸土地最終都屬於這個或那個民族國家了。[2]

不幸的是，「民族主義」的意識型態和「民族國家主義」的現實只是近乎相合而不是完全吻合。許多應該成為一個國家的地方在其境內還含有次一級的小國家（sub-countries），那裡的少數民族認為他們應該分離並且「自治（self-governing）」。此外，在很多情形下，國境兩邊的人民覺得他們應該屬於同一個國家。比如說敘利亞、伊拉克和土耳其，這三個國家的三國交界處有一片相連的地區，在這裡居住著不說阿拉伯語也不說土耳其語而是說庫爾德語的民族，他們是波斯人的遠支，這些庫爾德人很自然地認為他們並不屬於上述國家中的任何一個。

在一些地方，即便是分別成立了不同的國家，問題也都持續存在。伊拉克、黎巴嫩、約旦是已存在的國家實體，有著清楚劃分的邊界，各有各的政府，但他們的人民是否真的覺得自己分屬於不同國家？答案並不清楚。

自從伍德羅．威爾遜的十四點原則之後，自治（self-rule）這個詞在阿拉伯世界就成為了一個標語口號，但是這是一個十分弔詭的概念，因為它必須先有一個集體定義上的「自己」，而且這個定義必須被所有應該被包括的成員接受。住在阿拉伯人土地上的民族主義者都十分努力地鞏固各自分離的國家：利比亞、突尼西亞、敘利亞，甚至是埃及……但是問題還是來了：誰是那個更大的集體定義的「自己」呢？屬於敘利亞人的國家真的存在嗎？這個地圖上的敘利亞不是歐洲人創造出來的嗎？真的有所謂的約旦民族主義嗎？是不是說只要統治伊拉克的統治者說阿拉伯語就可以說伊拉克人是自治的呢？

民族主義和民族國家主義之間的衝突帶來最多問題的領土便是巴勒斯坦了，不久後這裡開始被叫作以色列。在二戰前和二戰中，納粹致力於消滅所有歐洲猶太人的種族滅絕行為確定了錫安

2 Frank Thackery, John Findling, *Events That Changed the World in the Twentieth Century* (Westport and London: Greenwood Press, 1995). (see Appendix D, "States Achieving Independence Since 1945.")

主義者最害怕的事情，這也給了他們要求猶太主權國家的巨大道德推動力，而且納粹並不是歐洲唯一的排猶組織，只是最極端的而已。義大利的法西斯主義者給義大利猶太人帶來了許多恐懼，德國人設立的法國傀儡政府為納粹服務，驅逐迫害法國境內的猶太人，波蘭人及其他東歐人合作執行集中營的屠殺計劃，英國人也參與了反猶太人活動，西班牙和比利時也都有反猶太人的行為——沒有一個歐洲國家可以誠實的宣稱自己在當時沒有參與迫害猶太人的行動。上百萬的猶太人被困在歐洲並在那裡死去，有管道逃出歐洲的人則想盡辦法逃往任何一個留有生機的方向，擠滿猶太難民的船隻在海洋各處飄流，尋找可以讓他們上岸的國家。有些人去了美國並打算在當地重新安頓下來，但即便是美國也對猶太移民設定嚴格的限額，有政策規定對一個民族的移民人數必須設定上限，這項政策中或許也摻雜了一些排猶情緒。

巴勒斯坦是那些難民可以上岸的地方。在那裡，有早期移民購買的土地，設立的定居點，發展出互相支援的機制，猶太難民為了追求心中微弱的安全感，克服許多困難來到巴勒斯坦，在這片猶太祖先居住的古老土地上打造一個全新的國家。這是透過猶太人的角度看到的故事全貌。

以阿拉伯人的視角來看，這個故事就完全不一樣了。長久以來，阿拉伯人生活在兩層外來者的統治體制之下，第一層統治階層是土耳其人，再上去則是土耳其人的歐洲老闆們。在第一次世界大戰之後關於「自治」的論述及威爾遜十四點原則所升起的所有希望之中，有一群來自歐洲的新移民大量湧入阿拉伯人居住的土地，這些新移民的口號是「沒有人的土地給沒有土地的人」[3]——這對於居住在「沒有人的土地」上的人來說，這句口號無疑是一大警訊。

新的一批來自歐洲的移民並沒有以武力攫取土地，而是透過買賣的方式取得所居住的領土，但大部份的土地是購自於缺席地主（absentee landlords）的，因此他們便和沒有土地的佃農們生活在一起，這些佃農看到這些外國人擠到這裡來，便更加感受到了自己無依無靠的境地。而且在第二次世界大戰期間，巴勒斯坦發生了和之前發生在阿爾及利亞的法國移民買光大部份土地並建立起和本地居民沒有關係的平行經濟相似的事情。到一九四五年為止，巴勒斯坦的猶太人人口幾乎和阿拉伯人口相當了。如果我們把這種新住民大規模湧入的事情放在美國的語境下來理解，那就好像是在十年間美國湧入了一億五千萬難民。這種事情怎麼可能不會引發動盪呢？

在歐洲敘述視角的語境之下，猶太人是受害者。在阿拉伯敘述視角的語境下，猶太人是用和他們的歐洲同夥一樣的態度對待本地人的殖民者。早在一八六二年，一位德國錫安主義者，摩西・赫斯（Moses Hess）就曾極力鼓吹政治錫安主義並提出「建立在中東心臟部位的猶太國家可以為西方帝國利益服務，同時也能為落後的東方帶來西方文明。」[4]影響深遠的錫安主義者西奧多・赫茨爾（Theodor Herzl）曾經寫到在巴勒斯坦的猶太國家可以「形成歐洲對抗亞洲的堡壘，成

---

3 The phrase came from American Jewish playwright Israel Zangwill.What he actually wrote,however(in 1901),was"Palestine is a country without people,the Jews are a people without a country."Whether anyone actively used the phrase as a basis for a "slogan" is a matter of dispute.

4 Benny Morris, Righteous Victims: *A History of the Zionist-Arab Conflict, 1881-1999* (New York: Alfred A. Knopf, 1999), pp. 14-17.

為對抗野蠻的文明前哨站。」[5]在一九一四年，哈伊姆・魏茨曼（Chaim Weitzman）投書曼徹斯特《衛報》指出，如果猶太人可以在巴勒斯坦建立定居地，「在二十到三十年間，我們可以送一百萬猶太人到那裡去……他們可以發展成一個國家，將文明帶回到那裡，為蘇伊士運河形成非常有效的防護。」[6]阿拉伯人認為錫安主義者的計畫只是披著看似合理的薄薄偽裝的歐洲殖民主義，而錫安主義者也是如此看待這件事的，或者至少是以此表示可以換來他們所需的帝國主義支持。

在一九三六年，巴勒斯坦的阿拉伯人中間爆發了罷工和起義，引起了事態已經失控的關注。英國人用了一招十分愚笨的方法來安撫阿拉伯人，他們發出命令來限制未來猶太人移民到巴勒斯坦的數量，但是這項命令頒布的時間正是一九三九年，二戰就要爆發了，歐洲猶太人正完全籠罩在納粹主義帶來的恐怖之下：遵守英國的命令無異於自殺，猶太人根本不可能做到。武裝組織於是在後來的猶太定居點中迅速發展，由於他們是無依無靠的少數人，對抗的是領土遍天下的大英帝國，因此有些猶太武裝組織採取了經典的以弱敵強的策略：打完就跑、搞破壞、無特定目標的暗殺、在一般市民出沒的公共場所實施爆炸——簡單來說，就是恐怖主義。在一九四六年，地下猶太武裝組織哈干那（Haganah）在耶路撒冷的大衛王酒店（King David Horel）實施爆炸襲擊，殺害了九十一名平民，這是一九八八年以前最具殺傷性的恐怖襲擊，直到利比亞恐怖分子於蘇格蘭上空炸毀泛美航空一〇三班機（Pan Am Flight 103）造成二百七十名乘客罹難的恐怖攻擊事件後才被取而代之。

納粹主義的恐怖威脅讓猶太人深信需要一片可以提供庇護的安全土地，但猶太人並不是來到巴勒斯坦祈求庇護的，而是來宣告自己的權利，他們堅持自己不是在哀求別人的施捨，而是回到原本就屬於他們的土地。因為直到西元一三五年之前，猶太人的祖先一直在此地居住，即便是在大離散時期，他們也沒有放棄回到巴勒斯坦的希望。「明年在耶路撒冷見」是逾越節儀式（Passover service）的一部分，是猶太教中的一個關鍵的文化和宗教儀式。根據猶太教義，神將這片飽受爭議的土地賜予希伯來人及他們後代的子孫，是祂與亞伯拉罕協議的一部份。阿拉伯人當然沒有被就這樣把他們所居住的土地拱手讓給另一群人的教義說服，更何況猶太教又不是他們的宗教。

在二戰結束後，美國主導了維持和平的新型政治機制的創造，其中的一個產物便是聯合國。巴勒斯坦問題正是聯合國本應解決的那一類問題。因此在一九四七年，聯合國提出一個將爭議領土一分為二變成兩個國家的方式來結束爭議。提出讓爭議的雙方莫名其妙地各得三塊地形相扣的土地，耶路撒冷則不屬於任何一方的國際城市。兩個被提議建立的新國家分別是以色列和巴勒斯坦，兩國領土面積將大致相仿。聯合國這一提案的核心意思就是說：「誰對誰錯並不重要，雙方就分割領土吧，之後大家各過各的日子。」這樣的辦法很像是大人搪塞小孩吵架的方法。

---

5 Theodor Herzl, *The Jewish State: An Attempt at at a Modern Solution to the Jewish Question*, 6th edition (New York: The Maccabean Publishing Company, 1904), p. 29.

6 Nizar Sakhnini, writing for al-Awda at http://al-awda.org/zionists2.html includes this quote from Weizman's *Trial and Error* (New York: Harper and Brothers, 1949), pp. 93-208.

但是阿拉伯人並不同意雙方各有合理地方的說法：他們感到歐洲人提出的解決方法是為了解決歐洲的問題，換句話說就是讓阿拉伯人做出犧牲來當作歐洲人對歐洲人犯罪的補償。巴勒斯坦周圍土地上的阿拉伯人十分同情他們同胞的遭遇並且理解他們的心情。但是世界上的大多數人並不理會。因此，當聯合國大會投票決定這項議題時，大部分非穆斯林的國家贊成分割領土的決議。

實際上，大多數的阿拉伯人在這件事上並沒有相關的切身利益。以色列的誕生並不會減少一個伊拉克農民的土地，或者改變一個摩洛哥商店老闆的生意狀況——但是大部份的阿拉伯人，實際上是大部份的穆斯林群情激憤地關注哪一方取得巴勒斯坦。為什麼呢？因為以色列的出現對於阿拉伯人極具象徵意義，它代表阿拉伯人（整體而言穆斯林）沒有力量，帝國主義者可以隨意取得他們領土中的任何一個部份。而且，在穆斯林以外也沒有任何人與他們並肩作戰，共同對抗這一顯而易見的不公不義。以色列的存在代表著歐洲人可以主導穆斯林，無論是阿拉伯人還是非阿拉伯人，以及亞洲及非洲人民的命運。這就是從印度河流域到伊斯坦堡之間幾乎任何一處土地上的人民的視角出發點。

以色列於一九四八年五月十五日宣佈建國，阿拉伯軍隊立即自三邊攻擊以色列，試圖在以色列開始呼吸第一口空氣之前就徹底將它粉碎。但是以色列不但沒有被粉碎，還反過來擊潰了敘利亞、約旦和埃及這三個阿拉伯國家的軍隊，反倒是巴勒斯坦成了一出生即死亡的嬰兒。當戰爭結束之後，以色列稱這場戰爭為獨立戰爭，阿拉伯人則稱之為大災難（*Nakba*），大約七十萬阿拉伯人發現自己成了無家可歸、無國可回的孤兒，以難民身份暫時棲身於鄰近的阿拉伯國家。本來預定給巴勒斯坦的領土則絕大部分被吞併了（大部分是約旦）。大量的阿拉伯難民集中在約旦河西岸，他們憤慨，他們焦慮，有時候則對他們曾經的土地發動小型的突襲。

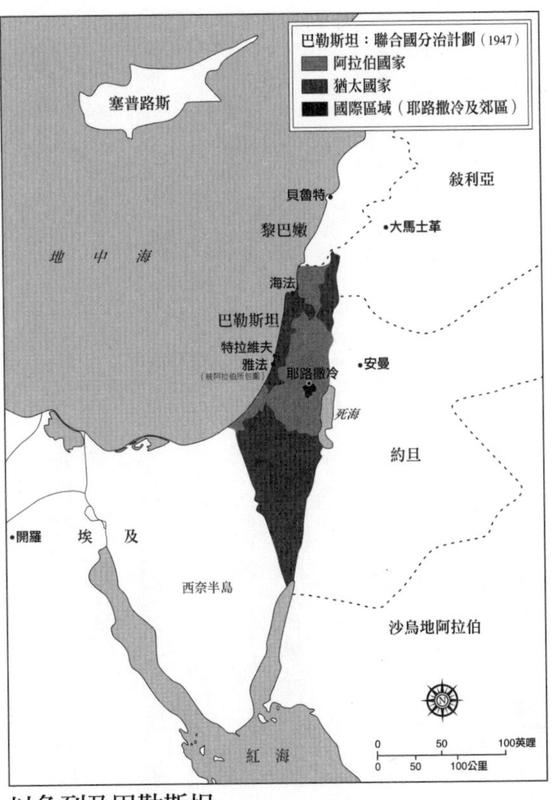

以色列及巴勒斯坦

在一九四八年戰爭之後，阿拉伯人在外交戰場上輸掉的東西甚至比丟失的土地還多。首先，一些阿拉伯領袖公開並持續地質疑以色列「存在的權利」。他們將自己的主張放在民族主義的框架之內：既然錫安主義者希望以色列生存，巴勒斯坦的阿拉伯人希望巴勒斯坦生存，由於雙方宣示的是同一片土地，那麼雙方就都不應該生存，因為確認一個國家的「生存權」相當於否定了另一個國家的「生存權」。但是在納粹對猶太人的種族清洗的陰影下，宣稱以色列沒有權利存在聽起來就像是宣稱「猶太人沒有權力存在」一樣。

讓情況變得更糟的是，至少有一名阿拉伯知名人物曾經毫不猶豫地背書納粹的排猶主義，他就是耶路撒冷的穆夫提（Mufti）。他在戰時曾經住在納粹德國並且通過他的許多學生以及他的廣播電台傳播種族主義。全世界的觀感，媒體報導的口吻，以及像這位穆夫提一樣的阿拉伯人的怒吼大大地在一般公眾的腦海中將阿拉伯人的訴求和納粹主義聯繫到了一起，在西方尤其如此。阿拉伯人不僅在訴求的過程中失去了論據，甚至在大眾心目中變成了活該失去土地的惡棍。這種被冤枉和被誹謗的情緒結合了起來，助長了一種螺旋上升的憤怒情緒，這種情緒凝結在穆斯林所遭受的每一項排猶主義的指控之中。

埃及軍官賈瑪爾·阿布杜·納瑟（Gamal Abdul Nasser）也是一九四八年的大災難中的一個角色。納瑟出生在埃及南部，是一個普通郵差的兒子。甚至在孩提時代，他就被他的國家對歐洲人的卑躬屈膝而深受打擊。當他到了大多數男生都開始著迷於女孩子們的年紀時，他所著迷的東西卻是國家的「榮耀」。他當時為此所做的一切努力好像都前景黯淡，直到他看到了徵兵的要求，這是一條提供給社會身份較低的男生們得以進入到國家的軍事精英階層的通路，結果納瑟抓住了機遇，一路升遷到了上校。

阿拉伯軍隊在一九四八年的失敗讓他大受打擊。他將戰爭的失利歸咎於國王，因此他和其他的幾百名軍官（「the Free Officers Club」）一起密謀推翻君主制，建立共和制。在一九五二年夏天的一個早晨，自由軍官火速出擊並且乾淨利落地完成了任務，這幾乎是一場沒有流血的政變，只有兩人受傷，國王就這樣下台了。

但是把國王趕下台只是最簡單的一步而已，更重要的一步是如何把英國人趕出埃及。然而，為了完成這一步，納瑟需要強大的火力才行。這時候的冷戰正是在劍拔弩張的時刻，幾乎任何一個新生的民族國家都可以從美蘇的一方獲得武器，於是他開始接近美國人，但是美國卻不認為埃及可以成為「遏止」共產主義的關鍵因素，而且對這些阿拉伯傢伙將如何使用武器很不信任，因此美國拒絕了埃及。納瑟隨即接近蘇聯，並從蘇聯那裡得到了大量武器——這才讓美國警覺起來。這就是典型的冷戰劇情，美國人隨即提出幫助埃及修建世界上最大的水壩的計畫，這座亞斯文大壩（Aswan Dam）將橫跨尼羅河，能夠讓埃及的農業土地面積加倍並且提供足夠的電力，將埃及迅速帶入工業化國家之列！這簡直是讓人心跳加速的願景——世俗現代主義者們的夢想即將實現！

但是當納瑟仔細閱讀援助計劃的時候，他看到其內容還包括美國在埃及建立軍事基地和美國對埃及金融的監管：這正是帝國主義的尖刀再次插入到他國家心臟的地方。納瑟拒絕了援助，但是沒辦法不去想亞斯文大壩的事情。但是他要如何才能得到足夠的經費而又不用把國家出賣給超級大國呢？

他看到了問題的答案：當然是蘇伊士運河了。這條運河每年的收入是九千萬美元，但是埃及每年才能拿到大約六百三十萬美元。埃及發展所需的錢就在這裡，而這些錢的大部分卻流到歐洲去了！一九五六年，納瑟突然間將軍隊派進駐蘇伊士運河並且控制住了運河。

這項舉動在歐洲引起了一片譁然。英國政界稱納瑟是另一個希特勒，是一個策劃征服世界的狂人；法國媒體則稱埃及人還太過原始，根本沒有能力維持運河的正常營運，埃及人的舉動將使全球貿易秩序大亂，進而危害全球經濟。英法兩國與以色列共同謀劃了一項周密的轟炸開羅，謀殺納瑟並重新取得運河的計劃。

但是正在危機關頭，美國總統艾森豪知道了這項計劃並且十分憤怒。歐洲人難道不知道冷戰嗎？他們難道不知道些微的陰謀都會導致整個中東倒向蘇聯嗎？艾森豪命令歐洲人把運河交還給埃及人，然後乖乖回家，美國的主導使得英法和以色列不得不遵從。

阿拉伯人將這場偉大的勝利歸功於納瑟。在接下來的十一年，納瑟都是反殖民英雄，是阿拉伯團結的先知，是「伊斯蘭社會主義（Islamic Socialism）」的化身，這個名詞的意思是指不是像馬克思主義那樣通過階級鬥爭的方式，而是以由伊斯蘭原則來規定的階級合作方式來達到無階級的社會——這是基於世俗現代主義穆斯林信條的一場聲勢浩大的「社會主義」重述。

納瑟修建起了他的大壩並且完成了國家的電力供應。他還與印度的尼赫魯（Nehru），印尼的蘇卡諾，斯里蘭卡的班達拉奈克夫人（Bandaranaike）以及其他幾位國家領導人一道組成了不結盟運動（Non-Aligned Movement），形成一個中立國家集團來制衡兩個冷戰超級大國。

納瑟的重大功績和國際形象為他贏得了國內數不清的新支持者，而且在埃及以外也是如此。

各國各階級的的阿拉伯人都被他的領袖氣質所迷倒。作為一名演說家，他的地位無人能及。在他演說的時候，（坐在收音機前的）阿拉伯人說他們就好像身臨其境一樣，好像納瑟就在身邊，和他們眼神交流，將每個人吸引到應該如何行事的談話中，彷彿人人有責，每個人都很重要。

納瑟受歡迎的程度讓他夢想能有一個超越埃及的主權國家——一個泛阿拉伯國家！這也正是復興黨（Ba'ath Party）正在敘利亞所推動的理念。實際上，在一九五八年，埃及和敘利亞曾試圖組成一個大國家，聯合阿拉伯共和國（United Arab Republic），但是三年後敘利亞就退出了——這損害了納瑟的聲望。

同一時間，穆斯林兄弟會仍然活動著。一九五二年，他們也曾試圖推翻埃及國王，但是納瑟的世俗政府搶先展開了行動，穆斯林兄弟會隨即轉而反對他，甚至試圖暗殺他。作為報復，納瑟把運動的領導者們關進監獄，並對其進行凌虐。

穆斯林兄弟會的創始人哈珊・班納（Hassan al-Banna）在納瑟的時代到來前就被暗殺了，但是一位神經質、聰慧、不穩定的知識分子狂熱人士，賽伊德・庫特布（Sayyid Qutb）已經成了兄弟會的領導人。埃及政府曾經派他去科羅拉多州格里利（Greeley，Colorado）的師範學院學習美國教學法，庫特布的觀念就是在這兩年令人好奇旅居生活中塑成的。他在美國所看到的物質主義讓他十分厭惡，個人主義令他不以為然，社交自由也讓他煩躁不安，性方面的習俗令他震驚——一切的社會景象，比如說，年輕男女一起跳方塊舞居然是教堂社交活動！

庫特布回國時堅信美國就是一股必須要被摧毀的惡魔勢力。他開始傳播政治性的小冊子。他在他的寫作中提出伊斯蘭教提供了完全的替代方案，不只是對基督教和佛教之類的其它宗教，對於其它的政治系統也是如此，比如共產主義和民主，他還重新提出了穆斯林應該重建一個普世穆斯林社群的呼籲。如果這樣的說法聽起來就像是在說穆斯林兄弟會應該取得埃及的領導權的話，那就有戲可看了。

納瑟把這個人丟進了監獄：結果證明這是大錯特錯。在監獄裡，他戴上了受難者的光環，並寫下了他煽動性的作品《里程碑》（*Milestones*）。在這本書中，他對賽伊德．賈邁勒丁的泛伊斯蘭現代主義做出了極端的演繹，重新提出了關於世界分為和平領域（Dar al-Islam）和戰爭領域（Dar al-Harb）的古老神學觀點，也就是穆斯林和異教徒的區分。庫特布並不是空談豪言壯語，他的文字冷靜而且慎重，他遣詞造句極為準確。在他穩重、明確、毫不閃爍其詞的文字中，他呼籲每一個穆斯林都應該擁抱並且踐行傑哈德，不僅僅是針對非穆斯林，而且還包括那些背離伊斯蘭和敵人合作的那些人。[7]在庫特布的領導之下，穆斯林兄弟會可以說是對埃及、敘利亞、伊拉克、約旦及黎巴嫩的政府都宣戰了，而且還反對所有支持這些政府的世俗現代主義者。

埃及不具備把穆斯林兄弟會的觀點吸收到政治中的民主程序。納瑟因此依靠警察的力量來平息抗議遊行，並且依靠秘密警察把反對者的行動扼殺在搖籃裡。

庫特布和他的兄弟會只是令納瑟更為厭煩的一支力量，他還有許多其它的勢力亟待他去解決，只不過是比較弱而已，他這麼認為。敘利亞、約旦和伊拉克的領導人嫉妒納瑟如此的受歡迎，他們也盡全力地詆毀他。復興黨活躍分子在阿拉伯人中間對他的地位提出了挑戰，聲稱他們才是真正的泛阿拉伯民族主義者。另外還有埃及的共產主義者，他們在冷戰的高潮獲得了蘇聯的支持，這些人看上去比那些組織穆斯林下層民眾的派別危險多了。最後還有那些仍然統治著一些阿拉伯土地的態度鮮明的反革命君主以及部落王朝，他們也反對任何納瑟支持的事情。

一九六三年，納瑟錯誤地捲入了葉門的一場代理人戰爭。他只是象徵性地派出了軍隊，來表現一下對推翻了部落君主而掌權的社會主義政黨的支持，但是當埃及軍隊剛一到葉門，沙烏地阿拉伯就開始提供大量的資金和武器給保皇人士。納瑟忽然間發覺自己陷入了一個幾年都不會見分曉的戰爭沼澤。

與此同時，賽伊德．庫特布在監獄裡繼續推廣他的教義。納瑟覺得其它的各項麻煩已經夠令他沮喪的了，他實在不需要再忍受這個煩人的傢伙了。於是在一九六六年的八月，他做出了那些擁有太多權力太少限制性程序的人經常做出的舉動：他下令絞死庫特布——此舉只是讓他令人驚訝之眾的支持者們把庫特布看作是一名殉道者。

僅僅三個月後，敘利亞和以色列在它們的邊境上陷入到了一系列的襲擊和反襲擊的糾纏中，這些衝突在六個月間持續升溫，變得越來越血腥。復興黨在此時得到了敘利亞的領導權。他們是納瑟在世俗現代主義者陣營中的主要對手，他們靠著和以色列對峙而贏走了納瑟在阿拉伯人中的人氣，尤其是在巴勒斯坦人之間更是如此，那些不幸的難民這時候仍然在帳篷中度日。

7．Qutb's *Milestones* can be found online its entirety at http://www.youngmuslims.ca/online_library/books/milestones/hold/index_2.asp

納瑟，這位昔日阿拉伯世界的英雄，如今深陷在阿拉伯穆斯林大眾的包圍中，被阿拉伯世俗現代主義者削弱，被無休止的戰爭——和其他阿拉伯人的戰爭纏住。很顯然，他需要做點什麼！形勢很清楚，他不可以再和其它的阿拉伯國家、組織或者運動發生對立了。

這就是一九六七年春天時的情形，不久之後，就將會爆發一場現代歷史中最重要的事件，或許至少對穆斯林來說最重要的事件：以色列和阿拉伯鄰國的六日戰爭（Six Day War）。

17

潮流逆轉

THE TIDE TURNS

伊斯蘭曆一三六九—一四二一年（西元一九五〇—二〇〇一年）

一九六七年五月，納瑟開始對以色列展開言論攻勢；為了證明他是認真的，他還封鎖了以色列進入紅海的出口。然而，現實的情況是還有七萬名埃及最精銳的部隊深陷葉門戰爭僵局，納瑟不太可能採取任何實際上的軍事行動，但是人總是有說話的權利。一直說，假如夠強硬，有時候也說不定管用。

但是也有時候不管用。六月五號，在沒有任何預警的情形下，以色列同時突襲埃及、約旦和敘利亞。「沒有任何預警」這一說法應附加以下註解：阿以緊張態勢在數月來節節攀升，但是卻沒有任何一個阿拉伯國家預料到在六月的某一個早晨會爆發戰爭，它們中沒有任何一個國家對此做好了準備。

在戰爭的第一個二十四小時中，以色列摧毀了沒有起飛的整個埃及空軍。在之後的五天中，以色列佔領了聯合國規劃給巴勒斯坦的全部領土。這些領土由此變成了被佔領區（Occupied Territories），由以色列統治，但是絕大多數居民都是巴勒斯坦人。到了第七天時，戰爭結束了，世界就這樣被改變了。

讀者也許會覺得並不存在說太過於決定性的勝仗。對於兩個統一個體之間的衝突來說也許的確如此。但是在一九六七年，當以色列贏得了現代戰爭史中最有決定性的勝利時，它所擊潰的並不是一個統一的個體。當時的阿拉伯一方是一個彼此間陷入角力競爭又爭吵不斷的矛盾體。

六日戰爭羞辱了納瑟，也結束了他的政治生涯。實際上四年後他就離世了。如果說納瑟曾經真的是統一整體的阿拉伯陣營的領袖的話，那麼他的失敗導致了「阿拉伯人」不得不和以色列談條件，為最終的和平協議建構一些基礎。

但是，所謂的「阿拉伯人」並不存在，事實上，納瑟只是一種政治流派中希望取得領導權的眾人中的一個，只是這些人自稱是「阿拉伯人」，他們是世俗現代主義者。當以色列攻擊阿拉伯人的時候，它攻擊的實際上是這股政治流派。當以色列擊潰了納瑟，也就毀壞了這種西化、現代化、世俗、民族主義的傾向性，甚至不是這股流派的所有表述。隨著納瑟的失敗，那種世俗現代主義和伊斯蘭社會主義的奇怪結合體「納瑟主義」也就失敗了。它所留下的這一權力真空就湧進了那些更危險、有的更加原始、更加激進的勢力。

在戰爭的覺醒中，聚集在以色列邊境的阿拉伯難民放棄了阿拉伯國家將解救他們的希望並從此決心只依靠自己的力量。這些難民的數量在經過當時最近發生的蓄意謀害後攀升到了一百萬人，到了此刻，他們大概可以被恰當地稱作巴勒斯坦人了，因為他們擁有了強烈的共同歷史經驗所帶來的共同身份認同，這使得他們擁有了經典意義上的「國家」。如今他們才是「沒有國土的人民」，在這些巴勒斯坦人之中湧現出了各種用不同方法致力於恢復巴勒斯坦的組織。他們中的最多人組成了一個聯盟，名叫巴勒斯坦解放組織（Palestine Liberation Organization），該組織是作為阿拉伯各國政府「管理」巴勒斯坦人的機制成立於一九六四年的。在六日戰爭之後，巴勒斯坦人掌控了該組織並將其作為自己的組織。名叫亞西爾・阿拉法特（Yasser Arafat）的兼職工程師，全職革命者是該組織的主席[1]，隨著巴解組織成為巴勒斯坦的準政府機構，巴勒斯坦人開始了曠日持久的和以色列的戰爭。這是六日戰爭所帶來的第一個後果。

第二，納瑟的倒台替由阿法拉克（Michel Aflaq）創立的世俗阿拉伯民族主義運動提供了機會。該黨加入到了敘利亞社會主義黨（Syrian Socialist Party）中來組建阿拉伯社會主義復興黨（Ba'ath Socialist Party），該黨的意識形態結合了推崇國家的社會主義和崇拜阿拉伯的民族主義。在六日戰爭之後，胸懷憤恨的軍官們像潮水般地加入到了這個新生的復興黨中，給原本已經不健康的國家主義和社會主義集合體注入了軍政元素。這個政黨原本的出發點是追求公平自由的現代主義運動，致力於推廣女權，爭取宗教少數族裔平權、言論自由、公民自由、民主、提高識字率及其他進步的理想，如今卻大大地走偏到了帶著極權色彩的民族發展主義去了。復興黨的口號可以簡單地歸納成，「祖國！我們的祖國必需發展工廠、工業和炸彈！」甚至在六日戰爭前，復興黨就已經控制了敘利亞；在六日戰爭後，該黨的第二支派在伊拉克得到了政權，並切開始建立一個警察國家，該國的首腦即是那位為達目的不擇手段的獨裁者海珊（Saddam Hussein）。這兩個復興黨起初都得到了廣泛支持，因為阿拉伯民眾已經被以色列震攝到了，並且對一九六七年戰爭的失敗深感受傷。他們不顧一切地迫切需要一個人能夠重建尊嚴。但是當光環褪去，敘利亞和伊拉克中產階級所嚐到的生活滋味只是一種皮靴下的意識形態，除了權力還是權力。這就是六日戰爭帶來的第二個後果。

第三個後果則更是個災兆。六日戰爭標誌著在伊斯蘭世界中世俗現代主義者和其它各種伊斯蘭思想和行動之擁護者從十九世紀就開始了的角力的轉折點，這些伊斯蘭思想和行動指的就是瓦哈比主義和政治性伊斯蘭主義的各種力量。

在沙烏地阿拉伯，瓦哈比主義者已經有了自己的國家。儘管長久以來埃及都聲稱自己是阿拉伯世界的中心，但是沙烏地阿拉伯也可以這麼說，一部份原因是它控制住了聖城麥加和麥地那。埃及勢力的每一點損失都會塑造起沙烏地阿拉伯的力量，這是絕對非同小可的力量！石油給了瓦哈比主義者財富，美國的軍火給了他們軍事上的強大。當埃及雜亂無章的時候，瓦哈比主義者開始靜悄悄地利用他們的資源來資助穆斯林世界各處的傳教行動，他們建立了宗教學校，修建清真寺，任命伊瑪目，建立慈善機構並伸向窮人和偏遠鄉村地區穆斯林的生活，他們的勢力還向南發展到撒哈拉沙漠以南的非洲，向東發展到阿富汗的普什圖地區南部，在瓦哈比意識形態已經擁有上百萬支持者的巴基斯坦也有他們的勢力。

除此之外，還有穆斯林兄弟會。當納瑟在六日戰爭中丟了顏面，埃及的民眾就拋棄了他。人們轉而支持遍及全國各處的反納瑟運動（anti-Nasserite movement）。這時候，穆斯林兄弟會轉移了陣地，他們的組織突破了埃及邊境，進入到了敘利亞、約旦、各阿拉伯大公國和阿拉伯心臟地區的其餘地方。更值得注意的是，原本的運動開始發展出了分支，每一個新分支都比上一個更激進。

1 For a concise Arafat bio,see http://nobelprize.org/nobel_prizes/peace/laureates/1994/arafat-bio.html.

埃及的伊斯蘭聖戰組織就是其中之一，它的創立者是扎瓦赫里（al-Zawaheri），後來成為了如今名聲變壞了的沙烏地聖戰者奧薩瑪．賓．拉登的導師。

受到庫特布啟發的一些意識形態開始宣揚傑哈德不僅僅是虔誠穆斯林的「義務」，而是伊斯蘭信仰中念、禮、齋、課、朝之後的「第六根支柱」。有一些極端主義者，比如阿布杜拉．阿札姆（Abdullah Azzam），他是在阿富汗抵抗蘇聯人的巴勒斯坦人，他甚至更進一步地宣稱是否參加傑哈德是區別穆斯林和非穆斯林的唯一方法：按照他的教義，任何不進行武裝鬥爭的人都是受攻擊的對象。[2]這些強硬派的革命者應該被稱作「聖戰主義者」而不是「伊斯蘭主義者」。他們的意識形態對於廣大穆斯林來說是完全出格之舉，甚至很難被稱作伊斯蘭教：這種意識形態是伊斯蘭主義中的一小部分，本身是政治性的伊斯蘭教，是整體的伊斯蘭教中的一個分支。

總體而言，六日戰爭到底獲得了什麼呢？以色列得到了巴勒斯坦被其佔領的領土。這片領土本應該是該國抵禦來自更遠地區的攻擊的緩衝區。取而代之的是在同一片領土上，以色列政權必須要面對一浪高過一浪的起義，這些起義被稱作「因提法達（*intifadas*）」，面對起義，以色列人以更加殘酷的手段作為回擊。日復一日，年復一年，這樣的襲擊—反襲擊綜合症在幾十年中耗損了國家的能量並且在世界上削弱了以色列在道德上的論據。

在這筆帳單的另一端，這場戰爭將巴解組織（PLO）激進化並「巴勒斯坦化」了，讓復興黨獲得了力量，助長了穆斯林兄弟會，隨著時間的推移，讓本來只有一小部份人的聖戰主義者越來越多，有更多的極端狂熱者發動恐怖襲擊，不只是針對恰好路過的無辜者——這幾乎是所有戰爭都會帶來的悲劇性副產品，而是攻擊任何能夠攻擊的人，愈無辜愈好，這種暴力的類型在今天被稱為是恐怖主義。簡要來說，六日戰爭是世界和平的毀滅性倒退，是穆斯林世界的災難，最後對以色列來說也不是什麼好事。

以上的狀況便是第二次世界大戰之後阿拉伯核心地區的情形。現在請容我在此將時間拉回，敘述故事發展的另一條主軸，更東邊的波斯人和他們的核心地帶的狀況。在那裡也發生了影響深遠的事件，其改變世界的程度幾乎和六日戰爭的程度相當，因為那件大事在伊斯蘭世界建立起了一種美國的形象，這一形象被證明很難扭轉。

直到一戰之後，穆斯林才真正注意到了美國，他們對美國的最初印象是極有好感的。通過二戰，穆斯林開始讚賞美國井然有序的效率，出口優秀商品的能力，美國的軍事勢力，尤其是美國所高呼的更高價值——自由、公正、民主。他們尊重美國所提出的這樣的政治系統可以解救任何一個國家的人民，使人們免於窮困和壓迫。美國的理想主義者所提出的民主理想中有著某些和宗教運動一樣的熱忱，這種熱忱使得除了共產主義、法西斯主義及伊斯蘭信仰之外，民主也成為了一種流傳世界的社會理想。宗教性的穆斯林也許會拒絕美國在道德上的觀點，但是世俗現代主義的穆斯林則從中看到了巨大的希望，並且發現在美國理想和他們所理解的伊斯蘭教之間不存在內在矛盾。

2 David Cook, *Understanding Jihad*, p. 130.

當威爾遜的十四點宣言最後化為空談時，穆斯林並沒有怪罪於美國；而是歸咎於歐洲的老舊勢力。在第二次世界大戰的最後階段，美國再次樹立了自己道德上的領導權，美國總統富蘭克林・羅斯福（Franklin Delano Roosevelt）（和溫斯頓・邱吉爾一同）發表了大西洋憲章（Atlantic Charter），呼籲各國走向自由及民主化。邱吉爾之後宣稱這並非他的本意，但美國領導層卻從未否認大西洋憲章的內容。事實上，美國在戰後還帶頭起草世界人權宣言（Universal Declaration of Human Rights），最後交由聯合國發表，這便是美國支持普世政治自由及民主承諾的最佳證據。

所有的這一切看起來都對伊朗人有利。隨著二戰的爆發，他們準備好了執行對世俗現代主義者有利的計畫：要用本土民主來替代王朝專制。禮薩・沙・巴勒維已經封鎖了這項計劃幾十年了，但是他已經不在了，終於，盟軍，親愛的盟軍，由於他和納粹的曖昧已經推翻了他。舞台現在留給了伊朗人來重建他們一九〇六年的憲法，重啟議會，舉行真正的選舉：伊朗人終於可以建立起他們夢寐以求許久的世俗民主了。

懷抱著高度希望，伊朗人舉行選舉，投票選出世俗現代主義者穆罕默德・摩薩台（Mohammad Mosaddeq）成為首相。摩薩台曾經誓言要重新贏回對國家珍貴資源—石油的完全掌控，在他上任後，按照他的計畫，他取消了和BP石油公司的租約並宣佈伊朗石油工業的國有化。幹得好。

美國中央情報局立刻採取行動以阻止「這個狂人摩薩台」（美國國務卿約翰・福斯特・杜勒斯[John Foster Dulles]這樣稱呼他）。在一九五三年八月末，中情局策動了伊朗軍隊中的一個派系發起政變，造成了上千人命喪街頭並把伊朗人最支持的政治人物摩薩台軟禁在家中，從此隱退，然後扶持了禮薩．巴勒維的兒子（他和他父親同名）成為國家的國王。這位年輕的國王和美國簽署了條約，讓各國石油公司組成的財團來「管理」伊朗的石油。

很難形容這次政變給伊朗帶來的背叛感有多深，也很難描述整個穆斯林世界所表現出的那種憤怒的戰慄。僅僅三年後，艾森豪的介入就讓埃及保有了蘇伊士運河，但是美國卻沒有從穆斯林世界得到任何公共關係上的好處，納瑟則成了大英雄。為什麼是這樣呢？因為中情局在伊朗策動的政變造成了太深的傷害。在整個伊斯蘭心臟地帶，實際上是在整個曾經被殖民的世界，這一罪狀證明了帝國主義者的陰謀仍在，而且美國現在則接替了英國的位子成了禍首。站在伊斯蘭論述的角度上看，發生在伊朗的故事仍然是圍繞著世俗和宗教之間的角力展開。如何才能最好的復興伊斯蘭，如何才能恢復穆斯林的強大，如何才能去除西方的壓制——各種各樣的事件都離不開以上問題的驅動。但當時的伊朗已經是世界論述中的一部份了，而世界論述則圍繞著試圖控制世界的超級大國之間的競爭展開。從這一出發點來看，塑造了這些事件的是冷戰策略的考量和石油政治。整個的中央世界所面臨的問題都是如此，而且冷戰策略的考量和石油政治糾纏到了一起並且在穆斯林世界中延續到了二十世紀末。

在伊朗東部，冷戰看起來就像是大博奕的翻版一樣。兩者之間的不同之處只是因為畫上了不同的妝罷了。曾經的沙皇俄國如今叫作蘇聯。曾經英國扮演的角色現在屬於美國。然而戲碼卻沒有變：詭計、施壓、戰爭脅迫和流血。

但是冷戰的規模則更大。大博奕所發生的地方位於沙俄帝國和大英帝國相接近的地方。而冷戰則是美國決心阻止蘇聯在全世界的擴張。因為新生的民族國家正在世界各地出現，它們中的每一個不是選擇投靠蘇聯就是投靠美國盟友。冷戰期間美蘇爭霸的戰線在全世界到處都是。每一個有可能引起美蘇爭奪的國家都能夠從兩邊得到錢和軍火，一方提供政府援助，另一方就會支持反政府暴動，一切都取決於國家選邊站的傾向。

大博奕的核心戰場位於伊朗、阿富汗和中亞，在冷戰中，這些地方仍然是上演爭奪的地方。十九世紀的俄國曾經想要通過阿富汗向南推進到波斯灣，找到一個安全穩定的不凍港供其海軍和運輸使用。蘇聯的興趣是一樣的，但是籌碼更多了一項：地理學家認定全世界有百分之六十五的原油產量蘊藏在這裡和波斯灣周邊的地區，以及少數幾個北非穆斯林國家的地下（而地理學家們之後更會發現剩下大部份原油蘊藏在中亞的穆斯林各國和阿富汗北部的地下）。隨著全球工業化的進程加速，石油的重要性也隨之水漲船高。

石油對穆斯林世界有著巨大的政治影響力，但是其對社會所產生的影響則更深刻。自從一九三〇年代開始，產油國就開始一點點地廢除在早期和帝國主義者簽下的貪婪合同了。每過個幾年，都會有某個國家成功地和外國石油公司展開重新協商取得更好的條件。到了一九五〇年，「石油輸出」各國大致可以從它們的石油中得到一半的利潤，自那時候開始，財富開始大量湧入到了那些地區。

假如這些盛產石油的國家在發現石油之前就建立起了良好的民主社會機制的話，這筆突如其來的財富或許會帶來非常不同的效應，所有階級得以參與經濟成長所帶來的果實，財富或許可以讓更多人激發創意，帶來文化復興。

但當時的時空背景並不允許這樣機制的建立。這些穆斯林國家都處在過去榮光消逝的苦悶之中，他們的統治精英們沈迷於發展他們認為必不可少的現代化基礎設施來重建輝煌。他們拼了命地追趕西方並且相信只有將國家權力集中起來才可以完成這樣的目標。他們不認為他們可以等待必要的基礎建設有組織地出現，也不覺得他們可以讓他們的人民按照自己的速度，以自己的方式完成現代化。伊斯蘭社會正每一分每一秒地落於人後，他們必須要即刻就完成現代的全套基礎設施！

有了石油，他們就能夠做得那麼快。他們可以賣石油，然後用這些錢讓夢寐以求的基礎建設在頃刻間得到落實。那些產油國的統治精英們積累了神話一般的財富，的確，阿拉伯人和伊朗人中有一小部份人積累了這樣的財富並且以名流的身份將錢揮霍在世界各地的渡假酒店和賭場上，但是這些人並不僅僅是把錢放到自己口袋裡，他們也把大量的錢投入到了「發展」中，對於世俗現代主義者來說，這才是更大的職責所在。在一個接著一個的國家中，政府設立公立學校系統，建設發電站和摩天辦公大樓，成立國立航空公司，開辦國立電視台，廣播電台和新聞報紙……

一個又一個的國家，如此這般大規模的發展是通過國家及其功能機關主導的，這使得一個新的階級出現了，他們是受過良好教育的技術人員和公務員，他們是新型現代主義機器的操作員。有的人將他們稱作「技術官僚（technocracy）」，他們屬於領薪一族，他們的薪水來自國家，而國家這筆錢則來自於外國公司從該國開採的石油所賣來的錢。國家仍然從農民、牧羊人、工匠、商人和其他傳統經濟業者那裡收稅，但這些錢並不是一筆大數目。傳統經濟並不那麼具有生產力。當然了，政府不可能依賴這些錢來完成他們雄心壯志的發展計畫。

一旦統治精英不再依賴傳統經濟的稅源，他們就不再需要那個領域的盟友了。即便是在專政的獨裁統治中，統治精英勢力也必須要安撫一些國內的選民。但是在這些石油儲量豐富的穆斯林國家中，他們可以在文化上和人民大眾分離開並且不用擔心後果。他們需要搞好關係的人是那些在他們國家進進出出的那些世界經濟代理人。因此，這種「現代化」將這些「發展中的」社會分隔成了「統治俱樂部」和「其他人」。

統治俱樂部可不是一個小圈子。其中包括技術官僚，他們不僅僅是一部份人而是一整個社會階層。還包括統治精英，這些人在王朝國家中是由皇室和其到處都是的親戚們組成的，而在那些所謂的「共和國」裡，統治俱樂部是由它的執政黨和黨棍（apparatchik）組成的。但在任何一個這樣的國家，統治俱樂部都是整體人口中的少數，而統治階級和人民大眾之間的界線也越發分明了。

身處俱樂部中的人是一個令人激動的藍圖的一部份，他們努力工作完成國家的轉型。而對於那些俱樂部之外的人來說，他們只是被動的受益者，國家的現代化只是簡簡單單地就落在他們頭上了。突然間，去醫院的路程近了，這很好啊，現在他們可以享受到更好的醫療水準。突然間，住家附近出現了一條修繕一新的高速公路，現在他們可以更便利地進城了。但是這些處在統治俱樂部以外的人在現代化的好處和壞處中沒有角色，他們做不了任何的決定，他們無法發聲來討論流入國家的資金要如何使用，他們在國家的轉型中沒有政治上的參與。

他們也沒有得到現代化的附加產品——意識到個人夢想和目標的巨大力量，不管他的夢想和目標是什麼。事實上，即便石油出口國家在整體上變得越來越富有，那些身處「統治俱樂部」以外的人則相對地越來越貧窮。

對大多數人來說，能在自己的國家分一杯羹的唯一希望就是去政府的學校上學，努力學習，然後出國讀書（在理想情形下），然後拿到學歷，最好是理工科，然後擠到技術官僚的行列中去。這條路上的所有人最後大概都是穿著西裝，過著和西方人差不多的生活，做和西方人差不多的工作。這些人的時間是由鐘錶來決定的，他們的家庭多趨向於三口之家，娛樂生活大概就是喝酒、去夜店或者劇院。他們的小孩大概會聽搖滾樂，談異性戀愛，自主擇偶。

而不在這條路上的人們大概都是穿著傳統社會的衣服：長袍和纏頭巾（*pebran-u-tumban*）、長衫（*shalwarkameez*）、紗麗（sari）、長罩袍（*jelabiyyah*）、阿拉伯頭巾（*keffiyeh*）——總之，就是所在國家的傳統服飾。他們的日常作息則是由宗教儀式的時間決定的，當他們開口說到家庭，他指的是一個複雜巨大的親戚網絡，親戚們由不同的複雜責任聯繫在一起。他們的配偶大概多是由他人介紹來的，也許是一個本人不在其中的親戚委員會決定的。

外交人員、商人和其他的西方工作人員也許會覺得和上述那些穿西裝工作的人打交道很舒服，畢竟他們在文化上更加彼此熟悉，但這些外國人卻很少與一般民眾接觸。

那些穿西裝工作的人有很好的機會住進具備現代化廚房及衛浴設備的房子，享受水電設施所帶來的便利。至於不在這個圈圈的人民，則居住在祖先遺留下的傳統老屋，水電設施並不完善，甚至沒有公共污水設施，不用電力作為能源的來源，而是使用煤炭、木材或其他可直接燃燒產生光和熱的燃料。

世界經濟的規模有多大，躋身於統治者俱樂部的成員就能賺取相同規模的財富；至於在統治者俱樂部以外的人們就只能仰賴國內經濟所能獲得的收入，他們的收入要少得多，或許足夠支撐在鄉村和城市貧民窟的生活需求，但不足以讓他們脫離貧窮。

整體發展動能並不侷限於產油國，只要是在冷戰局勢中握有關鍵籌碼的國家，即便是非產油國也發生相似的進程，只不過在冷戰的大環境下，哪一個國家不具戰略優勢？埃及、阿富汗、巴基斯坦及其它的許多國家都符合這樣的條件，因此這些國家都得到了來自超級大國以「開發援助」為名來拉攏各國的經濟援助。不管是興建道路、醫院、學校及機場還是建立武裝及警備，無論該國的統治精英想要得到什麼，總是有辦法以援助或貸款的名義從外國得來這筆錢。這並不是石油所產生的收入，但比較起這些國家仰賴傳統經濟創造的營收，這已經是一大筆錢了。像是這樣的援助導致了依賴國內賦稅的國家變得更加中央集權化，使得這些統治精英不必再討好或對國內人民讓步。這筆外來的金援足以支撐技術官僚的發展，同時也將社會撕裂成了相分隔的不同世界。

這種兩極分化實際上已經十分尖銳了，就清楚地展現在我們眼前。從卡薩布蘭卡一直延伸到喀布爾之間的每個大城市都有兩個市中心：一個是舊城，大概被叫作「卡斯巴（casbah）」或「麥地納（medina）」，這樣的老城中居住著被遺落下的居民。這樣的老城中的人民的穿著和另外一個市中心中的人十分不同。那個市中心是現代市中心，這裡的商業和世界大體上同步。兩個市中心中的氣味不同，建築風格也不一樣，兩個市中心中的社會生活也有不同的感覺。大概所有曾經被殖民過的國家中都有這樣的割裂，但是表現得最明顯的大概就在穆斯林國家了。

當然了，在歐洲也能見到這樣的情形，工業革命造成的快速變動把社會分隔成了相互分離的階級，在倫敦同時可以看到井然有序的商業中心和便宜區，有光鮮亮麗的住宅區也有貧民窟，但是這種分化是更嚴格地來自於經濟層面：富人吃得更好些，穿得更好些，住得更舒服些，上更好的學校，說話時用更文雅的語言，但是他們的生活只是窮人生活的更富版本而已，窮人也吃得起，穿得起，住得起，也受教育。

在穆斯林世界，這種差異不僅僅表現在經濟上，而且也表現在文化上，因此這種貧富間的差距助長了彼此間的疏遠，也產生了比反殖民情緒更大的憤怒，而這次是針對本國的精英階層。這種憤怒導致了間歇性出現的國內社會動盪。因為這些在文化上產生了割裂的國家沒有民主機制來調解爭議，政府只是很自然地使用強制力量來壓制社會的失序狀況。本土精英接替了過去外國殖民者的角色。從摩洛哥到埃及再到巴基斯坦等國，監獄中充滿了政治異議份子和對現狀不滿的人。但是沒有比伊朗國內的文化和政治上的緊張關係表現得更明顯的地方了。國王禮薩．巴勒維因為摩薩台的被迫下台而獲利，他是一個阿塔圖爾克那樣的世俗現代主義者，但是阿塔圖爾克在本質上是一個操著專制口吻的民主人，而伊朗國王則是一個操著專制口吻的獨裁者。他建立了名叫國家安全情報局（SAVAK）的秘密警察組織以此來鞏固對國家的掌控。他還像是往同胞的傷口上撒鹽一般，和美國簽署了條約，給在伊朗的美國公民完全不受伊朗法律管理的權利——這無疑就是以主權相送。

國王的專制助長了一場讓人們回想起賽伊德·賈邁勒丁精神的抗議運動。這場運動的思想領導者是阿里·沙里阿提博士（Dr. Ali Shariati），他是一位在巴黎索邦大學受過教育的穆斯林社會主義者知識分子。他提出了伊斯蘭現代主義的觀點，並以此拒絕他口中的「西方毒害（Westoxification）」並在伊斯蘭傳統中尋求社會主義的普遍基礎。比如說，他曾經提出伊斯蘭教所堅持的神的一元性表達了地球上的全體人類都應該團結起來的觀點。在現代，被伊斯蘭教所禁止的「多神論」具體體現在以財富和種族為區分的社會各階級上。按照沙里阿提的說法，穆斯林在朝覲儀式的過程中要用石頭丟向的三個惡魔分別代表了資本主義、專制獨裁和宗教偽善。他把伊斯蘭教的故事和傳統當作燃料來激發革命熱忱，比如說，他把胡塞因帶領人們反抗穆阿維亞的起義當作人類追求自由、公正和救贖的象徵——如果胡塞因能夠激起七十幾個人來反抗一個大國家的話，那麼有幾百人的小型地下革命組織也就沒有理由退縮而不敢於向國王和其黨羽宣戰。[3]

伊斯蘭社會主義抗爭活動後來發展成叫作「穆賈希丁·喀勒克（Mujahideen-e-Khalq）」的地下組織。從五十年代中葉一直到一九七八年的伊朗革命期間，這個小型組織領導了反對國王的抗爭並從事對抗國家安全情報局的秘密戰爭。這些穆賈希丁反抗者（有時候被稱為伊斯蘭馬克思主義者）被處決、入獄和虐待，國王希望以此來粉碎抵抗，對待反抗者的殘忍簡直無法用言語來形容。

但是與此同時，有一股非常不一樣的宗教抵抗運動在伊朗形成了氣候，這一抵抗運動來自於正統宗教機構，以嚴肅的宗教學者員阿亞圖拉．柯梅尼（Ayatollah Khomeini）為代表。

就像是遜尼派的瓦哈比主義者一樣，柯梅尼宣稱穆斯林已經背離了「真正的」伊斯蘭教，他所說的「真正」指的是對古蘭經的字面閱讀和遵循先知和之後的各伊瑪目的傳統（提到先知之後的各位伊瑪目是因為他是什葉派），柯梅尼之所以攻擊國王並不是因為國王的專制，而是因為國王的現代主義——比如推崇西方的服飾打扮，支持女權，允許在伊朗開設夜店等等。

柯梅尼還利用什葉派的傳統構建出了一種很與眾不同的政治教條：政府的權力更應該掌握在隱遁伊瑪目在世界的唯一代言人的手裡，這個人應該有廣博的宗教學識和其他有學識的學者的推薦。這樣的一個人被叫作「法基（*faqih*）」，也就是擁有立法權威的領袖，而柯梅尼暗示在現代世界中，他就是這個人。

國王在一九六四年把他驅逐出境了，但是這位固執的宗教學者開始在伊拉克發展，並且以伊拉克為基礎，培養出了一支人數越來越多，對他效忠的伊朗宗教狂熱者組成的軍隊。

一九六七年的六日戰爭讓穆斯林更加堅信，攻擊穆斯林文明的新帝國主義者是以美國為首，以色列則是它的灘頭堡壘。畢竟以色列的強大取決於美國的軍火和支援。這一結論在一九七三年

3 Irfani, *Revolutionary Islam in Iran*, pp. 98-100, 121, 131.

由納瑟的繼任者安瓦爾・沙達特（Anwar al-Sadat）在猶太教節日贖罪日（Yom Kippur）發動的第四次阿以戰爭後被再次確認了。在這次戰爭中，埃及的武器和部隊在戰爭一開始贏得了壓倒性的勝利，但以色列立即得到了美國大批的軍火補充，而這也扭轉了戰局，以色列這一次又打贏了。

正當阿以戰爭正在進行的時候，石油輸出國組織（OPEC）召集了討論生產和定價政策的例行會議。石油輸出國組織是一九六〇年建立的，十二個成員國中有九個是穆斯林國家。正當這些石油輸出國組織的首腦們進行會面的同時，這些國家的普通民眾正被以色列和美國給阿拉伯人帶來的軍事恥辱而倍感憤怒。這個時候的石油輸出國組織並不特別政治性，但是在一九七三年的會議中，成員國們決定利用石油作為反擊的武器。他們宣佈對支持以色列的國家進行石油禁運。

此舉給工業化世界帶來了巨大的衝擊，我當時正住在俄勒岡州，汽油是定量配給的，人們只能在固定的日期加油，要依照牌照尾數是奇數或偶數來決定。我記得在那個冬天，我每隔一天都要在凌晨時就去加油站排個好位子，希望能有機會得到這些稀缺物資。有時候剛輪到我的時候，油就沒有了。我當時覺得我見到了文明的末日，也許這就是文明末日時的預演，當初可能大家都這麼覺得。石油輸出國組織的禁運讓油價從三美元一桶竄升到十二美元一桶。當我在寫這本書的時候，油價的價錢是一百三十美元一桶。

媒體隨後很快便開始憤怒地塑造我們現在所熟悉的阿拉伯人刻板形象：富得流油，邪惡，長著長長的鼻子，陰謀統治世界。這一刻板印象十分接近甚至弔詭地吻合上了一百年前歐洲的排猶主義者們對猶太人的描述，尤其他們還曾想像出一個名叫「錫安老人會（elders of Zion）」的秘密猶太分支，沒錯，就是他們正在密謀統治世界。

石油禁運展現出了這些石油輸出國所蘊含的潛在力量，儘管只持續了幾個月，但是它的結果使這些產油國對於自己國家的資源有了更多的自主權。從此以後，這些國家中的精英變得更加的富有，就像我在前面描述過的那樣，加深了穆斯林社會的兩極分化。

在這段時間中，穆斯林世界中的世俗力量一邊努力地讓他們的國家「現代化」，一邊周旋在國際勢力之間。但是在檯面之下的，甚至是被壓制的「另一股」穆斯林復興力量——政治伊斯蘭主義者、薩拉菲主義者、瓦哈比主義者、德奧班德派，傑哈德主義者等等——這時候正在那些被遺落的人民中間快速增長。在窮困的人們中間，那些人繼續宣揚世界被分為兩個截然不同、互不往來的兩個部份，分為和平之境和戰爭之境，也就是穆斯林兄弟手足之情的領域和血腥貪婪的異教徒的領域。

事實上，處在弱勢中的人們真的可以看到一個這樣的世界，沒錯，社會也是被分化成兩個相隔的世界；社會的分野實在是太過顯而易見，除非是瞎子才能對其視而不見。傑哈德主義者也在宣揚末日的最終攤牌，那些仍然堅信穆罕默德在西元七世紀的阿拉伯所收到的訊息的人們將和那些加入了撒旦行列並把人們從神的旁邊拉走的人們之間的最終判決。當傑哈德主義者如此宣揚的時候，那些生活在暴露在光天化日之下的社會分野中的人們明白那些傑哈德主義者想表達什麼意思。他們每天早上醒來都要面對自己越來越窮困的現實，甚至在電視中他們也能看到城鎮另一邊的人們過著完全另外一個世界的生活，他們的富有超乎想像。當他們聽到末日攤牌的到來將賜予他們現世的幸福和天堂，同時把那些不信神的精英們從高頭大馬上踢下去時，他們的內心無比激動。

然而直到一九七〇年代，很少有西方人注意到了這種潛藏於表面之下的爆炸性憤怒情緒，佔據主導地位的西方史觀認為這些被經濟發展所遺留下來的人們是時代殘留的遺跡，隨著這家國家發展成為發達國家，隨著專制政府逐漸意識到專制方式的錯誤並轉為民主政體，隨著被叫作教育消除愚昧的萬用科學來代替迷信，隨著狹隘的情感被冷靜的理性所取代，這些人也會逐漸消失。按照這種被廣泛接受的觀點，導致穆斯林世界（和其它地區）落後的原因不是因為其人民生活的社會條件，而是因為人民的思想。隨後——在伊斯蘭世界的世俗現代主義者便開始垮台了。

佐勒菲卡爾·阿里·布托（Zulfikar Ali Bhutto）是第一個倒台的政權，他是充滿都市風格，在柏克萊大學受過教育的巴基斯坦總理，領導左傾的世俗社會主義政黨巴基斯坦人民黨（People's Party）。一九七七年，一位伊斯蘭主義者將軍齊亞·哈克（Zia al-Haq）推翻了布托政權並且將其囚禁。很快，巴基斯坦的德奧班德派人士便要求將他處決。一個私設法庭以含糊不清的罪名審判並處決了他。布托被吊死了，這和十三年前發生在埃及的賽伊德·庫特布身上的命運一模一樣。

第二個垮台的政權是伊朗國王。在一九七八年，一場由世俗左派人士、伊斯蘭社會主義者和支持柯梅尼的什葉派人士聯合起來發動革命，把國王驅逐出了伊朗，在一時間，伊朗彷彿要由穆賈希丁人士和他們的現代主義盟友在伊斯蘭社會主義的新意識形態的基礎上組建一個改革政府。

但是柯梅尼以狡猾的計謀操縱了伊朗革命的所有其它派別。在一九七九年十一月四日，他的學生支持者們衝入了美國大使館並且扣押了六十四名美國人質。柯梅尼利用了和美國長久以來的衝突來削弱對手，鞏固自己的權力。[4]或許柯梅尼的成功不能完全歸因於他的蜘蛛網般的策略操作和他的政治手腕。他勝出的原因或許就是因為他說出了當時伊朗民眾心中最深處的渴望。也許這樣的渴望並不是要糾正世俗現代主義者的錯誤，而是要消滅所有那個方向的運動，給伊斯蘭的方式再一次機會。不管怎麼說，到一九八〇年的時候，柯梅尼把伊朗轉變成了一個由最保守的伊朗正統什葉派烏理瑪所統治的「伊斯蘭共和國」。

接下來倒台的是阿富汗的現代世俗主義者。他們的倒台始於一股極端的世俗主義者所取得的表面勝利。由一小股阿富汗共產黨人發動的政變推翻了納迪爾．沙（Nadir Shah）在一九二〇年代建立的王朝。沒有逃走的王朝成員無一例外的都被處死了。最後蘇聯侵略並且直接掌控了這個國家。但是這種左傾的政治走向只是曇花一現並且沒有意義，只是徒然引起了控制不住的大型部族叛亂和宗教運動。之後長達八年的反蘇游擊戰只是給了阿富汗伊斯蘭主義者理論家更多的影響力。不僅僅如此，阿富汗鄉間的抵抗勢力更是吸引了來自世界各地的伊斯蘭主義者的狂熱信徒，包括阿拉伯世界的傑哈德主義者及巴基斯坦的德奧班德派人士，這些人的資金來自於波斯灣的阿拉伯石油富國的瓦哈比教派，在阿富汗戰場嚐到第一滴血的滋味的一批人，奧塞瑪．賓．拉登也在其中。

4 Dabashi, pp. 164-166.

事實上，在二十世紀的最後二十年，伊斯蘭世俗現代主義者們在幾乎所有地方的勢力都衰退了。在阿爾及利亞，世俗政府受到伊斯蘭解救陣線（Islamic Salvation Party）的圍剿；世俗的巴勒斯坦解放組織的權力受到以宗教理論主導的哈瑪斯（Hamas）的瓜分；另一個根植於宗教意識型態的軍事組織伊斯蘭聖戰組織（Islamic Jihad）也在這個地區獲得了一席之地；以色列發動的一連串破壞性侵略造成位於黎巴嫩國界南境的巴勒斯坦難民營逐漸消失，摧毀了貝魯特，迫使巴勒斯坦解放組織將總部遷移至突尼斯城（Tunis），但這只是激發了激進什葉派政黨真主黨（Hezbollah）的發展，成為該國南半部實際意義上的統治者，以摧毀以色列及驅逐巴勒斯坦解放組織為使命。

在敘利亞和伊拉克，穆斯林兄弟會（及其分支）和復興黨進行了一場慘烈的戰爭，而這場戰爭為大多數西方人所不知。復興黨政府沒辦法消弭這些伊斯蘭主義者的暴動，即便是像敘利亞總統哈菲茲．阿薩德（Hafez Assad）作出的那種駭人聽聞的殘酷手段也無濟於事，他在一九八二年把具有相當規模的城鎮哈瑪（Hama）的全部居民幾乎都屠殺了。

伊拉克的統治者薩達姆．海珊是遜尼派世俗現代主義者，也是激進伊斯蘭主義者的死敵。在一九八〇年柯梅尼剛一掌權，海珊就入侵了伊朗。也許他覺得這個國家因為內部動盪，已經是一個成熟待摘的果子了；也可能是他覬覦伊朗的石油；也許他感到了來自柯梅尼的威脅——他完全有理由這麼想：柯梅尼曾經露骨地表明他要輸出他的革命，而具有大量什葉派人口的世俗伊拉克則很明顯地成為了革命輸出第一市場。不論海珊的目的是怎樣的，他的戰爭被證明是一場兩敗俱傷的大災難。兩個國家都失去了幾乎一個世代的年輕男子。自從一戰以來還沒有出現過這樣的大規模正面遭遇戰，為了微不足道的利益就將無數生命隨隨便便的犧牲。在這場戰爭中，美國從頭到尾地給予伊拉克武器和金錢，支持伊拉克直到戰至最後的一兵一卒，因為美國害怕蘇聯會奪取這一戰略性的地區，如今美國已經失去了在伊朗的立足點，幫助伊拉克可以削弱伊朗並且讓蘇聯退讓。在這裡，我們又一次見到了穆斯林敘述觀點和西方敘述觀點災難性地交織到了一起，穆斯林的歷史敘述仍然在世俗現代主義和回歸傳統的伊斯蘭主義之間糾結，而西方的歷史敘述則圍繞著民主政體對決專制政體等修辭包裝之下的超級大國爭霸和控制石油展開。

伊朗—伊拉克戰爭在一九八八年結束，雙方沒有誰是贏家，除非把伊朗的生存下來也算作勝利的話。伊拉克變成了廢墟，它的國庫被毫無意義的流血掏空了。薩達姆．海珊花了兩年的時間舔舐傷口，然後，在一九九〇年，他投下了挽回損失的賭注。這是一場不是雙倍贏就是全賠的冒險，薩達姆入侵並「吞併」了鄰國科威特，希望把這個國家的石油佔為己有。很顯然，美國大使艾波里爾．季斯比（April Gillespie）給了海珊某種理由相信美國會支持他的這次冒險。

取而代之的是，美國率領了一支三十四國聯軍來對付這個昔日盟友，這場攻的代號是沙漠風暴（Desert Storm），這是一次迅猛的軍事行動，摧毀了伊拉克的許多基礎設施，以薩達姆徵召的可憐新兵在向巴士拉撤退途中被燃燒彈轟炸而告終，那條路被人們稱作死亡高速路（Highway of Death）。這一次，伊拉克被完完全全、徹徹底底、毫不含糊地擊敗了。但是戰爭結束後海珊仍然在位，仍然掌控著他的核心軍事力量——共和國衛隊（Republican Guard），他仍然有能力殘酷鎮壓在被西方打敗後出現的各場叛變，而且他也的確是這麼做的。

聯合國在戰爭結束後對伊拉克實施了多項制裁，等於是將伊拉克與外界完全隔絕，伊拉克人民的生活水準也從一九九〇年時享有歐洲生活標準的生活急遽降低至全世界最貧窮的國家，收入驟降了百分之九十五。伊拉克疾病肆虐，境內也無藥品可供醫治疾病。超過二十萬的孩童，甚至可能多達五十萬的孩童死亡，這是制裁的直接結果。有一位聯合國官員丹尼斯・哈樂黛（Denis Halliday）因為制裁而辭職，他聲稱：「每個月有五千名的孩童因此喪生……我不想主持一個導致這種悲慘結果的計劃。」[5]伊拉克人先是因為生活在戰爭狂熱的警察國家，多年來深受恐懼所苦，如今又因難以置信的骯髒衛生情況而人口銳減。在伊拉克唯一幾乎沒有受到制裁影響的便是復興黨的菁英、薩達姆・海珊和他的衛隊，但諷刺的是他們才是聯合國制裁最想懲罰的人。

在東方，在伊拉克入侵伊朗的不到一年以前入侵阿富汗的蘇聯，在伊拉克撤出伊朗的不到一年之後撤出了阿富汗。阿富汗共產黨隨後攫取了權力並支撐了三年，當他們支撐不下去了的時候，整個蘇聯也崩塌了，這個帝國在東歐的加盟共和國解體了，甚至俄羅斯也宣佈了獨立，直到沒有任何一個地方宣佈獨立為止。

在美國，保守派歷史學家法蘭西斯・福山（Francis Fukuyama）寫道蘇聯的解體不僅僅標誌著冷戰的結束，而且也標誌著歷史的終結：自由資本主義的民主獲得勝利，不會再有向其提出挑戰的意識形態了，除了在一些邊邊角角的地方還留有剩下的一點清掃工作以外，全世界都搭上了這一列開往唯一真理的列車。實際上，在他的著作《歷史之終結與最後一人（*The End of History and the Last Man*）》中，他提出了上述理論。

然而，在地球的另一邊，傑哈德主義者及瓦哈比主義者則從這些重大事件中得出了非常不同的結論。在伊朗，他們認為伊斯蘭教推翻了國王並且把美國逐出了伊朗。在阿富汗，穆斯林不僅僅是打敗了紅軍而且還推翻了蘇聯本身。看到此情此景，傑哈德主義者看到了一個他們熟知的規律。只是因為和真主站在一邊，第一個穆斯林社群便曾擊敗了當時的兩大強權，拜占庭和薩珊帝國。現代的穆斯林仍然面對了兩大強權，現在他們已經徹底扳倒其中一個了。一個倒台了，另一個在傑哈德主義者和瓦哈比主義者眼中也終究會完蛋。歷史真的走向終點了嗎？未必如此！對於這些激進份子來說，歷史才正變得有意思起來呢。

長久以來，他們一直把世界形容成分開的兩極，分別是伊斯蘭世界及戰爭世界。這些年以來，他們一直預測末日的最後攤牌將在正與邪，真主與魔鬼之間展開，一場巨大的全球戰爭將解決所有的衝突，世界各處將融為一個單一的世界，也就是麥地那的普世社群。

對西方而言，冷戰的結束意味著阿富汗可以被拋棄了，那裡已經沒有什麼事情可做了。美國和它的西歐盟友曾將價值數十億美元的軍火和金錢送到這個國家，但是現在大家已經全無興趣，甚至拒絕許多方面的提議，包括資助某種形式的會議，達成某種形式的和平仲裁，共同協助修補某種形式的政治進程協助阿富汗重建國內秩序。美國中央情報局駐站主管密爾頓．貝爾敦（Milton Beardon）簡明扼要地解釋了這種突然變得毫無動力的原因：「沒人他媽的在乎阿富汗。（No one

5 Quotes by Thabit Abdullah in *Dictatorship, Imperialism, and Chaos: Iraq Since 1989* (New York: Zed Books, 2006) p.76.

gives a shit about Afghanistan.）」曾經並肩作戰共同對抗蘇聯的武裝部落如今卻帶著他們得到的武器相互爭吵。蘇聯已經摧毀了阿富汗的鄉村，如今，不同派別游擊隊之間的內戰則摧毀了城市。曾經在八零年代的阿富汗境內作戰的外國傑哈德主義者大批地回到這裡，在一片石礫廢墟上營建反抗西方的戰爭的基地。

這些人的第一步是先將阿富汗樹立成他們理想中的純正社群版本，在這裡，每位男性、女性和孩童都完全按照他們所理解中的真主的律法而生活，否則就要被懲罰。因為這個原因，受來自沙烏地的瓦哈比金元資助的傑哈德主義者發展出了塔利班（Taliban），這個原教旨主義政黨發跡於巴基斯坦和阿富汗邊界的狹長部落地區的難民營中。

最終，一些傑哈德主義者武裝的分支在阿富汗的斷壁殘垣中謀劃了劫持航班襲擊紐約世貿中心和華盛頓五角大樓總部的計畫。

在二〇〇一年的九月十一日這天，兩種世界歷史碰撞到了一起，有一件事是肯定的：福山是錯的。歷史沒有結束。

後記

雖然歷史尚未終結，但是九一一事件後的這段時期還不夠長久，還不足以沉澱進歷史：目前還停留在新聞記者發揮的階段。但從另一個角度來看，事態發展已經反映出這段時期所表現出的是兩種不同步的敘述觀點交匯在一起。

在紐約及華盛頓遭受恐怖攻擊的幾週之內，美國總統小布希呼籲美國進行軍事行動，並且使用了喚起美國和西方歷史中長久存在的主題的語氣和修辭。他認為恐怖份子的行為是要摧毀自由和民主的生活方式，必須以鮮血和資源來捍衛這些價值，相同的口號早在三〇年代對抗納粹主義及五〇年代對抗共產主義時就曾被提出過。自此之後，美國和大部分心不甘情不願的盟友們大舉進軍伊拉克，出兵的名義與過去冷戰及二十世紀世界大戰等過去早期西方世界的歷史論述相同。

但是難道九一一的策劃者們真的是為了攻擊自由和民主嗎？如今那些武裝起來的政治伊斯蘭極端分子的動機難道真的是對自由的仇恨嗎？如果真的是這樣，我們卻沒有從傑哈德主義者們那裡找到這樣的言論，他們所關注的典型事物，並不是自由，也不是民主，而是以自律對抗墮落，以道德的純潔對抗道德的腐化，這樣的聲音在西方主導世界的幾個世紀以來已經在伊斯蘭社會中迴盪了很久了，伊斯蘭社會價值的腐化，酒類飲料的增長，宗教活動被娛樂活動取代，以及伴隨著前所未有之貧富差距的富有精英階層的世俗化。

一方指責說：「你墮落。」另一方則回擊，「我們自由。」這並不是完全相對的悖論，而是與前提毫無關聯的推論。每一方都認為對方是自己的論述視角中的那種角色。在一九八〇年代，柯梅尼稱呼美國是「大撒旦」，其他的伊斯蘭主義革命也回應了這種說法。在二〇〇八年，馬里蘭大學的歷史系教授傑弗瑞．赫夫（Jeffrey Herf）認為激進伊斯蘭主義份子是納粹再世，動機是反猶主義和仇恨女人。像他這樣的分析是十分普遍的。

赫夫等人認為伊斯蘭主義的信條一言以蔽之就是砍頭、砍手以及將女人從頭到腳包得密不透風。不可否認的，激進伊斯蘭主義者的確做出這些行徑，但是他們認為區分今日世界的主要衝突在於世界上是只有一個神，還是許多神，或者根本沒有神。他們聲稱，如果全世界都能認識到神的獨一性（以及穆罕默德作為神之使者的特殊身分），人性的所有難題都能得到解決。

身處西方的世俗知識分子們根本就無需回應有幾個神這樣的問題，他們不覺得這是一個迫切的問題，對他們——以及對我們——來說，人類面臨的基本問題是尋找一條能夠滿足所有人的需要和需求的方法，該方法應該給所有人完全的參與，讓人們能夠為自己的命運做決定。至於一個神，兩個神，還是三個，好多個，或者沒有神，不管怎麼樣，總之人們會有不同的看法，人們不值得為了這樣的事情爭執打鬥，因為解決這個問題並不會有助於解決飢荒、貧困、戰爭、犯罪、不平等、不公正、全球暖化、資源枯竭或者各種疾病的問題。這是世俗的立足點。

儘管伊斯蘭主義者將世俗和西方畫上了等號，但是世俗並不等於西方。紐約城市大學（City University of New York）在二〇〇一年的調查結果顯示百分之八十一的美國人信仰有組織的宗教，其中百分之七十七的人信仰基督教。其他人則自稱為有某種「精神寄託」（spiritual），宣稱自己是無神論者的人只有極少數，甚至在統計圖表中沒有顯示出來。不論在今天困擾著整個世界的衝突是什麼，問題都不是處在有神論者和無神論者之間。

事實上，在西方世界也存在許多宗教信仰虔誠的人希望把神放在政治的中心位置，最著名的莫過於從一九七〇年代開始便開始在美國施加這種影響的基督教福音派（Christian evangelicals）。在九一一事件後，塔里克．阿里（Tariq Ali）寫了一本書名叫《原教旨主義的衝突（*The Clash of Fundamentalisms*）》，書中表示伊斯蘭和西方之間的緊張關係可以歸結為雙方之中的原教旨主義極端者。但是如果是這樣的話，雙方卻沒有提出相對立的教條。基督徒原教旨主義者並不一定要否認只有一個神，他們並不覺得那是個問題。他們的話題是圍繞著是否接受耶穌基督為人的救贖者的（而根本就不會有穆斯林說「穆罕默德是我們的救贖者」）。因此按照這樣的說法的話，基督徒「原教旨主義者」和穆斯林「原教旨主義者」之間的爭論歸根結底就是：是不是只有一個神？耶穌是不是我們的救贖者？這完全就不是一組相對立的矛盾，這是兩個人在不同的房間裡各說各話。

事實上，穆斯林世界和西方已經通過不同的道路，帶著各種結果，來到了相同的事件面前。在二〇〇一年後，美國的戰略專家們把現代世界恐怖事件高漲的問題放在民族國家之間的權力政治框架中考量，把這樣的前提作為決策的基礎。畢竟歐洲在幾個世紀以來的各次戰爭都是這樣，即便是冷戰，最終也是以國家為單位的對抗，以意識形態為界分列兩邊的各個戰爭實體也是各國的政府。因此，小布希的行政團隊在九一一事件後立即環顧四周，回顧過去的種種事件，總之，就是不直接針對當時特定的那些恐怖份子，美國試著找到在背後支持那些人的一個政府。就像是本能反應一樣，美國的戰略專家們——以及西方媒體的諸多分析人士——都在試著尋找在之前戰爭中對陣過的同風格、同階級、同類型的對手國家。

這就是為什麼在迅速地進入阿富汗，忙著追捕賓・拉登一段時間後，小布希的團隊馬上就瞄準了薩達姆・海珊，認為他是策劃者，伊拉克是向西方發動恐怖襲擊的始作俑者，征服並且「民主化」這個國家將結束恐怖主義的麻煩。但是當海珊被捕並被絞死，當伊拉克被完全佔領後——如果不算是征服的話——恐怖主義並沒有被擊敗的跡象，而美國政府的戰略專家們又把矛頭指向了伊朗，而且依據事態不同，敘利亞、利比亞、沙烏地阿拉伯、巴基斯坦等一大堆國家也都在等著被美國列為支持恐怖主義的國家。

隨著美國的政策已經深深地紮根於西方的敘述視角中，針對伊拉克和阿富汗以及其它有麻煩的地區的問題，美國開出了民主和選舉的藥方。隨著這樣的選舉的成功落幕，這些問題中的國家被說成變成了民主國家，或者至少是距離一個幸福國家又近了一步。

但是我仍然記得在塔利班逃走後的阿富汗選舉的情形。在全國各地，人們選擇代表委員來代表自己在由美國組織的國會中組建國內政府、議會、憲法、內閣，並選出總統。那年夏天我在喀布爾附近的小鎮帕格曼（Paghman）遇見了一個剛剛在大選中投完票的人。他穿著標準的長襯衫，袋子褲，圍著纏頭巾，留著鬍鬚，就像我年輕時候所見到的傳統鄉下人一模一樣，我沒辦法在投票台那裡給他拍照，所以我就讓他給我形容投票的過程——事實上是怎樣的一場活動？

「啊，是這樣的，先生，」他說，「幾個城裡人帶著一疊紙向我們解釋怎麼在紙上做記號，我們安靜地聽，因為他們大老遠的跑來，我們不願意表現得很無理，但是我們根本就不需要這些城裡人告訴我們咱們的人是啥樣子。我們按著他們說的辦法做記號，但是我們從始至終都知道誰才是代表我們的人——阿嘉伊・薩亞夫（Agha-i-Sayyaf），當然了。」

「你怎麼選定就是薩亞夫呢？」我問。

「選定他？我的先生啊！您這是什麼意思啊？他們家自從多斯特・穆罕默德・汗（Dost Mohammed Khan）的時候就住在這裡了，甚至比這時間還久。你翻過那座山脊，從溪谷望過去就是他家的房子——是周圍最大的！每年過節的時候他都到處給孩子們發糖吃並且詢問我們有什麼要幫忙的，如果有人需要幫忙，他就從身上拿出錢來交給需要幫忙的人。這個男子漢是真正的穆斯林！你知道我姐夫的表親和薩亞夫的妯娌成親嗎？薩亞夫算是我們家族的一員。」

我對此感到十分震驚：西方籌劃的這種叫作「民主」的東西成了壓在這個人肩膀上的外來事物，而他必須要盡可能地考慮現實生活的壓力。在他的身上流淌著兩股歷史的源流，這兩股源流之間沒有關聯但是卻古怪地交匯在一起了。

如果這種狀況發生在距離喀布爾只有一小時車程的地方，那也就有可能發生在阿富汗全境。

從西方的觀點來看，有些人斷言在像巴基斯坦、約旦、伊拉克、阿富汗和埃及這樣的國家中提供資金和武裝來扶植一個親西方的統治者會有助於給這些社會帶來民主，就更不用提自由市場的好處了。而且對有些人來說，伊斯蘭社會的價值是落後的，需要由更進步的人來糾正，甚至為達目的不惜加以強迫。

但是從穆斯林的觀點來看，近年來的道德行動和軍事行動看起來就像是在穆斯林自己的國家中進行了很久了的削弱穆斯林的行為。西方的習俗，法律系統和民主看起來就像是一個把社會本質變成基於各自利益各自做決定的個人單位的工程。最終會帶來每個男人，女人和小孩彼此間對立，為了物質商品展開全面的相互競爭的場景。

從一方來看，這一切就像是一場不論性別保障所有公民更多權利的鬥爭，而從另一方來看，就像是把有權勢的陌生人安插到家庭私事中並且給延續家庭和部落網絡共同性的能力來一個釜底抽薪。簡單來說，就是一方覺得是賦予個人的權力，而另一方面覺得是削弱整體社群。

我認為，如果「文明衝突」這個說法的意思是說「我們兩個不一樣，所以一山不容二虎，不是你死就是我亡」的話，那麼毀損現代世界的衝突便不能理解為「文明衝突」。這種衝突應該被理解成兩種不同步（mismatched）的世界史在交互過程中所帶來的摩擦。穆斯林就像是一群趕路的人，而歐洲人則是另外一群趕路的人，當兩群人在十字路口碰到一起，就開始了推推搡搡，摩肩接踵，而這種推搡仍在繼續著。

如果要解決今天這種紛爭，前提條件就是要先讓這兩群趕路的人錯開。讓他們錯開的動作本身並不會帶來甜蜜和光明，因為兩者之間存在著不相容的東西，還不僅僅是「誤會」而已。當我開始寫這本書的時候，我給一個作家群組讀了我的寫作大綱，其中的兩個作家說穆斯林世界和西方世界之間的衝突是由某種隱藏的力量帶來的，因為「人類都是一樣的，而且人類都想要一樣的東西」；還有一個人說：「如果西方人能夠明白伊斯蘭教實際上和基督教一樣，也相信亞伯拉罕」，這種衝突就會消弭。

將這一問題做如此善意的簡單化並不會起到多少幫助。

從另一方面來看，我常常聽到美國的自由派穆斯林會說：「傑哈德的含義是嘗試著作一個好人」，暗示說好像只有反穆斯林的種族偏執狂才會覺得這個詞彙和暴力行為有關。但是他們忽略了「傑哈德」這個詞在先知穆罕默德在世時的歷史進程中的使用，任何宣稱傑哈德與暴力無關的人都必須要考量早期穆斯林稱之為「傑哈德」的戰爭。有人或許會認為早期穆斯林有不同的想法，但現代的穆斯林可以針對傑哈德（及伊斯蘭的其他層面）提出全新的定義，但是這麼做就必須要面對歷經千百年的歷史所具體化了的穆斯林教義：古蘭經，穆罕默德的先知生涯以及最初穆斯林社群中先知的同伴們的傳述都是真主給人間帶來的啟示，沒有凡人能在時間和空間中對這些法律和習俗做出改良。這樣的教義強迫所有的穆斯林改革者都宣稱他們並沒有提出任何新東西，只是在恢復它應有的意義。穆斯林改革者必須要否認他們是在向前邁進，而是要堅稱他們只是要回歸本源。這是穆斯林思想家們必須要打破的思維陷阱。

埃及的現代主義神學家謝赫穆罕默德．阿布杜（Sheikh Mohammed Abduh）在他著名的著作中表明古蘭經中實際上規定了科學和某些特定的（但不包括其餘的）現代社會價值。他援引神啟經典的內容來說明在婚姻中，古蘭經實際上表明了一夫一妻優於一夫多妻。他舉出的例子很有說服力，但是他是在從古蘭經中尋找對一夫一妻制的支持。他的確通過古蘭經證明了他的結論，但問題是，他所得到的結論就沒有其它的來源得以證明了嗎？難道人類生活中的最深層的原則不是依靠理性的判斷嗎？

女性在社會中的角色這個議題毫無疑問是展現穆斯林世界和西方之間不相配（incompatibility）的最好例子了。這一議題亟需知識分子的梳理和結構。每個時代的每個社會都明白和性行為相關的事情對於社會和諧的潛在破壞力，因此每個社會都發展出了制約這種破壞力的社會形式。在這件事上，伊斯蘭社會和西方文化之間的分歧並不是女性是否應該被壓抑，而在西方，人們經常認為穆斯林文化認為女性應該被壓抑。雙方社會中心存善意的人士都相信沒有人應該被壓抑。這麼說並不是在否認女性在許多穆斯林國家中受到了壓抑性法律的壓抑，這只是說穆斯林所秉承的原則並不是壓抑女性的「權利」，而是說穆斯林在長久以來的歷史過程中所具體化出來的觀念，這種觀念認為社會應該分為男人的領域和女人的領域，兩個領域相連通的地方應該只是在私人領域中，所以和性行為有關的事情就被排除在社會公共生活領域之外了。

而且我也必須要說，我實在不知道要如何建構這樣的社會，當社會中的一部分人認為整個世界應該被區分成女性領域和男性領域；而另一部分人認為不同性別應該被混合統整於單一社會領域之中，女性和男性可以走在同一條街上、在同一間商店裡購物，在同一間餐廳裡用餐，坐在同一間教室，做同一份工作。這件事只能是要麼這樣，要麼那樣，不可能做到兩全其美。如果站在我這個角度來看，我不知道穆斯林要怎樣生活在西方社會，遵守西方的法律和風俗，除非只是觀光客而已；同樣我也不知道擁抱男女相混的觀念的西方人要怎樣生活在穆斯林世界，除非只作為觀光客。

我無法給我提出的問題提供答案。我只是說穆斯林知識分子們必須要努力地解決這個問題。而且已經有穆斯林知識分子做出這樣的努力了。在伊朗，有一些最大膽的知識分子在伊朗驅逐了美國並重建起了文化主權的二十年間，他們背離了正統伊斯蘭教教義，有匿名的作家提出每一代人都有權給沙里亞作新的詮釋，而不必參考先前學者的判例和法條。和這一想法相類似的想法都遭到了鎮壓。鎮壓的行為在西方成了新聞——這只是伊朗不是民主國家的又一證據。然而，令我驚訝的是伊斯蘭世界居然還是發出了這樣的聲音。我想要知道的是，是不是這樣的聲音只會出現在一個穆斯林之間相互角力而不是和西方對立的地方。

在九一一事件後，小布希政府開始對伊朗施加更大的壓力，當人們面對如此的外部威脅的時候，帶有西方味道的想法是不會有市場的，因為這種想法會讓人疑心是通敵合作：這樣的想法都無需鎮壓，因為態度變得保守的公眾就不會接受這種想法，這樣的公眾會選擇像是艾哈邁迪內賈德（Ahmadinejad）這樣的極端民族主義者來領導國家。

在伊斯蘭世界和西方之間正如火如荼地進行著許多討論甚至爭論，但是其中的許多觀點都是沒有意義的，除非兩方使用相同的術語並確認這些術語對雙方來說所指代的是相同的意思——也就是說，雙方應該在同一個框架中討論，或者至少是能理解對方提出假設的框架。尊重世界歷史敘述的多重視角至少能為發展出這樣的觀點做出一些貢獻。

所有人都喜歡民主，尤其是當人們以個體的角色來看民主的時候；但伊斯蘭教並不是民主的對立面，而是完全的另一個框架。在這個框架中可以有民主，也可以有專制，也可以有民主和專制之間的許多中間狀況。

從這樣的觀點來看，伊斯蘭教既不是基督教的對立面，也不是猶太教的對立面。嚴格地以一個宗教信仰系統來看，伊斯蘭教和基督教之間的共性要多於爭論，在猶太教中甚至共性更多——如果我們看看正統的宗教猶太教的飲食戒律，衛生觀念和對性行為的規定，我們幾乎可以在正統的宗教伊斯蘭教中看到同樣的東西。的確是這樣，就正如巴基斯坦作家伊克巴爾・阿瑪德（Eqbar Ahmad）曾經寫過的那樣，直到最近幾個世紀以來，猶太—穆斯林文化都要比猶太—基督文化更彼此靠近和彼此理解。

但是，有問題的誤導只把伊斯蘭看作是一個宗教大類中的一種，其它的種類還包括基督教、猶太教、印度教、佛教等等。這樣分類當然不能說是錯的：因為和其它宗教一樣，伊斯蘭教的確是一種宗教，是一個獨特的信仰和行為體系，和倫理，道德，神，宇宙，死亡有關。但是，伊斯蘭教也可以同樣有效地被看作是政治制度大類中的一項，其它的幾項包括共產制、議會制、民主制、法西斯制度等等，因為和上述這些制度一樣，伊斯蘭教也是一種社會工程，是關於政治和經濟應該如何被管理的思想，是一個完整的民法系統和刑法系統。

同樣道理，伊斯蘭也可以相當有效地被看作是文明大類中的一員，其它文明還包括中華文明，印度文明，西方文明等等。因為在伊斯蘭文明具備浩瀚的文化遺產，自藝術和建築一直到人類文化活動的各個層面，具備一整套可以被叫作伊斯蘭式的文化。

或者，正如我試圖展現的那樣，伊斯蘭也可以被視為一部世界歷史，與另外的許多世界歷史同時進行，每一個部分都與其他部分緊密相連。以這樣的觀點來看，伊斯蘭是一個隨著時間推移的龐大論述，一千四百多年前的麥加和麥地那社群的誕生讓伊斯蘭文明有了穩定的發展，故事中包含了許多非穆斯林人物，以及許多非宗教的事件。猶太人、基督教徒、印度教徒都是故事的一部分，工業化是整個事件的一部分，蒸汽機和油田的發現也是。當讀者以這個角度來審視歷史的走向的話，便會發現伊斯蘭是一個巨大的與時俱進的具有集體目的之複雜結合體，該結合體是由伊斯蘭內部所具有的連貫的使命性所驅動的。

西方世界也是如此。

因此，哪一個歷史才是真正的世界歷史呢？哲學家萊布尼茲（Leibniz）曾經假定宇宙是由許多物質單元組成，從某個特定角度來看，每個物質單元就是整個宇宙，每個物質單元也都包含其它的物質單元。世界歷史便是如此——是站在某個特定角度看到的全人類的故事，在每一個故事中都包含著其它的故事，那些發生了的事件被恭恭敬敬地放在某個地方被當作重要的事情來論述，雖然這裡所說的「某個地方」就像是為了不讓有意義的台詞被聽到而設置的柔和背景音樂一樣。這些都是真實的世界歷史。當人類嘗試在共有的歷史中建立一個普世的人類社群時，人們就要永不停歇地編撰和敘述那些故事。

Roshan, Rauf. *Remembrances of Doctor Tabibi.* Fremont, California: Tabayatee Faizi International, 1998.

Roux, Georges. *Ancient Iraq.* New York: Penguin Books (Pelican) ,1996.

Rumi. *Divan-i-Shamsi-Tabriz: Forty-eight Ghazals.* Edited and translated by Iraj Anvar. Rome, Italy: Semar Publishing, 2002.

Runciman, Stephen. *A History of the Crusades.* Cambridge: Cambridge University Press, 1951.

Said, Edward. The Question of Palestine. New York: Vintage Book, 1980.

Salami, Ibn al-Husayn al-. *The Book of Sufi Chivalry: Lessons to a Son of the Moment.* New York: Inner Traditions International, 1983.

Shaban, M. A. *Islamic History: A New Interpretation.* Cambridge: Cambridge University Press, 1971.

Shaw, Stanford J. *History of the Ottoman Empire and Modern Turkey.* Cambridge: Cambridge University Press, 1976.

Sheikh, M. Saeed. *Islamic Philosophy.* London: Octagon Press, 1982.

Shwadran, Benjamin. *The Middle East, Oil and the Great Powers.* New York: Frederick A. Praeger, 1955.

Smith, Wilfred Cantwell. *Islam in Modern History. Princeton,* New Jersey: Princeton University Press, 1957.

Stewart, P. J. *Unfolding Islam.* Reading, U. K.: Garnet, 1994.

Tabari, al-. *Mohammed at Mecca.* Translated by Montgomery Watt and M.V. Mc-Donald. Albany, New York: SUNY Press, 1988.

Trofimov, Yaroslav. *The Siege of Mecca: The Forgotten Uprising in Islam's Holiest Shrine and the Birth of al-Qaeda.* New York: Doubleday, 2007.

von Grunebaum, G. E. *Classical Islam: A History 600 AD to 1258 AD.* Chicago: Al-dine Publishing Company, 1970.

Wiet, Gaston. *Baghdad: Metropolis of the Abbasids.* Translated by Seymour Feiler. Nor-man, Oklahoma: University of Oklahoma Press, 1971.

Rochester, Vermont: Inner Traditions International, 1987.
Maalouf, Amin. *The Crusades through Arab Eyes.* New York: Schocken Books, 1984.
Matroudi, Abdul Hakim al-. *The Hanbali School of Law and Ibn Taymiyah.* London and New York: Routledge, 2006.
Mazzini, Joseph. *On the Duties of Man.* Reprinted in *Main Currents in Western Thought: Readings in Western European Intellectual History from the Middle Ages to the Present.* Edited by Franklin Le Van Baumer. New Haven, Connecticut: Yale University Press, 1978.
Morgan, David. *The Mongols.* Malden, Massachusetts: Blackwell Publishing, 2007.
Moussalli, Ahmad S. *Moderate and Radical Islamic Fundamentalism: The Quest for Modernity, Legitimacy, and the Islamic State. Gainesville:* University Press of Florida, 1999.
Muir, Sir William. *Annals of the Early Caliphate.* London: Smith, Elder & Co. 1883.
Nasr, Kameel. *Arab and Israeli Terrorism: The Causes and Effects of Political Violence, 1936-1993.* Jefferson, North Carolina: McFarland & Co., 1997.
Nasr, Seyyed Hossein. *Ideals and Realities in Islam.* Boston: Beacon Press, 1966.
Nizam al-Mulk. *The Book of Government: Or Rules for Kings: The Siyasatnama or Siyar al-Muluk.* Translated from the Persian by Hubert Darke. London: Routledge & Paul, 1960
Nutting, Anthony. *Nasser.* New York: Dutton, 1972.
Ojeda, Auriana, editor. *Islamic Fundamentalism.* San Diego: Greenhaven, 2003.
Potok, Chaim. *Wanderings.* New York: Ballantine Books, 1978.
Qummi, Sheikh Abbas. *Nafasul Mahmum [The Sigh of the Aggrieved]: Relating to the Heart Rending Tragedy of Karbala.* Translated by Aejaz Ali Bhujwala. Qom. Iran: Ansariyan Publications, 2005.
Rahman, Fazlur. *Islam.* Chicago: University of Chicago Press, 2002. First published 1979 by University of Chicago Press.
Robinson, Frances, editor. *The Cambridge Illustrated History of the Islamic World.* Cambridge: Cambridge University Press, 1996.
Rogerson, Barnaby. *The Heirs of Muhammad: Islam's First Century and the Origins of the Sunni-Shia Split.* Woodstock and New York: The Overlook Press, 2007.

York: Routledge, 1991.
____. *War Without End: The Rise of Islamist Terrorism and Global Response.* Revised edition. London, England: Routledge, 2002.
Hodgson, Marshall. *Rethinking World History.* Cambridge: Cambridge University Press, 1993.
Hourani, Albert. *A History of the Arab Peoples.* Cambridge, Massachusetts: Harvard University Press, 1991.
Howarth, Stephen. *The Knights Templar.* New York: Barnes and Noble, 1982.
Ibn Khaldun. *The Muqaddimah: An Introduction to History.* Translated by Franz Rosenthal. Edited by N.J. Dawood. Princeton, New Jersey: Princeton University Press, 1969.
Imber, Colin. *The Ottoman Empire.* New York: Palgrave-Macmillan, 2002.
Irfani, Suroosh. *Revolutionary Islam in Iran; Popular Liberation or Religious Dictator-ship.* London: Zed Books, 1983.
Kamrava, Mehran. *The Modern Middle East: A Political History Since the First World War.* Berkeley and Los Angeles: University of California Press, 2005.
Kennedy, Hugh. *The Great Arab Conquests: How the Spread of Islam Changed the World We Live In.* New York: Da Capo Press, 2007.
____. *When Baghdad Ruled the Muslim World: The Rise and Fall of Islam's Greatest Dynasty.* New York: Da Capo Press, 2005.
Kinross, Lord. *The Ottoman Centuries: The Rise and Fall the Turkish Empire.* New York: William Morrow, 1997.
Laiou, Angeliki E. and Roy Parviz Mottahedeh, editors. *The Crusades from the Perspective of Byzantium and the Muslim World.* Washington, D.C: Dumbarton Oaks, 2001.
Lewis, Archibald Ross, editor. *The Islamic World and the West, AD 622-1492.* New York: John Wiley & Sons, 1970.
Lewis, Bernard, editor and translator. *Islam: From the Prophet Muhammed to the Capture of Constantinople.* New York and Oxford: Oxford University Press, 1987.
Lewis, Bernard, *The Middle East: A Brief History of the Last 2,000 Years.* New York: Simon & Schuster, 1995.
____. *What Went Wrong? Western Impact and Middle Eastern Response.* New York: Oxford University Press, 2002.
Lings, Martin, *Mohammed: His Life Based on the Earliest Sources.*

Chittick, William. *The Inner Journey: Views from the Islamic Tradition.* Sandpoint, Idaho: Morning Light Press,2007.
Cook, David. *Understanding Jihad.* Berkeley, California: University of California Press, 2005.
Croutier, Alev Lytle. *Harem: The World Behind the Veil.* New York: Abbeville Press, 1989.
Dabashi, Hamid. *Iran: A People Interrupted.* New York: The New Press. 2007.
Diouf, Sylviane A. *Servants of Allah: African Muslims Enslaved in the Americas.* New York: New York University Press, 1998.
Dunn, Ross. *The Adventures of Ibn Battuta.* Berkeley and Los Angeles: University of California Press, 1989.
Farsoun, Samih and Naseer Aruri. *Palestine and the Palestinians: A Social and Political History.* Boulder, Colorado: Westview Press, 2006.
Finkel, Caroline. *Osman's Dream: The History of the Ottoman Empire.* New York: Basic Books, 2006.
Fischel, Walter J. *Ibn Khaldun in Egypt.* Berkeley, California: University of California Press, 1967.
Fisher, William Bayne, et al editors. *The Cambridge History of Iran.* Cambridge: Cambridge University Press, 1993.
Frank, Irene and David Brownstone. *To the Ends of the Earth.* New York: Facts on File, 1984.
Fromkin, David. *A Peace to End All Peace.* New York: Owl Books, 2001. First pub-lished 1989 by Henry Holt.
Gelvin, James L. *The Modern Middle East: A History.* New York: Oxford University Press, 2005.
Gerner, Deborah J. and Jillian Schwedler. *Understanding the Contemporary Middle East.* Boulder, Colorado: Lynne Rienner Publishers, 2004.
Gettleman, Marvin and Stuart Schaar, editors. *The Middle East and Islamic World Reader.* New York: Dover Publication, 2005.
Gordon, Mathew S. *The Rise of Islam.* Westport, Connecticut: Greenwood Press, 2005.
Hansen, Waldemar. *The Peacock Thorne: The Drama of Moghul India.* New York: Holt, Rinehart and Winston, 1970.
Heikal, Mohammed. *Iran: the Untold* Story. New York: Pantheon, 1982.
Hiro, Dilip. *The Longest War: The Iran-Iraq Military Conflict.* New

參考文獻

Abdullah, Thabit. *Dictatorship, Imperialism , and Chaos: Iraq Since 1989*. New York: Zed Books, 2006.

Abiva, Huseyin and Noura Durkee. *A History of Muslim Civilization from Late Antiquity to the Fall of the Umayyads*. Skokie, IL: IQRA' International Educational Foun-dation, 2003.

Abu Khalil, As'ad. *Bin Laden, Islam, and America's New "War on Terrorism.* "New York: Seven Stories Press, 2002.

Abun-Nasr, Jamil M. *A History of the Maghrib in the Islamic Period.* Cambridge: Cam-bridge University Press, 1998.

Ahmad, Eqbal. *Confronting Empire: Interviews with David Barsamian.* Cambridge, Massachusetts: South End Press, 2000.

Ahmed, Akbar. *Islam Today: A Short Introduction to the Muslim World.* New York and London: I. B. Tauris, 1999.

Alger, Neil. *The Palestinians and the Disputed Territories.* San Diego: Greenhaven Press, 2004.

Ali, ibn Abi Talib. *Nahjul Balagha* [Peak of Eloquence]. Translated by Sayed Ali Reza. Elmhurst, New York: Tahrike Tarsile Qur'an Inc., 1996.

Ali, Maulana Muhammad. *The Early Caliphate.* Reprinted in Lahore, Pakistan: The Ahmadiyya Anjuman Isha'at Islam, 1983.

Ali, Tariq. *The Clash of Fundamentalisms: Crusades, Jihads and Modernity*. London: Verso, 2003.

Arberry, A. J., translator. *The Qur'an Interpreted.* New York: Macmillan, 1955.

Armstrong, Karen. *Holy War: The Crusades and Their Impact on Today's World.* New York: Anchor Books, 2001.

____. *Muhammad: A Biography of the Prophet.* San Francisco: HarperCollins, 1992.

Aslan, Reza. *No god but God.* New York: Random House, 2006.

Catherwood, Christopher. *A Brief History of the Middle East: From Abraham to Arafat.* New York: Carroll and Graf ,2006.

致謝

我欠了舊金山州立大學奧雪終生學習中心（Osher Lifelong Learning Institute）的蘇珊・霍夫曼（Susan Hoffman）一個大人情，她在二〇〇六年力邀我教授「伊斯蘭與西方世界」的課程，這是本書誕生的緣起。而且為這門課留下錄音資料的尼爾・恩運科（Neils Swinkel）和將這門課每週廣播放送的KALW電台台長麥特・馬丁（Matt Martin）更是激勵了我，是他們讓我決定寫這本書。

接下來，請允許我向我的經紀人卡羅・曼（Carol Mann）致謝。當我告訴她我想寫作一本關於「以穆斯林的觀點來看待世界歷史」的書的模糊構想時，她打斷了我的話然後直接拍板：「就是這個了！這就是你的下一本書！假若《喀布爾之西》（*West of Kabul*）像是以一隻小螞蟻的視角來看世界的話，那這本書提供的眼界應該是鳥瞰級的。」她是正確的，這這本書正是我長久以來全神貫注地研究的宏觀觀點——東方與西方的連結及歧異。

另外，謝謝妳，麗莎・科夫曼（Lisa Kaufman）。她是我睿智的編輯，她一行一行地編輯和註釋了該書，她不但是檢視整部作品的第二雙眼睛，更是極為嚴格的大腦，和我一同為這本書絞盡腦汁。

同樣的，當這本書還正在寫作的過程中，我收到了我的家人們的無價反饋和幫助。我的兄弟里亞茲・安薩里（RiazAnsary），他對於伊斯蘭教義和早期伊斯蘭歷史的了解我永遠都只能望其項背；還要感謝我聰明的姐妹麗貝卡・佩提茲（Rebecca Petrys）、我的朋友喬・庫爾克（Joe Quirk）以及保羅・羅貝爾（Paul Lobell）。蕾瑪・穆爾塔扎（Layma Murtaza）慷慨地讓我研究了她家從她的祖父阿布杜・哈基姆・塔比比博士（Dr. Abdul Hakim Tabibi）那裡繼承下來的書信和雜誌，她的祖父是賽伊德・賈邁勒丁・阿富汗的一位門徒。法里德・安薩里（FaridAnsary）則貢獻了一生的故事、傳聞、詩般的格言以及智慧；瓦錫德・安薩里（Wahid Ansary）：親愛的阿克巴，如果沒有你給我發送的伊斯蘭智慧故事的電子郵件，我真的不知道我現在正在做什麼。

但是我最要感謝的，還是我的妻子黛波拉・柯蘭特，她是第一位讀者，第一個評論者和不可分離的拍檔；謝謝艾琳娜・安薩里（Elina Ansary）在地圖事宜上幫了我的大忙；還要謝謝嘉思敏・安薩里給予我的無盡支持。

中斷的天命譯者序（譯後記）

您手中捧著的這本《中斷的天命》中文版，它的命運就好像是和它的書名一樣，經歷了許多坎坷，但幸運的是，它現在終於和讀者見面了。我第一次接觸到這本書的時候是在三年前，那時候我正在美國的一所小學工作，任教的科目中有一門亞洲歷史的興趣課程，通過和學生們的接觸讓我震驚於學生們對於世界史的無知。後來有出版社的同仁為我推薦了這一本書，我拿到這本後便被這本書的內容迷住了，自己喜歡的同時，也極力推薦給同事和學生們。這本書為被教科書史觀左右了觀念的人們提供了一個換個角度看歷史的機會。這本書關注的是全世界十幾億穆斯林是如何一路走來，以及他們是怎樣看待這個世界的。穆斯林的文明和在歷史中的發明創造影響了今天世界的每一個角落和每一個人的生活日常。穆斯林的現實和現在，也和我們現在的每個人直接或間接地相關。我們只有了解這十幾億人的歷史，才能了解我們的歷史。我相信人類的歷史應該是共同的歷史，是不可割裂看待的。

從篇幅上看，這本書可以被稱作是一本「小書」，因為他不是那種史學巨著，以學術的語言和大量的註釋來展現歷史。這本書的語言十分輕鬆明快，平易近人。如果您是一位對伊斯蘭教和穆斯林的歷史有興趣的普通讀者，那麼這本書是極為適合您的。這本書條理清晰，像是一幅長卷一樣徐徐地展開，給讀者講述了從伊斯蘭教神　示之初一直到西元二十世紀的穆斯林歷史，對於我們了解和思考許多在今天仍是新聞熱點的事件提供了很好的知識背景上的支撐。假若有一些名詞或者概念有疑問，也不妨用利用網路查閱線上的資料。

在翻譯這本書的過程中，我越來越相信在了解世界歷史的時候，我們不應該簡單的以國別史和地區史來了解，知道歷史大事的發生時間和主要任務對於我們了解歷史並非關鍵，這是很多人看待歷史的誤區。歷史就像是一條鎖鏈一樣，把前後各為因果的種種事件聯繫在一起，給人們帶來結果，了解前因後果和發展脈絡才是我們要了解歷史的原因。當今日的電視節目中試著分析敘利亞戰事的發展，假若站在國別歷史的角度，我們是看不到事情發展的脈絡的。今天世界上的大部分國家都是在二十世紀才出現的，歷史的脈絡則潛伏在更深更廣的維度中待我們發覺和發想。這本書提供給我們的視角就是時間前後有聯繫，地域間有聯繫的歷史。我們應該要相信孤立存在的歷史並不存在，即便孤立如明清的中國，西方的地理大發現仍然改變了中國人的生活。

在翻譯這本書的過程中，帶著對時間上有關聯，空間上也有關聯的視角，我得到了很大的愉悅，就好像是乘著神話中的魔毯縱橫遨遊一樣，我看到了先知的英姿颯爽，看到了殉教者堅毅的目光，看到了阿拉伯的科學家們測繪天文討論代數，也看到了商旅和蘇非派在路途中吟誦著波斯文學家們的不朽詩篇。在本書的後半段，書中的很多內容還引起了我的共鳴，因為亞洲國家的近代史中有許多如此相似的經歷。我相信讀者們也會有類似的收穫和愉悅。

最後，我要感謝廣場出版能夠排除之前那麼多的不順利仍然掛念著這本書，並最終走到了這一步，讓這本幾乎死於難產的中文版得以出版。我堅信，絕不是客套話，對於這本書的努力是絕對值得的。在今天眾多介紹伊斯蘭歷史的讀物中，我相信這一本是最不可不讀的一本，中文市場中絕不可少了這一本《中斷的天命》。

譯者　苑默文

二〇一七年元月於飄著大雪的莫斯科

中斷的天命：伊斯蘭觀點的世界史

Destiny Disrupted: A History of the World Through Islamic Eyes

作者	塔米・安薩里（Tamim Ansary）
譯者	苑默文、劉宜青
執行長	陳蕙慧
總編輯	張惠菁
責任編輯	沈昭明、洪仕翰
校對	李鳳珠
行銷總監	陳雅雯
行銷企劃	尹子麟、張宜倩

社長	郭重興
發行人兼出版總監	曾大福
出版	廣場出版 / 遠足文化事業股份有限公司
發行	遠足文化事業股份有限公司
地址	231 新北市新店區民權路 108-2 號 9 樓
電話	02-22181417
傳真	02-22180727
客服專線	0800-221029
法律顧問	華洋法律事務所　蘇文生律師
印刷	前進彩藝有限公司
一版一刷	2017 年 4 月
三版二刷	2021 年 7 月
定價	650 元

國家圖書館出版品預行編目(CIP)資料

中斷的天命：伊斯蘭觀點的世界歷史 / 塔米.安薩里(Tamim Ansary)作；苑默文, 劉宜青譯. -- 一版. -- 新北市：廣場出版：遠足文化發行, 2017.04
　面；　公分
譯自：Destiny disrupted : a history of the world through Islamic eyes
ISBN 978-986-94088-3-7 (平裝)

1. 伊斯蘭教　2. 東西方關係　3. 世界史

711　　106002990

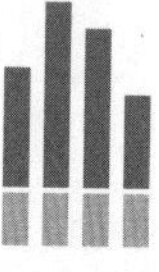

AGORA

廣場